Aus 2022   2⁰⁰

Nouvelle-Calédonie

Îles Loyauté
(p. 134)

Ouest
de la Grande Terre
(p. 76)

Grand Sud
(p. 66)

Nouméa
(p. 40)

Île des Pins
(p. 123)

ÉDITION ÉCRITE ET ACTUALISÉE PAR

Claire Angot et Jean-Bernard Carillet

PRÉPARER SON VOYAGE

SUR LA ROUTE

FLÈCHE FAÎTIÈRE SUR LA RPN5, P. 94

MOUILLAGE PRÈS DE LA PLAGE DE PEDE, P. 140

ROUTE KONÉ-TIWAKA, P. 9

Sommaire

COUPLE DE NOTOUS, P. 180

Bienvenue en Nouvelle-Calédonie

Lointain archipel posé à 17 000 km de la France sur l'immensité bleutée des mers du Sud, la Nouvelle-Calédonie fait partie des "voyages d'une vie".

Des paysages variés

La Nouvelle-Calédonie est une destination nature par excellence. Hormis quelques sites miniers liés à l'extraction du nickel, les paysages conservent toute leur beauté sauvage. Le décor naturel de la Grande Terre, ce long ruban de terre plissée qui s'étire sur 400 km face à l'Australie, est un kaléidoscope végétal avec, selon les régions, mangrove, jungle, savane, maquis et végétation de montagne. L'île des Pins et l'archipel des Loyauté révèlent la Mélanésie telle qu'on la rêve, avec des plages de sable blanc, des villages kanak traditionnels, des baies superbes et d'étranges formations géologiques.

Du bleu plein les yeux

L'immense lagon et les récifs extérieurs offrent au plongeur, quel que soit son niveau, une grande diversité de sites. Parmi les points forts : l'architecture spectaculaire des massifs coralliens, déclinée en failles, grottes, canyons et passes, de fantastiques gorgones, des coraux épanouis, et la garantie d'observer des espèces récifales et pélagiques (dont plusieurs espèces de requins) dans une eau claire et chaude. Les amateurs de snorkeling seront également comblés : on peut déjà se faire plaisir à quelques mètres du bord.

Une destination tonique

L'archipel ne se limite pas aux joies du lagon et au farniente sur des plages de rêve. On peut pratiquer une large gamme de loisirs, de la randonnée pédestre ou équestre à la voile en passant par le kitesurf, le kayak et le VTT ; on découvre ainsi au mieux la richesse du décor naturel. Accompagnés d'un guide, les visiteurs rejoignent de magnifiques points de vue et des écosystèmes étonnants dans les sites les plus secrets de l'intérieur des îles. De mi-juillet à mi-septembre, l'observation des baleines constitue une activité importante dans le sud de la Grande Terre.

Des cultures multiples

Plusieurs cultures cohabitent en Nouvelle-Calédonie. Si Nouméa conserve un mode de vie très occidental, le reste de la Grande Terre est partagé entre l'univers caldoche, fondé sur l'élevage du bétail et l'agriculture, et le monde mélanésien, très traditionnel. Sur l'île des Pins et dans l'archipel des Loyauté, la vitalité de la culture kanak s'exprime au quotidien : relation avec l'environnement, organisation sociale (la coutume), fêtes traditionnelles et architecture. À défaut de se mélanger, ces aires culturelles se complètent et enrichissent l'expérience des visiteurs.

Pourquoi j'aime la Nouvelle-Calédonie

par Jean-Bernard Carillet, auteur

J'ai fait de nombreux séjours en Nouvelle-Calédonie, et à chaque fois c'est un émerveillement renouvelé. Ce qui me fait revenir ? Un délicieux cocktail tropical, dans lequel figurent les plages de l'île des Pins et des Loyauté, les paysages cabossés du Grand Sud, l'atmosphère de Far West sur la côte ouest de la Grande Terre, les routes magnifiques le long de la côte est... Je suis également fasciné par les différentes cultures – mélanésienne, caldoche, française – qui rendent cette destination si unique. Et, bien sûr, en tant que moniteur de plongée, les fonds marins du lagon calédonien me font toujours rêver !

Plus de détails sur nos auteurs p. 240

Ci-dessus : plage de Peng (Lifou, p. 149)

Nouvelle-Calédonie

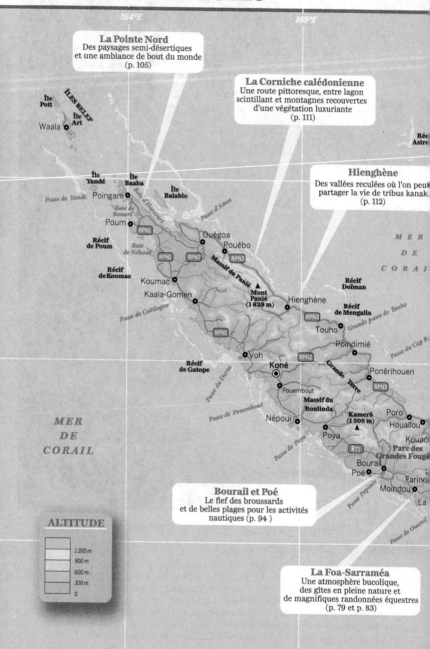

La Pointe Nord
Des paysages semi-désertiques
et une ambiance de bout du monde
(p. 105)

La Corniche calédonienne
Une route pittoresque, entre lagon
scintillant et montagnes recouvertes
d'une végétation luxuriante
(p. 111)

Hienghène
Des vallées reculées où l'on peut
partager la vie de tribus kanak
(p. 112)

Bourail et Poé
Le fief des broussards
et de belles plages pour les activités
nautiques (p. 94)

La Foa-Sarraméa
Une atmosphère bucolique,
des gîtes en pleine nature et
de magnifiques randonnées équestres
(p. 79 et p. 83)

Île Pott
ÎLES BELEP
Île Art
Waala

Récif
Astro

Île Yandé
Île Baaba
Île Balabio
Passe de Yandé
Poingam
Baie d'Harcourt
Baie de Banaré
Poum
RPN1
Passe d'Amos
Récif de Poum
Baie de Néhoué
RPN1 RPN7
Ouégoa
Pouébo
RPN3
Récif de Koumac
Massif du Panié
Koumac
Mont Panié (1 629 m)
Kaala-Gomen
Hienghène
Récif Doîman
Passe de Coëtlogon
RPN3
Récif de Mengalia
Grande passe de Touho
Touho
RPN1
Poindimié
Passe du Cap B
Récif de Gatope
Voh
RPN2
Koné
Grande Terre
Ponérihouen
RPN3
Passe du Diavot
Pouembout
Massif du Boulinda
Kamerö (1 508 m)
Poro
MER DE CORAIL
Passe de Pouembout
Népoui
Houailou
Kouac
Poya
Parc des Grandes Fougè
RT1
Passe de Poya
Bourail
Poé
Farino
Moindou
La
Passe Popinée
Passe de Ouaraï

MER DE CORAIL

ALTITUDE

1200 m
900 m
600 m
300 m
0

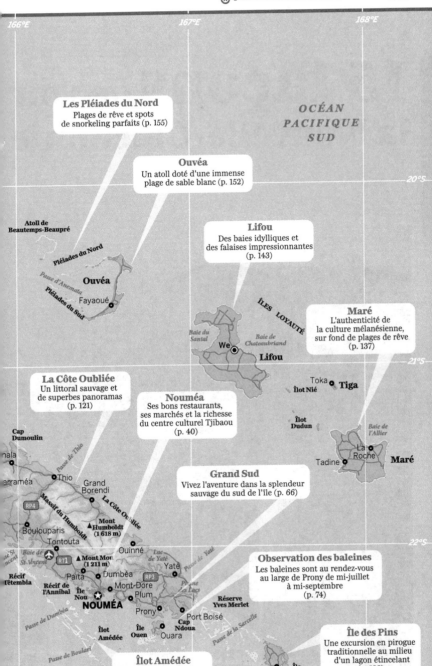

N 0 ▬▬▬▬▬▬▬ 80 km

166°E   167°E   168°E

OCÉAN
PACIFIQUE
SUD

Les Pléiades du Nord
Plages de rêve et spots
de snorkeling parfaits (p. 155)

Ouvéa
Un atoll doté d'une immense
plage de sable blanc (p. 152)

20°S

Atoll de
Beautemps-Beaupré

Pléiades du Nord

Passe d'Anemata

Pléiades du Sud

Ouvéa
Fayaoué

Lifou
Des baies idylliques et
des falaises impressionnantes
(p. 143)

ÎLES LOYAUTÉ

*Baie du
Santal*   *Baie de
Chateaubriand*

We

Lifou

Maré
L'authenticité de
la culture mélanésienne,
sur fond de plages de rêve
(p. 137)

21°S

Toka   **Tiga**
Îlot Nié

La Côte Oubliée
Un littoral sauvage et
de superbes panoramas
(p. 121)

Nouméa
Ses bons restaurants,
ses marchés et la richesse
du centre culturel Tjibaou
(p. 40)

Îlot
Dudun

*Baie de
l'Allier*

Cap
Dumoulin

Passe de Thio

nala

arraméa   Thio

Grand
Borendi

La
Roche

Tadine   **Maré**

La Côte Oubliée

Massif du Humboldt

RP4

▲ Mont
Humboldt
(1 618 m)

Boulouparis
Tontouta

Ouinné

*Lac
de Yaté*

Grand Sud
Vivez l'aventure dans la splendeur
sauvage du sud de l'île (p. 66)

*Baie de
St-Vincent*   RT1

▲ Mont Mou
(1 211 m)

Yaté

Passe de Yaté

ncent

Récif
l'etembia

Récif
de l'Annibal

Paita   Dumbéa

Île
Nou   Mont-Dore

RP3

*Plaine
des Lacs*

Réserve
Yves Merlet

Observation des baleines
Les baleines sont au rendez-vous
au large de Prony de mi-juillet
à mi-septembre
(p. 74)

22°S

★
NOUMÉA

Plum

Prony

Passe de Dumbéa

Îlot
Amédée

Île
Ouen   Quara

Cap
Ndoua

Port Boisé

Passe de la Sarcelle

Passe de Boulart

Îlot Amédée
Une superbe excursion
nautique dans un décor
de carte postale (p. 50)

Vao

Île
des
Pins

Île des Pins
Une excursion en pirogue
traditionnelle au milieu
d'un lagon étincelant
(p. 123)

15 façons de voir la Nouvelle-Calédonie

1

Nouméa

1 Le vert et le bleu s'unissent pour faire de Nouméa (p.40) une capitale réputée pour son cadre de vie. La nature l'a dotée de nombreuses baies et péninsules, de collines boisées, de plages enchanteresses et même d'îlots idylliques où l'on s'adonne aux loisirs nautiques, le tout à quelques minutes de bateau. Les richesses patrimoniales de la ville sont également de premier plan, avec un bel éventail de musées et de bâtiments historiques.

Paysages du Grand Sud

2 À moins d'une heure de voiture de Nouméa, vous aurez l'impression d'entrer dans un décor de cinéma en pénétrant dans le Grand Sud (p. 66) : vestiges miniers, ruines d'un bagne, maquis, baies échancrées, lac artificiel, parc naturel, "forêt noyée" et chutes d'eau. Le dépaysement est absolu. Pour les plus actifs, il est possible de pratiquer le kayak, la randonnée pédestre et le VTT.

JEAN-BERNARD CARILLET ©

2

JEAN-BERNARD CARILLET ©

L'observation des baleines

3 Chaque année, entre mi-juillet et mi-septembre, ces Léviathans des mers viennent parader dans les eaux du lagon calédonien, pour le plus grand bonheur des humains qui ont la chance de les apercevoir. Des sorties en bateau (p. 74 et p. 92), encadrées par des professionnels, permettent d'approcher les baleines en toute sécurité.

La Corniche calédonienne

4 On reste sans voix devant la beauté magnétique de cette portion de la côte est de la Grande Terre (p. 111), où les cocotiers frissonnent sous la caresse des alizés, face à un océan qui décline un camaïeu de bleus. La route serpente au pied de montagnes recouvertes d'une végétation luxuriante, d'où jaillissent de spectaculaires cascades.

La plage d'Ouvéa

5 Vous n'en croirez pas vos yeux : la plage d'Ouvéa (p. 152), qui forme un croissant long de 25 km, brille réellement comme un diamant. Immense, large, presque déserte, elle n'attend qu'une seule chose : que vous posiez votre serviette sur le sable d'un blanc étincelant. Profitez du spectacle avant de piquer une tête dans l'eau turquoise.

Les Pléiades du Nord (Ouvéa)

6 Ouvéa est un atoll, dont la partie nord est constitué d'îlots qui s'interposent entre le lagon et l'océan. Ces îlots (p. 155) offrent un cadre exceptionnel pour la pratique du snorkeling et le farniente sur des plages de rêve. Ils ne sont accessibles qu'à l'occasion d'une excursion nautique encadrée par un prestataire. Un grand moment !

Les falaises de Jokin (Lifou)

7 Principale île des Loyauté, Lifou représente la quintessence de l'Océanie, avec ses baies majestueuses, ses plages de sable blanc et ses falaises qui surplombent des eaux cristallines. Au nord de l'île, les falaises de Jokin (p. 148) offrent un point de vue exceptionnel sur la côte échancrée et les formations coralliennes qui se détachent comme des ombres chinoises dans l'eau turquoise.

La baie de Chateaubriand (Lifou)

8 Lifou possède des plages et des sites naturels de toute beauté. Difficile de les départager quand il s'agit de leur attribuer le qualificatif d'"idyllique", mais la baie de Chateaubriand (p. 145), qui forme un arc de cercle presque parfait de plusieurs kilomètres à l'est de l'île, remporte la palme, grâce à sa longue et large plage de sable blanc étincelant. C'est là que se trouve le Drehu Village, le principal hôtel de l'île.

La baie d'Upi (île des Pins)

9 Le paysage de carte postale, c'est ici ! Sur l'île des Pins, on vit un rêve au quotidien. Les plages sont resplendissantes, les baies magnifiques, les îlots splendides et l'atmosphère est décontractée. Au sud-est de l'île, la baie d'Upi (p. 133) est piquetée d'îlots corallienset se découvre à bord de pirogues traditionnelles au départ de Saint-Joseph.

L'accueil en tribu

10 Dans les tribus (villages) kanak, la vie traditionnelle est toujours présente, et le mode d'hébergement (p. 211) le plus répandu pour l'accueil des touristes se fait dans des gîtes mélanésiens, de type case (avec matelas au sol) ou paillotte (case équipée de lits). C'est un excellent moyen d'entrer en contact avec la population locale, de découvrir la culture kanak et de savourer des spécialités mélanésiennes.

Au pays des broussards

11 Le territoire qui longe la côte ouest de la Grande Terre fait penser au Far West ou au bush australien. Bienvenue dans la "brousse", un univers marqué par l'élevage du bétail, avec des ranchs immenses qui se déploient entre la mer et la montagne. On y croise les cow-boys calédoniens, appelés broussards ou *stockmen*. Quelques petites villes sans histoire, comme Bourail (p. 94), disposent d'infrastructures touristiques.

La côte à Poé

12 Poé (p. 95) est l'une des principales zones balnéaires de la côte ouest. Très prisée des Nouméens qui y passent leurs week-ends (ou leurs vacances), elle est propice au farniente, aux activités sportives et aux balades le long des falaises. En suivant une piste en terre, on rejoint un joli panorama sur la plage de la baie des Tortues.

La grotte de Pethoen (Maré)

13 Un environnement unique de falaises, de plages de sable blanc et de grottes creusées dans le calcaire... Maré est la plus authentique et la plus secrète des îles de l'archipel des Loyauté. Parmi les sites naturels les plus spectaculaires de l'île, la grotte de Pethoen (p. 140), facile d'accès, entourée d'une végétation foisonnante et dotée d'impressionnantes stalactites, évoque une scène digne de l'aube de l'humanité.

Plages de Wabao et Cengéité (Maré)

14 Allez, une petite séance de relaxation : on ferme les yeux et on s'imagine allongé(e) sur une plage de sable blanc balayée par une petite brise marine, sur fond de lagon couleur turquoise parsemé de patates de corail... Un rêve ? Non, la réalité, ici, sur les plages de Wabao et Cengéité (p. 140), au sud de Maré. Et, bien sûr, pas âme qui vive pour troubler votre rêve...

La Côte Oubliée

15 C'est le long de la Côte Oubliée (p. 121) que la Nouvelle-Calédonie dévoile sa facette la plus sauvage. Au sud de Thio, sur la Grande Terre, une route longe le littoral et ménage de superbes points de vue sur l'océan. On se sent l'âme d'un explorateur dans cet univers suspendu entre ciel et terre, où les infrastructures se limitent à une poignée de campings.

L'essentiel

Pour plus de renseignements, voir *Nouvelle-Calédonie pratique* (p. 207)

Monnaie
Franc Pacifique (CFP)

Langues
Français
Dialectes kanak

Argent
DAB dans les principales localités. Cartes bancaires acceptées chez les principaux opérateurs touristiques. Optez pour un plafond de retrait hebdomadaire élevé et munissez-vous de suffisamment d'espèces (euros).

Visa
Inutile pour les ressortissants de l'Union européenne, de Suisse et du Canada.

Téléphone mobile
Carte SIM locale (réseau Mobilis) fonctionnant avec les téléphones européens et accords d'itinérance des principaux opérateurs.

Transports
Avion et bateau entre Nouméa, l'île des Pins et les Loyauté. Réseau de transports en commun sur la Grande Terre uniquement.

Quand partir

secteur moins exposé aux précipitations
zone sous le vent
zones exposées aux vents dominants, pluviométrie plus élevée

Haute saison
(décembre-janvier et juillet-août)

➡ Climat plus frais, mer agitée et vents forts (juillet-août)

➡ Saison des baleines (juillet-août)

➡ Fêtes traditionnelles

➡ Tarifs aériens très élevés

➡ Intersaison
(septembre-novembre)

➡ Climat chaud mais pas étouffant

➡ Période idéale pour les loisirs nautiques

➡ Période idéale pour la randonnée

➡ Tarifs aériens plus avantageux

Basse saison
(février-juin)

➡ Passage de dépressions tropicales (février-mars)

➡ Forte pluviométrie (février-mars)

➡ Offres promotionnelles dans l'hôtellerie

➡ Tarifs aériens plus abordables

Sites Web

Lonely Planet (www.lonelyplanet.fr). Destinations, forums, conseils pratiques.

Nouvelle-Calédonie Travel (www.nouvellecaledonie.travel/fr). Le portail touristique de la Nouvelle-Calédonie, pour organiser votre voyage.

Offices du tourisme locaux (www.tourismeprovincenord.nc, www.iles-loyaute.com, www.destinationprovincesud.nc, www.destinationgrandsud.nc)

Le Globe Trotter (www.leglobetrotter.nc). Guide gratuit, disponible en téléchargement.

Air Calédonie (www.air-caledonie.nc). Vols intérieurs, réservation en ligne.

Numéros utiles

Indicatif de la collectivité*	☏687
Code d'accès à l'international	☏00
Police	☏17
Pompiers	☏18

*Comme pour un pays étranger, depuis la France métropolitaine, composez le 00 puis le 687 devant le numéro de votre correspondant.

Taux de change

Canada	1 $C	82,6 CFP
Suisse	1 FS	109,62 CFP
Zone euro	1 €	119,33 CFP

Pour vérifier les derniers taux de change, consultez le site www.xe.com/fr

Budget quotidien

Moins de 100 €

➡ Séjour en case (à partir de 25 €/personne)

➡ Camping (15 €)

➡ Repas dans un snack (moins de 20 €)

➡ Déplacements en bus sur la Grande Terre (moins de 10 €), bateau entre Nouméa et les îles (à partir de 50 €)

100-170 €

➡ Hôtel familial (80 €)

➡ Repas au restaurant

➡ Voiture de location sur la Grande Terre

➡ Balade pédestre guidée (à partir de 20 €) et plongée (70 €)

Plus de 170 €

➡ Hôtel de standing (130 € et plus)

➡ Repas au restaurant

➡ Avion plein tarif entre Nouméa et les îles (150-220 € l'aller-retour)

➡ Voiture de location dans les îles (65 €/jour)

Arriver en Nouvelle-Calédonie

Aéroport international de Tontouta

➡ Bus – pour Nouméa (environ 3 €), mais fréquences limitées.

➡ Navettes – formule la plus pratique pour Nouméa (à partir de 16 €). Environ 45 minutes jusqu'à la capitale calédonienne.

➡ Taxis – pour toutes les zones de l'île. Environ 40 minutes jusqu'à Nouméa (80 €).

Planifier son voyage

➡ La plupart des activités touristiques dépendent étroitement des conditions climatiques. Tenez-en compte dans l'organisation de votre séjour. Histoire d'éviter toute déception, acceptez l'aléa climatique, quelle que soit la saison.

➡ Il n'est pas indispensable de passer par une agence de voyages et de tout réserver très tôt : les prestations, y compris les vols intérieurs, peuvent être réservées directement.

➡ Les plages idylliques sont sur l'île des Pins et dans les Loyauté ; aussi, combinez le tour de la Grande Terre (environ dix jours) à une ou deux îles. Résistez à la tentation de faire le tour des îles au pas de charge – deux jours pleins (hors jours d'arrivée et de départ) sur place sont un minimum...

➡ Emportez un équipement de snorkeling – dans les îles, les prestataires ne fournissent pas les palmes, le masque et le tuba.

➡ En raison des risques d'annulation de vol ou de bateau (météo, grèves), mieux vaut prévoir de revenir à Nouméa au moins deux jours avant votre vol international.

➡ En dehors de Nouméa et de la côte ouest de la Grande Terre, il est conseillé de téléphoner un ou deux jours avant pour confirmer ses réservations. D'une manière générale, n'hésitez pas à téléphoner pour vous assurer qu'une adresse est ouverte, même aux horaires normalement prévus.

Pour en savoir plus sur **comment se déplacer**, voir p. 218.

PRÉPARER SON VOYAGE L'ESSENTIEL

Envie de...

Plages

Les plages de la Nouvelle-Calédonie comptent parmi les plus belles du Pacifique. Attendez-vous à d'immenses rubans de sable blanc léchés par des eaux cristallines, à l'écart des foules. Impossible de résister à la tentation d'une baignade !

Kanuméra (île des Pins) Perfection des formes et des couleurs... La plage de Kanuméra passe pour la plus photogénique de l'île (p. 127)

Wabao et Cengéité (Maré) Deux plages idylliques, faciles d'accès, idéales pour la baignade et le snorkeling (p. 140)

Poé (Bourail) Un grand ruban de sable clair sur lequel viennent nidifier des tortues (p. 95)

Peng (Lifou) Une plage d'une beauté virginale, offerte à de mirifiques couchers de soleil (p. 149)

Baie de Luengöni (Lifou) Du sable blanc comme de la farine, des eaux translucides, des cocotiers à l'ombre desquels on se prélasse... La carte postale ! (p. 151)

Plage du pont de Mouli (Ouvéa) Le sable, d'une blancheur éblouissante, donne encore plus d'intensité au turquoise de l'eau (p. 154)

Plongée sous-marine

La Nouvelle-Calédonie est aussi belle sous l'eau que sur terre et des sites pour tous les niveaux attendent les plongeurs. Faune récifale, espèces pélagiques, massifs coralliens, gorgones, épaves... Le spectacle est grandiose !

La Dieppoise (Nouméa) Une épave coulée en 1988, où de nombreuses espèces ont élu domicile (p. 29)

Donga Hiengha (Hienghène) La faune se regroupe en masse sur ce récif (p. 31)

Îlot Tibarama (Poindimié) Un site idéal pour les baptêmes, avec des eaux claires et poissonneuses, à faible profondeur (p. 32)

Vallée des Gorgones (île des Pins) Une plongée au goût sauvage, au nord-ouest de l'île. Grande diversité d'espèces, notamment des requins (p. 32)

Grottes de Tomoko (Lifou) Un site spectaculaire, caractérisé par sa topographie variée et de superbes gorgones (p. 33)

Faille de l'îlot Shark (Bourail) Une plongée étonnante, dans un étroit chenal qui entaille le récif (p. 30)

Culture et patrimoine

Outre des paysages impressionnants et des plages de rêve, la Nouvelle-Calédonie possède un bel éventail de sites et de musées qui témoignent d'un riche passé.

Centre culturel Jean-Marie-Tjibaou La visite de ce très bel édifice conçu par Renzo Piano est un préalable indispensable pour qui veut comprendre la culture kanak (p. 48)

Musée de Bourail Un bâtiment de 1870 évoque l'histoire de la ville et de ses habitants (p. 95)

Fort Téremba Les ruines de cette colonie pénitentiaire ont été admirablement mises en valeur (p. 93)

Prony Ce village minier a accueilli des forçats (p. 75)

Vestiges du bagne (île des Pins) Près de 3 000 communards furent déportés sur l'île (p. 127)

Mine de Tiébaghi Visite guidée d'une ancienne mine de chrome et du village minier (p. 104)

Chapelle Notre-Dame de Lourdes (Lifou) Elle commémore l'arrivée des missionnaires catholiques sur l'île (p. 148)

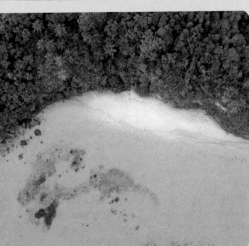

En haut Pirogue dans la baie d'Upi (p. 133), île des Pins
En bas Et au bout du sentier, le paradis de Kiki Beach (p. 147), Lifou

Paysages spectaculaires

Avec son relief accidenté et ses écosystèmes très variés, la Nouvelle-Calédonie n'est pas avare en paysages à couper le souffle. Préparez votre appareil photo !

Forêt Noyée Au milieu d'un lac de retenue aux eaux bleu sombre émergent des troncs argentés qui forment des silhouettes fantomatiques (p. 69)

Corniche calédonienne L'une des routes les plus pittoresques de la Grande Terre (p. 111)

Falaises de Jokin (Lifou) D'impressionnantes falaises surplombent des eaux d'une grande pureté (p. 148)

La Poule Couveuse Admirez les prodigieux effets de la géologie dans la baie de Hienghène (p. 113)

Piscine naturelle (île des Pins) Un bassin creusé dans le corail, cerclé de pins colonnaires (p. 129)

Grotte de Pethoen (Maré) Une grotte monumentale, ouverte dans la falaise, au milieu de la jungle (p. 140)

Pont de Mouli (Ouvéa) Ce pont qui franchit un chenal offre un point de vue incomparable sur le lagon (p. 154)

Activités sportives

La destination permet de faire le plein de sensations fortes, avec un large choix d'activités de plein air.

Kitesurf et stand-up paddle Des activités en vogue (p. 90), à pratiquer à Nouméa et à Bourail

Kayak Découvrez les côtes, les îlots et les plages au fil de l'eau (p. 88), dont la Côte

JEAN-BERNARD CARILLET ©

Les falaises de Jokin, à Lifou (p. 148)

Oubliée, le parc provincial de la Rivière-Bleue et les falaises de Lindéralique

VTT Explorez le parc provincial de la Rivière-Bleue (p. 68) en suivant des pistes balisées

Randonnée palmée
Pour se familiariser avec la faune, rien de mieux qu'une sortie snorkeling encadrée par un moniteur expérimenté (p. 88), à Nouméa ou à Hienghène

Balade à cheval Mettez-vous à l'heure caldoche : visitez un ranch à La Foa ou à Bourail (p. 86)

Observation des baleines
Observer de près ces géants débonnaires ? C'est possible dans le sud de la Grande Terre,

entre mi-juillet et mi-septembre (p. 92)

Bouts du monde

L'archipel garde jalousement le secret sur des sites où l'on se sent à mille lieues de la civilisation, sans qu'il soit pour autant nécessaire de parcourir beaucoup de kilomètres.

Pointe Nord La beauté désolée des paysages austères de l'extrémité de la Grande Terre est captivante (p. 105)

Falaises de Shabadran (Maré) Le temps d'une journée, jouez les explorateurs et accédez

à pied à des plages et à des criques secrètes (p. 142)

Kiki Beach (Lifou) Un paradis en miniature, uniquement accessible par un sentier (p. 147)

Côte Oubliée Qu'il semble loin le monde citadin ! Tout n'est que silence le long de cette côte quasi inhabitée, ponctuée de panoramas superbes (p. 121)

Grand Sud La nature règne en maître dans le Grand Sud, sillonné par quelques routes et pistes qui mènent à des sites sauvages (p. 66)

Îlot Brosse (île des Pins) Cet îlot bordé d'une langue de sable d'un blanc étincelant est paradisiaque (p. 129)

Mois par mois

Janvier

🎭 Fête Luecila 3000

Une fête traditionnelle sur Lifou, dans l'archipel des Loyauté. Démonstrations de danses par des groupes locaux et mélanésiens. Expositions artisanales, activités nautiques, concours de tressage.

Mars

🎭 Fête de l'Igname

Hommage est rendu à ce tubercule au centre des traditions calédoniennes. La fête la plus importante de la culture kanak marque le début des récoltes. Elle se tient généralement à la mi-mars et les célébrations restent assez discrètes.

Avril

🍴 Fête de l'Omelette géante

Vers Pâques, à Dumbéa, près de Nouméa sur la Grande Terre, une dizaine de chefs se font aider pour réaliser une omelette de 7 000 œufs dans une poêle de 3,5 m de diamètre. La dégustation (gratuite) a lieu au parc Fayard.

Mai

🎭 Fête de l'Avocat

Organisée à Nece, sur l'île de Maré (Loyauté), début mai, la plus grande fête de l'île célèbre la fin des récoltes.

🍴 Fête du Cerf et de la Crevette

À Boulouparis, dans le Grand Sud, cette fête très populaire comprend un concours de décorticage de crevettes, des chants et des danses, des animations de fête foraine et l'élection d'une miss...

Juin

☆ Festival du film de La Foa

Ce festival, qui se tient à La Foa et à Nouméa, donne l'occasion, pendant une semaine, de voir des films internationaux en VO.

Juillet

🏃 Trans-calédonienne

Un raid pédestre sur deux jours, à travers la Chaîne, sur la Grande Terre. Le parcours diffère chaque année.

🎭 Fête du Walei

À Ouvéa, dans l'archipel des Loyauté, cette fête célèbre le *walei*, un tubercule proche de l'igname, pendant deux jours, à la tribu de Heo. Au programme : marché, concours de pêche, danses, dégustations.

🎭 14-Juillet

Comme en France, vous pourrez voir des feux d'artifice le 13 au soir et une parade militaire le matin du 14 dans les rues de Nouméa.

🎭 Fête de la Mandarine

Sur la Grande Terre, Canala fête la mandarine durant un week-end, avec un marché, des expositions et des animations.

✳ Foire de Thio

À Thio, sur la côte est de la Grande Terre, pendant deux jours, vous pourrez assister à des démonstrations artisanales, suivre des visites guidées de la mine et acheter des produits du terroir.

Août

✳ Foire de Bourail

Bourail, la grande ville de la côte ouest, est le fief de la culture des broussards. Durant trois jours, autour du 15 août, place au concours de beauté local, au rodéo, à la foire aux bestiaux et aux courses de chevaux.

✳ Fête du Café

Fin août, à Sarraméa, sur la côte ouest de la Grande Terre. Découverte du patrimoine agricole de la commune.

✳ Fête du Santal et du Miel

Sur Lifou, dans les Loyauté, cette fête est consacrée aux savoir-faire traditionnels de la tribu de Easo, dont la production de miel et le travail du santal.

🏃 Marathon international de Nouvelle-Calédonie

Plusieurs courses au programme, essentiellement le long des baies de Nouméa :
un marathon, un semi-marathon, une course de 5 km et une course pour enfants.

Septembre

☆ Journées du Patrimoine

Durant un week-end, vers la mi-septembre, on peut visiter des expositions et des monuments dans diverses localités de la province Sud.

🍴 Marché du ver de Bancoule

C'est le deuxième dimanche de septembre, à Farino, que se tient le grand concours de dégustation de cette grosse larve blanche, qui peut mesurer jusqu'à 10 cm...

🏃 Tour cycliste de Nouvelle-Calédonie

Dix étapes autour du Caillou.

✳ Foire des îles

Foire tournante chaque année sur chacune des îles Loyauté.

Octobre

✳ Foire agricole et artisanale de Koumac

Semblable à celle de Bourail, cette foire de 3 jours a lieu début octobre dans un autre lieu phare de la Grande Terre. Elle
comprend des courses de chevaux, un rodéo et des concours de légumes de jardin.

✳ Fête de la Vanille

Foire agricole tournée vers la culture de la vanille, à la tribu de Mou (Lifou).

Novembre

✳ Fête du Bœuf

À Païta, une grande foire agricole et son rodéo, fin octobre ou début novembre.

☆ Gypsy Jazz Festival

Le rendez-vous des amateurs de jazz. À Nouméa, à Païta et dans les îles.

☆ Son et lumière au fort Téremba

Spectacle très apprécié, organisé au fort Téremba, près de La Foa, avec de nombreux figurants.

✳ Fête du Wajuyu (Vivaneau)

Un week-end festif sur Maré, l'une des îles Loyauté, sur le thème de la pêche.

Décembre

✳ Fête du Taro

Le taro est à l'honneur pendant trois jours fin novembre-début décembre à la tribu de Wakatr à Ouvéa.

Itinéraires

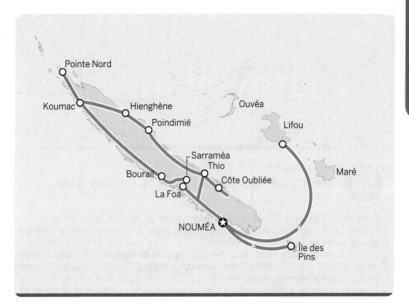

 3 SEMAINES ## L'essentiel de la Nouvelle-Calédonie

Installez-vous quelques jours à **Nouméa** et reposez-vous du long trajet en avion en profitant des musées et des plages. Ensuite, commencez le grand tour du "Caillou" par la côte ouest. Découvrez les charmes bucoliques de la région de **La Foa** et **Sarraméa** avant de rejoindre **Bourail**, aux airs tranquilles de bourgade du Far West. Les plages des environs vous inciteront à rester au moins deux jours. Continuez jusqu'à **Koumac**, dont les sites naturels et culturels méritent qu'on leur consacre également deux jours. De là, poussez jusqu'à la **pointe Nord**, dont les paysages semi-désertiques sont envoûtants. Passez ensuite de l'autre côté de la Chaîne, sur la côte est. Changement complet d'ambiance à **Hienghène**, fief de l'identité kanak. Descendez jusqu'à **Poindimié**, une petite ville agréable en bord de mer, puis continuez à descendre la côte est jusqu'à **Thio** et la **Côte Oubliée**. Retour ensuite à Nouméa, avant de rejoindre l'**île des Pins** en avion ou en bateau. Ressourcez-vous au moins deux jours sur cette terre magique. Après un nouveau passage par Nouméa, mettez le cap sur **Lifou**, la plus grande île de l'archipel des Loyauté. Consacrez au moins trois jours à ce joyau qui vous enchantera par son rythme de vie paisible et ses paysages fabuleux.

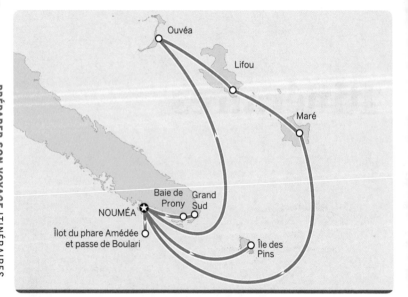

Nouméa, les Loyauté et le Grand Sud

2-3 SEMAINES

Profitez de la douceur de vivre de **Nouméa** : visitez ses musées, découvrez son patrimoine architectural et faites une escapade sur les îles au large, comme l'**îlot du phare Amédée**. La capitale calédonienne est aussi un haut lieu de la plongée sous-marine, avec de magnifiques sites autour de la **passe de Boulari**. Consacrez ensuite au moins neuf jours à l'**archipel des Loyauté**. À **Ouvéa**, un guide vous fera découvrir les sites secrets des Pléiades du Nord et les falaises de Lekiny. Vous pourrez aussi vous baigner près du pont de Mouli, dans une eau turquoise. Sur **Lifou**, les baies de Jinek, de Luengöni et du Santal composent un cadre de rêve pour le farniente, la baignade... ou la plongée au nord de la baie du Santal. Sur **Maré**, un guide kanak vous accompagnera le long des falaises de Shabadran ou jusqu'à des plages secrètes au nord de l'île. Passez ensuite trois jours sur l'**île des Pins**, la "perle du Pacifique" : visitez les vestiges du bagne, plongez sur les sites au nord-ouest et faites une balade en pirogue ou une excursion sur l'îlot Nokanhui. De retour sur la Grande Terre, cap sur les étendues sauvages du **Grand Sud**, notamment la baie de Prony (pour la migration des baleines) et le parc provincial de la Rivière-Bleue, qui méritent deux à trois jours.

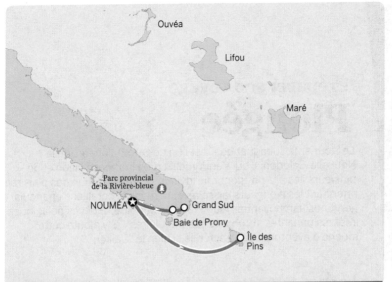

Nouvelle-Calédonie express

Une semaine seulement ? Vous êtes probablement un "tour-du-mondiste" qui fait étape sur le Territoire, ou un expatrié français installé en Australie ou en Nouvelle-Zélande en mal de francophonie. Passez deux jours à **Nouméa**, profitez des musées, des restaurants et de la vie nocturne, puis prenez l'avion pour l'**île des Pins**. En trois jours, vous aurez le temps de participer à une excursion sur le lagon, de faire une sortie plongée et de savourer la quiétude des plages de l'île.

De retour à Nouméa, louez une voiture à l'aérodrome et filez vers le **Grand Sud** ; en deux jours, vous aurez un aperçu des richesses de cette superbe région, l'une des plus sauvages de la Nouvelle-Calédonie ; faites une balade à VTT ou en kayak dans le **parc provincial de la Rivière-Bleue**, et passez la nuit dans un gîte au bord de l'eau. Sur le chemin du retour, arrêtez-vous au village de **Prony**. Revenu à Nouméa, terminez votre séjour par un verre ou un repas dans un bar-restaurant le long de la **plage de l'anse Vata** ou de la **baie des Citrons** avant de filer à l'aéroport international de Tontouta.

Préparer son voyage

Plongée

Le "tourisme subaquatique" est l'un des atouts phares de la Nouvelle-Calédonie, qui s'enorgueillit d'un immense lagon et de plusieurs îles à la physionomie idyllique. L'énumération des plaisirs attendant les plongeurs laisse rêveur : massifs coralliens épanouis, gorgones flamboyantes, faune récifale bariolée, espèces pélagiques impressionnantes, tombants spectaculaires... S'y ajoute cette touche d'aventure qui caractérise si bien le "Caillou".

Cinq bonnes raisons de plonger en Nouvelle-Calédonie

Des structures professionnelles et un excellent personnel d'encadrement.

Des centres de plongée répartis sur l'ensemble du territoire.

Des plongées adaptées à tous les niveaux.

Un lagon préservé, avec une exceptionnelle diversité d'espèces.

Des sites variés et pratiquement vierges.

Combien ça coûte ?

Plongée "two-tank" (1 sortie, 2 plongées) :
de 12 000 CFP (sans la location du matériel)
à 17 000 CFP (location du matériel incluse).

Baptême : de 8 000 à 10 000 CFP.

Formation au brevet de Niveau 1 :
environ 45 000 CFP.

La plupart des sites conviennent à tous les niveaux et présentent l'avantage d'être modérément fréquentés.

Seuls réels "points faibles" de la plongée en Nouvelle-Calédonie : l'éloignement des sites (la plupart nécessitent un trajet en bateau d'une durée de 15 à 45 min) et la température fraîche de l'eau en juillet-août.

Sur place, vous trouverez plus d'une dizaine de centres de plongée employant un personnel qualifié et très professionnel, répartis sur la Grande Terre, sur l'île des Pins et dans l'archipel des Loyauté.

Conditions de plongée

On peut plonger toute l'année, mais les conditions varient selon la saison et la zone. En général, la visibilité oscille entre 15 et 40 m. Pendant la saison humide, les rivières gonflent et charrient des sédiments qui se déversent dans le lagon et troublent un peu ses eaux. Ce phénomène est plus marqué sur la côte est, la plus exposée aux vents dominants. Toutefois, la limpidité de l'eau à l'extérieur de la barrière corallienne n'est pas affectée. Les sites exposés au courant se prêtent à des plongées dérivantes.

Si la température de l'eau culmine à 28°C environ en février, elle peut descendre à 21°C en août. De mars à décembre, il est conseillé de mettre une combinaison de 5 mm.

Plongée

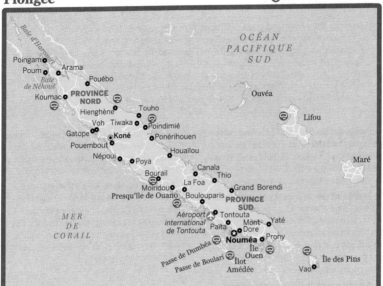

Sites de plongée

Grande Terre

Les sites de plongée se répartissent le long des côtes est et ouest de la Grande Terre, à proximité immédiate de la barrière de corail ou des passes.

Nouméa

La **passe de Boulari**, à environ 18 km au sud de Nouméa (40 min de bateau), dans le même secteur que le phare Amédée, est sans doute le site le plus couramment proposé dans cette zone. Elle donne lieu à plusieurs explorations possibles. Le profil de plongée habituel consiste à effectuer une dérivante (on se laisse porter par le courant) dans la passe à marée montante. Les coraux ne monopoliseront guère votre attention. En revanche, la faune ne manque pas avec, entre autres, des raies mantas, des napoléons et des mérous. Une quantité non négligeable de requins fréquentent les parages, et l'on peut voir sur le fond des obus de la Seconde Guerre mondiale. Vous resterez dans la zone des -18 m. Compte tenu de la distance de Nouméa, et des conditions de mer souvent agitée, cette zone n'est pas propice aux baptêmes.

Autre zone de plongée fréquemment desservie depuis Nouméa : la **passe de Dumbéa**, avec plusieurs sites bien protégés des vents dominants du sud-est. D'octobre à décembre, cette passe est un lieu de reproduction des loches, présentes par centaines.

➡ **Récif Tabou (secteur de la passe de Boulari)** – Un site très sécurisant, entre -3 et -18 m, parfait pour les débutants.

➡ **Récif Sournois (secteur de la passe de Boulari)** – Même secteur que le récif Tabou. Fait référence à un haut-fond corallien qui attire une multitude d'espèces, dont des surmulets, des chirurgiens, des murènes et des raies aigles.

➡ **La Dieppoise et Toho 5 (secteur de la passe de Boulari)** – Entre la passe de Boulari et l'îlot Amédée, la *Dieppoise* est l'épave la plus connue de Nouvelle-Calédonie. Intentionnellement coulée en 1988, elle repose par -26 m et abrite des mérous, des carangues, des perches et des nudibranches. Sur le même site, le *Toho 5* est l'épave d'un ancien palangrier d'une quarantaine de mètres de long, qui gît par -20 m. Les poissons ont commencé à s'y installer.

➡ **Mur aux Loches (secteur de la passe de Dumbéa)** – Site réputé pour la présence de centaines de loches pendant la période de frai, en octobre-novembre.

RANDONNÉE PALMÉE

Soucieux de permettre à un public de non-plongeurs de découvrir les joies du monde marin, plusieurs centres de plongée ont mis au point une prestation spécifique : la randonnée palmée. Il s'agit de balades aquatiques en surface, d'une durée d'une heure environ, sur un site très sécurisant, avec palmes, masque et tuba, guidées par un moniteur qui veille à la sécurité et donne des explications sur la faune et les écosystèmes. Cette activité, qui convient tout particulièrement aux familles, est proposée à Nouméa, Koumac, Hienghène et Poindimié.

➡ **Pointe de Dumbéa, récif Extérieur (secteur de la passe de Dumbéa)** – Le récif Extérieur est aussi connu sous le nom de "spot des Surfeurs". Beau tombant entre -10 et -40 m, garni de jolis coraux. Fréquente présence de requins gris.

➡ **Humboldt (secteur de la passe de Dumbéa)** – Cette épave d'un ancien palangrier long de 45 m repose par -22 m sur le flanc tribord. On peut visiter la timonerie et les cales. L'hélice et la proue sont très photogéniques. Site peuplé par des apogons, des loches, des rougets et beaucoup de rascasses.

➡ **Fausse passe de Uitoé** – Certains centres de plongée montent jusqu'à ce site, qui présente un beau relief (canyons, failles) et des coraux en bon état. Profondeur moyenne : -25 m.

➡ **Toho 2** – Épave poissonneuse, à l'intérieur du lagon, coulée devant l'hôtel Le Méridien ; la visibilité est souvent médiocre.

➡ **Patate de Tepava** – Autre site à l'intérieur du lagon. Bloc rocheux posé sur un fond sableux, faisant office de station de nettoyage pour des tortues vertes.

➡ **Sèche-Croissant** – Récif corallien entre -3 et -9 m, à l'intérieur du lagon, idéal pour les baptêmes et l'initiation.

Bourail

L'attrait majeur des sites dans le secteur de Bourail est constitué par l'architecture sous-marine.

➡ **Fausse passe de l'île Verte** – Au sud de la baie de Bourail, ce site vous étonnera par ses pinacles coralliens qui se dressent sur un fond sableux. La faune est abondante, notamment des requins à pointe blanche, des requins-léopards, des raies pastenagues, des raies-léopards, des mérous, des bancs de carangues et des napoléons. Le récif est parcouru d'un réseau de canyons et d'anfractuosités.

➡ **La Faille de Poé/Faille de l'îlot Shark** – Les plongeurs s'immergent dans un étroit chenal taillé dans le récif, qui s'étend perpendiculairement à la côte. Il s'agit de l'ancien lit d'une rivière, où ont élu domicile des requins, notamment des requins-guitares, et des mérous. Dommage que la visibilité soit souvent réduite.

➡ **Le grand coude de Kélé** – Fait référence à une petite passe dans le récif, riche en faune. Vous aurez de grandes chances de voir des requins gris, des carangues, des bécunes, des loches et des raies-aigles. Le tombant débute à -18 m et plonge vers les abysses. Quelques canyons agrémentent le relief.

Koumac

Les plongées à Koumac ont un parfum d'aventure qu'on ne trouve pas dans le reste de la Grande Terre. Les sites, peu fréquentés, sont restés vierges. Ce qui les différencie du reste de la Calédonie ? La présence de tombants vertigineux et le passage régulier de pélagiques, dont plusieurs espèces de requins (gris, pointe blanche, marteaux, voire requins-tigres…). Pour autant, la plupart des explorations restent accessibles dès le Niveau 1. La durée des trajets en bateau varie entre 15 et 30 min.

➡ **Eagle Paradise** – Site multiniveau. Requins, raies-aigles et thons à dents de chien.

➡ **Grottes de Zugaramurdi** – Plongée d'ambiance, dans -15 m d'eau. Petits tunnels, grottes, jeux de lumière… Les photographes adorent.

➡ **Failles de Deverd** – Cavités dans le récif, tapissées de gorgones et de coraux, dans -20 m.

➡ **Canyon Valley** – On entre dans une cheminée qui débouche à -10 m, avant de traverser un canyon vers -20 m. Possibilité de voir des requins-marteaux, des barracudas et des requins à pointe blanche, selon les marées.

➡ **Balcon sur le Bleu** – Le site le plus éloigné (environ 25 min), sur le tombant extérieur. Entrée dans une énorme faille tout en longueur, puis balade dans un dédale rocheux avant de déboucher sur le grand bleu. Petite faune, et quelques raies mantas à la saison fraîche.

Hienghène

La zone de Hienghène compte une dizaine de sites, dont les principales caractéristiques sont le relief tourmenté (failles, arches, canyons) et l'abondance de la faune fixée (coraux, alcyonaires, gorgones, nudibranches). Selon les courants et les marées, il est aussi possible de croiser des requins et des raies.

➡ **Donga Hiengha** – Ce récif au large de Koulnoué est accessible en une vingtaine de min par bateau. Des raies-aigles, des requins de récif et des bancs de lutjans sont parfois de la partie. Avec un peu de chance, une tortue fera son apparition. Autre intérêt : deux cavités agrémentées de gorgones, dans -12 m. Peut-être apercevrez-vous une murène ruban, une espèce assez rare, reconnaissable à la plume jaune sur la partie supérieure de sa tête.

➡ **Fonti Reef** – En face de Donga Hiengha, de l'autre côté de la passe. Plateau corallien bien abrité des vents dominants.

➡ **Dongan Hiengu** – Caractéristiques similaires à Fonti Reef, dont il est proche.

➡ **Tidwan** – Au nord-ouest. Faune abondante et un paysage sous-marin très varié, dominé par des canyons, des arches et des tunnels.

➡ **Îlot Hienga Bat** – Site sécurisant utilisé pour les baptêmes. Bancs de sable, petite faune, faible profondeur.

➡ **Anse aux Baleines** – Proche de Tidwan. Caractéristiques analogues.

➡ **La Cathédrale** – Il faut 45 min en bateau pour rejoindre le récif Doiman (une aire marine protégée) depuis Koulnoué. Ce site désigne un tombant qui dégringole de -7 à -55 m, égayé de gorgones épanouies. Le secteur est fréquenté par des thons, des thazards, des requins gris, des requins à pointe blanche de récif, des barracudas, des carangues, des hippocampes pygmées et, à certaines époques de l'année, des bancs de perroquets à bosse. Le relief donne lui aussi matière à s'enthousiasmer, puisque vous aurez l'occasion de descendre dans une cheminée à -6 m et de ressortir à -17 m sur un surplomb ouvrant sur le grand bleu.

➡ **Pointe aux Cachalots** – À 300 m de la Cathédrale, la pointe aux Cachalots fait partie des lieux de tournage choisis pour le film *Océans*, de Jacques Perrin, en 2009. Entre -15 et -22 m, de grands couloirs coralliens pénètrent dans le récif et se terminent en cul-de-sac.

➡ **Récif de Kaun** – Moins facile d'accès, en raison de son exposition au vent, ce récif vaut néanmoins le détour pour sa topographie accidentée et la diversité de la faune, par -25 m. De multiples anfractuosités, failles, passages étroits et des arches agrémentent le paysage sous-marin – un régal pour les yeux lorsque les rayons du soleil filtrent à travers les structures coralliennes. Des gorgones ajoutent une note colorée. La faune n'est pas l'attrait majeur du site, mais il arrive que des barracudas, des carangues, des tortues, des raies-aigles et des requins se manifestent.

Poindimié

Le secteur de Poindimié n'est pas réputé pour sa concentration de pélagiques, mais pour la petite faune récifale, les alcyonaires, les gorgones et les nudibranches. La plupart des sites se trouvent dans la passe du cap Bayes et dans la passe de la Fourmi, à une vingtaine de min de bateau.

LA TOUTE PREMIÈRE FOIS : BAPTÊME DE PLONGÉE

La Nouvelle-Calédonie réunit des conditions exceptionnelles pour s'initier à la plongée sous-marine : la température de l'eau est agréable, la visibilité excellente, les lagons ressemblent à d'immenses piscines et la faune marine est abondante. Tenté par un "baptême" ? Adressez-vous à un centre de plongée. Le baptême est une balade sous-marine qui dure entre 20 et 40 min, encadrée par un moniteur qualifié, dans un site protégé. À terre, le moniteur vous explique brièvement les règles élémentaires de sécurité et vous fait respirer dans le détendeur. Après cette prise de contact, il vous équipe et vous fait descendre en douceur. Il vous tient par la main et guide vos évolutions, à une profondeur comprise entre 3 et 10 m. Certains centres de plongée proposent des initiations dans la piscine d'un hôtel ou sur la plage.

Les seules contre-indications sont d'ordre médical : affections ORL graves, épilepsie, pathologies cardio-vasculaires, rhume, sinusite et grossesse.

L'expérience vous a émerveillé ? Vous êtes au bon endroit pour suivre une formation de trois à cinq jours pour décrocher un brevet, reconnu dans le monde entier.

➡ **Spaghetti** – Gros massif corallien à l'intérieur du lagon, à mi-chemin entre Poindimié et la passe du cap Bayes. Généralement, les plongeurs décrivent une spirale autour du pinacle, en commençant à la base de celui-ci, vers -26 m, puis en remontant progressivement. Le site est riche en petite faune et en nudibranches multicolores. Des gorgones enluminent le pinacle. Carangues et thazards se montrent à l'occasion.

➡ **L'Arche** – Arche monumentale tapissée de gorgones, au milieu de la passe centrale. Des pélagiques se manifestent de temps à autre (thazards, requins gris).

➡ **Phuket** – Tombants, canyons et failles garnis de gorgones. On trouve aussi beaucoup de mollusques – ovulas, nudibranches...

➡ **Actinaria** – En bordure extérieure de la passe centrale, ce site abrité est idéal pour les débutants. Au menu : des coraux de qualité, des anémones aux couleurs vives, des ovulas.

➡ **Faille de Bayes** – Derrière les îlots de Bayes et de Bois de Fer. L'exploration démarre dans une cheminée creusée dans le récif, entre -6 et -14 m, puis on débouche sur des pinacles et une seconde cheminée. Ambiance surnaturelle, avec des jeux de lumière dans les cheminées, et des nuées de poissons-clowns, ainsi que des anémones.

➡ **Val d'Isère** – Exploration facile, dans un chenal entre les deux passes principales, dans moins de 16 m. La quantité et la qualité des coraux font le charme de cette exploration, que viendra éventuellement pimenter la présence de requins-léopards, de raies pastenagues et de napoléons.

➡ **Îlot Tibarama** – Très proche de la côte, ce site est utilisé pour les baptêmes, avec la présence de beau corail et de murènes rubans, et très prisé pour les plongées de nuit : on y voit alors des poissons-perroquets dans leur cocon, des langoustes et des danseuses espagnoles (nudibranches).

LA CARTE PLONGÉE +

Nouvelle-Calédonie Plongée (www. ncp.eklablog.com), une association qui regroupe six centres de plongée du Territoire (ils se trouvent à Nouméa, Dumbéa, La Foa, Hienghène, Poindimié et sur l'île des Pins), vend une carte appelée "Plongée +" qui donne droit à une réduction de 15% sur le tarif des plongées (hors location de matériel) dans les centres affiliés. Elle est en vente dans les clubs membres au prix de 6 000 CFP et valable un an.

Yaté et îlot Casy

Cette zone, l'une des plus attrayantes, n'est malheureusement proposée qu'occasionnellement par certains centres de plongée de Nouméa. Les baleines passent dans les parages entre juillet et septembre.

➡ **Aiguille de Prony** – Plongée mythique, dans la baie de Prony, au nord de l'îlot Casy. Imaginez une aiguille rocheuse, issue de la calcification d'une résurgence d'eau douce, s'élançant du fond, à partir de -40 m, jusqu'à -2 m. L'atmosphère qui s'en dégage est irréelle. Les invertébrés (nudibranches, coquillages et éponges) prolifèrent. Profil habituel de la plongée : immersion jusqu'à -25 m, puis remontée progressive en tournant autour de l'aiguille.

➡ **Fosse aux Requins** – Ce site au large de Goro désigne une faille dans le platier, dont la configuration (600 m de long, 20 m de profondeur) évoque celle d'un serpent. Ce canyon abrite diverses espèces de requins, des raies et des barracudas, sans parler de la présence d'une énorme patate corallienne et d'une épave.

➡ **Îlot Nouaré** – Ce site associe une topographie variée et une faune marine exubérante. Entre -24 et -30 m, un énorme massif corallien attire des gaterins, des poissons-anges, des barracudas, des requins de récif, et éventuellement des raies-aigles et des tortues.

Île des Pins

L'île des Pins possède des sites superbes et offre des paysages sous-marins contrastés. La plupart des plongées ont lieu au large de la pointe nord-ouest de l'île et sont des dérivantes.

➡ **Vallée des Gorgones** – Près du récif Gadji, le site désigne un tombant qui dévale de -5 à -45 m environ, égayé d'une profusion de gorgones et animé par de multiples petits poissons tropicaux, y compris des hippocampes pygmées. Avec de la chance, quelques pélagiques feront leur apparition, notamment des requins et des raies. Autre centre d'intérêt : le relief tourmenté, coupé d'anfractuosités et de passages étroits.

➡ **Jardin d'éden** – Prolongement de la vallée des Gorgones, avec la présence d'hippocampes pygmées et poissons sangliers. Belle architecture sous-marine. Accessible dès le Niveau 1.

➡ **Passe de Gié** – Superbe plongée dérivante, réputée pour la densité des espèces présentes. Vous croiserez des bancs de carangues et de barracudas, ainsi que des requins gris et des requins à pointe blanche dans moins de 25 m d'eau. Votre guide vous montrera sans doute

VOYAGE EN AVION ET PLONGÉE

La plupart des plongeurs arrivent en Nouvelle-Calédonie par avion. Plonger après un voyage en avion ne pose aucun problème ; en revanche, il faut attendre au moins 18 heures (voire 24 heures selon certains spécialistes) après une plongée avant de reprendre l'avion. Motif : la pression qui règne dans les appareils, inférieure à la pression atmosphérique, risque de perturber le processus d'élimination de l'azote dissous dans l'organisme et de favoriser la survenue d'un accident de décompression. Tenez compte de ce facteur dans l'organisation de votre voyage, car vous serez sans doute amené à prendre plusieurs fois l'avion si vous visitez les îles.

les étranges limes électriques cachées dans le corail, ainsi que des hippocampes pygmées et des nudibranches. Également de chatoyantes anémones rouges.

➡ **Récif de Kasmira** – Ce superbe récif dans la baie de Ouaméo se distingue par une éminence corallienne entre -3 et -17 m, autour de laquelle gravite une faune exubérante et diversifiée. Clou du spectacle : des requins-léopards et des murènes rubans. Également de gros bénitiers, des carangues dorées, des perches, des fusiliers, des nuages de chromis et des nudibranches. Idéal pour les petits niveaux.

➡ **Faille de Noupoa** – Grands promontoires pavoisés de corail, près desquels évoluent des gaterins, des anthias et des papillons. Belle faille de 5 m de large, entre -9 et -40 m, tapissée de gorgones éventails. Belle plongée d'ambiance, dans une eau souvent claire, dans un relief animé.

➡ **Daa Djare** – Site adapté à tous les niveaux, en face de la passe de Boubou. On évolue au milieu de patates de corail séparées par un couloir décoré de gorgones. On observe des bancs de lutjans, des limes électriques, des poissons-éperviers et d'énormes anémones.

➡ **Twin Head et Grand Canyon** – Au nord de l'îlot Gié, une belle plongée dérivante. On part de deux patates coralliennes (d'où le nom de "Twin Head"), puis on rejoint le tombant, où se trouvent deux grands canyons agrémentés de gorgones. Accessible dès le Niveau 1. Observation de porcelaines ovula et de limes électriques.

➡ **Grotte de Gadji** – Une superbe plongée d'ambiance. Vous évoluez dans un dédale de grottes et de tunnels dans le récif, égayés de puits de lumière. Langoustes, nudibranches, limes électriques, porcelaines, crabes, poissons harpes sont au rendez-vous.

➡ **Grotte de la Troisième** – Plongée hors norme, qui se singularise par son emplacement et sa topographie : dans une grotte, sur l'île même, à environ 6 km au nord de Kuto. Pour accéder au site, il faut marcher pendant quelques min à travers la forêt. On évolue dans la grotte à -6 m environ. Elle est remplie d'eau douce et les stalactites et stalagmites créent une atmosphère irréelle. Cette plongée est réservée aux plongeurs chevronnés, ayant une expérience de ce type de milieu.

Îles Loyauté

Lifou

Impossible ici d'être déçu par le paysage sous-marin, agrémenté de splendides formations coralliennes, de grottes et de poissons tropicaux en pagaille. Requins et raies se manifestent de temps à autre. Depuis 2019, un deuxième centre est installé à Lifou, à la marina de W2, ce qui permet de découvrir deux zones.

Le secteur nord-ouest est exploité par le centre situé à Easo :

➡ **Gorgones Reef** – Au nord de la baie de Santal, ce site abrité doit son nom aux multiples gorgones chatoyantes rehaussant des gros blocs coralliens et des arches vers -25 m. La visibilité est en général très bonne. Requins gris, requins-léopards, barracudas, napoléons et thons maraudent dans les environs.

➡ **Grottes de Tomoko** – À proximité de Gorgones Reef. Ensemble de cheminées, tunnels et grottes dans le récif (entre -8 et -20 m). Les rais de lumière qui pénètrent par les ouvertures du récif créent une ambiance surnaturelle. Des poissons-soldats, des langoustes et des gorgones vous tiendront compagnie.

➡ **L'Arche** – Principal intérêt de cette plongée : une vaste voûte d'une quinzaine de mètres de long dans le récif, avec de beaux jeux de lumière. Gorgones et alcyonaires en quantité.

➡ **Shoji Reef/Vallée des Gorgones** – Belle plongée dérivante, pour confirmés. Au milieu d'un champ de coraux, d'alcyonaires et de gorgones épanouies, vous croiserez des thons, des requins, des raies et des barracudas. Joli paysage, fait de monticules coralliens qui délimitent des passages.

PLONGÉE RESPONSABLE

L'écosystème de Nouvelle-Calédonie est très vulnérable. En respectant les conseils suivants, vous contribuerez à la préservation de l'environnement sous-marin.

➡ Insistez pour que les centres de plongée installent des bouées d'amarrage sur chaque site.

➡ Contrôlez votre flottabilité et évitez d'être surlesté.

➡ Ne touchez pas les organismes marins vivants, y compris les récifs de corail.

➡ Fuyez toute interaction avec la faune, par exemple jouer avec une tortue, vous altéreriez son comportement.

➡ Ne vous attardez pas dans les grottes. Les bulles qui s'échappent des détendeurs exposent les organismes au milieu aérien et provoquent leur nécrose.

➡ Emportez tous vos détritus et ramassez ceux que vous trouvez sous l'eau.

➡ **Récif Alcyonaire** – Plongée dérivante, dans une vingtaine de mètres d'eau, avec beaucoup de coraux mous et parfois des requins.

➡ **Les Patates de Notre-Dame** – Site idéal pour les débutants ou les plongées de réadaptation, en face de l'église du même nom. Deux gros pinacles coralliens affleurant à la surface, entourés d'une kyrielle de petits poissons.

➡ **Cap Martin** – Plongée pleine de surprises, le long d'un tombant garni de beaux coraux, à partir de -15 m. Il est possible de voir des pélagiques, notamment des requins.

Le centre établi à la marine de Wé propose des sites dans la baie de Chateaubriand, très faciles d'accès (moins de 5 min), adaptés à tous les niveaux. Ils restent très attrayants quoique moins poissonneux que ceux du nord-ouest et dépourvus de gorgones. La visibilité est en général excellente. Requins gris, requins-léopards, barracudas, napoléons et thons y maraudent dans les environs.

➡ **La Bouée Verte** – Autour de cette bouée, au large de la marina de Wé. Pas de gorgones, mais de vastes roses de corail et un relief composé d'imposantes éminences coralliennes parallèles à la côte, entre -40 et -5 m. Peu de poissons ; c'est le relief et l'ambiance qui font le sel de cette plongée.

➡ **La Crique** – Petite grotte le long de la côte, à deux min de la marina. Belle architecture sous-marine (canyons, petits tunnels) et coraux en bon état. Site ludique.

➡ **Le Petit Tombant** – À gauche de la marina. On part du ponton. Après 5 min de palmage, on arrive dans une zone poissonneuse, entre -10 et -15 m.

➡ **Les Patates de Hnasse** – Plongée au milieu d'un enchevêtrement de patates et de pinacles coralliens dans moins de 20 m d'eau.

Centres de plongée

La Nouvelle-Calédonie possède des centres de plongée d'excellente qualité, où exercent des moniteurs qualifiés. Ils proposent une gamme complète de prestations, pour tous les niveaux. La plupart des centres sont affiliés à un organisme certificateur ou à une fédération internationale (PADI, SSI, CMAS...). En principe, ils fonctionnent toute l'année, tous les jours, mais il est préférable de réserver ses sorties au moins un jour à l'avance. Comme la plupart des sites nécessitent un trajet en bateau de 15 à 45 min environ, les centres proposent le système du "two-tank dive" (une sortie, deux plongées), généralement le matin.

Des standards de qualité existent, mais chaque centre a son style et sa personnalité. N'hésitez pas à vous imprégner de l'ambiance avant de vous décider.

Le coût des plongées est élevé comparé à d'autres destinations tropicales. Les forfaits (de 5 ou 10 plongées) reviennent moins cher, tout comme la carte Plongée + (voir l'encadré p. 32). La location du matériel n'est en général pas comprise dans le tarif des plongées. Si vous voyagez avec votre équipement, gare à l'excédent de bagages sur les vols intérieurs.

Si vous êtes déjà breveté, n'oubliez pas votre carnet de plongée et votre attestation de niveau. Tous les plongeurs sont acceptés, quel que soit l'organisme qui les a formés. Si vous souhaitez suivre une formation, vous devrez produire un certificat médical de non-contre-indication à la plongée.

Préparer son voyage

Voyager avec des enfants

Observer les poissons et les coraux multicolores, partir en balade à cheval en brousse, découvrir l'univers de la mine et ses secrets, observer les baleines en mer, rencontrer d'autres enfants qui vivent en tribu… la Nouvelle-Calédonie laissera des souvenirs impérissables aux petits comme aux adolescents.

Activités de plein-air

C'est assurément l'atout phare de la destination ! Le lagon émerveillera les enfants à tous les âges : des sessions de sports nautiques pour les ados (surf, kitesurf…) aux balades en canoë ou en stand-up paddle en famille, il devrait y en avoir pour tous les goûts. Sous l'eau, les randonnées en palme-masque-tuba peuvent être envisagées dès 6 ans. La rencontre avec les tortues, les poissons-clowns et les poissons perroquets risque d'être inoubliable ! Pour plus de sensations encore, pourquoi ne pas opter pour une observation des baleines dans le Grand Sud (p. 74) ?

Il va de soi que les plages seront un élément apprécié des enfants de tout âge. Sur les îles Loyauté, les plages paradisiaques et faciles d'accès sont nombreuses. La splendide plage d'Ouvéa (p. 152), côté lagon, longue de 25 km, devrait les occuper un moment ! À Lifou, optez pour la baie de Jinek (p. 148) et ses innombrables poissons tropicaux. Si vous n'allez pas jusqu'aux Loyauté, ne manquez pas l'île des Pins. Là, direction la plage de Kuto (p. 127), bien ombragée, pour une baignade en toute sécurité. Toujours sur l'île des Pins, les balades en pirogue (p. 129) sont aussi

Les meilleures activités avec des enfants

Monde sous-marin

Prendre le taxi-boat pour passer une journée sur l'île aux Canards et nager le long du sentier sous-marin (p. 50)

Une visite à l'aquarium de Nouméa pour voir de très près la diversité du lagon (p. 48)

Une sortie en bateau pour aller observer les baleines (p. 74)

Musées et visites culturelles

Une visite et un spectacle au centre culturel Tjibaou pour faire connaissance avec la culture kanak (p. 48)

Une journée sur le plateau de la mine de Thio, l'un des plus importants gisements de nickel au monde, avec un repas en tribu le midi (p. 122)

Sport

Pour les ados, une initiation au kitesurf au large de Nouméa (p. 49)

Pour toute la famille, une randonnée en stand-up paddle ou en kayak à Hienghène, à deux pas de la Poule Couveuse (p. 115)

Une balade à cheval dans les environs de La Foa pour une vraie expérience broussarde (p. 79)

Une escapade à VTT et kayak dans le parc provincial de la Rivière-Bleue (p. 69)

Baignade et snorkeling dans la piscine naturelle de la baie d'Oro, Île des Pins (p. 129)

tout indiquées pour les voyageurs avec des enfants.

En brousse et dans les montagnes de la Chaîne, les activités terrestres ne sont pas en reste. Une balade en *footbike* dans le parc des Grandes Fougères (p. 84) est pour le moins insolite et, sur la côte ouest, la région de La Foa-Sarraméa-Farino regorge de ranchs équestres où l'on se fait fort d'accueillir les cavaliers confirmés comme les débutants (p. 79).

Avec des tout-petits, une balade au parc zoologique et forestier de Nouméa (p. 49) est tout indiquée, idéale pour une observation de la faune et de la flore en douceur. Au cours de toutes ces activités, ne lésinez pas sur la crème solaire, les provisions d'eau et pensez aux chapeaux.

Musées et monuments

C'est à Nouméa que les musées et monuments laisseront aux enfants leurs plus fortes impressions. Une visite au Mwâ Ka (p. 45) vaut le détour pour son totem monumental. Au centre culturel Jean-Marie-Tjibaou (p. 48), les enfants pourront observer trois cases traditionnelles et emprunter le chemin kanak pour découvrir les mythes et légendes qui ont forgé la culture calédonienne. À Thio ou dans le Grand Sud, les sites miniers peuvent aussi exercer une certaine fascination chez les enfants. Renseignez-vous sur les visites guidées.

Les régions en un clin d'œil

La Nouvelle-Calédonie est un kaléidoscope d'ambiances et de paysages, sur lequel se superposent les composantes pluriculturelles de la société calédonienne. Sur la Grande Terre, rien de commun entre les plaines et les mangroves de la côte ouest, territoire des "broussards", l'exubérance tropicale de la côte est, bastion de la culture mélanésienne, les paysages grandioses du Grand Sud, presque inhabité, et la belle Nouméa, cosmopolite et hédoniste.

À seulement 60 km de la Grande Terre, l'île des Pins révèle un décor de carte postale : des eaux turquoise, des baies somptueuses, des plages de sable fin, un lagon parsemé d'îlots… Le plaisir se prolonge aux îles Loyauté, qui offrent une belle surprise aux visiteurs en quête d'un dépaysement absolu.

Nouméa

Culture
Nautisme
Gastronomie

Culture

Nouméa possède plusieurs musées incontournables, dont le centre culturel Jean-Marie-Tjibaou et le musée de Nouvelle-Calédonie. Le centre-ville compte également de belles maisons coloniales.

Nautisme

Plongée ? Snorkeling ? Kayak ? Kitesurf ? Toutes vos envies de loisirs nautiques seront comblées dans cette ville largement tournée vers la mer.

Gastronomie

Les Nouméens sont aussi gourmands que sportifs. La capitale calédonienne est réputée pour ses nombreux restaurants où vous pourrez vous régaler d'une cuisine aux influences très diverses – européenne, caldoche, italienne ou asiatique.

p. 40

Grand Sud

Activités
Sites naturels
Faune sauvage

Activités

La région réveillera l'aventurier qui sommeille en vous : laissez-vous tenter par le kayak, en rivière ou en mer, la randonnée ou le VTT.

Sites naturels

Attendez-vous à un décor naturel majestueux, avec des baies profondes, des étendues de maquis minier, des petites montagnes sillonnées de pistes en latérite, des chutes, des caps qui offrent de merveilleux points de vue, un grand lac et une "forêt noyée".

Faune sauvage

De mi-juillet à mi-septembre, les baleines à bosse viennent se reproduire à proximité de la côte sud. Pour ne rien perdre du spectacle, partez en bateau de la baie de Prony ou de Nouméa.

p. 66

Ouest et nord de la Grande Terre

Culture
Sites naturels
Activités

Culture

La côte ouest recèle plusieurs sites qui rappellent le passé tumultueux de l'île. L'histoire minière du territoire est également mise en valeur à la mine de Tiebaghi, au nord.

Sites naturels

Moins grandioses que sur la côte est, les paysages ne laissent pourtant pas indifférent, surtout la presqu'île de Ouano, les grottes de Koumac, les baies près de Poé, le parc des Grandes Fougères et les solitudes désertiques de la pointe Nord.

Activités

Ne manquez pas de faire une balade équestre – c'est le meilleur moyen de vous imprégner de la "brousse". Côté mer, vous serez gâté : kayak, plongée et snorkeling figurent au programme.

p. 76

Côte est de la Grande Terre

Plongée
Paysages
Culture

Plongée

Les plongeurs ne jurent que par les sites et les passes au large de Poindimié et de Hienghène, adaptés à tous les niveaux et qui regorgent d'une faune marine spectaculaire.

Paysages

Vous découvrirez des paysages de toute beauté, comme la Corniche calédonienne, l'estuaire de la Tchamba, les cascades de Colnett et de Tao ou les falaises de Lindéralique. La Côte Oubliée a des airs de bout du monde.

Culture

Un séjour sur la côte est vous plongera dans l'univers mélanésien. Vous pourrez partager la vie d'une tribu kanak dans la vallée de Hienghène.

p. 108

Île des Pins

Plages
Activités
Patrimoine

Plages

L'île possède un lagon d'une magistrale beauté, où scintillent toutes les nuances de bleu, et des plages idylliques faciles d'accès.

Activités

La plongée est à l'honneur, avec des sites qui conviennent aussi bien aux débutants qu'aux plongeurs aguerris. Faites aussi le tour de l'île à vélo, montez au pic N'ga pour savourer le panorama et découvrez la baie de Kanuméra en kayak.

Patrimoine

Les vestiges du bagne et le cimetière des déportés évoquent le passé de colonie pénitentiaire de l'île. À Vao, un monument commémore l'arrivée des premiers missionnaires.

p. 123

Îles Loyauté

Plages
Culture
Activités

Plages

Innombrables et sublimes ! Certaines forment un liseré blanc le long de baies splendides, d'autres, plus confidentielles, ne sont accessibles qu'à pied. Autre atout : elles sont désertes !

Culture

L'archipel est un bastion de la culture kanak, authentique et traditionnelle. En séjournant dans un gîte, chez l'habitant, les visiteurs auront l'occasion de découvrir les plus belles facettes de l'univers mélanésien.

Activités

Plongée sur des sites vierges à Lifou, snorkeling au milieu d'une faune bariolée, balades en compagnie d'un guide kanak... Les Loyauté se prêtent à toutes les envies.

p. 134

Sur
la route

Nouméa

Le top des restaurants

➡ Marmite et Tire-Bouchon (p. 56)

➡ Au P'tit Café (p. 56)

➡ L'Edzen (p. 58)

➡ La Table des Gourmets (p. 58)

➡ Oncle Hô (p. 57)

Le top des hébergements

➡ Château Royal (p. 54)

➡ Le Lagon (p. 54)

➡ Le Tour du Monde (p. 65)

➡ Hilton La Promenade (p. 54)

Pourquoi y aller

Nouméa est un univers à part, peu représentatif du reste de la Nouvelle-Calédonie. On pense arriver dans une lointaine bourgade des mers du Sud, mais c'est une cité sophistiquée qui se dévoile, sertie dans un magnifique écrin naturel, entre collines, baies, plages, mangroves, forêts, lagon turquoise et criques... Pas de choc culturel : l'influence mélanésienne et le brassage ethnique ne sont pas vraiment perceptibles dans cette capitale très occidentalisée, qui rassemble la moitié de la population du territoire, les deux tiers si l'on parle du Grand Nouméa (qui inclut Le Mont-Dore, Dumbéa et Païta).

Certes, l'architecture des complexes balnéaires haut perchés des années 1970 dépare, mais quelques édifices coloniaux et l'étonnant centre culturel Tjibaou font vite oublier les quelques imperfections du paysage urbain. Quant aux Nouméens, ils profitent du cadre de vie, entre farniente à l'anse Vata ou à la baie des Citrons, repas dans les restaurants aux cuisines variées, soirées en terrasse sur le front de mer et excursions sur les îlots coralliens tout proches. Les plus sportifs s'adonnent au snorkeling, à la planche à voile, au kitesurf et à la plongée.

Quand partir

Si un éternel printemps semble régner à Nouméa, la période allant de juin à août est assez fraîche, avec des températures diurnes autour de 22°C en moyenne. À cette époque, les journées sont courtes – le soleil se couche dès 17h30. La température de l'eau n'est guère plus chaude. Durant l'été austral, de décembre à mars, la chaleur est suffocante. Les intersaisons (septembre-novembre et avril-mai) sont généralement les plus propices à la découverte de la capitale calédonienne.

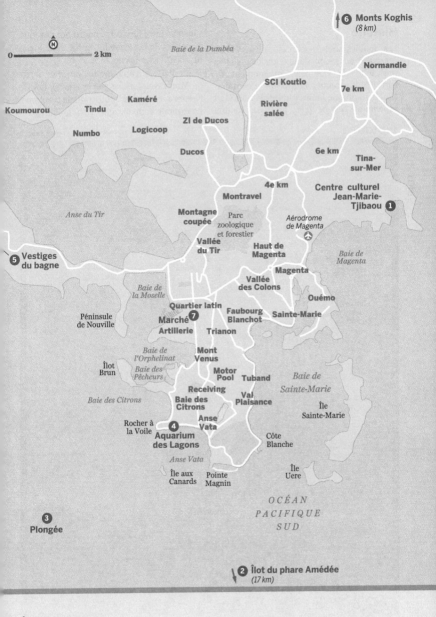

À ne pas manquer

❶ La visite du **centre culturel Tjibaou** (p. 48)

❷ Une excursion sur l'**îlot du phare Amédée** (p. 50)

❸ Une **sortie plongée** près de la passe de Boulari (p. 51)

❹ La vie marine à l'**aquarium des Lagons** (p. 48)

❺ Les **vestiges du bagne** sur la presqu'île de Nouville (p. 49)

❻ Le cadre sauvage des **monts Koghis** (p. 63)

❼ Une visite au **marché de Nouméa** le dimanche matin, pour les étals de poissons et l'artisanat (p. 45)

Histoire

Les fouilles archéologiques ont révélé la présence de peuplements anciens sur la presqu'île de Nouméa. Au moment de l'arrivée du premier Européen, le commerçant britannique James Paddon, la zone était cependant peu peuplée. En 1851, Paddon s'installe sur l'île Nou, aujourd'hui devenue la péninsule de Nouville, après avoir signé un accord avec le chef local.

En 1854, le capitaine de vaisseau Tardy de Montravel, envoyé par la France, fait de Nouméa le centre administratif de la colonie. La capitale s'appelle alors Port-de-France.

Nouméa

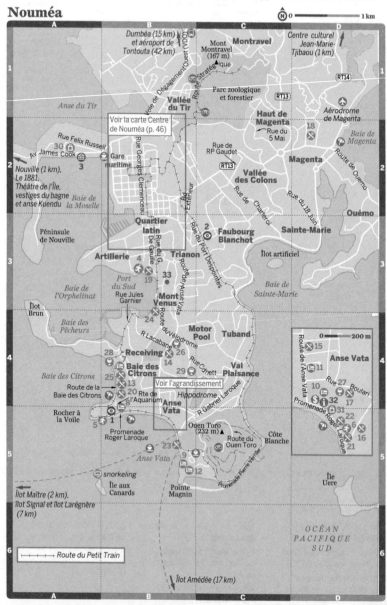

Au début des années 1860, les Français choisissent l'île Nou pour bâtir un pénitencier. Paddon se voit alors offrir une étendue de terre à Païta en échange de l'île.

En 1864, le premier navire de déportés, l'*Iphigénie*, accoste avec à son bord 248 forçats. Dès lors, le travail des prisonniers contribue au développement progressif de ce petit avant-poste militaire. Dix ans plus tard, la péninsule de Ducos, au nord, accueille à son tour un pénitencier, réservé aux prisonniers politiques dits "dangereux", avant de devenir la léproserie de l'île.

Vers 1875, les débuts de l'exploitation minière (or et nickel) et la révolution industrielle qui s'ensuit modifient sensiblement l'économie et les modes de vie à Nouméa.

Durant la Seconde Guerre mondiale, Nouméa devient le quartier général de l'armée américaine lors de ses opérations dans le Pacifique. La présence de 40 000 soldats américains contribue à développer la ville qui entre véritablement dans l'ère de la modernité. Le monument aux morts américain, au croisement de la rue Duquesne et de l'avenue du Maréchal-Foch, rappelle cette période.

Le boom du nickel à la fin des années 1960 et au début des années 1970 se traduit par une poussée démographique importante. Au moment des "Événements" des années 1980 (voir p. 170), des violences éclatent à Nouméa, stoppant net l'essor du tourisme. Cette période difficile se termine avec la signature des accords de Matignon suivis, dix ans plus tard, de l'accord de Nouméa. Aujourd'hui, la ville a retrouvé sa prospérité grâce au récent boom du nickel, même si l'incertitude entourant l'avenir politique et institutionnel du Territoire ne permet pas de dégager des perspectives à long terme.

Orientation

Nouméa occupe une grande presqu'île. Le centre-ville se déploie autour de la baie de la Moselle, un port abrité où se côtoient bateaux de croisière, de pêche et de plaisance. Des rues rectilignes quadrillent le quartier, dont la place des Cocotiers marque le cœur. Au sud, le centre de Nouméa est bordé par l'avenue de la Victoire/Henri-Lafleur. Toujours au sud, le petit Quartier latin (qui doit son nom à celui de Paris)

Nouméa

arbore de nombreux exemples d'architecture coloniale.

Les principales plages sont celles de la baie des Citrons et de l'anse Vata, dans le sud-ouest de la péninsule. Les automobilistes trouveront de nombreuses places gratuites dans le secteur du Port Moselle (évitez néanmoins d'y laisser votre véhicule sans surveillance la nuit avec des objets de valeur).

Magenta, où se trouve l'aérodrome des vols intérieurs, se situe dans l'est de la presqu'île. La péninsule Tina, proche de l'aérodrome, accueille le centre culturel Jean-Marie-Tjibaou.

La route de l'anse Vata relie directement la plage au centre-ville. Celle qui longe la côte en suivant la baie des Citrons et la baie de l'Orphelinat est plus pittoresque.

Au nord du centre-ville s'étend la zone industrielle, dominée par les hautes cheminées de la Société Le Nickel (SLN).

Le "Grand Nouméa" englobe les communes voisines du Mont-Dore (au sud), de Dumbéa et de Païta (au nord).

⊙ À voir

⊙ Centre-ville et Quartier latin

Place des Cocotiers   PLACE
(carte p. 46). La place des Cocotiers, avec ses jardins, ses allées pavées, sa fontaine, ses concerts et son marché, constitue le cœur de la ville. Tranquille en semaine à l'heure du déjeuner, elle peut battre au rythme de la sono le samedi soir. Au mois de décembre, quand les flamboyants sont en fleur, on assiste à une explosion de rouge écarlate.

La place descend en pente douce de l'est vers l'ouest. Un kiosque au toit rouge, où ont lieu les concerts, se dresse en haut de la place. À l'est se trouvent un terrain de pétanque ainsi qu'un échiquier géant. Quand personne n'y joue aux échecs, des adolescents profitent de la surface lisse pour s'affronter au cours de *battles* de hip-hop. Des pelouses ombragées par de majestueux arbres pluricentenaires se prêtent idéalement à un pique-nique... et à une sieste bienvenue. Non loin se tient la fontaine Céleste (1892), et, dessous, un grand espace pavé. La partie basse de la place ressemble à un petit jardin botanique, avec ses palmiers, ses grands arbres et sa végétation luxuriante. Toute la place dispose d'une connexion wi-fi gratuite.

Musée de la Ville de Nouméa   PATRIMOINE
(carte p. 46 ; ☑ 26 28 05 ; www.noumea.nc/musees ; 39 rue Jean-Jaurès ; tarif plein/enfant 300/100 CFP,

gratuit -18 ans ; ⊙ 9h-17h lun-ven, 9h-13h et 14h-17h sam, fermé dim et jours fériés). Ce musée occupe un bel édifice colonial entouré d'un superbe jardin planté de grands palmiers. Il s'agissait de la première banque de Nouvelle-Calédonie, qui devint, de 1880 à 1975, le siège de la mairie de Nouméa. Aujourd'hui, l'édifice retrace l'histoire de la ville sur trois niveaux. Le sous-sol est consacré à la Première Guerre mondiale et au nickel ; le rez-de-chaussée à l'histoire de la Nouvelle-Calédonie depuis le XIXᵉ siècle ; le premier étage à la Seconde Guerre mondiale. S'y ajoutent des expositions temporaires. Pour aller plus loin et en savoir un peu plus sur les bâtiments et sites majeurs qui ont fait l'histoire de Nouméa, le musée a mis au point un circuit historique pédestre qui se compose de 23 panneaux disséminés dans tout Nouméa. Le circuit démarre devant le musée et les livrets sont disponibles gratuitement à l'accueil du musée comme à l'office du tourisme de Nouméa.

Musée de Nouvelle-Calédonie   CULTURE
(carte p. 46 ; ☑ 27 23 42 ; museenouvellecaledonie. nc ; 42 av. du Maréchal-Foch ; tarif plein/8-17 ans et étudiant 500/200 CFP, gratuit -8 ans ; ⊙ 9h-11h30 et 12h15-16h30, fermé mar et jours fériés). Fermé à partir de l'automne 2019 pour au moins deux ans de travaux et de rénovation, cet établissement a pour vocation de proposer une introduction à la culture traditionnelle kanak et des régions du Pacifique au travers de passionnantes expositions permanentes et temporaires. Vous pourrez notamment y admirer une superbe collection de flèches faîtières et d'autres sculptures ésotériques dégageant une aura quasi mystique. Vous verrez ensuite une case, qui se visite : l'occasion d'apprécier l'odeur particulière de la paille séchée et des feuilles de palmier tissées. On découvre aussi quantité d'objets traditionnels : des instruments de musique, des vêtements, des outils de chasse et de pêche, des armes, des bambous gravés (très rares) et des embarcations (version modèle réduit ou grandeur nature).

Dans la cour se trouvent des pétroglyphes (pierres gravées) dont certains remontent aux origines du peuplement de l'île, il y a 3 000 ans (voir l'encadré p. 163). Le jardin jouxtant la cour abrite une magnifique case de chef. Le feu qui enfume l'intérieur de la case la préserve de l'humidité. Renseignez-vous au sujet des différentes animations proposées par le musée sur le site Internet (visites nocturnes, conférences, ateliers consacrés à l'artisanat...).

Mwâ Ka
MONUMENT

(carte p. 46). Le Mwâ Ka, un monumental totem de 12 m de haut surmonté d'une case (celle du chef) dotée de sa flèche faîtière, se dresse dans un square face au musée de Nouvelle-Calédonie. Mwâ Ka signifie "maison de l'humanité" : en d'autres termes, c'est le lieu où se tiennent les discussions. On peut diviser les gravures en huit sections cylindriques représentant, selon la coutume, les huit régions de Nouvelle-Calédonie. Sur une pirogue en béton à deux coques, le Mwâ Ka évoque le mât, mais aussi le poteau central de la case. En arrière de la pirogue, une statue en bois dirige l'embarcation. Les arrangements floraux de la place, représentant des étoiles et des lunes, symbolisent la navigation.

Le Mwâ Ka a été conçu par la communauté kanak pour commémorer le 24-Septembre, à savoir l'anniversaire de l'annexion de la Nouvelle-Calédonie par les Français en 1853. Cette date était autrefois un jour de deuil, mais la création du Mwâ Ka en 2005 a donné à cette date une nouvelle signification. Le fait de dresser le Mwâ Ka a été un moyen de dépasser les souffrances associées à la colonisation française, et de remplacer ce triste anniversaire par une fête célébrant l'identité kanak et la nature multiethnique de la Nouvelle-Calédonie.

Mémorial américain
MONUMENT

(carte p. 46; place de la Moselle). À environ 100 m du Mwâ Ka en direction du sud, le mémorial américain a été érigé en 1992 pour célébrer l'arrivée des premiers GI à Nouméa le 12 mars 1942. Il est constitué d'un globe terrestre veillé par des totems représentant la bannière étoilée. La Nouvelle-Calédonie fut une des bases stratégiques de premier plan de l'armée américaine lors de la guerre du Pacifique contre le Japon.

Musée de l'Histoire maritime
HISTOIRE

(carte p. 42; ☑ 26 34 43; museemaritime.nc; 11 av. James-Cook; tarif plein/enfant 500/250 CFP; ⊘10h-17h mar-dim). Près de la gare maritime où mouille le *Betico*, ce musée rénové en 2013 retrace le passé maritime de la Nouvelle-Calédonie, depuis la navigation traditionnelle jusqu'à la guerre du Pacifique et la présence américaine à Nouméa pendant la Seconde Guerre mondiale. On appréciera les vestiges, de plus en plus nombreux, en provenance de *La Boussole* et de *L'Astrolabe*, les deux navires commandés par La Pérouse pour une expédition autour du monde, ayant coulé en 1788 pendant un cyclone au large de Vanikoro, dans les îles Salomon.

Musée de la Seconde Guerre mondiale
HISTOIRE

(carte p. 46; ☑27 48 70; 14 av. Paul-Doumer; tarif plein/enfant 300/100 CFP; ⊘9h-17h lun-ven, 9h-13h et 14h-17h sam). Inauguré en 2013, ce musée revient sur un épisode qui a marqué le Caillou peu après l'attaque de Pearl Harbor : le débarquement soudain à Nouméa, en mars 1942, de 17 000 soldats américains. L'armée américaine avait jugé opportun de faire de la Nouvelle-Calédonie une base arrière stratégique. Documents d'époque, objets de la vie quotidienne et extraits de films narrent assez efficacement ce qui compte parmi les épisodes les plus intenses de l'histoire calédonienne contemporaine. Il est conseillé de demander l'audioguide gratuit.

Cathédrale Saint-Joseph
PATRIMOINE RELIGIEUX

(carte p. 46; 3 rue Frédéric-Surleau). Sur la colline juste au-dessus du centre-ville, cette cathédrale bâtie par des forçats en 1888 possède de magnifiques vitraux et de délicates gravures sur le pupitre, les panneaux de l'autel et le confessionnal, ainsi que derrière les autels des chapelles latérales. Si l'entrée principale est fermée, passez par l'une des portes latérales.

Marché municipal
MARCHÉ COUVERT

(carte p. 46; ⊘5h-11h mar-dim). Le marché occupe un ensemble de bâtiments circulaires surmontés de toits bleus, auxquels s'ajoutent de nombreux stands à l'extérieur, à côté de la marina de Port Moselle. Déambulez entre les étals colorés pour découvrir les différents visages de la Nouvelle-Calédonie et apprécier un grand choix d'artisanat, de fruits et légumes, de viandes, d'olives, de fleurs, etc. L'immense marché au poisson, un peu à l'écart des autres bâtiments, mérite vraiment le détour : on y voit des poissons et des fruits de mer (langoustes, crabes, crevettes, calamars...) de toutes les couleurs et de toutes les tailles. Plusieurs poissonniers proposent de délicieuses salades tahitiennes et des assortiments de sashimis à emporter à des tarifs très intéressants. Le samedi et le dimanche, un groupe local ajoute encore un peu d'ambiance. L'idéal est de venir assez tôt le matin ou le dimanche : le Tout-Nouméa s'y retrouve dans une ambiance très conviviale.

Maison Célières
BÂTIMENT HISTORIQUE

(carte p. 42; ☑28 65 10; atupnc.blogspot.com; 21 rte du Port-Despointes; entrée libre; ⊘lun-jeu

Centre de Nouméa

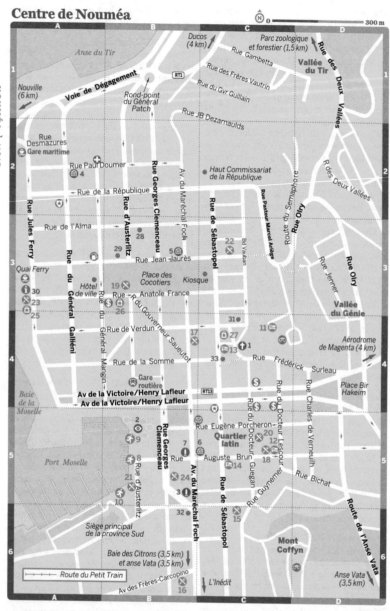

8h30-12h et 13h-16h30, ven 8h30-12h et 13h-15h30). Fleuron de l'architecture coloniale, la maison Célières, récemment réhabilitée, mérite que l'on s'attarde sur ses éléments architecturaux, notamment le porche d'entrée avec un escalier à deux volées, deux vérandas et des pavillons d'angle. Les salles accueillent régulièrement des expositions et la maison se visite librement avec un dépliant. L'association Témoignage d'un passé (77 83 73 ; atupnc@lagoon.nc ; adulte/ 7-18 ans 200/100 CFP ; les 1ers sam du mois à 9h30 sur rdv, autres dates sur le site Internet) propose aussi d'intéressantes visites guidées

Centre de Nouméa

NOUMÉA À VOIR

d'une heure, de découvrir les jardins de la maison, et d'en apprendre plus sur la famille Célières. Un parcours découverte dans le faubourg Blanchot et ses demeures des années 1930 est également proposé.

Port Moselle   MARINA
(carte p. 46). C'est dans cette grande marina en plein centre-ville que les Nouméens amarrent leurs bateaux de plaisance et que les navigateurs de passage font escale. Face aux pontons se dressent les chalets en bois des différents prestataires d'activités nautiques. On y trouve également les bureaux de la capitainerie et les bâtiments modernes de l'administration de la province Sud, repérables à leurs toits couverts de tuiles bleues, le marché, ainsi que la brasserie Le Bout du Monde (p. 55).

◉ Anse Vata et baie des Citrons

Anse Vata   FRONT DE MER
(carte p. 42). Il flotte un air d'éternelles vacances à l'anse Vata, une majestueuse baie ourlée d'une belle plage vers laquelle convergent les Nouméens après la journée de travail et le week-end. Place au farniente, aux sports de plage et aux baignades dans le lagon, suivis d'un repas dans l'un des restaurants du front de mer... Difficile de croire que l'on est en Mélanésie ; tout évoque une ambiance de "resort" à l'australienne, avec de hauts immeubles et des complexes hôteliers à l'architecture imposante. Légèrement en retrait de l'anse Vata, vers l'intérieur des terres, l'hippodrome est aménagé autour d'un lac. Plusieurs institutions prestigieuses, dont la Communauté du Pacifique Sud (CPS), une organisation qui réunit 26 territoires et nations du Pacifique Sud et la France, et l'Institut de recherche pour le développement (IRD), un centre de recherche scientifique, ont leurs quartiers à l'anse Vata.

Frangée de palmiers, la promenade Pierre-Vernier, qui longe la baie de Sainte-Marie, au sud-est de l'anse Vata, a la faveur des adeptes de la marche, du jogging, du roller et du cyclisme, qui apprécient la tranquillité des lieux le soir.

L'anse Vata est séparée de la baie des Citrons par le rocher à la Voile.

Aquarium des Lagons FAUNE ET FLORE LOCALES
(carte p. 42 ; ☑ 26 27 31 ; www.aquarium.nc ; rte de l'Aquarium ; tarif plein/5-16 ans 1 500/750 CFP ; ⊘10h-17h mar-dim). Le tarif d'entrée de ce musée a considérablement augmenté ces dernières années et c'est dommage, car c'est un réel plaisir d'y faire connaissance avec les innombrables richesses sous-marines et les différents biotopes du lagon calédonien (rivières, mangrove, herbiers, récifs coralliens). On y découvre des espèces rares comme le nautile, le serpent de mer, la rascasse, la tortue ou la raie électrique. Les coraux y sont de toute beauté. Le nourrissage des poissons a lieu à 10h30, celui des tortues à 14h30. Des nocturnes ont lieu le 2ᵉ vendredi du mois (tarif plein/5-16 ans 1 000/500 CFP). Téléphonez ou visitez le site Internet pour connaître le programme des autres animations.

Ouen Toro SITE NATUREL
(carte p. 42). Une route goudronnée grimpe en haut du Ouen Toro, une colline de 132 m qui surplombe l'anse Vata. Deux canons de la Seconde Guerre mondiale montent la garde au sommet, d'où l'on jouit d'une vue magnifique sur les deux baies, le phare Amédée et, au loin, les vagues qui se brisent sur les récifs. Des sentiers serpentent entre les arbres sur les versants de la colline.

Baie des Citrons FRONT DE MER
(carte p. 42). Pour éviter de faire touriste, ne dites pas la "baie des Citrons" mais la "BD"... Cette vaste baie, bien protégée des vents dominants, est dédiée aux loisirs balnéaires, au farniente et à la fête. De nombreux bars et restaurants branchés s'égrènent le long du front de mer. En arrière-plan se dressent des complexes résidentiels et hôteliers à l'esthétique discutable, qui n'est pas sans rappeler la Côte d'Azur des années 1970... La plage de sable jaune fait le bonheur des familles.

Baie de l'Orphelinat FRONT DE MER
(carte p. 42). Une marina, appelée port du Sud, a été aménagée dans cette baie tournée vers le couchant, entourée d'immeubles résidentiels, et qui jouit d'une lumière fantastique en fin de journée. Elle est très appréciée pour la balade ou le jogging.

◉ Autres quartiers

💚 **Centre culturel Jean-Marie-Tjibaou** CULTURE MÉLANÉSIENNE
(carte p. 41 ; ☑ 41 45 45 ; www.adck.nc ; tarif plein/12-18 ans 1 000/500 CFP, gratuit -12 ans, avec visite guidée 2 000/1 000 CFP ; ⊘9h-17h mar-dim). Ce fleuron touristique et culturel de la Nouvelle-Calédonie, voire du Pacifique Sud, devrait figurer en tête de liste des sites à visiter. Bâti sur un promontoire isolé dans la baie de Tina, il occupe le site du festival "Melanesia 2000" organisé en 1975 par Jean-Marie Tjibaou. Ce fut le premier événement réunissant des Kanak en provenance de toute la Nouvelle-Calédonie. Une statue en l'honneur du leader kanak se tient sur une colline voisine.

Renzo Piano, l'architecte du Centre Georges-Pompidou à Paris, qui a dessiné l'ensemble, était sensible à la relation des Kanak avec la terre et les plantes. Il a travaillé en collaboration avec l'Agence pour le développement de la culture kanak (ADCK) afin d'établir les plans de cette construction, qui réalise une synthèse harmonieuse entre les concepts architecturaux les plus avant-gardistes et la symbolique kanak. Déployé sur 8 ha, le site se compose de dix grandes cases alignées le long d'une allée bordée de pins colonnaires. Alliances de l'acier, du bois et du verre, ces impressionnantes constructions stylisées, naturellement ventilées, incarnent le lien entre tradition et modernité. À côté s'étend une aire coutumière où s'élèvent trois cases kanak traditionnelles, une pour chaque province.

Le centre renferme des salles d'expositions permanentes et temporaires présentant des œuvres de l'art néo-calédonien et du reste du Pacifique. Sa bibliothèque multimédia réunit un fonds important sur la culture kanak. On y trouve aussi les incontournables boutique de souvenirs, médiathèque, salles de spectacles et cafétéria. Derrière les bâtisses serpente le **chemin kanak**, un parcours végétal initiatique ponctué de cinq étapes évoquant le mythe du premier homme kanak (les origines, la terre nourricière, les ancêtres, les esprits, la renaissance).

Des visites guidées incluant un spectacle de mime sur le mythe de l'origine sont proposées le mardi à 14h30. Renseignez-vous sur les nombreux concerts en plein air et la programmation culturelle qui anime les lieux, notamment les spectacles de danse (entrée 1 500-3 500 CFP). Des conférences et projections cinématographiques sont aussi proposées en lien avec la médiathèque qui se trouve sur place.

Les bus de la ligne bleue Karuia et des bus Nouméa Explorer assurent des liaisons fréquentes avec le centre-ville.

Presqu'île de Nouville QUARTIER HISTORIQUE
(hors carte p. 42). C'est sur cette presqu'île que furent débarqués les premiers bagnards en 1864. On peut y voir les vestiges du bagne, en partie réhabilités, près de l'université de Nouvelle-Calédonie et du Centre de rencontres et d'échanges du Pacifique (Creipac). Dans l'ancienne boulangerie, un projet de musée du Bagne est à l'étude mais peine à voir le jour. L'itinéraire du Bagne, constitué de 12 panneaux culturels, permet déjà de remonter le cours de l'Histoire, même si l'on reste un peu sur sa faim... Pour une visite guidée, contactez l'association Témoignage d'un passé (☑77 83 73 ; atupnc@lagoon.nc).

L'un des anciens bâtiments du pénitencier abrite aujourd'hui le Théâtre de l'Île (1875), l'une des principales salles de spectacles du territoire. Au bout de la route, derrière le théâtre, se dresse l'hôpital psychiatrique d'État, qui fut en son temps l'hôpital pénitentiaire.

À l'ouest de la péninsule se déploie l'anse Kuendu, loin de la circulation, très prisée des Nouméens le week-end. L'eau étant peu profonde, il faut aller assez loin pour se baigner. N'oubliez pas votre masque et votre tuba pour explorer les fonds, à la pointe Kuendu, car c'est une réserve marine. On peut s'y rendre à la nage depuis la plage ou passer par le chemin en terre. Depuis le sommet de la colline, un sentier rejoint la pointe.

Parc zoologique et forestier Michel-Corbasson SITE NATUREL
(carte p. 42 ; ☑27 89 51 ; rte de Laubarède ; tarif plein/6-17 ans 600/300 CFP ; ☉10h15-17h45 mar-dim sept-avr, jusqu'à 17h mai-août). Ce parc a été créé pour protéger l'une des dernières parcelles de forêt sèche de la ville de Nouméa. Il abrite la seule collection d'animaux terrestres vivants de Nouvelle-Calédonie. Petits et grands apprécieront de flâner quelques heures dans ce parc où l'on peut observer, dans des cages et des volières, des espèces calédoniennes comme le célèbre cagou, l'oiseau qui est aussi l'emblème du territoire (c'est d'ailleurs le seul endroit où il est possible de l'observer, avec le parc provincial de la Rivière-Bleue), la roussette (une chauve-souris frugivore), le notou et des perruches vertes d'Ouvéa. Parmi les espèces non locales, citons divers oiseaux, des petits singes, des babouins ainsi que des serpents (dans un vivarium). De majestueux paons déambulent, tandis que les enfants s'amusent de la présence des ânes, des boucs et des cerfs qu'ils peuvent caresser, à moins qu'ils ne préfèrent nourrir les canards et les oies, ou encore rejoindre l'aire de jeux. Il fait bon pique-niquer sur les pelouses, tandis que le café de l'entrée propose des repas et des en-cas pour le déjeuner. Si vous n'aimez pas trop observer les animaux en cage, deux sentiers d'intérêt parcourent les lieux : l'un sillonne une forêt sèche (45 minutes, prévoir des baskets), l'autre, dit promenade panoramique (20 minutes), offre de jolies vues sur le lagon. Le bâtiment jouxtant l'entrée abrite la Maison de la nature, un musée très bien conçu consacré à la biodiversité du territoire.

Le parc se situe à environ 4 km au nord-est du centre-ville. Les bus publics ne le desservent pas, mais les bus Nouméa Explorer font la liaison avec l'anse Vata.

🏃 Activités

Les habitants de Nouméa sont férus de sport. Rares sont les week-ends où il n'y a pas un triathlon, un marathon, une course cycliste ou de *va'a* (pirogue polynésienne), ou un autre rendez-vous sportif. La plupart du temps, les courses partent de l'anse Vata ou de la baie des Citrons. Pour les activités nautiques en général, n'hésitez pas à pousser la porte de la Maison du lagon (☑27 27 27 ; Port Moselle ; www.maisondulagon.nc ; ☉13h30-17h30 lun, 8h30-12h30 et 13h30-17h30 mar-ven, 8h30-12h30 sam-dim). Vous y trouverez une quantité d'informations sur les possibilités de sortie à la voile, les croisières, les activités sous l'eau... C'est un excellent point de départ pour vous donner une idée d'ensemble de ce que vous pouvez faire dans le lagon.

Wakeboard

Ces sports de glisse (rappelons que le wakeboard allie les techniques du surf et du ski nautique) connaissent un succès considérable en Nouvelle-Calédonie depuis quelques années. La baie Sainte-Marie, la plus exposée aux vents dominants, réjouit les amateurs de sensations fortes, tout comme la plage de la pointe Magnien (également appelée "plage du Méridien").

Kitesurf Attitude KITESURF, WAKEBOARD
(☑78 27 69 ; kitesurfnoumea.nc ; 1 rue Édouard-Glasser). Une école pour vous initier au kitesurf et au wakeboard en toute sécurité, avec des moniteurs diplômés. Différentes formules sont proposées, dont un cours collectif de découverte (5 heures) à 18 000 CFP.

ESCAPADES SUR LES ÎLOTS

Les habitants de Nouméa ont beaucoup de chance : ils ont à leur portée une demi-douzaine d'îlots idylliques dans le lagon, cerclés de plages de sable blanc et entourés de hauts-fonds coralliens. Ils peuvent s'y adonner aux joies du farniente ou du snorkeling, barboter dans une eau turquoise, pique-niquer en famille et avec des amis, ou même camper ! N'hésitez pas à les imiter… sans oublier votre masque, vos palmes et votre tuba.

Île aux Canards

Cette île, à 10 minutes de bateau de l'anse Vata, est la plus proche. Aménagée pour la détente, elle est également réputée pour son sentier sous-marin (voir ci-dessous), qui fait le bonheur des amateurs de snorkeling. Un musée à ciel ouvert rassemble de belles œuvres kanak en bois sculpté. Des concerts s'y déroulent régulièrement.

Îlot du phare Amédée

Cet îlot de corail long de 400 m, à environ 20 km au sud de Nouméa (40 minutes de bateau), est célèbre pour son phare de 56 m de haut. L'édifice en métal, d'un blanc éclatant, a été construit à Paris en 1862 avant d'être démonté, puis transporté par bateau dans la colonie, où il a été assemblé puis dressé sur la petite île en 1865 afin d'assurer la sécurité des navires transportant les premiers bagnards. C'est l'îlot le plus "touristique" et le plus fréquenté, surtout le week-end. Toutes les activités sont possibles : baignade, bronzette, snorkeling, plongée (l'Amédée Diving Club est basé sur place), tour de l'îlot en 20 minutes, sans oublier le bateau à fond de verre, un restaurant, un bar, une boutique de souvenirs, des jeux pour enfants et l'incontournable spectacle de danses folkloriques à midi.

Îlot Maître

À 20-30 minutes de bateau, l'îlot Maître est le seul îlot doté d'un hébergement, le luxueux hôtel L'Escapade (voir p. 54). On peut s'y rendre à la journée (l'hôtel propose des formules incluant le transfert, l'accès à la piscine et un buffet petit-déjeuner) et se prélasser sur sa magnifique plage.

Autres îlots

Il existe d'autres îlots accessibles depuis Nouméa – comme l'**îlot Signal**, boisé et parcouru d'un sentier pédestre, ou les **îlots Larégnère** et **Ténia**, qui ont la réputation d'être vraiment paradisiaques et sauvages –, mais les Nouméens préfèrent les garder secrets…

Noumea Kite School KITESURF, WAKEBOARD
(☎79 07 66 ; www.noumeakiteschool.net ; marina de port du Sud). Stages d'initiation et de perfectionnement au kitesurf et au wakeboard, cours particuliers et collectifs. Le cours collectif de découverte (5 heures) coûte 18 000 CFP.

Snorkeling

La réserve de l'anse Kuendu est appréciée pour le snorkeling (plongée avec palmes, masque et tuba), au même titre que les îlots proches de Nouméa (voir l'encadré ci-dessus) ; ne manquez pas le **sentier sous-marin de l'île aux Canards**, un superbe parcours subaquatique de découverte du milieu marin, au départ de la plage. Accessible à tous, il comporte 5 bouées équipées de panneaux explicatifs sur les différents biotopes et les organismes marins rencontrés,

sur un fond oscillant entre -2 et -7 m. Comptez 30 minutes pour le parcourir dans son intégralité. On peut louer l'équipement de snorkeling sur place (600 CFP).

Aqua Nature RANDONNÉE PALMÉE
(carte p. 46 ; ☎26 40 08, 78 36 66 ; sites.google.com/view/aquanature-noumea/home ; marina de Port Moselle ; adulte/6-12 ans demi-journée 7 500/5 000 CFP, journée 8 500/5 000 CFP). Des randonnées palmées, guidées par un instructeur, sur des sites sécurisants, autour de l'îlot Maître, de l'îlot Signal, de l'îlot Larégnère et même sur le récif extérieur. L'activité ne présente aucune difficulté particulière et est accessible à tous (enfants à partir de 6 ans). Appelez pour connaître le programme des sorties (4 personnes au minimum). Les tarifs incluent la location de la combinaison, des

COMMENT S'Y RENDRE

Les îlots sont desservis par des bateaux-taxis, qui fonctionnent comme des navettes, à la demande. Le transporteur vous dépose sur l'îlot de votre choix, et vient vous récupérer à l'heure convenue. Les tarifs varient selon la distance de l'îlot et le nombre de passagers, et s'entendent aller-retour. Si vous êtes seul, demandez au transporteur de vous joindre à un groupe. Attention, le week-end, il est préférable de réserver.

➡ **Plage Loisirs** (☑78 13 00). Au milieu de la plage de l'anse Vata. Navettes pour l'île aux Canards (1 200 CFP/pers, 2 pers minimum) et pour l'îlot Maître (2 800 CFP/pers, 2 pers minimum).

➡ **Coconut Taxi Boat** (☑75 50 17 ; www.coconuttaxiboat.com). Navettes pour les différents îlots au départ de la baie de l'Orphelinat (face au restaurant La Case). Comptez 2 500 CFP/pers pour l'îlot Maître (sur la base de 2 pers), 3 000 CFP pour l'îlot Goéland, 4 500 CFP pour l'îlot Larégnère, 5 500 CFP pour l'îlot Signal et 7 500 CFP pour le phare Amédée.

➡ **Dal' Océan** (☑96 11 31 ; www.daloceancharter.nc). Navettes pour l'îlot Amédée, l'îlot Maître, l'îlot Goéland, l'îlot Larégnère et l'îlot Signal. Tarifs indicatifs : 9 000 CFP/pers pour le phare Amédée (2 pers), 5 000 CFP/pers pour l'îlot Larégnère (2 pers). Départ port Brunelet, ponton B.

➡ **Lhooq** (☑77 27 16 ; www.lhooq.nc). Navettes pour l'îlot Amédée, l'îlot Maître, l'îlot Goéland, l'îlot Larégnère, l'îlot Signal et l'îlot Ténia. Lieu de départ à convenir. Tarifs indicatifs : 7 500 CFP/pers pour le phare Amédée (sur la base de 4 pers), 5 500 CFP/pers pour l'îlot Signal (4 pers).

➡ **Mary D** (☑26 31 31 ; www.amedeeisland.com ; galerie Palm Beach, prom. Roger-Laroque ; ⊘8h-12h et 13h-18h lun-ven, 8h-12h et 14h-18h sam). Excursions à la journée à l'îlot du phare Amédée, à bord d'un confortable monocoque à haute vitesse. Adulte/enfant 14 900/8 800 CFP (forfait famille à tarif réduit possible). Les tarifs incluent une balade au récif, la visite du phare, une excursion à bord d'un bateau à fond de verre et un buffet-spectacle (boissons incluses). Depuis l'anse Vata.

➡ **Colleen Excursions** (☑79 59 29 ; prom. Roger-Laroque). Transferts de l'anse Vata, derrière Le Fun. à l'île aux Canards (1 000 CFP/pers) et à l'îlot Maître (2 500 CFP/pers).

➡ **L'Escapade** (☑28 53 20 ; Port Moselle). Navettes à heures fixes, ponton KO de Port Moselle (chalet l'Escapade), pour l'îlot Maître (3 500 CFP/pers aller-retour, 5 à 7 rotations/jour).

palmes, du masque et du tuba, mais pas le repas. Les transferts s'effectuent à bord d'un bateau confortable, spécialement conçu pour cette activité. Les départs ont lieu depuis la marina de Port Moselle.

Plongée sous-marine

Nouméa est une base idéale pour les plongeurs, débutants ou confirmés. Les centres de plongée locaux organisent des sorties "two-tank" (deux plongées successives, en matinée) sur les sites qui ponctuent la barrière de corail, notamment dans le secteur de la passe de Boulari, de la passe de Dumbéa, du récif Sournois et de la fausse passe de Uitoé. Comptez environ 40 minutes de bateau. Dans le lagon, quelques plongées sont également possibles. Tous les centres assurent des formations, notamment le Niveau 1 ou le brevet PADI Open Water. Reportez-vous au chapitre *Plongée* p. 28 pour plus de détails sur les sites.

Abyss Plongée PLONGÉE
(carte p. 42 ; ☑79 15 09 ; www.abyssnc.com ; port du Sud, baie de l'Orphelinat). Outre les sites couramment proposés au large de Nouméa, ce centre organise occasionnellement des "sorties brousse" dans le Grand Sud (plongée autour des îlots, à l'aiguille de Prony, etc. – programme détaillé sur le site Internet). Baptême 9 000 CFP, plongées "two-tank" 8 500-10 500 CFP, matériel inclus.

Plongée Passion PLONGÉE
(carte p. 42 ; ☑51 51 51 ; plongeepassion.nc ; 7 prom. Roger-Laroque). Ce centre de plongée installé dans l'hôtel Beaurivage propose des baptêmes et des explorations, ainsi

que diverses formules d'excursion à tarifs raisonnables.

Iatok Diving Paradise PLONGÉE
(carte p. 46 ; ☎ 76 77 71, 76 02 02 ; www.iatok-diving-paradise.com ; Port Moselle). Couvre les sites habituels au large de Nouméa, ainsi que la célèbre aiguille de Prony (avec pique-nique à l'îlot Casy). Plongée au nitrox et tarifs imbattables (baptême 7 500 CFP).

Observation des baleines

Pendant la saison des baleines à bosse (juillet-septembre), plusieurs sociétés basées à Nouméa assurent des sorties d'observation des cétacés dans le Grand Sud, à bord de catamarans. Les départs ont lieu depuis Nouméa (au Port Moselle) ou la baie de la Somme, dans le Grand Sud. Depuis Nouméa, il faut compter en moyenne 4 heures de navigation avant d'arriver sur le site. Reportez-vous aux encadrés p. 74 et p. 198, ainsi que p. 92 pour plus d'informations sur cette activité.

**Calédonie Charter/
Maison du Lagon** OBSERVATION DES BALEINES
(carte p. 46 ; ☎ 27 27 27 ; www.maisondulagon.nc ; Port Moselle). Cet établissement regroupe la plupart des prestataires qui proposent des sorties d'observation, à bord de catamarans ou de bateaux à moteur. Départs de Nouméa (Port Moselle) ou de la baie de Prony.Comptez 8 500-11 500/7 000-10 000 CFP par adulte/enfant en semaine depuis Nouméa, 10 500-13 500/8 000-11 500 CFP le week-end. Le local jouxte le marché. Comptez 1 500 CFP de moins pour un départ de Prony.

Lhooq OBSERVATION DES BALEINES
(☎ 96 07 46, 77 27 16 ; www.lhooq.nc). Départ de Prony uniquement. Tarifs : 10 500/8 000 CFP adulte/enfant (3-12 ans) le week-end, 8 500/7 000 CFP en semaine. Également formule avec repas en tribu sur l'île Ouen (ajoutez 2 000 CFP/adulte et 1 500 CFP/enfant).

Aqua Nature OBSERVATION DES BALEINES, SNORKELING
(voir p. 50). Organise des week-ends combinant observation des baleines et randonnée palmée, avec nuitée en camping sur l'îlot Casy (adulte/enfant 15 000/12 000 CFP, repas et matériel de camping non inclus).

Planche à voile, stand-up paddle et kayak

Nouméa Sup School ACTIVITÉS NAUTIQUES
(☎ 76 16 71 ; www.noumeasupschool.com ; pointe Kuendu, Nouville ; ☺ 8h30-17h tlj). Sur la presqu'île de Nouville, location de stand-up paddles (1 500 CFP/heure), de kayaks (1 500 CFP/heure), de canoës (2 000 CFP/heure), de pirogues hawaïennes (2 000-5 000 CFP/heure) et de pédalos standards ou électriques (4 000 CFP/heure). Des cours particuliers et des stages sont également possibles.

Bateau à fond de verre

Colleen Excursions BATEAU À FOND DE VERRE
(carte p. 42 ; ☎ 79 59 29 ; prom. Roger-Laroque). À côté du restaurant le Fun Beach, ce prestataire dessert l'île aux Canards (adulte/2-12 ans 1 000/500 CFP par pers)et l'îlot Maître (adulte/2-12 ans 2 500 /1 250 CFP par pers) dans un bateau qui permet de voir les poissons pendant la traversée.

Vélo

E-bike Adventure VTT ÉLECTRIQUE
(☎ 78 39 50, 73 93 00 ; ebikeadventure.nc ; demi-journée 4 000 CFP, famille 4 pers 15 000 CFP). Pour louer des vélos électriques et partir en excursion à la demi-journée à Nouméa et dans les environs proches, contactez ce prestataire. Près du golf de Nouméa, les boucles de Tina (2 heures, niveau débutant) constituent une belle balade, qui peut même être adaptée aux familles.

⚑ Fêtes et festivals

Jeudis du centre-ville (pl. des Cocotiers). Marché de rue avec thèmes différents un jeudi sur deux.

Carnaval de Nouméa. En avril.

14 juillet. Fête nationale française. Feux d'artifice et parade militaire.

Live en août Un festival de concerts en août, présentant des musiciens locaux et internationaux, dans les bars, restaurants et clubs de Nouméa et des alentours.

🛏 Où se loger

Mieux vaut vous prévenir : à de rares exceptions près, l'hôtellerie à Nouméa est coûteuse et de qualité très moyenne. La décoration s'inspire encore des années 1980, même si certains établissements ont fait l'objet d'une rénovation. Vous trouverez beaucoup de résidences hôtelières, c'est-à-dire des établissements proposant des chambres avec cuisine. La demande étant soutenue toute l'année, pensez à réserver.

Centre-ville et Quartier latin

Auberge de jeunesse   PETITS BUDGETS €

(carte p. 46 ; ☑27 58 79 ; www.aubergesdejeunesse.nc ; 51bis rue Pasteur-Marcel-Ariège ; dort adulte/5-15 ans   2 000/1 400 CFP,   d 4 600 CFP ; 🛜). ✎ Unique adresse pour les voyageurs à petit budget, cette auberge propose 58 lits en dortoir (4 ou 6 lits par chambre) et 13 chambres à 2 lits. L'ensemble est plutôt spartiate (cadre sans fioritures, éclairage au néon), mais ultrapratique et bien tenu, et la vue sur le centre-ville (accessible en moins de 10 minutes à pied) est imprenable. On y trouve tous les services indispensables aux voyageurs : wi-fi dans les parties communes, laverie, sèche-linge, casiers, consigne, frigo individuel, cuisine équipée, table de ping-pong, informations touristiques... En revanche, il n'y a aucun service de restauration. À signaler : cette auberge pratique une politique active en faveur du respect de l'environnement (tri sélectif, chauffe-eau solaire, recyclage). Avec la carte de membre YHI (en vente sur place, 1 400 CFP), les tarifs baissent de 200 CFP. Carte bancaire acceptée. Réception ouverte de 5h30 à 11h45 et de 16h à 20h. Possibilité d'utiliser un casier et des douches à la journée (600 CFP), intéressant lorsque l'on doit prendre un vol de nuit. Vente de recharges téléphoniques également.

New Caledonia   HÔTEL €€

(carte p. 46 ; ☑26 18 26 ; www.hotel-new-caledonia.com ; 10 rue Auguste-Brun ; s/d/tr/qua 9 250/9 650/12 050/12 450 CFP ; 🌀🛜). À 2 minutes à pied du marché et des principaux commerces du centre-ville, un deux-étoiles sans prétention qui peut dépanner, avec des chambres impersonnelles et sommaires mais spacieuses, fonctionnelles et équipées d'une kitchenette. Un choix de raison plus que de cœur.

Le Paris   HÔTEL €€

(carte p. 46 ; ☑28 17 00 ; leparis.nc ; 47 rue de Sébastopol ; d 12 990 CFP petit-déj inclus ; 🌀🛜). De l'extérieur, ce bâtiment anguleux, dissimulé par une curieuse façade garnie d'un maillage métallique, n'invite guère à pousser la porte. Fort heureusement, l'intérieur est plus accueillant, avec une cinquantaine de chambres au confort standard, de style motel. Tout dans la déco (mobilier, moquette) fleure bon les années 1980. Le plus : l'emplacement, à 2 minutes de la place des Cocotiers. Le petit-déjeuner est composé d'une boisson chaude et d'une viennoiserie.

Hôtel Gondwana   HÔTEL €€

(carte p. 46 ; ☑26 97 99 ; www.gondwanahotel.nc ; 19 rue Auguste-Brun ; d 8 000-12 000 CFP, gratuit -12 ans ; 🌀🛜). ✎ Son aspect extérieur peut un peu décontenancer, mais, au final, le dernier-né des hôtels de Nouméa, et aussi le premier à obtenir la certification Haute Qualité environnementale, s'avère être une bonne option si vous souhaitez loger dans le centre-ville. Sur les 56 chambres de l'établissement, 24 ont été habillées par des peintures murales réalisées par des artistes locaux. Le résultat est aussi gai que confortable. Service de voiturier payant.

Baie des Citrons

Casa del Sole   RÉSIDENCE HÔTELIÈRE €€

(carte p. 42 ; ☑25 87 00 ; www.casadelsole.nc ; 10 rte de l'Aquarium ; dort 4 000 CFP draps inclus, ch avec cuisine à partir de 13 700 CFP ; ℗🌀🛜). Immanquable : c'est l'imposante résidence de 15 étages qui toise la péninsule séparant la baie des Citrons de l'anse Vata. Des étages supérieurs, la vue est fantastique. Les studios et les appartements tout équipés, sans aucun charme mais modernes et très spacieux, conviennent aux familles. Des "chambres multiples", sorte de dortoirs améliorés, permettent de faire dormir 6 à 10 personnes et possèdent une cuisine. Le wi-fi est payant si vous souhaitez plus que du moyen débit (2 100 CFP/semaine).

Beaurivage   HÔTEL €€

(carte p. 42 ; ☑26 20 55 ; www.grands-hotels.nc ; 7 prom. Roger-Laroque ; d standard 9 000-19 000 CFP, vue lagon 11 000-21 000 CFP ; 🌀🛜 ℗). Cet hôtel idéalement situé sur le front de mer a fait peau neuve en 2019, et toutes les chambres ont été rénovées dans un esprit contemporain, avec une literie de qualité. Elles possèdent toutes un mini-frigo (un peu bruyant) et une bouilloire. Une partie d'entre elles donne directement sur la baie, mais il faudra payer un peu plus cher. L'accueil est plutôt soigné et vous disposerez gratuitement d'une bonne connexion wi-fi et d'un parking attenant. Vous pourrez organiser la suite de vos vacances sur place grâce à l'agence de voyages **Authentik Caledonia** (www.authentikcaledonia.com ; ☺lun-ven 9h-12h et 13h-17h30) qui se trouve au rez-de-chaussée.

🏨 Anse Vata

Le Lagon RÉSIDENCE HÔTELIÈRE €€
(carte p. 42 ; ☎ 26 12 55 ; www.lelagon.nc ; 143 rte de l'Anse-Vata ; studio 2 pers 11 250-16 400 CFP ; P❄✉🛜). Une bonne surprise, d'un excellent rapport qualité/prix. Des chambres à la déco moderne, bien conçues, confortables et accueillantes ; une literie respectueuse de vos vertèbres ; des kitchenettes et des sdb qui respirent la propreté ; une terrasse pour prendre le frais ; une petite piscine (chauffée) ; une salle de fitness et un mini-spa ; un restaurant ; une excursion sur l'île aux Canards offerte avec votre séjour (voir p. 50) ; l'accès libre à deux courts de tennis ; un copieux brunch le week-end (3 350-3 950 CPF) ; et la plage à 2 minutes. En outre, le personnel est serviable. Seul bémol : la sdb est minuscule dans les chambres les moins chères. Wi-fi gratuit pour 250 Mo/24h, wi-fi sans limite 24h/semaine 1 050-2 100 CFP. Préférez les chambres des 4e et 5e étages, avec vue mer. Parking payant (1 000 CFP/nuit).

Hilton La Promenade RÉSIDENCE HÔTELIÈRE €€€
(carte p. 42 ; ☎ 24 46 00 ; 109 prom. Roger-Laroque ; studio 17 300-36 900 CFP ; P❄@✉🛜). Cet hôtel dont les bâtiments sont disposés en quart de lune, face à l'anse Vata (mais légèrement en retrait du front de mer, gage d'une plus grande tranquillité), bénéficie d'appartements spacieux et bien équipés, très lumineux, tous dotés de grandes terrasses orientées vers le lagon. L'ensemble est vraiment très confortable, le service à la hauteur, les équipements variés (piscine, restaurant, salle de gym) et l'emplacement idéal, proche de toutes les animations.

Château Royal QUATRE-ÉTOILES €€€
(carte p. 42 ; ☎ 29 64 00 ; www.hotelchateauroyal. nc ; 140 prom. Roger-Laroque ; d 22 750-43 700 CFP, suites à partir de 50 850 CFP ; P❄✉🛜). Ce vaste complexe hôtelier de 7 étages fait face à l'anse Vata et propose une centaine de suites tout confort orientées face au coucher du soleil. Le spa, la salle de fitness et le jardin tropical qui agrémentent les lieux figurent dans les bonus qui comptent. Accès gratuit à des courts de tennis. Réductions fréquentes en réservant directement en ligne.

Le Méridien HÔTEL DE LUXE €€€
(carte p. 42 ; ☎ 26 50 00 ; www.lemeridien-noumea. com ; pointe Magnin ; d à partir de 19 000 CFP ; P❄@✉🛜). Une adresse haut de gamme, à l'écart de l'animation de l'anse Vata, au calme. Les bâtiments sont sertis dans un superbe jardin et les chambres décorées dans des tons clairs sont ordonnées autour d'une grande piscine, à quelques mètres de la plage. Restaurants, bar et boutiques. Des tarifs intéressants sont parfois disponibles sur le site Internet. Malgré les tarifs élevés et l'appellation hôtel de luxe, le service manque parfois d'allant. Dommage...

🏨 Autres quartiers

L'Escapade HÔTEL DE LUXE €€€
(hors carte p. 42 ; ☎ 26 05 12 ; www.glphotels.nc ; îlot Maître ; bungalows 16 900-52 000 CFP petit-déj inclus ; ❄✉🛜). Un établissement qui porte bien son nom : discrètement déployé sur l'îlot Maître, L'Escapade se fond dans son écrin de végétation tropicale et offre un cadre très dépaysant, apprécié autant par les couples en voyage de noces que par les Zoreilles de Nouméa en quête d'un week-end loin du stress de la capitale. Les bungalows sont répartis en trois catégories : "jardin" (les moins chers), "plage" et "sur l'eau" (construits sur pilotis, avec escalier menant directement dans le lagon). Des offres promotionnelles sont régulièrement disponibles sur le site Internet. On peut s'y rendre à la journée (7 900/10 200 CFP en semaine/week-end, transferts, déjeuner buffet à volonté et accès piscine inclus).

🍴 Où se restaurer

L'éventail des cuisines est vaste dans la capitale calédonienne, et vous aurez ainsi le choix entre des spécialités françaises, italiennes et asiatiques. En revanche, la cuisine mélanésienne traditionnelle n'est pas représentée à Nouméa et il vous faudra quitter la ville pour en déguster. Beaucoup d'établissements sont fermés le dimanche et le lundi, mais de nombreux hôtels possèdent des restaurants ouverts à la clientèle extérieure. Les supermarchés sont par ailleurs nombreux à Nouméa. Pour un déjeuner au calme associé à une belle journée de snorkeling, pensez aussi au Ponton Sainte-Marie (voir l'encadré ci-contre).

🍴 Centre-ville/Quartier latin

L'Annexe CAFÉTÉRIA, SNACK €
(carte p. 46 ; ☎ 25 33 15 ; 9 rue Anatole-France, pl. des Cocotiers ; plats 700-1 100 CFP, petit-déj 1 100-1 600 CFP, brunch sam et jours fériés 3 050 CFP ; ⊙ midi lun-sam, snack 6h-18h lun sam).

VAUT LE DÉTOUR

LE PONTON SAINTE-MARIE

Pour vous isoler de la ville à peu de frais et ne penser à rien d'autre qu'aux poissons à observer, direction Le Ponton Sainte-Marie (☑ 90 38 84, 76 77 42 ; www.leponton.nc ; aller-retour 1 500 CFP, menu incluant la navette 3 500 CFP, plats 2 500-3 300 CFP ; ⊘ mar-dim). Ce restaurant-bar ancré sur un ponton se situe au récif Tamanou, dans la baie Sainte-Marie, et il est accessible en 5-10 minutes de taxi-boat. Sur place, vous pourrez vous prélasser au soleil sur les chaises longues, louer des paddles ou des kayaks, ou, notre préférence, emprunter un kit de palmes-masque-tuba pour observer de près la faune et la flore riches sur la patate de corail aux abords du ponton. La cuisine servie est très gourmande et vous trouverez aussi un beau choix de cocktails avec ou sans alcool. Notez bien que la restauration est obligatoire. Navettes de départ au niveau de la mise à l'eau de la Côte Blanche (escalier en bois) à partir de 10h.

Peut-on rêver meilleur poste d'observation que la terrasse de L'Annexe, donnant sur la place des Cocotiers et quelques jolis bassins ornés de nénuphars ? La carte change tous les jours et comprend quelques plats de poisson et de viande. Également salades, sandwichs, paninis et succulents yaourts maison. Parfait pour une pause déjeuner. Formule à emporter à tarif avantageux (à partir de 1 000 CFP).

Roulottes
À EMPORTER €

(carte p. 46 ; plats 800-1 300 CFP ; ⊘ 18h-21h tlj). Sur le parking à côté du marché, des roulottes proposent des repas à emporter d'un excellent rapport qualité/prix. Avec un choix de wraps, de quiches, ainsi que du riz à la viande, des steak-frites, des sandwichs...

Marché
POISSON €

(carte p. 46 ; ⊘ 5h-12h tlj). À la buvette, vous trouverez tout ce qu'il faut pour le petit-déjeuner (croissants, pain grillé, café, thé ou chocolat), sans oublier les oranges pressées et des sandwichs. Au marché, plusieurs poissonneries préparent de délicieuses salades tahitiennes et des assiettes de sashimis à emporter, à des prix imbattables (à partir de 750 CFP, fourchette et délicieuse sauce fournies).

The Best Café
BRASSERIE €-€€

(carte p. 46 ; ☑ 25 10 10 ; 45 rue de Sébastopol ; plats 750-3 000 CFP ; ⊘ 6h30-22h lun-jeu, 6h30-23h ven-sam ; ☎). L'une des adresses les moins chères du centre-ville, avec un bel assortiment d'en-cas, de plats simples (omelette, croque-monsieur) et de spécialités du jour (grillade, poisson, salades), que l'on arrose d'une bière ou d'un jus de fruits frais. Essayez le hamburger calédonien, avec des crevettes de pays. Idéal pour caler une petite faim sans se ruiner, sur une grande

terrasse bien aérée. Il est aussi possible d'y prendre un petit-déjeuner.

Café Malongo
CAFÉ-BRASSERIE €€

(carte p. 46 ; ☑ 26 00 90 ; 35 av. Foch, galerie Le Village ; formule petit-déj 1 450 CFP, brunch 1 600-1 950 CFP, plats 1 500-2 800 CFP ; ⊘ lun-sam 6h30-18h). Ce nouveau café-brasserie à l'enseigne d'une célèbre marque de café est agréable à tout moment de la journée : le matin pour attaquer avec un savoureux petit-déjeuner ou un brunch, ou le midi pour un plat de poisson ou une salade gourmande, et l'après-midi pour siroter un café. Un autre établissement Malongo se trouve également sur l'anse Vata (☑ 26 25 90 ; 107 Complexe la Promenade ; ⊘ lun-sam 7h-18h). Articles d'art de la table en vente sur place.

Le Bout du Monde
BRASSERIE €€

(carte p. 46 ; ☑ 27 77 28 ; www.leboutdumonde-noumea.com ; 4 rue de la Frégate-Nivôse ; plats 1 490-3 900 CFP ; ⊘ 7h-23h tlj ; ☎). Tout le monde est allé ou ira au Bout du Monde, une accueillante brasserie dotée d'une terrasse face à la marina de Port Moselle. On s'y restaure à toute heure, du petit-déjeuner jusque tard dans la soirée (une exception dans le centre de Nouméa). La carte couvre de larges horizons et satisfera tous les goûts (salades de cerf ou salade tahitienne, grillades, tartares, viandes, poissons, crustacés) et tous les appétits (l'assiette du stockman, une pièce de viande de 500 g, calera les plus voraces).

Chez Toto
LYONNAIS €€

(carte p. 46 ; ☑ 28 80 42 ; 15 rue Auguste-Brun ; plats 2 000-3 000 CFP ; ⊘ fermé dim et lun). Cet authentique bouchon semble provenir tout droit des bords du Rhône. Le propriétaire, mâconnais d'origine, s'y entend pour faire saliver ses convives avec des plats qui fleurent bon le terroir métropolitain : saucisson braisé au brouilly, porc croustillant au vin rouge, andouillettes et pâté de tête maison... Sans oublier deux plats de poisson, en fonction du marché.

Le Zanzibar
FRANÇAIS €€

(carte p. 46 ; ☑ 25 28 00 ; www.zanzibar.nc ; 51 rue Jean-Jaurès ; plats 1 900-3 500 CFP, menus 3 700-5 200 CFP ; ☺ midi et soir lun-ven, sam soir). À l'étage d'une vieille maison coloniale rénovée, dans une rue tranquille, on découvre un univers accueillant où dominent des couleurs ensoleillées, rehaussées d'un parquet foncé et de chaises en fer forgé. On déguste des plats bien inspirés (filet de bœuf sauce béarnaise, croustillant de souris d'agneau, poisson en croûte de chorizo, gratin de crabe de palétuvier), bien présentés (même si cela a un prix...). Les quelques tables sur le balcon sont très demandées. La carte du midi est plus courte mais aussi plus économique.

Art Café
BISTROT €€

(carte p. 46 ; ☑ 27 80 03 ; 30 rue Paul-Duquesne ; plats 1 900-2 600 CFP, menu déj 1 850 CFP ; ☺ 6h-23h lun-ven). Cet agréable café-restaurant sert une cuisine plutôt bien travaillée, à base de produits frais. Suggestions à l'ardoise. L'adorable terrasse ombragée fait oublier l'exiguïté de la salle. Également petit-déjeuner, formule tapas et pizzas le soir. Dommage que l'établissement soit fermé le week-end !

♥ Au P'tit Café
CUISINE DU MARCHÉ €€

(carte p. 46 ; ☑ 28 21 89 ; www.auptitcafe.nc ; 8 av. des Frères-Carcopino ; plats 2 500-3 000 CFP ; ☺ mar-ven). Le restaurant le plus en vogue de la ville, à tel point qu'il est indispensable de réserver, même au déjeuner ! Légèrement à l'écart du Quartier latin, ce bistrot branché et bruyant propose une cuisine inventive et fraîche, régulièrement renouvelée en fonction des produits du marché (choucroute calédonienne, picot à la plancha...). Quant aux desserts, notre verdict tient en un seul mot : hmmm ! Ah, le cheesecake à la passion... C'est la fierté du restaurant, si bien que vous pouvez l'acheter en entier à emporter pour fêter une occasion (5 000 CFP 10/12 parts, sur réservation). Vente de délicieux Buddha bowls à emporter également (formule à 1 350 CFP avec un cookie, supplément poisson 300 CFP). Là encore, vous trouverez porte close le week-end. Dommage !

La Chaumière
FRANÇAIS €€

(carte p. 46 ; ☑ 27 24 62 ; 11 rue du Docteur-Guégan ; plats 2 280 CFP, menus 3 380-4 480 CFP ; ☺ fermé dim soir). Un restaurant classique, sans mauvaise surprise, ni dans l'assiette ni dans l'addition, avec des spécialités qui tiennent au corps (cassolette de blancs de calamar au curry, croustillant de poisson, joue de bœuf braisé, bavette au bleu d'Auvergne, estouffade de viandes...). Une partie de l'établissement occupe un bâtiment d'époque coloniale, l'escalier intérieur menant vers une salle supplémentaire. Décor sobre et chaleureux, avec du mobilier en bois blond et du carrelage clair, auquel il manque une touche tropicale.

Ô Pêcheur
CUISINE DE LA MER €€

(carte p. 46 ; ☑ 26 47 81 ; quai Jules-Ferry ; 1 900-2 900 CFP ; ☺ fermé dim soir). Sur le quai où accostent les paquebots de croisière australiens, ce restaurant sert des spécialités de poisson et des fruits de mer, cuisinés à la plancha. C'est une institution qui renouvelle peu ses recettes et fait plutôt dans les classiques, mais déçoit rarement.

🍴 Baie de l'Orphelinat

Le Bintz
FRANÇAIS €€€

(carte p. 42 ; ☑ 24 02 00 ; www.lebintz.nc ; 5 bis rue Barrau, port du Sud ; plats 2 650-3 350 CFP ; ☺ midi et soir mar-sam). Le cadre fait très "yacht-club", face aux bateaux de plaisance de la marina du port du Sud, et les tarifs s'en ressentent. Cuisine européenne à base de produits locaux (risotto de la mer, jarret d'agneau, tournedos, joue de bœuf...) ainsi que de belles salades fraîcheur et d'appétissants desserts, dont un inoubliable dôme mangue-coco-framboise.

Marmite et Tire-Bouchon
CUISINE CRÉATIVE €€

(carte p. 42 ; ☑ 25 17 05 ; marmiteettirebouchon. com ; 5 rue Jules-Garnier ; menus 3 800-5 000 CFP ; ☺ midi et soir tlj). Au bord d'une route, avec la baie de l'Orphelinat en arrière-plan, une valeur sûre qui sait mettre l'eau à la bouche dès le menu apporté (mi-cuit de thon et crevettes de pays, rouille et chips de patate douce, pintade confite et champignons, pastillas d'agneau et pommes fruits, ravioles de Royan et crème de St-Félicien...). Mention spéciale pour la cave, un autre point fort de l'établissement.

🍴 Baie des Citrons et anse Vata

Restaurants, bars et cafés jouent à touche-touche sur le front de mer dans la baie des

Citrons et à l'anse Vata – on a du mal à les distinguer les uns des autres, tant leurs terrasses semblent se confondre ! Leur qualité est très variable ; on paie surtout pour le cadre et l'ambiance.

L'Atelier
Gourmand   BOULANGERIE, PÂTISSERIE, RÔTISSERIE €

(carte p. 42 ; ☑ 23 73 11 ; 141 rte de l'Anse-Vata ; ☺ 5h-19h tlj). Fougasses généreuses, petites tartes rougail-saucisses, chouquettes, petits cannelés, macarons, baguettes aux figues et aux céréales tout juste sorties du four, sandwichs baguette… et de délicieux poulets rôtis ! Les nostalgiques de l'Hexagone devraient aimer. S'ajoute une partie salon de thé où déguster de fameux cafés et des boissons fraîches.

Amorino Gelato Naturale   GLACES €

(carte p. 42 ; ☑ 26 56 56 ; www.amorino.com/fr ; 27 prom. Roger-Laroque ; glaces à partir de 550 CFP ; ☺ tlj 11h-22h). Quel supplice ! On ne peut résister aux délicieuses glaces servies à la spatule et présentées en pétales de fleurs, que l'on s'empresse de déguster sur la terrasse ou sur la plage, de l'autre côté de la route. Avec une vingtaine de parfums différents, vous trouverez votre bonheur. Sert aussi un excellent chocolat chaud et du café. Une autre boutique se trouve au bord de l'anse Vata (113 promenade Roger-Laroque ; mêmes horaires).

Lemon Bay   PETIT-DÉJEUNER ET BRUNCH €

(carte p. 42 ; ☑ 23 14 49 ; 27 prom. Roger Laroque ; formules brunch et petit-déj 1 500-2 490 CFP ; ☺ mer-dim 7h-14h). Avec sa terrasse qui fait face au lagon, cette nouvelle adresse est idéale pour déguster d'excellentes formules de petit-déjeuner et de brunch (servis jusqu'à midi) ou un burger bacon au pain brioché. On aime la déco dans les tons pastel, le choix de jus frais et le service attentionné.

Le Faré
du Palm Beach   PETIT-DÉJEUNER ET JUS FRAIS €

(carte p. 42 ; ☑ 26 46 60 ; prom. Roger-Laroque, galerie du Palm Beach ; formule petit-déj 2 350 CFP ; ☺ 6h30-21h15 non-stop tlj ; ☎). Face à l'anse Vata, c'est le spot idéal pour commencer la journée par un copieux petit-déjeuner à l'américaine ou un jus de fruit pressé minute. À l'heure des repas, vous pouvez aussi miser sur les burgers, les salades composées… Sans oublier un joli choix de glaces et de crêpes garnies.

La Fiesta   CUISINE DU SUD-OUEST €€

(carte p. 42 ; ☑ 26 21 33 ; 5 prom. Roger-Laroque ; plats 1 850-3 800 CFP, menu midi 2 850 CFP ; ☺ mar-dim). Cette adresse inoxydable fleure bon le Sud-Ouest français : ambiance "Pays basque-rugby" garantie, avec le drapeau d'Euskadi, des dominantes vert et rouge, des affiches version rue (à privilégier, car la salle est peu lumineuse). Cuisine de caractère et carte variée, allant de la salade landaise aux pizzas et au cassoulet toulousain.

Le Duke's   BAR ET RESTAURANT €€

(carte p. 42 ; ☑ 28 17 47 ; 35 prom. Roger-Laroque ; plats 1 450-3 850 CFP ; ☺ tlj). On trouvera à la carte de ce restaurant une belle sélection de vins au verre, d'honnêtes burgers, des salades composées généreuses (mention spéciale au "bol des lagons" : saumon grillé, crevettes et crudités) à déguster sur une grande terrasse. Les carnivores opteront pour l'entrecôte ou le canard.

Oncle Hô   VIETNAMIEN €€

(carte p. 42 ; ☑ 24 06 62 ; 25 prom. Roger-Laroque ; plats 1 250-4 850 CFP ; ☺ tlj). Cette nouvelle adresse située face à la baie des Citrons est appréciée pour ses plats inspirés de la pêche locale, revisités à la sauce vietnamienne, notamment le poisson-perroquet ou le crabe, ainsi que pour ses classiques (poulet au citron, porc frit, poulet miel-sésame…). Le menu midi *bo bun* et café à 1 850 CFP est d'un bon rapport qualité/prix. Dommage que le service soit parfois un peu à la peine…

L'Entrecôte au 360   VUE PANORAMIQUE €€

(carte p. 42 ; ☑ 23 90 90 ; 7 rue Louis-Blériot ; ☺ tlj). Le restaurant de l'hôtel Ramada offre peu de choix en matière de plat principal : vous aurez à vous décider entre l'entrecôte-frites (2 350-3 650 CFP selon le poids de la viande) ou le thon mi-cuit (2 450 CFP). Peu importe. Ici, l'intérêt, c'est la vue, puisque ce restaurant tournant offre un splendide panorama sur toute l'anse Vata et Nouméa en faisant un tour sur lui-même en 1 heure. On s'étonne tout de même que les frites soient aussi moyennes quand on propose si peu de choix à la carte. Les desserts, assez classiques, sauvent l'ensemble (tarte Tatin, fondant au chocolat, café gourmand…) mais les tarifs pratiqués sont tout de même plutôt surévalués.

Le Manuia   POISSON ET FRUITS DE MER €€

(carte p. 42 ; ☑ 23 12 50 ; 123 prom. Roger-Laroque ; plats 1 800-4 200 CFP ; ☺ tlj). En retrait de l'anse

Vata, une adresse conviviale qui foisonne de plantes vertes et où vous pourrez vous régaler de fruits de mer et de poissons issus de la pêche locale d'un bon rapport qualité/prix. Bel accueil et langouste grillée mémorable !

❤ **L'Edzen** FUSION, SALON DE THÉ €€
(carte p. 42 ; ☑ 25 39 59 ; 20 rue Gabriel-Laroque ; plats 1 700-2 600 CFP ; ⊙ 8h-21h mar-sam ; 📶). On aime le cadre – un jardin, au calme – et le décor, avec du mobilier en bois. La cuisine n'est pas en reste, avec des plats joliment présentés qui changent tous les jours en fonction des arrivages, sauf les classiques : la salade César et la poutine ou le hamburger au foie gras. Vous pouvez aussi consommer un thé ou un onctueux chocolat chaud, ou opter pour la délicieuse et copieuse formule petit-déjeuner. Tapas (sucrées et salées) le soir. Une adresse originale.

Casa Italia ITALIEN €€
(carte p. 42 ; ☑ 25 92 58 ; www.casaitalia.nc ; 113 rte de l'Anse-Vata ; plats 1 700-2 950 CFP ; ⊙ midi et soir mar-sam). Transportez-vous en Italie l'espace d'un repas et enchantez vos papilles avec une excellente pizza au feu de bois, ou un succulent plat de pâtes maison, préparées dans les règles de l'art. Le plaisir se prolonge côté vins, avec une belle cave à dominante italienne. Terrasse avec pergola. Vente à emporter. Dommage que le quartier soit sans charme.

Le Roof FRANÇAIS €€€
(carte p. 42 ; ☑ 25 07 00 ; 134 prom. Roger-Laroque ; plats 3 200-6 400 CFP ; ⊙ tlj ; 📶). Cette institution est encensée par certains, qui lui trouvent toutes les qualités (dont un emplacement exceptionnel, dans un bâtiment ajouré sur pilotis, au-dessus du lagon), mais décriée par d'autres, qui estiment les prix injustifiés au regard de la qualité moyenne de la cuisine. Réservez une table au bord de l'eau : aucune déception de ce côté-là ! Et testez par exemple

ℹ **PAR ICI LA SORTIE !**

Pour suivre le calendrier des soirées festives, procurez-vous la brochure *Sortir Pocket* et consultez les sites www.sortir.nc et www.noumeabynight.com. Cependant, ne vous attendez pas à vivre la fièvre du samedi soir chaque week-end. Même en fin de semaine, Nouméa est très peu animée (peut-être à cause des tarifs pratiqués ?), et la vie nocturne à Nouméa décevra à coup sûr les oiseaux de nuit...

les huîtres de Dumbéa, un régal. Un dauphin visite régulièrement les lieux. Peut-être aurez-vous la chance de l'apercevoir...

✕ Autres quartiers

La Table des Gourmets FRANÇAIS €€
(carte p. 42 ; ☑ 24 95 25 ; 91 rue Maurice-Herzog ; entrée 1 550-2 650 CFP, plats 2 750-2 950 CFP ; ⊙ mar-sam). On ne vient pas à la Table des Gourmets pour la déco – un peu désuète – ni pour le secteur (il est situé juste en face du stade de Magenta), mais pour la qualité des mets (welsch comme chez les Ch'tis, foie de canard poêlé, souris d'agneau aux légumes du marché, croustillant de boudin noir...). En entrée, testez la salade de cerf à la broussarde (on prononce le F !) et n'hésitez pas à faire bonnes pioches dans la sélection de bières de garde ou dans celle de desserts maison.

Le 1881 LOUNGE €€€
(hors carte p. 42 ; ☑ 24 00 42 ; 98 av. James-Cook ; plats 2 850-3 650 CFP ; ⊙ midi et soir mar-sam, lun midi uniquement). À Nouville, le 1881 occupe un emplacement privilégié, en bord de mer, avec une salle sur pilotis et un espace lounge dans le jardin. Cuisine créative de type fusion à base de produits locaux. Pour le déjeuner, le 1881 prépare des classiques de la cuisine française.

🍷 **Où prendre un verre et sortir**

La scène nocturne de Nouméa se concentre principalement autour de la baie des Citrons et de l'anse Vata. Les noms des établissements (et leur renommée) changent rapidement. Mieux vaut prendre la température dès votre arrivée à Nouméa et vous renseigner sur les lieux à la mode.

Bodega del Mar BAR
(carte p. 42 ; ☑ 26 11 53 ; www.bodega.nc ; 134 prom. Roger-Laroque ; ⊙ 17h-2h mar-sam, 16h-22h dim). Tous les Nouméens l'appellent "la Bodeg". Ce bar tendance sur la jetée de l'anse Vata est bondé le week-end. Les tapas y sont très correctes et des concerts s'y tiennent régulièrement.

Art Café BAR
(carte p. 46 ; ☑ 27 80 03 ; 30 rue Paul-Duquesne ; ⊙ 6h30-23h lun-ven). Un bon choix dans le centre-ville. Formule apéro-tapas à partir de 17h et apéro-concerts (blues, jazz, soul, pop) le vendredi soir. Essayez les cocktails du jour (850 CFP).

À NE PAS MANQUER

LES NAKAMALS

Envie d'une expérience hors des sentiers battus ? Passez la soirée dans l'un des nakamals (bar à kava ; voir p.206) de Nouville ou de Magenta. Ces cahutes en bord de route servent du kava (une boisson légèrement euphorisante à base de plantes) dans des demi-noix de coco. Les plus connus sont le 81 et le Jo Bar. Ils servent aussi du biak, une boisson décriée pour ses effets stupéfiants, que nous déconseillons.

Pour vous y rendre, prenez par exemple la direction de Nouville ; après le lycée Jules-Garnier, longez la mer puis, à la patte-d'oie située après le centre de formation Lucien-Mainguet, prenez à gauche (route de l'Antenne). Parfait au moment du coucher du soleil !

L'Inédit
BAR À VINS

(hors carte p. 46 ; ☑ 23 10 41 ; 10 rue Victor-Roffey ; tapas du soir 950-2 600 CFP ; ☺ mar-sam). Un joli choix de vins au verre (700-800 CFP) ou à la bouteille (Languedoc, vallée du Rhône, Lot...) à accompagner de généreuses tapas. Le tout se déguste sur des tonneaux dans une ambiance conviviale. Restauration à midi également (menu 2 850 CFP).

Le Chai de l'Hippodrome
BAR À VINS

(carte p. 42 ; ☑ 23 11 89 ; www.chaihippodrome. nc ; 17 rue Louis-Blériot, en face de l'hippodrome ; ☺ 10h-14h et 16h-23h mar-sam, 16h-23h dim). Une adresse bien connue des amoureux du vin qui apprécient d'y trouver de savoureux millésimes, bien sûr, mais aussi une quantité d'événements autour du vin (sophro-œnologie, soirées à thème...). La sélection de thés n'est pas en reste et la déco raffinée avec billard fait sortir cet établissement du lot. Tout cela a un prix néanmoins...

MV Lounge
LOUNGE-BAR, CLUB

(carte p. 42 ; ☑ 78 97 67 ; 22 rue Jules-Garnier ; ☺ 16h30-minuit mar, mer et dim, 16h30-3h jeu-sam). Une adresse branchée, principale concurrente de la Bodega del Mar, à l'autre bout de la baie. Clientèle triée sur le volet, ambiance un peu prétentieuse. DJ ou concerts plusieurs soirs par semaine. Tables en plein air, au bord de l'eau. Cocktails à partir de 900 CFP. Clubbing le vendredi à partir de 23h.

L'Endroit-The Pub
LOUNGE BAR, CLUB

(carte p. 42 ; ☑ 26 28 11 ; 22 rue Jules-Garnier ; ☺ 16h30-2h mar-mer, 16h30-minuit dim, 16h30-4h jeu-sam, fermé lun). Un des derniers bars à avoir ouvert à Nouméa, juste à côté du MV Lounge, dont il imite un peu l'atmosphère. Sympa en début de soirée, pour le coucher du soleil. Mais, comme pour son voisin le MV Lounge, on est moins convaincu par l'atmosphère nocturne.

Le Bout du Monde
BRASSERIE

(voir p. 55). À la marina de Port Moselle, cette brasserie est une bonne adresse pour boire un verre et, de temps à autre, écouter de la musique live.

Malecon Café
BAR

(carte p. 42 ; ☑ 28 18 05 ; 35 prom. Roger-Laroque ; ☺ 7h-minuit dim-jeu, 7h-2h ven-sam). Une adresse branchée et accueillante, qui fait office de bar et de restaurant. Le Malecon est apprécié pour ses concerts et animations musicales qui ont lieu presque tous les jours ainsi que pour ses concours de fléchettes et de palets (pétanque bretonne). Huîtres le week-end.

Les 3 Brasseurs
BRASSERIE

(carte p. 42 ; ☑ 24 15 16 ; 33 prom. Roger-Laroque ; ☺ tlj). Brasserie conviviale, sur le front de mer. On peut également s'y restaurer. Le lieu accueille régulièrement des concerts. Dommage que les prix soient si surévalués.

Public House Nouméa
BAR

(carte p. 42 ; ☑ 45 48 81 ; 101 rte de l'Anse-Vata, Shop Center Vata ; ☺ 17h-minuit mar-sam). Dans un quartier sans intérêt touristique, à 1 km de l'anse Vata, ce bar récemment repris a vite trouver sa clientèle et séduit par son choix de cocktails, de vins et de tapas à prix plutôt abordables.

Le 1881
BAR TROPICAL

(hors carte p. 42 ; ☑ 24 00 42 ; 98 av. James-Cook ; ☺ midi et soir lun-sam). Ambiance tropicale dans ce lounge bar installé dans un jardin, en bord de mer, à Nouville. Cocktails-tapas à partir de 17h30. Tarifs raisonnables vu le lieu (cocktail à partir de 900 CFP).

Le Bohème Bar
BAR MUSICAL

(carte p. 42 ; ☑ 28 66 00 ; 35 prom. Roger-Laroque ; ☺ 11h-1h mar-jeu, 11h-2h ven-sam). Ce bar porte bien son nom et apporte une note chaleureuse à la scène nocturne de la baie des Citrons, grâce à une ambiance jeune et étudiante et à des soirées à thème prisées (jam-session le mercredi, concerts le jeudi, le vendredi et le samedi). À l'angle du Malecon Café, au fond du "U".

XO Club
CLUB

(carte p. 42 ; ☑ 26 27 25 ; 134 prom. Roger-Laroque). Juste après la Bodega del Mar (voir p. 58), qui ferme généralement un tout petit peu plus tôt, ce bar est idéalement situé sur le ponton menant au restaurant Le Roof. Tous types de musique.

Théâtre de l'Île
THÉÂTRE

(hors carte p. 42 ; ☑ 25 50 50 ; www.theatredelile.nc ; Nouville). Ce théâtre occupe un ancien bâtiment pénitentiaire rénové, sur la presqu'île de Nouville, et programme des spectacles de qualité.

🛍 Achats

Toutes sortes de boutiques de prêt-à-porter, pour homme et femme, s'égrènent le long des rues de Sébastopol, Georges-Clemenceau, Jean-Jaurès et de l'Alma.

Chinatown, au sud de la place des Cocotiers, permet de faire de bonnes affaires. Vous y aurez l'embarras du choix entre les vêtements, les sacs, les souvenirs et autres produits.

Atelier des femmes de Nouvelle-Calédonie
ARTISANAT

(carte p. 46 ; ☑ 84 16 94 ; quai Jules-Ferry ; ⊙ 9h-16h lun-ven, 9h-12h sam). Vente d'objets en pandanus tressé et de bijoux réalisés localement, de vanille, d'étoffes, et de quelques sculptures sur bois.

Maison des artisans
ARTISANAT

(carte p. 42 ; ☑ 27 56 85 ; www.boutiques-artisanales.com ; 12 av. James-Cook ; ⊙ 8h30-11h30 et 14h30-17h lun-ven, 8h30-11h30 sam). Cette enseigne rassemble plusieurs ateliers d'artisans qui vendent leur production sur place : bijoux, tissus peints, céramique, vitrail, voire même des produits de la mer (dents de mégalodon, oursin crayon, corail noir).

Les Marques Calédoniennes
VÊTEMENTS

(carte p. XX ; ☑ 44 61 00 ; 3 rue Anatole-France ; ⊙ 9h-17h30 lun-sam, 9h-12h30 dim). Cette boutique représente plusieurs marques de vêtements locales, notamment Tricot Rayé, une ligne de vêtements (T-shirts, shorts, polos, chemises, serviettes) bien connue, reconnaissable à son serpent de mer brodé.

Les Arts du Pacifique
ARTISANAT LOCAL

(☑ 45 29 35 ; 117 prom. Roger-Laroque ; ⊙ tlj 9h-18h30). Sur l'anse Vata, tout l'artisanat kanak s'est donné rendez-vous dans cette très jolie boutique qui propose des bijoux, de petites sculptures sur bois, des articles de puériculture, des gourmandises venues des îles ou de la Grande Terre... Parfait pour se faire plaisir ou trouver des idées de cadeaux à ramener !

Compact Mégastore
MUSIQUE

(carte p. 46 ; ☑ 24 35 35 ; 20 rue Anatole-France ; ⊙ 8h-19h lun-sam, 9h-12h dim). Dans la galerie Nouméa Centre. Bon choix de musique locale, dont du kaneka.

ℹ Renseignements

ACCÈS INTERNET

La place des Cocotiers est équipée de wi-fi gratuit comme bon nombre de cafés, de bars et d'hôtels (pour les clients). L'office du tourisme situé quai Ferry dispose aussi d'une connexion wi-fi gratuite. Vous pouvez acheter auprès de l'**Office des postes et des télécommunications de Nouvelle-Calédonie** (OPT) des cartes SIM avec data Internet à l'aéroport. Autre solution : louer un boîtier 4G auprès de **NC Pocket Wifi** (☑ 79 66 90 ; ncpocketwifi.com ; 1 190 CFP/jour, tarifs dégressifs et livraison et retour à l'hôtel possibles).

ARGENT

Vous n'aurez aucun problème pour retirer de l'argent aux distributeurs (DAB), présents partout. Il existe plusieurs banques le long de l'avenue de la Victoire/Henri-Lafleur. La plupart d'entre elles pratiquent les opérations de change pour les espèces ; une commission forfaitaire (entre 800 et 1 300 CFP) est appliquée, sauf pour l'euro. Généralement, les banques de Nouméa sont ouvertes entre 7h30 et 15h30 du lundi au vendredi. Certains commerçants acceptent les paiements en euros.

LIBRAIRIES

Librairie Calédo Livres (carte p. 46 ; ☑ 27 38 11 ; 21 ter rue Jean-Jaurès ; ⊙ 9h-17h30 lun-sam). Le propriétaire, spécialiste des livres sur la Nouvelle-Calédonie et le Pacifique, connaît très bien la littérature locale et régionale.

FNAC (carte p. 46 ; ☑ 28 88 82 ; 34 rue de l'Alma ; ⊙ lun-sam 8h30-17h30). Papeterie, librairie, magazines et, à l'étage, cartes IGN au 1/50 000ᵉ de la Nouvelle-Calédonie.

OFFICES DU TOURISME

Les deux antennes de l'office du tourisme à Nouméa centralisent les informations sur

les trois provinces (province Sud – y compris
l'île des Pins qui fait partie de la province Sud –,
province Nord, îles Loyauté). Vous y trouverez de
nombreuses brochures, des cartes touristiques,
la liste des prestataires ainsi que des prospectus
sur les hébergements et les activités.

Antenne du centre-ville (carte p. 46 ;
☑28 75 80, numéro vert 05 75 80 ; www.office-
tourisme.nc ; 22 rue Jules-Ferry ; ☺8h-17h
lun-ven, 9h-15h30 sam, horaires variables
le dim, suivant l'arrivée des paquebots).

Antenne de l'anse Vata (carte p. 42 ;
☑27 73 59, 28 93 60 ; 86 prom. Roger-
Laroque ; ☺9h-17h tlj). Sur le front de mer.

POSTE

Office des Postes et Télécommunications
(OPT ; www.opt.nc ; 7 rue Eugène-Porcheron ;
☺7h45-15h30 lun-ven, 7h30-11h sam). Cartes
SIM et recharges. DAB à l'extérieur.

SERVICES MÉDICAUX

Comme dans n'importe quelle grande ville
métropolitaine, vous n'aurez aucune difficulté
à trouver des services médicaux à Nouméa.
Les pharmacies sont nombreuses dans
le centre-ville. Pour les coordonnées des
médecins, généralistes ou spécialistes, et des
dentistes, consultez l'annuaire ou renseignez-
vous auprès de votre hôtel. Les établissements
de garde sont indiqués dans le quotidien
Les Nouvelles Calédoniennes.

Le principal centre hospitalier de Nouméa
est le **Médipôle-Centre hospitalier territorial
Gaston-Bourret** (☑25 66 66 ; www.cht.nc ;
110 bd Joseph-Wamytan), qui dispose d'un
service d'urgences fonctionnant 24h/24 et qui
regroupe l'ensemble des anciennes structures du
CHT auparavant dispersées sur plusieurs sites.
Le deuxième établissement hospitalier le plus
important du pays est la **clinique Kuindo-Magnin**
(☑42 00 00 ; 5 rue Contre-Amiral Joseph du
Bouzet ; ☺urgences 7h-23h), à Nouville.

ⓘ Depuis/vers Nouméa

AVION

Tous les vols internationaux arrivent à l'aéroport
de Tontouta, à 42 km au nord de la ville. Les
vols intérieurs sont assurés par l'aérodrome
Nouméa-Magenta, dans le quartier de Magenta
à 4 km du centre, et donc à une cinquantaine de
kilomètres de l'aéroport international.

Pour tout savoir sur le transport aérien en
Nouvelle-Calédonie, reportez-vous p. 216.

Air Calédonie (☑27 78 88 ; www.air-caledonie.
nc ; 6 rue Édouard-Unger, 1re Vallée du Tir ;
☺7h30-16h45 lun-ven, 7h30-11h sam).
Il existe également une agence à l'intérieur
de l'aérodrome de Magenta (à l'étage), pour
les billets de dernière minute uniquement,
ouverte de 5h à 18h en semaine ; le week-end,
ouverture à 5h, fermeture selon les horaires
d'avion. La compagnie assure des vols
quotidiens intérieurs au départ de l'aérodrome
de Magenta vers Koné, l'Île des Pins et les
Îles Loyauté (Ouvéa, Lifou et Maré).

Air Loyauté (www.air-loyaute.nc ; aérodrome
Nouméa-Magenta ; ☺7h30-17h30 lun-jeu,
7h30-16h30 ven). En plus des dessertes
inter-îles, la compagnie dessert depuis
Nouméa : Koumac, Bélep, Touho sur la Grande
Terre et Tiga dans les îles Loyauté.

Aircalin (☑26 55 00 ; www.aircalin.nc ; 47 rue
de Sébastopol ; ☺7h45-17h lun-ven, 8h-11h sam)

Air France (☑41 48 48 ; www.airfrance.nc ;
105 av. du Général-de-Gaulle ; ☺8h-16h45
lun-jeu, 8h30-16h45 ven)

Air New Zealand et **Air Vanuatu** (Axxess
Travel ; ☑28 66 77 ; www.airnewzealand.com ;
www.airvanuatu.com ; www.axxesstravel.nc ;
22 rue Paul-Duquesne ; ☺8h-17h lun-ven, 8h-11h
sam). Représentées par l'agence Axxess Travel.

Qantas (☑28 65 46 ; www.qantas.com.au ;
35 av. du Maréchal-Foch ; ☺8h-15h lun-ven)

BUS AU DÉPART DE NOUMÉA

DESTINATION	TARIF	DURÉE	FRÉQUENCE
Bourail	970 CFP	2 heures 20	1/jour, lun-sam
Canala	970 CFP	3 heures 30	1/jour, lun-dim ; 2/jour le ven
Hienghène	1 570 CFP	6 heures 50	1/jour, lun-dim ; 3/jour le ven
Koné	1 190 CFP	4 heures 15	1/jour
Koumac	1 570 CFP	5 heures 30	2/jour lun-jeu et sam ; 4/jour le ven ; 3/ jour le dim
La Foa	760 CFP	1 heure 30	9/jour, lundi-dim
Poindimié	1 350 CFP	5 heures 25	1/jour, lundi-dim
Pouébo	1 785 CFP	7 heures 30	1/ jour le mer 2/jour le ven
Thio	950 CFP	2 heures 10	1/jour lun-ven
Yaté	650 CFP	2 heures 15	1/jour, lun-sam

NAVIRES INTER-ÎLES

Le catamaran à grande vitesse **Betico 2** (☑26 01 00 ; www.betico.nc ; gare maritime, quai des Volontaires ; ☺7h-16h lun-jeu, 7h-15h ven, 8h-11h sam) effectue la desserte des îles Loyauté et de l'île des Pins au départ de Nouméa. Il assure deux rotations par semaine pour l'île des Pins (adulte/enfant 5 900 CFP 3 100 CFP l'aller simple, 2 heures 15), en principe le mercredi, le samedi et le dimanche, et deux rotations par semaine pour Maré et Lifou (adulte/enfant 8 200/4 000 CFP l'aller simple, de 4 à 6 heures), en principe le lundi et le vendredi. Achat des billets possible le jour du départ. Carte bancaire acceptée.

BUS

La plupart des villes de la Grande Terre sont reliées à la capitale par bus via le réseau **RAÏ** (www.rai.nc), au départ de la **gare routière** (☑05 81 61 ; 2 rue du Général-Gallieni).

Ceux qui prévoient de voyager un vendredi ou un dimanche seront bien avisés de réserver leur place, car de nombreux étudiants partent dans leur famille dès le vendredi après-midi pour rentrer à Nouméa le dimanche après-midi.

Les bus du réseau **Carsud** (www.carsud.nc) desservent les communes du Grand Nouméa, notamment Dumbéa, Païta et Tontouta (400 CFP), ainsi que Le Mont-Dore (400 CFP), au départ de la **gare routière de Montravel** (carte p. 42), au nord de la ville.

Pour une liste des tarifs et des itinéraires des bus entre Nouméa et les principales destinations, consultez le tableau p. 61 ou rendez-vous sur www.kedia.nc.

VOITURE

Il existe de nombreuses sociétés de location à Nouméa. Pour les détails, reportez-vous p. 221.

ⓘ Comment circuler

DEPUIS/VERS L'AÉROPORT

L'aéroport international de Tontouta se trouve à 42 km au nord-ouest de Nouméa. Il faut environ 45 minutes en voiture pour y accéder. Il est desservi par des bus publics, des navettes privées et par des taxis.

Le bus de la **ligne C** du réseau Carsud est l'option la moins coûteuse mais nous la déconseillons, surtout pour les départs, en raison des risques de retard. Le bus stationne, en principe, à l'extérieur du terminal des arrivées, à droite en sortant. À Nouméa, il part d'un arrêt situé dans l'avenue Paul-Doumer, entre la rue du Général-Gallieni et la rue Jules-Ferry. Le trajet dure 1 heure 15 (mais mieux vaut prévoir plus de temps) et coûte 280 CFP. En semaine, les bus quittent Nouméa toutes les heures de 4h50 (ou 6h30 les week-ends et à certaines saisons) à 17h30 ou 19h (12h le dimanche). Depuis

Tontouta, ils circulent approximativement entre 5h et 17h30 (13h30 le dimanche).

La solution la plus pratique consiste à prendre une navette opérée par une compagnie privée (sur réservation) ; les tarifs varient de 2 000 à 3 000 CFP/personne. La navette passe vous prendre ou vous dépose directement à votre hôtel. Retrouvez toutes les navettes conventionnées avec l'aéroport de Tontouta sur www.aeroports.cci.nc/fr/tontouta/navettes. Lors de nos recherches les suivantes fonctionnaient :

Arc en Ciel (☑27 19 80 ; www.arcenciel.nc)

Chris'transports (☑74 05 09 ; chricerda64@canl.nc)

Fernando tourisme (☑44 17 54 ou 75 75 12 ; www.fernandos-tours.com)

Gateway tours (☑75 45 92 ou 96 69 14 ; www.gatewaytoursnoumea.com)

Le Transporteur (☑74 97 49 ; letransporteur@lagoon.nc)

Les Mouettes (☑78 79 33 ; La Tontouta)

New Cal Outdoors (☑84 50 28 ; www.newcaloutdoors.com)

Philo Tour (☑77 20 31)

Private Custom Tours and transfers (☑50 49 18 ; www.private-custom-tours.com)

Sweety Tours & Transport (☑72 40 90, 98 32 02)

L'**aérodrome Magenta** est desservi par la ligne n°20 (bleu) des bus Karuiabus (www.karuiabus.nc). Des navettes relient aussi l'aéroport au centre-ville en une dizaine de minutes. Contactez Arc-en-Ciel (☑27 19 80 ; www.arcenciel.nc), Navette Service (☑78 79 33) ou Alpha International (☑26 59 79). Le coût d'un trajet s'élève à environ 1 000 CFP.

BUS

Le service public de transports en commun est assuré par une flotte de bus appartenant au réseau **Karuia** (☑26 97 00, 26 97 10 ; www.karuiabus.nc), repérables à leur couleur rouge et blanc. Les tickets (190 CFP) s'achètent à la billetterie de la gare routière de Moselle (parking de Ciné City), la gare routière de Montravel au nord de la ville, aux distributeurs de tickets à certains arrêts de bus, et dans des boutiques proches des arrêts. Vous pouvez également acheter votre ticket auprès du conducteur (210 CFP).

Les bus Karuia desservent différents trajets identifiés par des couleurs. Ils circulent tous les jours entre 5h30 et 18h. Voici une liste des lignes avec leur itinéraire :

Bleue (ligne 20) Saint-Quentin / Magenta / Centre-ville

Verte (ligne 11) Anse Kuendu / Centre-ville / Baie des Citrons / Anse Vata

Mauve (ligne 40) Port Moselle / Magenta / Centre culturel Tjibaou

Orange (ligne 70) Val Plaisance / Anse Vata / Centre-ville

Notez toutefois que des changements étaient prévus fin 2019 avec la mise en place du nouveau réseau Néobus, se renseigner sur www.neobus.nc.

VÉLO, SCOOTER ET MINI-VOITURE

Nouméa Fun Ride (☑ 26 96 26 ; noumeafunride. org@canl.nc), à la gare maritime où accostent les navires de croisière, loue des vélos (1 800/8 000 CFP par jour/semaine), des scooters (3 400/15 000 CFP par jour/semaine). Le permis voiture est exigé pour la location d'un scooter.

VOITURE ET MOTO

Pour en savoir plus sur les locations de voitures, reportez-vous p. 221.

Durant les heures de bureau, les places de parking sont généralement payantes (environ 150 CFP/heure). Il existe aussi un grand parking gratuit en face du marché.

TAXI

La principale station de taxis est rue Anatole-France, près de la place des Cocotiers. Vous pouvez également appeler l'un des **Radio Taxis de Nouméa** (☑ 28 35 12), verts, depuis n'importe quel quartier. Les taxis fonctionnent 24h/24, 7 j/7. Voici quelques tarifs de jour, à titre indicatif, depuis l'anse Vata : 1 500 CFP pour le centre-ville, 2 000 CFP pour le parc zoologique et forestier, 1 500 CFP pour l'aérodrome de Magenta.

ENVIRONS DE NOUMÉA

Les communes situées aux alentours de la capitale calédonienne (Le Mont-Dore à l'est, Dumbéa et Païta vers le nord) font partie du "Grand Nouméa". Villes de transition, elles constituent un but d'excursion à la demi-journée ou à la journée, voire des étapes sur la route du nord ou du sud.

Le Mont-Dore

24 195 HABITANTS

Cette commune très étalée qui se déploie à l'est de Nouméa englobe plusieurs localités, dont La Conception, Robinson, Boulari, La Coulée, et Plum, en périphérie. C'est une zone périurbaine aux contours mal définis, sans attrait majeur pour les visiteurs. Pourtant, la façade littorale, dans le secteur de Vallon-Dore, desservie par une route en corniche, s'avère très agréable, avec des petites plages et de belles perspectives sur la baie de Boulari et une série d'îlots sur le lagon.

À quelques kilomètres au sud-est, le **mont Dore** proprement dit culmine à 772 m. Les bons marcheurs peuvent en entreprendre l'ascension (9,3 km, 5 heures aller-retour). Du sommet, la vue sur Nouméa, le lagon et la barrière de corail est incomparable.

🛏 Où se loger

Les Cases de Plum BUNGALOWS €€
(☑ 43 83 07, 99 17 18 ; lescasesdeplum.com ; rte du Sud, Plum ; d 14 900 CFP, bungalow d 16 900 CFP ; ✳ 🔊 🛜). À 35 km de Nouméa (comptez une demi-heure en voiture, plus aux heures de pointe), aux portes du Grand Sud, cette adresse tenue par une métropolitaine très accueillante occupe une grande propriété arborée, calme, à proximité immédiate du bord de mer (mais la plage est bien modeste). Les 2 bungalows (avec cuisine) et les 2 chambres (attenantes), de style balinais, marient le bois et la pierre et présentent un excellent niveau de confort – mention spéciale à la literie et aux sdb. Piscine, coin détente et prêt d'équipement de snorkeling. Petit-déjeuner (2 100 CFP) et repas du midi et du soir (3 700 CFP) sur demande. Vu la localisation, un véhicule est indispensable.

Monts Koghis

C'est la villégiature des habitants de Nouméa lorsque la chaleur humide du littoral devient trop oppressante. Il leur suffit de parcourir quelques kilomètres pour perdre 5°C par rapport à la capitale. Les monts sont couverts de forêt tropicale riche en flore locale. La bifurcation vers les monts Koghis se situe à 14 km au nord du centre-ville de Nouméa, sur la RT1 en direction de Dumbéa. La route traverse encore 5 km où alternent forêt tropicale et pentes abruptes sans végétation, puis débouche sur le parking de l'auberge du Mont Koghi.

🏃 Activités

Plusieurs **sentiers pédestres** partent de l'auberge (accès adulte/6-18 ans 500/250 CFP, en autoperception si personne n'est présent, prévoir la monnaie). Les randonnées sont de difficulté et de durée variables (de 30 minutes à 6 heures). Bien balisés, les sentiers montent parfois de manière abrupte et se révèlent glissants par endroits. Parmi les balades de moins de 2 heures, les plus réputées sont celles qui mènent au Grand Kaori ou à la cascade.

Koghi Parc Aventure PARC AVENTURE

(☑82 14 85; koghiparcaventure.com; tarif 3 parcours adulte/-12 ans 3 500/3 000 CFP, parcours supp 1 000 CFP; ☺10h-17h30 sam-dim, sur rdv lun-ven). À 200 m derrière l'auberge du Mont Koghi, ce site propose quatre parcours aventure dans les arbres, entre 7 et 18 m de haut, avec 35 ateliers, dont des ponts de singe, une tyrolienne de 70 m, des ponts népalais, des échelles... Dernier accès à 15h30, prévoir 2 heures d'activités quel que soit le niveau. Prêt de matériel inclus dans les tarifs. Mieux vaut réserver sa place au préalable.

🛏 Où se loger et se restaurer

Auberge du Mont Koghi REFUGES, CHALETS €€

(☑41 29 29; bouferrachet@gmail.com; 501 route des Monts-Koghis; d 18 400 CFP petit-déj inclus, d demi-pension 27 400 CFP; ☺mer-dim). À 476 m au-dessus du niveau de la mer, avec vue sur Nouméa et ses baies, cette auberge dont la gérance venait de changer lors de nos recherches propose de sympathiques bungalows avec terrasse panoramique et possibilité de se faire la cuisine. Orné d'une cheminée et de boiseries, le très agréable **restaurant** (plats 2 800-4 900 CFP; ☺8h-21h30 mer-dim) dégage un peu l'atmosphère d'un chalet de montagne, avec de grandes baies vitrées ouvertes sur le paysage. On y sert des spécialités savoyardes, comme la raclette, la tartiflette ou la fondue, ainsi que les grands classiques de la cuisine métropolitaine. Réservation conseillée le week-end.

Dumbéa

18 600 HABITANTS

Cette petite ville, à 18 km au nord de Nouméa, occupe l'estuaire de la Dumbéa, entre la RT1 et la route à péage qui part vers le nord. Bien qu'elle fasse partie du Grand Nouméa, Dumbéa conserve une atmosphère rurale bien distincte de l'ambiance citadine de la capitale. Parmi les activités privilégiées dans le secteur : marcher jusqu'au barrage de Dumbéa, nager dans un bassin naturel à proximité ou encore faire du canoë et du kayak sur la rivière.

Dumbéa s'apprécie encore plus lors des mois d'été. D'ailleurs, les habitants ne s'y trompent pas : ils s'y rendent pour pique-niquer ou se rafraîchir dans ses eaux. L'endroit doit aussi sa renommée à la **fête de l'Omelette géante** (voir p. 23).

🏃 Activités

La **rivière Dumbéa** est appréciée des habitants, qui viennent s'y rafraîchir durant les mois d'été. Le site compte de nombreux sentiers de randonnée, faciles et à faible dénivelé. Pour y arriver depuis la RT1, bifurquez juste avant le pont (à 15 km au nord de Nouméa), au **parc Fayard**. Suivez cette route non goudronnée sur 10 km. À mi-chemin, une petite route non bitumée part sur la gauche vers le **trou des Nurses**, un bassin naturel, idéal pour la baignade.

La société **Terra Incognita** (☑26 27 48; www.aventure-pulsion.nc) organise des balades en kayak sur la rivière. Vous vous régalerez sur la descente de 7 km (2 heures) entre le trou des Nurses et le parc Fayard (location de kayak 2 400-3 400 CFP la demi-journée). Les eaux de la rivière Dumbéa sont néanmoins connues pour attirer particulièrement les squales, qui affectionnent sa turbidité, et ces derniers temps, plusieurs interdictions de baignade ont été décidées. Même si ce phénomène reste rare, soyez prudent et renseignez-vous au préalable.

Les golfeurs iront taper la balle au **terrain de golf** (☑41 80 00) 18 trous (par 72) de Dumbéa.

🛏 Où se loger

Camping Gaïa CAMPING €

(☑41 61 19; route de Koé; emplacement adulte/-14 ans 1 250/1 000 CFP; ☎). 🍃 Au bord de la rivière Dumbéa, dans un joli coin de nature luxuriante, ce camping d'une dizaine d'emplacements dispose d'une cuisine commune, d'une douche chaude, de toilettes sèches et de toilettes classiques, et d'un grand faré convivial. Le tout est assez rudimentaire mais idéalement situé pour les amoureux de nature qui souhaitent garder une proximité avec Nouméa (20 min en voiture). Plusieurs sentiers de randonnée sont situés dans les environs et vous pourrez louer des VTT sur place (1 000 CFP/jour). Wi-fi sur une partie du site. En venant de Nouméa, tourner à droite au parc Fayard avant le pont de Dumbéa, au niveau du parcours canin (un panneau indique le camping). Continuer sur 5,7 km et le camping sera indiqué à gauche.

La Cabane de la Vallée INSOLITE €€

(☑43 95 04; route de Koé; d semaine/week-end 5 500/6 000 CFP, petit-déj 900 CFP). Passionnée par la fabrication de marionnettes, Chantal propose une adresse pour amoureux de la nature en quête d'isolement et de repos.

Ses cabanes perdues dans la forêt sèche sont rudimentaires avec sanitaires à l'extérieur mais disposent quand même d'un coin cuisine. Artisanat et produits locaux à vendre sur place. Location matériel de camping, formule pique-nique (1 200 CFP), dîner (1 800-3 000 CFP), buanderie (600 CFP). En venant de Nouméa, tourner à droite au parc Fayard avant le pont de Dumbéa, au niveau du parcours canin. Continuer sur 6 km environ et vous trouverez les cabanes sur votre droite, en face du camping Gaïa.

Le Tour du Monde   CHAMBRES D'HÔTES €-€€
(☑84 96 54, 35 12 78 ; www.tour-du-monde.nc ; col de Katiramona ; d en chalet 5 000-12 500 CFP ; ✳✴◎📶). Implantées dans une propriété verdoyante, ces chambres d'hôtes font l'unanimité. Les propriétaires, Dan et Jean-Claude, sont d'anciens globe-trotteurs et proposent de nombreux services très utiles aux voyageurs (table d'hôte 2 800-3 900 CFP, petit-déjeuner 1 000 CFP, panier pique-nique, location de tente et de matériel de camping, transferts, informations touristiques, consigne à bagages, réduction dans 2 agences de location de voitures et buanderie). L'hébergement se compose de 5 chambres en chalet avec kitchenette, de conception simple mais pimpantes et agrémentées d'objets rapportés de leurs voyages. Trois chalets se partagent deux blocs sanitaires extérieurs, d'une propreté irréprochable, et les deux restants ont leur sdb privative. Séjour minimum de 2 nuits (continues ou non) ; tarifs dégressifs en fonction de la durée du séjour et réduction faite aux "tourdumondistes". La climatisation (payante) est en option (480 CFP/nuitée) et vous pourrez aussi accéder à un spa (3 000 CFP pour 2 pour 1 heure, sur réservation). De Nouméa, comptez 20 minutes en voiture.

Païta
12 000 HABITANTS

Considérée comme faisant partie de la grande banlieue de Nouméa, Païta est une bourgade installée sur la RT1, à 26 km au nord-ouest de la capitale. Connue pour sa pittoresque fête du Bœuf, au mois d'octobre, elle se distingue par une atmosphère typique des villes de "broussards".

À quelque 3 km au sud-est de Païta, sur la RT1, vous déboucherez sur le hameau de Katiramona, où vous pourrez apercevoir des pétroglyphes dans le lit de la rivière (asséchée). Aucune indication ne marque

le site hélas. Depuis Katiramona vers Païta, arrêtez-vous en bas de la descente du col au niveau d'un escalier en béton sur la droite. Avec un peu de patience vous devriez les trouver en quelques minutes d'observation. Si les pétroglyphes ne sont pas rares en Nouvelle-Calédonie, il reste exceptionnel de les voir en pleine nature : ceux-ci valent donc le détour (voir aussi p. 163).

🏃 Activités

La Belle Verte-Canopy Tours   TYROLIENNES
(☑77 20 28 ; www.labellevertenc.com ; adulte/enfant (-14 ans) 6 000 CFP/4 500 CFP ; ◷mer-sam sur rdv, départ à 9h et 13h30). Un parcours en forêt dans le secteur du mont Mou qui mêle marche à pied et parcours acrobatique, avec 1,2 km de tyrolienne (dont un passage à 90 m de haut). Équipe très sympa et sensations garanties ! Depuis Nouméa, prenez Païta centre, puis suivez la direction du mont Mou depuis le premier rond-point. Poursuivez sur la route Vigneron, qui devient une piste, et vous atteindrez l'accueil.

🛏 Où se loger

Lézard Home   CHAMBRES D'HÔTES €€
(☑75 86 02 ; 75 lotissement Joseph-Hénin, Plaine-aux-Cailloux ; bungalows 8 000-9 000 CFP, petit-déj 1 500 CFP ; ✳🏠). Dans cette belle propriété arborée et très calme, vous pourrez poser votre valise dans l'une des 3 chambres d'hôtes en bungalows, simplement agencés mais douillets et confortables. Table d'hôte sur réservation (4 000 CFP). Tarifs dégressifs à partir de 3 nuitées. Également un appartement loué pour 5 nuitées minimum (6 500 CFP/nuitée).

Tontouta

Tontouta, à 42 km de la capitale, ne présente pas d'autre intérêt que d'abriter l'aéroport international et un hôtel bien pratique si vous prenez l'avion tôt le lendemain matin.

🛏 Où se loger et se restaurer

Karenga Apartel   MOTEL €€€
(☑97 82 85 ; 76 lotissement Karenga ; d 14 676 CFP ; 🏠🅿✳). À 1 km de l'aéroport, dans un bâtiment de plain-pied assez austère, on est surpris de trouver là des chambres modernes et confortables, avec cuisine attenante. Parfait pour se reposer après un long vol. Possibilité d'aller vous chercher directement à l'issue de votre vol (600 CFP).

Grand Sud

Le top des activités

➜ VTT (p. 69)

➜ Randonnée pédestre (p. 69)

➜ Balade en kayak (p. 70)

➜ Observation des baleines (p. 74)

Le top des hébergements

➜ Kanua Tera Ecolodge (p. 73)

➜ Camping des Kaoris (p. 70)

➜ Site de Netcha (p. 71)

Pourquoi y aller

À moins d'une demi-heure de Nouméa, le Sud dégage un parfum d'aventure et de mystère. Après l'agglomération du Mont-Dore, on entre dans un monde d'une beauté lumineuse et dramatique où se croisent des rivières folles, des lacs sombres, des plaines silencieuses piquetées de maigres buissons, des montagnes saignées de gigantesques cicatrices de latérite, des vestiges de forêt primaire, des fouillis de plantes rabougries et d'arbrisseaux, des baies échancrées et des pistes qui mènent au milieu de nulle part. Partout règne une impression de nature vierge, même si l'imposante usine de nickel Vale vient brutalement rappeler que l'homme n'a pas renoncé à son emprise sur ce territoire.

Les richesses du Sud méritent qu'on leur consacre au minimum deux jours. Le secteur, très peu peuplé (une poignée de villages, à peine) comprend des sites naturels où l'on peut pique-niquer, randonner, faire du VTT et du kayak, ou simplement profiter des panoramas. À la saison de la migration des baleines, ne manquez pas le spectacle des cétacés batifolant dans la baie de Prony. Quelques sites historiques vous feront par ailleurs revivre les heures sombres de la période pénitentiaire.

Les infrastructures se limitent à quelques gîtes et campings, et à un seul hôtel.

Quand partir

Le Grand Sud se visite toute l'année, mais il est vivement recommandé d'éviter la région en cas de pluie, en raison de l'état du réseau routier et des pistes, rapidement inondables. Pour les activités, la période idéale s'étend de septembre à novembre, avec un ciel généralement découvert et des températures agréables. La saison des baleines court, en principe, de mi-juillet à mi-septembre. Si vous campez, sachez que les températures nocturnes sont fraîches entre juin et août – petite laine et duvet impératifs !

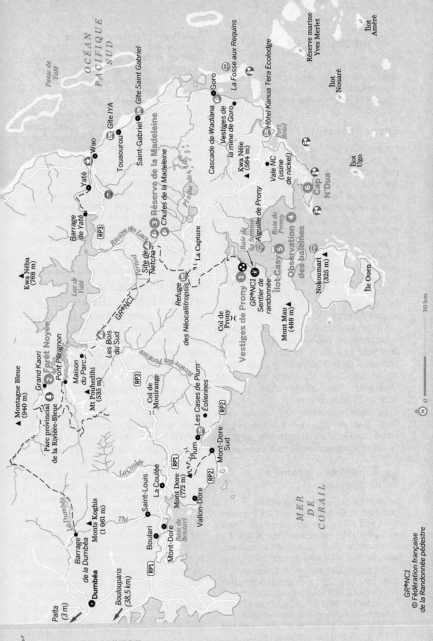

À ne pas manquer

1. Les vestiges de l'ancien village de **Prony** (p. 75)

2. L'étrange **Forêt noyée** (p. 69), dans le parc provincial de la Rivière-Bleue, à découvrir à pied ou à VTT

3. La **réserve de la Madeleine** (p. 71)

4. L'**observation des baleines à bosse** (p. 74) dans la baie de Prony

5. L'**îlot Casy** (p. 73), parfait pour jouer les Robinson

6. Le panorama depuis le **cap N'Dua** (p. 74)

ℹ INFORMATIONS

Le site www.destinationgrandsud.nc est une bonne source d'informations sur le Grand Sud (hébergement, activités, sites remarquables).

Environnement

Les paysages du Grand Sud se caractérisent par une alternance de collines et de plaines recouvertes d'arbustes et de plantes à feuilles dures qui se sont adaptées au cours des millénaires au sol latéritique peu fertile. Environ 75% des espèces végétales sont endémiques. Il existe dans la zone côtière entre Yaté et Port Boisé des zones tropicales luxuriantes.

L'absence de réglementation concernant l'exploitation des mines et des forêts au début de l'époque coloniale (vers 1850) s'est malheureusement soldée par la destruction de vastes espaces naturels. Aujourd'hui, les feux de forêt et l'extraction minière représentent les principales menaces.

La région compte plusieurs réserves botaniques et zoologiques que l'on peut découvrir lors d'une randonnée. Le parc provincial de la Rivière-Bleue et la réserve des chutes de la Madeleine, notamment, témoignent des efforts entrepris pour préserver l'environnement.

La faune comprend des oiseaux (dont l'emblématique cagou), des insectes et des reptiles endémiques ou introduits, de même que des cochons sauvages et des cervidés.

ℹ Comment s'y rendre et circuler

Le Grand Sud présente l'avantage d'être facilement accessible depuis Nouméa, en prenant la RP1 ou la VDE (voie de dégagement est). Pour emprunter la VDE, suivez la direction du Mont-Dore depuis la sortie "Rivière Salée" de la voie express. La sortie "RP1" est la suivante sur la voie express.

Vous pouvez faire une boucle à partir du Mont-Dore, en suivant par exemple la direction de Yaté (par la RP3), puis en longeant la côte jusqu'à Port Boisé et en continuant vers Prony et Plum. Ces routes sont asphaltées mais certains tronçons sont très sinueux. La portion de route Yaté-Port Boisé-Plum est en mauvais état (revêtement dégradé, nids-de-poule).

L'idéal est de louer une voiture pour quelques jours car cette région sauvage et faiblement peuplée n'est pas desservie par les transports en commun. Pour éviter toute mauvaise surprise, nous recommandons la location d'un véhicule 4x2 ou 4x4, de type

Dacia Duster, pour pouvoir emprunter les pistes (accès à Prony, accès au Cap N'Dua). Attention, en cas de pluie, les pistes en latérite, détrempées, sont dangereuses, et les radiers rapidement submergés. Dans tous les cas, roulez prudemment. Vous trouverez une station-service à Yaté (à l'ancien village) ainsi qu'à Touaourou, entre le gîte Iya et le gîte Saint-Gabriel. Elles sont ouvertes tous les jours sauf le dimanche après-midi. Il est cependant conseillé de faire le plein à la sortie de Nouméa.

Vous pouvez également faire appel à un prestataire qui organise des excursions dans le Grand Sud. **Nautilus Tours** (☏ 78 59 48 ; www.nautilus-tours.com) propose une découverte de la région à bord d'un confortable 4x4, avec chauffeur-guide et arrêt dans les principaux sites touristiques du secteur (15 000 CFP/pers, repas en sus, 3 personnes minimum).

Parc provincial de la Rivière-Bleue

En suivant la RP3 vers l'est, en direction de Yaté, vous traverserez un paysage montagneux très sauvage, agrémenté de vues panoramiques sur les collines qui ondoient à l'infini et les éoliennes de Plum qui se détachent au sud-ouest. Vous arriverez rapidement au carrefour signalant la bifurcation (vers le nord) pour le parc provincial de la Rivière-Bleue (☏ 43 61 24 ; adulte/6-17 ans 600/300 CFP, carte bancaire acceptée ; ☉ 7h-17h mar-dim, dernière entrée à 14h), l'une des merveilles naturelles du Sud calédonien. Cette réserve se déploie autour de la partie ouest du lac de Yaté, lac artificiel créé par un barrage hydroélectrique, alimenté par la rivière Blanche et la rivière Bleue. La réserve rassemble de nombreuses espèces de plantes, de reptiles et d'oiseaux endémiques, dont l'étonnant cagou, symbole de la Nouvelle-Calédonie (voir l'encadré p. 70), le notou (le plus grand pigeon connu), le corbeau calédonien, des plantes carnivores (népenthès et drosera), diverses espèces d'orchidées et de superbes kaoris, une variété de conifères. Le paysage se caractérise par un mélange d'écosystèmes caractéristiques de l'île : forêts sèches, maquis miniers et forêts humides plantées de palmiers, d'araucarias, de houps, de fougères arborescentes et de kaoris. À ne pas manquer !

◉ À voir

Une carte (gratuite) du parc, avec les points d'intérêt et les sentiers balisés, vous sera remise à l'accueil. Vous saurez tout sur la biodiversité et les écosystèmes du parc en visitant le Centre d'information de la Maison du parc, juste à côté.

À environ 2,5 km après le pont Pérignon, en bois, long de 80 m, la Forêt noyée (ainsi nommée car elle résulte de la mise en eau du barrage de Yaté) constitue un tableau saisissant : on se croirait dans un décor préhistorique ; une multitude de troncs argentés aux allures de squelettes émergent des eaux sombres de la rivière Bleue. Il s'agit de chênes-gommes, morts mais toujours debout car imputrescibles.

En continuant le long de la piste principale, on arrive ensuite au lieu-dit des Cagous, où il est fréquent (mais pas garanti !) d'apercevoir un couple de cagous, habitués à la présence des touristes. À vos appareils photo ! En continuant vers l'amont, vous ferez halte au Grand Kaori, un kaori aux dimensions exceptionnelles (40 m de haut, pour un tronc de 2,67 m de circonférence) et à l'âge plus que respectable (plus de mille ans !).

Vers le fond du parc, la rivière Bleue est ponctuée de jolies vasques propices à la baignade. Remarquablement aménagé, le parc est équipé de nombreuses aires de pique-nique.

🏃 Activités

Randonnée pédestre

Le parc offre un bel éventail de randonnées pédestres (18 au total), le long de sentiers très bien balisés, aux niveaux de difficulté et de durée variables, de très facile (20 minutes) à difficile (5 heures). Les descriptifs des parcours sont disponibles à l'accueil du parc.

VTT

Autre option pour découvrir les trésors du parc : le VTT, sur les pistes (six pistes ont été spécialement balisées pour les VTT) et les sentiers. Le parcours le plus classique consiste à rejoindre le Grand Kaori en suivant partiellement la Forêt noyée, au départ du pont Pérignon (soit environ 10 km l'aller), le long de la piste principale.

GRAND SUD PARC PROVINCIAL DE LA RIVIÈRE-BLEUE

LE B.A. BA DU PARC PROVINCIAL DE LA RIVIÈRE-BLEUE

Voici quelques conseils pour organiser votre séjour dans le parc.

Circuler à l'intérieur du parc

À l'intérieur du parc, la circulation en voiture est réglementée. Vous pourrez emprunter la piste qui longe la rivière Blanche, au sud du parc, jusqu'à son terminus, soit environ 15 km. La piste principale, en latérite, régulièrement entretenue, est praticable avec une berline, mais, par temps de pluie, elle est glissante ; un véhicule adapté (4x2 ou 4x4) est alors recommandé.

La partie nord du parc, le long de la rivière Bleue, n'est pas accessible aux véhicules de tourisme, qu'il faut obligatoirement laisser sur le parking situé juste avant le pont Pérignon (qui enjambe la rivière Blanche). De là, une navette (adulte/6-17 ans 600/300 CFP, à régler à l'accueil du parc) circule six fois par jour entre 7h30 et 15h15 (horaires affichés à l'entrée du parc) et marque des arrêts à hauteur des principaux sites touristiques le long des 13 km de piste entre le pont Pérignon et le terminus (45 minutes), dont la Forêt noyée et le Grand Kaori. L'aller-retour avec la navette, arrêts photos inclus, dure 1 heure 30. Vous pouvez également parcourir cette piste à pied ou à VTT, ou bien n'en faire qu'une partie et revenir avec la navette (équipée d'une remorque pour charger les VTT) ; le système est souple et pratique.

La signalisation et le fléchage, assurés par des panneaux en bois, sont impeccables.

Météo et fermeture du parc

Le parc est fermé en cas de météo défavorable ; mieux vaut appeler avant de venir en cas de doute.

Ravitaillement

C'est le seul point faible de ce parc... Soyez prévoyant et emportez tout le nécessaire, y compris l'eau : le parc ne comprend aucun restaurant ou point de ravitaillement, ni même une buvette !

LE CAGOU

Le cagou (*Rhynochetos jubatus*) est l'oiseau emblématique de la Nouvelle-Calédonie. C'est aussi le nom donné aux équipes sportives calédoniennes lorsqu'elles jouent à l'étranger. Incapable de voler, cet échassier mesure environ 50 cm de haut et présente un plumage gris et doux, des yeux rouges, une huppe sur la tête et un bec orange surmonté d'un plumet. Il se distingue particulièrement par son cri, proche de l'aboiement d'un chien. Le parc provincial de la Rivière-Bleue abrite environ 800 individus, qui vivent dans les forêts, où ils se nourrissent d'insectes et de vers. Vous les observerez assez facilement, notamment au lieu-dit des Cagous.

À signaler, un service très pratique : la navette du parc peut transporter les VTT.

Sud Loisirs VTT

(☑ 77 81 43 ; www.sudloisirs-nc.com ; ☺ mar-dim, sur réservation). Le kiosque de ce prestataire est situé à la hauteur du parking au pont Pérignon. Comptez 3 000 CFP pour un VTT pour la journée. Pour un VTT enfant, les tarifs sont de 2 200 CFP. Vend également quelques boissons et des biscuits. Location de matériel de bivouac (tente, popote, réchaud, matelas gonflable).

Canoë et kayak

La Forêt noyée et les eaux calmes de la rivière Bleue composent un cadre magnifique pour la pratique du kayak et du canoë.

Aventure Pulsion KAYAK, CANOË

(☑ 26 27 48 ; www.aventure-pulsion.nc ; ☺ sur réservation). Cette société organise des balades guidées lors des nuits de pleine lune (5 500 CFP) ; slalomer au milieu des arbres nus sur le voile liquide de la Forêt noyée est une expérience surréaliste.

Sud Loisirs KAYAK

(☑ 77 81 43 ; www.sudloisirs-nc.com ; ☺ mar-dim, sur réservation). Location de kayaks (2 500 CFP) pour explorer la Forêt noyée (départ à 13h du site de mise à l'eau, à 6 km du pont Pérignon, que l'on rejoint par ses propres moyen – à pied, à VTT ou par la navette du parc). Propose aussi un intéressant combiné VTT/kayak à 5 500 CFP :

départ du pont Pérignon à vélo jusqu'au pont Germain, puis retour sur la rivière Bleue en kayak dans sa portion basse, sur 5 km. Prévoir environ 5 heures. Les prestations ne sont pas guidées, mais elles sont accessibles à tous les niveaux et ne présentent aucun danger. Organise également des sorties sur deux jours, avec bivouac, et des sorties nocturnes (guidées) en canoë lors de la pleine lune, de une à trois fois par mois (6 900 CFP, collation incluse).

🛏 Où se loger

À l'intérieur du parc, le bivouac est toléré aux endroits prévus à cet effet (aire à feu, eau douce, toilettes), mais la tente doit être démontée avant 8h. Sud Loisirs (voir *Activités* ci-contre) loue du matériel de camping.

Camp des Kaoris CABANES $

(☑ 83 90 13 ; www.facebook.com/loisirsconceptnc ; cabane d/qua avec sdb commune 4 000/8 400 CFP). Une expérience originale ! Juste avant le guichet d'accueil du parc, sur la gauche, une piste mène à cet hébergement innovant, implanté dans une belle forêt de kaoris. Ici, pas de tentes conventionnelles ni d'aires de bivouac, mais une série de "cabadiennes", mélange de tente et de cabane, en forme de V renversé, équipées de matelas et d'un drap housse (munissez-vous de votre oreiller et de votre duvet). Le bloc sanitaire (eau chaude) est propre et vous avez accès à une cuisine commune avec réchaud et ustensiles (mais il n'y a pas d'accès à l'électricité sur le site). Également des "Plum'Arbres", des tentes rondes suspendues à un mètre du sol (6 500 CFP pour deux).

Les Bois du Sud AIRE AMÉNAGÉE $

(☑ 98 57 51, 88 92 08 ; pique-nique entrée adulte/enfant 400/200 CFP, camping 500 CFP/tente). À l'extérieur du parc, vous pouvez venir pique-niquer ou planter la tente sur cette aire de bivouac, à 4 km de l'entrée du parc provincial de la Rivière-Bleue (suivez le fléchage depuis la RP3, à une centaine de mètres après la bifurcation pour le parc), dans une belle forêt humide. Le site dispose d'une quinzaine de farés-abris avec tables en bois, bien séparés, d'espaces engazonnés, d'aires à feu, de blocs sanitaires (eau froide) et de points d'eau (mais pas d'électricité, ni de cuisine commune, ni d'épicerie ou de possibilité de restauration sur place).

Réserve et chutes de la Madeleine

Fierté des Néo-Calédoniens, la réserve de la Madeleine (☑47 94 80 ; adulte/enfant 400/200 CFP ; ☺8h-16h30), bien signalée, se situe à 10 km de la RP3, en prenant la route transversale en direction du sud. Ce parc de 400 ha se distingue par sa richesse botanique (on y dénombre 168 espèces végétales, dont 95% sont endémiques à la Nouvelle-Calédonie). Principal centre d'intérêt : les chutes de la Madeleine, accessibles en quelques minutes à pied depuis l'entrée. Cette cascade haute de quelques mètres seulement coule dans un paysage digne de *Jurassic Park* – la BBC y a d'ailleurs tourné une série sur les dinosaures. Il est interdit de s'y baigner. Pour faire trempette, vous devrez vous rendre au site de Netcha (voir ci-dessous), tout proche.

Les chutes de la Madeleine sont à 70 km de Nouméa. Comptez 1 heure 30 en voiture.

🏃 Activités

Plusieurs parcours pédestres, très faciles, dotés de panneaux explicatifs sur l'écosystème et de plates-formes d'observation, ont été aménagés au sein de la réserve. Neuf pistes VTT (en boucle), appelées "Boucles de Netcha", ont également été créées dans le secteur ; de difficultés variables, elles vont de 3,4 km à 33 km. Quatre d'entre elles partent du site de Netcha (voir ci-dessous) ; demandez le plan des pistes au kiosque à l'entrée. Le principal inconvénient est qu'aucun prestataire ne loue de VTT sur place. Deux sentiers botaniques partent également du site de Netcha.

🛏 Où se loger

Site de Netcha   AIRE AMÉNAGÉE $
(☑47 94 80 ; pique-nique entrée adulte/enfant 400/200 CFP, camping 500 CFP/tente). Très belle aire aménagée, à 1,5 km au nord des chutes de la Madeleine. Nul doute que vous tomberez sous le charme reposant des lieux, en pleine nature, au bord de la rivière Netcha. Vous trouverez une dizaine de farés-abris avec tables et bancs, bien séparés les uns des autres, des coins à feu, des pelouses et un bloc sanitaire bien entretenu (eau froide). Le petit plus : les berges de la rivière, aménagées grâce à l'installation d'un deck en bois et de deux petits pontons qui font office de plongeoirs, permettent la baignade.

Netcha accueille également les visiteurs qui souhaitent pique-niquer (400 CFP, gratuit avec le billet d'entrée de la réserve de la Madeleine). On peut rejoindre la réserve à pied en suivant un chemin longeant la rivière. Pas de cuisine commune, ni d'épicerie (emportez vos provisions), ni d'électricité.

Yaté
1 850 HABITANTS

Quelques kilomètres après la bifurcation pour les chutes de la Madeleine, la RP3 quitte les berges du lac de Yaté et conduit à un point de vue, d'où l'on découvre une perspective splendide sur le lac artificiel, les montagnes de la Chaîne et le barrage, construit en 1958, qui alimente l'usine hydroélectrique de Yaté, à une dizaine de kilomètres à l'est. Encore quelques lacets et l'on arrive au point de vue du col de Yaté, d'où la vue vagabonde sur la côte est. De là, la route dévale vers Yaté, petit bourg sans histoire, alangui au bord d'un estuaire. Il ne présente pas d'intérêt touristique, mais vous y trouverez un magasin d'alimentation et une station-service.

Une belle randonnée pédestre est possible un peu avant Yaté : la Route à horaires (signalée) permet d'accomplir une boucle offrant de beaux panoramas. Prévoyez une demi-journée.

Yaté est desservi par bus au départ de Nouméa. En voiture, le trajet dure 1 heure 45 depuis Nouméa par la RP3.

De Yaté à Goro

Cet itinéraire, très pittoresque, épouse les contours de la côte jusqu'à Goro (28 km). Changement de décor : les paysages arides laissent ici la place à une végétation luxuriante. On se croirait au bout du monde. Vous traverserez successivement la tribu de Wao et celle de Touaourou, où se trouve une petite "plage" (souvent boueuse). L'église de Touaourou mérite le coup d'œil pour son autel orné de sculptures sur bois traditionnelles.

En continuant vers le sud, on parvient à la tribu de Goro.

👁 À voir

Cascade de Wadiana   CASCADE
À 1 km au sud de Goro, la route passe à hauteur de cette jolie cascade, que l'on aperçoit sur la droite, en retrait de la route. Elle

LA TRAVERSÉE DU SUD À PIED : LE GR®NC1

Seul itinéraire classé "sentier de grande randonnée" par la Fédération française de la randonnée pédestre en Nouvelle-Calédonie, le GR®NC1 relie Prony à Dumbéa (au nord de Nouméa), soit 107,5 km fractionnés en sept étapes, d'une durée moyenne variant de 3 heures 30 à 7 heures 30. Intégralement balisé, le parcours, jamais monotone, permet de s'imprégner des atmosphères et des paysages magiques du Grand Sud et du parc provincial de la Rivière-Bleue. Il est à la portée de tout marcheur suffisamment entraîné, mais il est préférable de suivre scrupuleusement les consignes de sécurité habituelles, liées à la pratique de la randonnée et au respect de l'environnement, et de s'informer sur les conditions météo avant de partir auprès de Météo France (☎ boîte vocale 36 67 36 ; www.meteo.nc).

Plusieurs points sont à garder en tête : il n'y a aucune possibilité de ravitaillement en chemin (il faut donc prévoir l'eau et la nourriture) ; les refuges ont une capacité très limitée (environ 8 personnes), même si tous disposent d'emplacements de camping ; ils sont gratuits (sauf Netcha), mais le confort, minimal, est limité à des toilettes et à de l'eau douce non traitée ; l'itinéraire, enfin, en dépit de la relative publicité qui lui a été faite, reste peu fréquenté.

Le descriptif du parcours est disponible sur le site www.province-sud.nc/randonnees/GR1. On peut réaliser un itinéraire à la carte, en ne couvrant que quelques étapes. Le Topoguide® *La Nouvelle-Calédonie – Province Sud*, édité par la Fédération française de la randonnée pédestre, décrit l'intégralité des étapes du GR®NC1, ainsi que des balades plus courtes.

L'extension de ce parcours vers le nord est prévue.

Il est possible d'organiser un transfert au départ ou à l'arrivée en faisant appel à un taxi. De Nouméa, comptez au moins 10 000 CFP pour vous faire déposer au départ du sentier de Prony.

se déverse dans une vasque rocheuse où l'on peut se baigner, juste avant l'embouchure de la rivière.

Vestiges de la mine de Goro
PATRIMOINE INDUSTRIEL

Peu après la cascade de Wadiana, au bord du lagon, on distingue les vestiges d'une mine de fer abandonnée par les Japonais au début de la Seconde Guerre mondiale. Il ne reste plus que d'immenses structures en métal rouillé des anciennes installations portuaires qui servaient au chargement du minerai sur les bateaux. Côté montagne, on distingue les supports de béton sur lesquels étaient disposées les bandes transporteuses.

🛏 Où se loger et se restaurer

Comme dans tout le Grand Sud, les options de restauration indépendante sont pratiquement inexistantes et les possibilités d'hébergement très limitées.

Gîte IYA
GÎTE MÉLANÉSIEN $$

(☎ 46 90 80, 74 06 90 ; bungalows d 8 000-9 000 CFP, camping 2 250 CFP/tente). Un point de chute agréable, au milieu d'une cocoteraie donnant sur une petite crique sablonneuse encadrée de rochers calcaires. Les campeurs plantent la tente sur une pelouse bien grasse et ombragée, et ont accès à un bloc sanitaire rudimentaire (avec eau chaude si le cumulus n'est pas en panne). Quant aux 2 bungalows en dur et aux 2 chambres attenantes, ils font l'affaire. Ils disposent de l'eau chaude et leur emplacement, à quelques mètres du bord de mer, est appréciable. Notez que les serviettes ne sont pas fournies. Le restaurant (menus 2 400-7 300 CFP ; ⊘ sur réservation midi et soir, fermé dim soir-lun) fait honneur aux produits de la mer (poisson, crabe, langouste, popinée) ; la cuisine est simple mais réalisée avec des produits frais, et la terrasse du restaurant ouvre sur la crique. Pour les visiteurs de passage, possibilité de pique-niquer moyennant 800 CFP par véhicule. Accès signalé par un panneau, à 3 km au sud de Wao. Paiement en espèces uniquement.

Gîte Saint Gabriel
GÎTE MÉLANÉSIEN $$

(☎ 46 42 77 ; bungalows s/d en demi-pension 12 000/15 000 CFP, camping 1 000 CFP/pers). À 3 km au sud de Touaourou (signalé), ce gîte a perdu en qualité au fil des éditions de ce guide et un certain laisser-aller est perceptible dans la tenue générale de l'établissement. Il bénéficie toutefois d'un cadre magnifique. La propriété, verdoyante, débouche sur le lagon qui, à cet endroit, est bordé d'une petite plage de sable doré, ombragée par de hauts cocotiers et des filaos. À marée basse, l'eau se retire loin de la plage, laissant apparaître des vasières. Les 7 bungalows, en dur, avec eau chaude, possèdent un confort très simple et sont chers (fait rare, les serviettes sont fournies) ; le 1, le 2 et le 3 sont les plus proches de la plage. Les campeurs s'installent dans une cocoteraie attenante ; le "bloc sanitaire" (eau froide) est très sommaire. Côté **restaurant** (menus 3 000 CFP ; ⊘ tlj sur réservation), ce gîte sert des produits de mer, mais le menu servi en demi-pension est décevant : il ne comprend pas d'entrée, et le dessert se limite à un fruit. Contentez-vous d'un sandwich (500-1 000 CFP). Pour les visiteurs de passage, il est possible de pique-niquer et de profiter du site moyennant 600 CFP par voiture. Carte bancaire acceptée.

Port Boisé

Au bord de cette baie sauvage et magnifique se déploient discrètement les infrastructures de l'hôtel Kanua Tera Ecolodge, accessible par une route secondaire qui s'échappe de la RP3 vers le sud. Le paysage est ici dominé par une forêt dense, composée de pandanus, de pins colonnaires, de fougères et de cocotiers. À marée basse, le plan d'eau n'est pas assez profond pour nager ; à marée haute, en revanche, il est possible de faire du snorkeling autour du récif frangeant. On a du mal à s'imaginer que les gigantesques infrastructures de l'usine de nickel Vale ne sont qu'à 8 km de là !

🏃 Activités

Les amateurs de **randonnée pédestre** emprunteront un sentier balisé, le **chemin des Bagnards**, qui longe le bord de mer (4,5 km l'aller, environ 1 heure 30) jusqu'au camping de Port-Boisé, de l'autre côté de la baie. Le départ se fait au parking de l'hôtel Kanua Tera Ecolodge. En chemin, vous verrez des vestiges (murets, piles de pont, quais) témoignant du travail des anciens forçats.

🛏 Où se loger et se restaurer

Kanua Tera Ecolodge   HÔTEL $$$
(☎ 46 90 00 ; www.tera.nc ; baie de Port Boisé ; bungalows d 22 000-25 000 CFP, plats 2 800-3 300 CFP ; ❄ 🛜). "Ecolodge" est un bien grand mot... Cet hôtel, fréquenté par les ingénieurs de l'usine Vale en semaine, et par les Nouméens le week-end, mise principalement sur son cadre extraordinaire, au bord du lagon, au milieu d'une végétation dense, à l'écart de tout. Les bungalows sont divisés en deux catégories : 8 "Mélanésiens", d'aspect traditionnel, avec charpente en bois et toit en paille, et 10 "Tropicaux", de conception plus conventionnelle, en bois. Tous sont alignés au bord de l'eau, de part et d'autre de la réception et du restaurant. Les parties communes montrent des signes d'usure mais l'ensemble est propre. Pour faciliter la baignade (il n'y a pas de véritable plage), un ponton en plastique bleu, à l'esthétique discutable, a été installé. Côté restauration,

GRAND SUD PORT BOISÉ

À NE PAS MANQUER

L'ÎLOT CASY

L'îlot Casy se détache en arrière-plan, dans la baie de Prony. Accessible par un bateau-taxi, en service principalement le week-end, **Casy Express** (☎ 79 32 60 ; www.facebook.com/CasyExpress ; transfert aller-retour adulte/enfant 3 500/2 000 CFP ; ⊘ sur réservation), en 10 minutes depuis la baie de la Somme, il réunit tous les atouts pour réveiller le Robinson qui sommeille en vous : des eaux limpides (n'oubliez pas vos palmes, masque et tuba), une plage de sable blanc et la tranquillité absolue. Il n'existe pas d'infrastructures sur place (prévoyez de quoi pique-niquer), mais il est possible de camper. Plusieurs sentiers de 0,8 km à 3,7 km vous permettront d'explorer à votre guise ce paradis de modestes dimensions – 40 ha, 42 m d'altitude maximale et moins de 1 km dans sa plus grande longueur.

Lors de certains week-ends, entre fin juillet et mi-septembre, **Aquanature** (☎ 78 36 66 ; marina de Port Moselle, Nouméa ; 13 000/9 000 CFP adulte/enfant, repas non inclus) propose des week-ends camping sur l'îlot, couplés avec des randonnées palmées dans le Grand Sud et l'observation des baleines. Le départ a lieu le samedi à 9h de Nouméa et le retour le dimanche à 17h. Consultez la page Facebook® Aquanature pour de plus amples informations.

DES BALEINES PLEIN LES YEUX

C'est l'une des activités les plus appréciées des touristes en Nouvelle-Calédonie. De mi-juillet à mi-septembre, les baleines à bosse viennent se reproduire et mettre bas dans le secteur de la baie de Prony. Facilement approchables, elles assurent le spectacle sous les yeux médusés des touristes. Attention ! ce n'est pas un zoo et l'observation en milieu naturel reste soumise au bon vouloir des baleines ; d'un jour à l'autre, elles peuvent se montrer plus ou moins coopératives.

Le "baleine business" est aujourd'hui florissant ; pendant la saison, des sorties d'observation sont organisées presque tous les jours, au départ de Nouméa ou de la baie de la Somme. Comptez de 9 000 à 12 000 CFP par adulte et de 6 500 à 9 000 CFP par enfant, selon la formule choisie. Les tarifs sont un peu moins élevés en semaine. Les sorties ont lieu à la journée, à bord de grands catamarans ou de bateaux semi-rigides.

Après avoir été gérée de manière anarchique pendant plusieurs années, au détriment des règles élémentaires de respect des animaux et de l'environnement, l'activité est désormais mieux encadrée (voir aussi p. 198). La plupart des professionnels sont regroupés au sein d'une même entité, La Maison du Lagon (☏ 27 27 27 ; www.maisondulagon.nc ; Port Moselle, Nouméa ; ⊙ 13h30-17h30 lun, 8h30-12h30 et 13h30-17h30 mar-ven, 8h30-12h30 sam et dim), avec une centrale d'information commune et des prestations identiques. Les skippers ont suivi une formation qui leur permet d'expliquer la biologie et le comportement des baleines.

Attention tout de même au relatif inconfort lié à la navigation. Au départ de Nouméa, 4 heures sont nécessaires pour rallier la baie de Prony ! Si vous n'avez pas le pied marin, mieux vaut vous rendre en voiture jusqu'à la baie de la Somme et embarquer sur place.

Autre formule, plus "terrestre" : observer les baleines depuis le sommet du cap N'Dua, à 189 m d'altitude, au moyen de jumelles ou des longues-vues installées sur place.

la carte est peu fournie et la cuisine, ainsi que le service, ne sont pas à la hauteur des tarifs pratiqués. Parmi les activités possibles figurent le snorkeling, la randonnée pédestre (le chemin des Bagnards commence à cet endroit), le kayak (en location) et l'observation des baleines en saison. Wi-Fi près de la réception uniquement. Offres promotionnelles à certaines saisons.

ℹ️ Depuis/vers Port Boisé

En voiture depuis Nouméa, prenez la RP3 jusqu'à Yaté ou la RP1 jusqu'à Plum, puis continuez jusqu'à Port Boisé. Par la RP3, vous pouvez aussi couper par les chutes de la Madeleine. La RP1 monte jusqu'à un belvédère aménagé près des éoliennes du col de Prony avant de redescendre vers la plaine méridionale. Comptez 2 heures de route depuis Nouméa.

Réserve naturelle du cap N'Dua

Encore un site photogénique ! Entre l'hôtel Kanua Tera Ecolodge et l'énorme complexe usinier Vale s'interpose cette réserve naturelle de 830 ha, dont le principal intérêt réside dans les splendides panoramas que l'on embrasse de toute la côte sud-est,

des îles et îlots du lagon sud. Elle est accessible par une piste en latérite (bien signalée) de 7 km, praticable par un véhicule adapté, avec une garde au sol élevée compte tenu des ornières et des ravines. Depuis le petit parking au terminus de la piste, il suffit de marcher 10 minutes (700 mètres) jusqu'au phare, perché sur le cap, à 189 m d'altitude. Pour les amateurs de randonnée, un sentier balisé relie le parking à l'anse Majic en 1 heure 45 environ (4,5 km).

Légèrement en contrebas du phare si situe un observatoire, duquel on aperçoit les baleines entre mi-juillet et septembre ; l'abri compte quelques panneaux interprétatifs sur les migrations des baleines à bosse ainsi que plusieurs longues-vues pour observer les cétacés.

Baie de Prony et îlot Casy

Coup de cœur assuré en découvrant les échancrures de la baie de Prony, qui forment autant de baies secondaires bordées de magnifiques étendues de forêt d'un beau vert sombre. La baie de Prony est très appréciée des baleines à bosse, qui viennent mettre bas pendant la saison fraîche.

De la RP3, une piste descend à la baie de la Somme, d'où se font les départs d'excursion pour l'observation des baleines entre juillet et septembre. Une autre branche de la piste mène au village de Prony, un ancien village minier où vécut une colonie de 150 forçats. Prony fut créé en 1867 pour exploiter le bois destiné à Nouméa avant d'accueillir un camp pénitentiaire, fermé en 1911. En 1953, le village renaît de ses cendres avec la société Socamifer, une compagnie minière qui exploite le minerai de fer des environs et l'exporte vers l'Australie. L'aventure industrielle durera jusqu'en 1968. Prony retombe dans l'oubli, jusque dans les années 1990, lorsque les autorités néo-calédoniennes décident de réhabiliter et de mettre en valeur le site. Vous y verrez les émouvantes ruines du bagne, dont le logement du comptable et des surveillants, la poudrière, le four à pain, la chapelle, le magasin du matériel, et une série de pimpantes cases colorées qui servent aujourd'hui de résidences secondaires. Le bagne accueillit des forçats à partir de 1873, puis d'anciens communards à partir de 1887. Lové au milieu d'une épaisse végétation, le site dégage une exceptionnelle impression de sérénité. Le village est le point de départ du GR®NC1 (voir l'encadré p. 72).

De la baie de Somme, un circuit pédestre, "Sur les traces de la pénitentiaire", vous permettra de rejoindre le village de Prony en découvrant les nombreux vestiges historiques du temps du bagne. Le parcours, en boucle, fait 2,2 km (1 heure 30).

La baie de Prony est également connue des plongeurs pour son site de plongée mythique, l'aiguille de Prony. Des sorties plongée peuvent être organisées depuis Nouméa (voir p. 51).

La masse sombre qui s'étend au sud de la baie de Prony est l'île Ouen, séparée de la Grande Terre par le canal Woodin. De Prony ou de la baie de Somme, on peut rejoindre facilement l'îlot Casy (voir l'encadré p. 73).

🛏 Où se loger et se restaurer

Il n'existe aucun hébergement ni possibilité de restauration dans la baie de Prony, mais on peut bivouaquer sur l'îlot Casy. Emportez de l'eau et des provisions.

ℹ Depuis/vers la baie de Prony

De Nouméa, il faut environ 1 heure 30 pour rejoindre Prony en voiture. L'itinéraire le plus court passe par Plum, la plaine du Champ de Bataille et le col Crève-Cœur (323 m). À signaler : de la route principale, une piste en latérite de 3,5 km descend jusqu'à Prony. Elle est en principe correctement entretenue et praticable par une berline, si le temps est sec. Si les conditions sont dégradées, un véhicule avec garde au sol surélevée peut se révéler plus approprié.

GRAND SUD BAIE DE PRONY ET ÎLOT CASY

Ouest et nord de la Grande Terre

Le top des hébergements

➡ Terres de Soleil (p. 83)
➡ Les Yourtes aux Fruits (p. 81)
➡ Gîte de la Ouatchoué (p. 78)
➡ Escapade du Nord (p. 104)
➡ Relais de Poingam (p. 106)
➡ Paddock de la Boutana (p. 101)

Le top des restaurants

➡ Relais de Poingam (p. 106)
➡ Refuge du Cerf (p. 102)
➡ L'Hibiscus (p. 100)
➡ La Ferme des P'tits Paddocks (p. 82)

Pourquoi y aller

C'est un parfum de Far West qui vous attend le long de la côte orientale du Caillou. Les bourgs qui se succèdent près de la RT1 entre Boulouparis et Koumac (300 km) dévoilent l'univers mystérieux de la Nouvelle-Calédonie rurale, que l'on appelle affectueusement la "brousse", avec ses vastes paysages de pâturages et de savanes à niaoulis qui s'étalent entre l'éclat bleuté du lagon et les reflets vert sombre de la Chaîne. Vous entrez de plain-pied dans le royaume des *stockmen* ("broussards"), les cow-boys calédoniens à l'œuvre dans leurs ranchs.

Le tourisme vert a de beaux jours devant lui dans la région de La Foa, Farino et Sarraméa, tandis que Bourail présente une facette plus balnéaire. Passé Koumac, vous aurez l'impression d'être arrivé au bout du monde.

Quelques activités ajoutent du piment à la découverte : balades à cheval ou à pied, plongée, sorties en mer, pique-nique au bord de plages désertes encadrées par la mangrove, visite d'exploitations agricoles...

Enfin, plusieurs routes transversales vous permettront de rejoindre la côte est et de changer d'atmosphère en quelques heures.

Quand partir

Il existe des nuances climatiques à l'ouest de la Grande Terre. La pointe Nord est moins sujette aux précipitations. Les "coups d'ouest" peuvent amener d'importants épisodes pluvieux, en toute saison. Pendant les mois d'hiver, surtout en juillet-août, les températures tournent autour de 22°C en journée ; la sensation de fraîcheur est plus grande si le vent souffle. Les mois de décembre à mars sont étouffants le long de la côte, avec des risques d'importantes précipitations. Comme dans le reste du territoire, la période allant de septembre à novembre est la plus agréable.

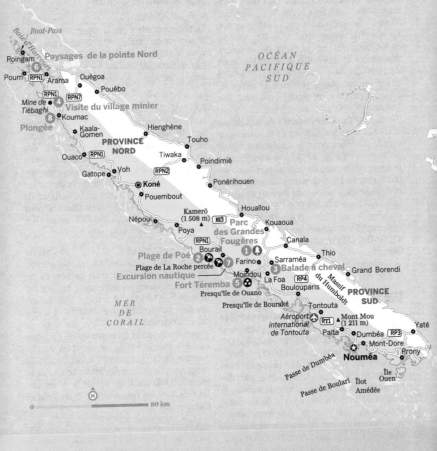

Map labels:

Boat-Pass
Baie d'Harcourt
Poingam
Poum · **RPN1** 6 Arama
RPN1 · Ouégoa
Pouébo
Mine de · 4 **RPN7**
Tiébaghi · Koumac
8 · Visite du village minier
Plongée · Kaala-Gomen
Hienghène
Ouaco · **RPN1** · **PROVICE NORD** · Touho
Gatope · Voh · **RPN2** · Tiwaka
Koné · Poindimié
Pouembout · Ponérihouen
Kamérö · Houaïlou
(1 508 m) · **H3** · **Parc des Grandes Fougères** · Kouaoua
Népoui · Poya · 1 · Canala
RPN1 · Bourail · Sarraméa · Thio
Plage de Poé 2 · Farino · 3 **Balade à cheval** · Grand Borendi
Plage de La Roche percée · 7 · Moindou · La Foa · **RP4** · Massif du Humboldt
Excursion nautique · 5 · Boulouparis · **PROVINCE SUD**
Fort Téremba · Presqu'île de Ouano
Presqu'île de Bouraké · Tontouta
Aéroport · Mont Mou · Yaté
international · **RT1** · (1 211 m)
de Tontouta · Paita · Dumbéa · **RP3**
Mont-Dore
Nouméa · Prony
Passe de Dumbéa · Île Ouen
Passe de Boulari · Îlot Amédée

OCÉAN PACIFIQUE SUD

MER DE CORAIL

N
0 ——————— 80 km

À ne pas manquer

1 Le **parc des Grandes Fougères** (p. 84)

2 La **plage de Poé** (p. 95)

3 Une **balade à cheval** dans un ranch à La Foa (p. 79)

4 La visite de l'ancien village minier de **Tiébaghi** (p. 104)

5 Le **fort Téremba** à Moindou (p. 93)

6 Les paysages sauvages de la **pointe Nord** (p. 102)

7 Une **excursion nautique** à Bourail (p. 96)

8 Une **sortie plongée** à Koumac (p. 103)

Depuis/vers l'ouest et le nord de la Grande Terre

Plusieurs bus quotidiens circulent entre Nouméa et les bourgs de la côte ouest, jusqu'à Koumac. Pour la pointe Nord, il est indispensable d'avoir son propre véhicule. Koné et Koumac sont également desservies par avion depuis l'aérodrome de Magenta à Nouméa.

CÔTE OUEST

Boulouparis

2 089 HABITANTS

Premier vrai bourg de brousse, à 75 km de Nouméa, Boulouparis est une bonne introduction à l'univers de la côte ouest. La localité, proprette, s'ordonne autour de l'avenue principale, tandis que de grands ranchs se déploient dans les alentours. Visitez la **distillerie de Boulouparis** (☑ 46 44 60; entrée libre; ⊙ 8h-18h mar-sam, 9h-16h dim), où l'on fabrique des liqueurs, des savons et des huiles essentielles, avant de rejoindre la **presqu'île de Bouraké**, à 15 km au sud-ouest, où s'étire la **plage de Bouraké**, un lieu de pique-nique idéal. Elle fait face à une poignée d'îlots, dont l'**îlot Ténia**, doté de belles étendues de sable blanc et d'eaux limpides au bord de la barrière de corail, parfaites pour le snorkeling. **Bout d'Brousse** (☑ 76 42 38; www.ilot-tenia.nc) propose un service de bateau-taxi (ou taxi-boat) jusqu'à l'îlot (à partir de 6 000 CFP) et des sorties à la journée avec repas inclus (adulte/-12 ans 7 900/4 000 CFP).

Un **golf 18 trous** (green 9 trous semaine-week-end/18 trous semaine-week-end 3 500-4 000/4 500-5 000 CFP) se trouve aux Paillotes de la Ouenghi.

Boulouparis est reliée à Thio (46 km), sur la côte est, par une route transversale.

🛏 Où se loger et se restaurer

Gîte Bouraké Bay　　CHAMBRES D'HÔTES €€
(☑ 92 48 00; www.bourake-bay.sitew.com; Bouraké; bungalows 12 000 CFP lun-jeu, 15 000 CFP ven-dim, forfait week-end 24 000 CFP; ▣ 🎧). Ce havre de paix dans une propriété bien entretenue est surtout fréquenté par des habitués, notamment le week-end. Il comprend 3 bungalows en dur, entièrement équipés, de bon confort, avec ventilateur; la climatisation est en sus (facturation au compteur). Notre préféré: le bungalow bleu, qui bénéficie d'une vue partielle sur la baie. Possibilité de prendre un petit-déjeuner (1 200 CFP), servi à l'abri d'un faré traditionnel, dans le jardin, avec une magnifique vue sur la baie de Bouraké. À 2 km avant la plage de Bouraké. Si vous restez une semaine, transfert possible depuis et vers l'aéroport.

Presqu'île de Ouano

Entre Boulouparis et La Foa, une bifurcation (signalée) sur la RT1 mène à cette jolie presqu'île, qui fait face à un ensemble d'îlots qui appartiennent à une réserve marine protégée. C'est un endroit idéal pour se reposer, profiter du paysage grandiose et s'adonner à des activités en plein air, en particulier au surf et au kitesurf, un peu plus loin au large. Sur terre, les moustiques sont souvent nombreux, vous êtes prévenu.

👁 À voir et à faire

Plage de Ouano　　PIQUE-NIQUE
La plage, encadrée par la mangrove, se limite à une mince bande de sable assez grossier, mais le site, très sauvage, invite à une pause pique-nique (des tables sont aménagées en bord de mer).

Waves Seeker　　SORTIES SUR LES ÎLOTS
(☑ 77 55 02; ⊙ tlj sur réservation). Frank Pochard propose diverses activités tournées vers la mer, dont une balade "éco-découverte" en bateau dans la mangrove, des sorties snorkeling dans les passes, une sortie pêche sous-marine à la demi-journée, un service de navette pour les spots de surf et des transferts sur les îlots où se trouvent de belles plages (5 500 CFP pour l'îlot Isié pour 4 pers l'aller-retour, 3 500 CFP pour l'îlot Condoyo mêmes conditions).

Sentiers aménagés　　POINTS DE VUE
Trois sentiers de randonnée ont été aménagés sur la presqu'île; bien balisés, ils ne présentent aucune difficulté. Le sentier Méégiwé (1,6 km, 1 heure aller-retour) conduit au pic de Ouano (109 m) et à une table d'orientation, d'où l'on découvre un superbe panorama de la presqu'île, du lagon et de la mangrove. Le sentier Nidöwe (ou "sentier de la mangrove"; 4,6 km) longe la mangrove. Le sentier Nipwinô ("sentier de la plage"; 3,8 km) fait le tour de la péninsule. Ils débutent un peu avant le Ouano Safari Camp.

Passe de Ouano　　SURF
La passe de Ouano est reconnue comme le meilleur spot de surf de Nouvelle-Calédonie. La gauche et la droite de Ouano, à environ 10 km du rivage, attirent toute l'année les meilleurs surfeurs calédoniens.

🛏 Où se loger sur la presqu'île et dans les environs

♥ Gîte de la Ouatchoué　　ÉCOGÎTE €€
(☑ 83 72 08; www.gitesnouvellecaledonie.nc/eco-gite-de-la-ouatchoue; adulte/-12 ans demi-pension 8 300/5 500 CFP, déj 2 500 CFP). Notre coup de cœur dans la région! À 6 km de piste de la tribu de Ouitchambo et à 12 km du village de Boulouparis, avant d'arriver à Ouano, cet écogîte ouvert en 2014 est une petite perle cachée entre le pic Ouitchambo et le sentier du GR®NC1 qui part de Prony (Mont-Dore). Cette immense maison en bois regroupe 5 chambres qui se partagent une sdb avec douche et toilettes

sèches, et deux douches dehors (avec eau chaude). La maison fonctionne principalement à l'énergie solaire. On y dort au calme dans de la literie de qualité et colorée, on y mange très bien, et les enfants s'ébahiront devant l'élevage d'écrevisses, les poules, les canards, les oies et les paons. Possibilité de faire un barbecue et de garder des boissons au frais. Les draps sont fournis, mais pas les serviettes de toilette. N'hésitez pas à appeler Florent au préalable pour vous faire indiquer la route et demander l'état de la piste, mais l'accès pose très rarement problème. Tarifs dégressifs si plusieurs nuits.

Caledonian Wake Park CAMPING ET BUNGALOWS €€ (☑ 45 97 59, 90 91 60 ; www.caledonianwake-park.com ; presqu'île de Ouano ; bungalow 2 pers 10 500 CFP, adulte/enfant supp 1 600/1 100 CFP ; 🖥). Bien situé en bordure de la plage de Ouano, ce site regroupe des emplacements de camping en tente dont certains sous faré, 5 bungalows avec terrasse, frigo privatif et barbecue qui se partagent tous des sanitaires communs, et un **snack** (plats 1 700-2 500 CFP ; ⊘ fermé lun) qui propose des plats simples et des spécialités japonaises. Location de kayak (1 000 CFP la 1re heure, puis 700). Une petite piscine permet de se rafraîchir en profitant de la vue sur le lagon, moyennant un supplément (adulte/enfant 600/400 CFP). Un projet de "cable park" était en bonne voie lors de nos recherches.

La Foa

2 903 HABITANTS

La Foa est une petite ville dynamique et prospère qui, avec ses voisines Sarraméa et Farino, s'est fait un nom sur la scène touristique calédonienne, grâce à la mise en valeur de son patrimoine naturel. Les cinéphiles viennent également de loin à l'occasion du Festival du cinéma de La Foa, chaque année fin juin-début juillet. Dans les environs, plusieurs gîtes à la ferme invitent à s'imprégner du mode de vie broussard.

Qui se douterait que cette localité paisible a été le théâtre d'une histoire sanglante ? C'est ici que débuta l'insurrection kanak de 1878 (voir p. 166). En 1984, La Foa fut à nouveau le théâtre de heurts entre Kanak et loyalistes caldoches, et c'est dans une ferme des environs de La Foa qu'Éloi Machoro, un leader indépendantiste originaire de Canala, fut abattu par le GIGN en janvier 1985.

👁 À voir

Jardin de sculptures et parc MONUMENT Six grands totems monumentaux réalisés par des artisans locaux s'alignent à l'entrée sur la place Georges-Guillermet (à côté de l'office du tourisme), ainsi qu'au milieu des palmiers et des parterres de fleurs du parc public qui jouxte la place, avec son adorable carrousel (100 CFP le tour) et ses jeux pour enfants (⊘ tlj 6h-18h).

Passerelle Marguerite OUVRAGE D'ART Près du nouveau pont, à l'entrée sud de la ville, cette passerelle a été conçue par deux disciples de Gustave Eiffel et inaugurée en 1909. Baptisée du prénom de l'épouse d'un gouverneur de Nouvelle-Calédonie, elle est devenue le symbole de La Foa.

🏃 Activités

Pocquereux
Randonnées BALADES ÉQUESTRES ET PÉDESTRES (carte p. 81 ; ☑ 77 32 54 ; pocq.rando@nautile.nc ; lieu-dit Pocquereux ; droit d'entrée 1 000 CFP ; ⊘ sur réservation). Découvrez cet immense ranch de 1 300 ha à dos de cheval, au milieu des pâtures et des troupeaux. La sortie guidée de 2 heures coûte 6 000 CFP. Plusieurs sentiers de randonnée (balisés)

VAUT LE DÉTOUR

LA TRIBU DE OUA TOM

Pour vous immerger dans l'univers kanak, rendez-vous à la tribu de Oua Tom, à 5 km de l'embranchement de la RT1 et à 13 km au sud de La Foa. Vous pourrez admirer les belles cases traditionnelles du hameau, parcourir un petit sentier botanique, vous régaler de mets traditionnels exquis ! **Chez Marie-Georgette** (☑ 44 38 17, 93 51 20 ; tribu de Oua Tom ; camping 1 000 CFP/tente ; bougna 3 000-3 900 CFP, menu crevettes ou cochon au four 3 500-3 900 CFP ; ⊘ lun-sam sur réservation 48h au préalable) met à disposition une aire de camping toute simple (bloc sanitaire avec eau froide) et prépare de bons repas traditionnels, dont un *bougna* version marmite ou version four.

ont été aménagés à l'intérieur de la station d'élevage ; le plus court fait 4,5 km, le plus long 13,2 km. Ils conviennent aussi pour le VTT. Pour la partie équestre, il faut contacter Norbert de Vaqueros Randonnée (📲 51 24 43). Hébergement sur place (voir ci-contre). À 11 km de la RT1 : suivez le panneau indicateur, situé à 3 km au sud de La Foa.

La Foa Randonnées   BALADES ÉQUESTRES
(📲 78 84 13 ; ranchlafoarandonnee.e-monsite.com ; La Foa ; ☺ sur réservation). À l'entrée de La Foa. Propose diverses balades pour tous les niveaux, y compris des promenades le long de la mer et des parcours de plusieurs jours dans la Chaîne. Comptez 6 000 CFP la demi-journée.

Caledonian Wake Park-La Foa Plongée   PLONGÉE
(📲 99 99 77 ; www.caledonianwakepark.com ; baptême 8 000 CFP équipement inclus, sortie 2 plongées le matin avec/sans équipement 11 600/10 600 CFP ; ☺ sur réservation). Plongées pour tous les niveaux dans la passe d'Isié, dans une ambiance intimiste (pas plus de 6 personnes) et conviviale. Des formations sont possibles. Les départs se font depuis la presqu'île de Ouano (voir *Où se loger* p. 79).

✦ Fêtes et festivals

Le *Festival du cinéma* de La Foa, qui se tient au cinéma Jean-Pierre-Jeunet en juin-juillet, constitue une date majeure du calendrier culturel en Nouvelle-Calédonie. Présidée chaque année par une personnalité du Septième Art, cette manifestation d'une semaine programme des films français et des films étrangers en VO. Les billets se vendent rapidement. Les films du festival sont également projetés au Ciné City de Nouméa.

🛏 Où se loger et se restaurer

🛏 La Foa

Hôtel Banu   HÔTEL-RESTAURANT €€
(📲 44 31 19 ; hotel.banu@lagoon.nc ; rue principale ; d 4 350 CFP, bungalows et studios d 8 350 CFP, plats 1 750-3 400 CFP, menus 2 600-5 200 CFP ; ☺ restaurant midi et soir tlj ; ❋ 🛜). La bâtisse principale de cet établissement de style motel, au milieu du bourg, semble n'avoir pas été rénovée depuis des décennies. Mieux vaut éviter les chambres, au décor spartiate et fatigué, avec des matelas mollassons ;

optez pour l'un des 9 bungalows ou l'un des 5 studios climatisés, plus confortables et mieux équipés, dans le jardin arboré à l'arrière de la propriété. Le restaurant a les faveurs de la clientèle caldoche locale, séduite par la carte variée (fruits de mer, viandes, poissons), mais les prix sont tout de même assez élevés à la carte. Notez l'étrange collection de casquettes qui ornent le plafond du bar.

Couleur Mangue   CHAMBRES D'HÔTES €€
(📲 79 50 59 ; couleurmangue@gmail.com ; 12 rue Laure-Fiori ; d 6 500-7 500 CFP ; 🛜 P). Un bon point de chute, dans une zone résidentielle très tranquille. Vous aurez le choix entre 2 chambres, petites mais coquettes et modernes, équipées d'une bonne literie, d'une douche à l'italienne et d'un ventilateur. La "verte" donne sur un petit parc où poussent des manguiers. Petit-déjeuner (1 200 CFP) et repas (3 200 CFP) sur demande. Le mari de la propriétaire est moniteur de plongée et tient le centre La Foa Plongée (voir ci-contre).

Au Fil de L'Eau   BUNGALOW €€
(📲 43 66 05, 83 03 58 ; jmartin@canl.nc ; rue principale ; bungalow pour 2 pers 10 500 CFP, 2 650 CFP/pers supp, petit-déj 1 500 CFP ; ❋ 🛜 P). Une adresse discrète mais charmante, même s'il faut composer avec la proximité de la route principale, bruyante dès les premières heures de la matinée. Les propriétaires louent un bungalow tout confort et bien conçu (sanitaires séparés, eau chaude, TV, clim) dans leur jardin. Les hôtes ont accès à la belle piscine, entourée d'un deck où le petit-déjeuner est servi. Le petit plus : des balades en bateau sur la rivière La Foa, à la découverte de la mangrove et du littoral, jusqu'au fort de Téremba (2 heures, 5 250 CFP/pers, 2 participants au minimum).

Naïna Park   BUNGALOW €€€
(📲 44 35 40 ; www.nainapark-resort.com ; lieudit Naïna, à l'entrée sud de La Foa sur la RT1 ; d en bungalow 13 000-15 000 CFP, 2 500 CFP/pers supp, plats 2 500-3 800 CFP, petit-déj 1 800 CFP ; ☺ tlj, restaurant fermé le lun ; 🛜 ❋ P). De l'extérieur, difficile d'imaginer ce qui est dissimulé dans un beau parc verdoyant indécelable depuis la route : 11 bungalows confortables à la décoration moderne assortis d'une très belle piscine et d'un spa (douches hydromassantes, sauna, massage). Le restaurant fait la part belle à la cuisine locale et jouit d'une bonne réputation. Une escale très sympathique !

Le Jasmin
VIETNAMIEN, CRÊPERIE €€

(📞 44 55 70 ; rue principale ; plats 1 650-2 500 CFP ; ⊙ fermé dim soir et lun). Le Jasmin ose tout, y compris proposer une carte qui fait cohabiter des galettes bretonnes et des plats vietnamiens. Le résultat est tout à fait honorable. Goûtez à la seiche au curry, au bami royal ou à une galette quatre-fromages. Salle plaisante, avec une terrasse agréable, assez calme quoique en bordure de la route principale.

Ô Soleil
SNACK BISTRONOMIQUE €€

(📞 46 26 62, 76 97 36 ; piscine municipale, rue Mediara ; plats 1 200-3 400 CFP ; ⊙ mar-mer 11h-14h, jeu-sam 11h-14h et 19h-21h). Situé dans la piscine municipale, ce restaurant assez inattendu propose à la carte de délicieux burgers, des tartares de poissons, une entrecôte sauce roquefort et de sympathiques suggestions à l'ardoise : ce jour-là, croustillants de crevettes à la menthe, salade feta et aubergines, blancs de volaille farcis, burger de thon, panaché de poissons du lagon et velouté de bréoles… Ajoutez un choix de vins au verre et une terrasse agréable au bord de la piscine et vous obtenez une adresse où il fait vraiment bon faire escale !

🗺 Environs de La Foa

Les Yourtes aux Fruits
INSOLITE €€

(carte ci-dessous ; 📞 75 01 33 ; 127 route de Pocquereux ; d 8 500 CFP, 1 000 CFP/pers supp, petit-déj 1 500 CFP). Certes, l'habitat proposé par Gilbert n'a rien de local. Mais quel plaisir de dormir en pleine nature dans ces yourtes mongoles perdues au milieu des niaoulis ! Le calme y est absolu et les nuits étoilées peuvent s'observer à travers le puits de lumière de la charpente. Un spectacle unique ! Chaque yourte fait 27 m² et possède en plus une petite sdb attenante et une terrasse. Possibilité de petit-déjeuner sur place. **La Table du Banian** (repas 3 500 CFP ; pique-nique 2 000 CFP), située sur la propriété, fait table d'hôtes. Annick, la sœur de Gilbert, y propose des spécialités calédoniennes, mais aime aussi parfois sortir des sentiers battus. Le tout se déguste sur une terrasse en bois avec une magnifique vue panoramique… Pas de site Internet mais une page facebook.

Pocquereux Randonnées
FERME-AUBERGE €

(voir p. 79 ; camping 1 500 CFP/pers, dort 2 000 CFP, bungalows s/d 9 000/10 000 CFP, 2 000 CPF/pers supp). Le week-end, les Nouméens apprécient l'ambiance rustique et conviviale du site. Outre ses activités (voir p. 79), Pocquereux

Environs de La Foa

propose un hébergement, en camping (bloc sanitaire avec eau chaude), en dortoir (très rudimentaire, une vingtaine de lits superposés) ou dans l'un des 2 bungalows avec sdb et brasseur d'air, aménagés à l'écart. La cuisine à base de grillades (cerf, cochon, mouton) a bonne réputation – comptez 2 500 CFP le repas et 1 000 CFP le petit-déjeuner.

Chez Élise Mediara GÎTE MÉLANÉSIEN **€** (carte p.81 ; ☑ 35 45 22, 95 57 44 ; tribu de Oui Poin ; demi-pension en camping/faré 5 000/7 000 CFP ; repas adulte/-10 ans 3 000/1 500 CFP ; ☺ sur réservation). À la tribu de Oui Poin, à 25 km de La Foa. Hébergement sommaire (matelas fournis), dans un faré au toit de chaume, à côté du terrain de foot. Spécialité de *bougna*. Une navette peut vous emmener à la tribu depuis le village le lundi et le jeudi (aller-retour 2 000 CFP ; renseignez-vous auprès de l'office du tourisme).

La Ferme des P'tits Paddocks FERME-AUBERGE **€€** (carte p.81 ; ☑ 79 29 65 ; paddocksnc@gmail.com ; lieu-dit Popidéry ; repas 3 500 CFP ; ☺ sur réservation). Sur une propriété de 186 ha avec un élevage bovin de 120 têtes, vous dégusterez des plats calédoniens traditionnels, mitonnés sur le feu de bois et réalisés avec amour. Un vrai régal ! Possibilités de promenade sur la propriété pour digérer un peu, de visites guidées des cultures vivrières ou de participation à une récolte. Produits du terroir en vente sur place. Depuis Nouméa juste après l'entrée de Ouano, prendre à gauche la route de Popidéry. Continuez sur 3 km et l'exploitation se situera sur la droite.

❶ Renseignements

La Foa dispose d'une poste, d'un dispensaire, d'une pharmacie et d'une gendarmerie. Plusieurs banques équipées de distributeurs jalonnent la rue principale.
Médiathèque (☑ 41 73 34 ; ☺13h-17h lun, 8h-12h et 13h-17h mar-ven, 8h-12h sam). Accès Internet à partir de 150 CFP. À 150 m de l'office du tourisme.
La Foa Tourisme (☑ 41 69 11 ; www. lafoatourisme.nc ; pl. Georges-Guillermet ; ☺8h30-16h30 lun-sam, 8h30-10h30 dim). Cartes et brochures sur l'hébergement et les activités à La Foa, Moindou, Farino et Sarraméa. Très jolie boutique d'artisanat local.

❶ Depuis/vers La Foa

Un bus circule du lundi au samedi entre Nouméa et La Foa (760 CFP, 1 heure 30, départ à horaires variables, renseignez-vous au ☑ 05 81 61, numéro vert). Par ailleurs, tous les bus qui remontent la côte occidentale vers le nord s'arrêtent à La Foa.

Farino

500 HABITANTS

Le pittoresque bourg de Farino n'est qu'à 15 minutes en voiture au nord de La Foa, à l'intérieur des terres. Célèbre pour son marché agricole mensuel, Farino joue la carte des produits du terroir et celle de l'écotourisme, avec le magnifique parc des Grandes Fougères. Le village est perché à 350 m d'altitude sur les contreforts de la chaîne centrale. Les panoramas dégagés sont fantastiques ! Un point de vue a été aménagé au niveau de la mairie, ne manquez pas d'y faire une pause.

◉ À voir et à faire

Le marché de Farino a lieu devant la mairie le matin du deuxième dimanche de chaque mois. On y vend, entre autres, des confitures et des légumes marinés maison, des saucisses, des fromages, des fruits de mer et des primeurs. En septembre, c'est le ver de Bancoule, la spécialité "gastronomique" de la région, qui est à l'honneur (voir l'encadré ci-contre).

Farino est la porte d'accès au parc des Grandes Fougères (voir l'encadré p. 84), accessible par une piste (signalée) d'environ 6 km.

🛏 Où se loger et se restaurer

Écolieu de Gaia CAMPING ET TABLE D'HÔTE **€** (carte p. 81 ; ☑ 50 36 23 ; lot 117 route de Tendéa ; empl. camping s/d 1 000/1 500 CFP, table d'hôtes 3 500 CFP). 🌿 Passionnés de permaculture et de nature, Magalie et Raffaele proposent 4 emplacements de camping avec eau chaude et toilettes sèches et des repas végétariens préparé avec leur production en agriculture 100% naturelle (le midi uniquement, à réserver 24 heures à l'avance). Le site est idyllique, sous une terrasse couverte en pleine montagne avec une vue plongeant sur le jardin, la forêt et le lagon. Une visite vous sera proposée. Une adresse qui comblera les passionnés d'environnement !

Refuge de Farino BUNGALOWS **€€** (carte p. 81 ; ☑ 83 00 21 ; refuge.farino@lagoon.nc ; camping adulte/enfant 800/600 CFP, d bungalow 9 100 CFP, adulte/enfant supp 1 750/2 050 CFP, sauna 2 050 CFP pour 20 min, petit-déj 1 000 CFP ;

☎). Qu'il fait bon se ressourcer dans cette propriété qui se déploie sur une colline verdoyante, à 4 km de la mairie de Farino. Les 6 bungalows équipés ressemblent à des maisonnettes de campagne. En bois, ils s'intègrent harmonieusement dans la végétation. Si le niveau de confort est modeste, ils sont spacieux et l'atmosphère bucolique séduit. Chacun dispose d'un coin cuisine et d'un barbecue. Les campeurs sont tout heureux de planter la tente sur une pelouse bien grasse, au bord de la rivière, et disposent d'une cuisine commune et d'un bloc sanitaire (eau chaude). Cerise sur le gâteau : un "maquis" (coin détente, avec sauna, Jacuzzi et bar, accès avec supplément). Depuis le refuge, vous pourrez entamer le sentier de la Petite Cascade, très agréable.

Les Bancouliers de Farino   GÎTE ₵₵
(carte p. 81 ; ☑ 41 20 41 ; www.bancouliers.blogspot. com ; La Plaine aux Truies ; demi-pension camping adulte/-12 ans   5 775/2 625 CFP,   demi-pension bungalow adulte/-12 ans   7 875/4 725 CFP,   repas adulte/-12 ans 3 675/2 625 CFP ; ☎). Sur la route qui mène au parc des Grandes Fougères, cette maison typiquement broussarde, basse de plafond, est nichée dans un écrin de verdure, au bord d'une rivière, à 267 m d'altitude. Elle abrite une salle de restaurant et deux petites chambres qui n'offrent que très peu d'intimité (la Bleue donne sur la salle à manger). À l'écart, le petit bungalow en bois, près de la rivière, est plus discret. Quant aux campeurs, ils bénéficient d'un bel espace vert et ombragé. Il n'y a qu'une seule sdb (eau chaude) pour l'ensemble des hôtes ce qui, lorsque le gîte est complet (surtout les week-ends), peut se révéler inconfortable. La cuisine a bonne réputation et s'inspire d'influences variées (poulet mariné, massalé, cuissot de cochon, achards...). Notez bien que la demi-pension est obligatoire, même pour les campeurs.

💜 **Terres de Soleil**   LODGES ₵₵₵
(carte p. 81 ; ☑ 41 78 87, 76 19 80 ; terredesoleil. nc ; lot 163 rte de Tendea, à 6 km de Farino ; s/d/tr/ qua   22 650/27 920/35 082/42 350 CFP   petit-déj inclus ; table d'hôtes 3 885 CFP, pique-nique midi 1 000 CFP ; ☎🅿). Près du parc des Grandes Fougères, dans un adorable coin de nature, quatre lodges avec chacun son style de déco : Inde, Afrique, Océanie et zen. Chacun a un petit spa privatif posé sur la terrasse attenante et l'ombre des manguiers centenaires n'est jamais très loin. L'hiver, on peut même faire crépiter une bûche dans la cheminée.

MIAM, LE VER DE BANCOULE !

En septembre, le marché mensuel de Farino est consacré au ver de bancoule, une grosse larve blanche du bois qui fait le régal des autochtones. Il se mange (sans la tête ni les mandibules) cru, frit, grillé, au lait de coco... Avis aux amateurs d'expériences gustatives inédites ! Un concours du plus gros mangeur de vers vivants se déroule le midi et rien ne vous empêche d'y participer...

Quant à la table d'hôtes (midi et soir, à réserver 48 heures à l'avance), elle propose pêle-mêle : crevettes sautées au gingembre et au miel, poulet au combava, filet de cerf à la pomme-liane (fruits de la passion), carry de trocas ou bénitier... Une adresse de charme qu'il sera difficile de quitter !

ℹ️ Depuis/vers Farino

Voir p. 93.

Sarraméa
600 HABITANTS

Joyau serti dans un magnifique écrin tropical, ce bourg respire la douce tranquillité des terroirs gâtés par la nature. On y cultive un excellent café, des plantes ornementales et des fruits. Les amoureux de la vie au grand air seront dans leur élément, avec un bel éventail de randonnées. Venez prendre une bouffée d'air pur !

🏃 Activités

Trou Feuillet   BAIGNADE
La plupart des visiteurs viennent se rafraîchir au Trou Feuillet, également appelé "la Cuve" ; il s'agit d'un bassin rocheux dans un ruisseau de montagne. On peut descendre dans l'eau en glissant le long d'une petite cascade. Pour rejoindre le site, allez jusqu'au bout de la route, juste avant l'hôtel Évasion, où vous apercevrez un parking au-dessus du ruisseau. De là, montez à pied sur la droite du cours d'eau à travers un enclos de ferme et au-delà d'une bâtisse coloniale. Autre parcours : suivez le sentier de l'autre côté du ruisseau derrière l'hôtel et traversez une propriété agricole. Comptez 15 minutes de marche jusqu'au bassin.

LE PARC DES GRANDES FOUGÈRES

Créé en 2008, le **parc des Grandes Fougères** (☏ 90 73 37 ; grandes-fougeres.nc ; adulte/enfant 400/200 CFP ; ⊘ mer-lun 7h30-17h30, dernière entrée à 15h30) s'étend sur 4 500 ha à la croisée des communes de Farino et de Sarraméa. Véritable "poumon vert" du centre de la Nouvelle-Calédonie, il abrite une forêt dense humide, habitat privilégié de nombreuses espèces d'oiseaux (cagou, notou, fauvette...), ainsi que des cerfs et des cochons. Sa flore est également remarquable, avec des espèces endémiques, et notamment des fougères arborescentes.

Pour les visiteurs, c'est un bonheur que de s'immerger dans ce paradis vert bien mis en valeur. Six sentiers à parcourir à pied et à VTT (pas de location sur place et bon niveau sportif requis), de difficulté variable (boucles de 1 heure à 6 heures), permettent de découvrir de superbes panoramas depuis les crêtes. Plusieurs guides réunis en association proposent des balades thématiques commentées, sur réservation (contact au ☏ 44 31 84).Une activité de grimpe d'arbre est également proposée dans le parc, sur réservation, par **Arbrévolution** (☏ 99 17 84 ; info@arbrevolution.com). **Kick'n Ride** (☏ 81 43 33 ; www.sudloisirs.nc) offre la possibilité de parcourir les sentiers du parc en footbikes, un deux-roues à mi-chemin entre le VTT et la trottinette.

Plateau de Dogny · RANDONNÉE PÉDESTRE

Ce plateau, à 1 000 m d'altitude et recouvert de végétation basse, est accessible par un sentier aux bons marcheurs ; la randonnée ne doit être entreprise que par temps sec. Si le ciel est clair, vous pourrez apercevoir les deux côtes du Caillou, à l'est et à l'ouest. Prévoyez au moins 7 heures aller-retour. Le départ se fait depuis le parking pour le Trou Feuillet, à côté de l'hôtel Évasion. Vous trouverez le descriptif du parcours dans les fiches randos, disponibles dans les offices du tourisme.

🛏 Où se loger et se restaurer

Camping de Sarraméa · CAMPING €

(☏ 92 57 14, 35 46 03 ; sarramea-decouverte@lagoon.nc ; camping 1 500 CFP/tente 2 pers, 2 000 CFP/tente familiale, 500 CFP supp sous abri, 500 CFP élec. ; ⊘ lun-jeu 8h-12h, ven 8h-12h45). Emplacements engazonnés et bien ombragés, répartis sur 2 terrains en bordure de rivière, avec un grand faré commun et plusieurs abris. Bloc sanitaire spacieux et très propre. Au bord de la route, juste à côté du syndicat d'initiative. Téléphonez à l'avance pour que le personnel laisse les sanitaires ouverts si vous ne pouvez pas arriver aux heures d'ouverture de la réception. L'espace accueille un joli marché le 4ᵉ dimanche du mois.

Hôtel-Restaurant Évasion · HÔTEL, RESTAURANT €€

(carte p. 81 ; ☏ 44 55 77 ; www.hotel-evasion.com ; d 9 000-11 000 CFP, bungalows d 19 000-22 000 CFP, petit-déj 2 100 CFP ; ✳ @ ✴ 📶). Détente assurée dans cet ensemble bucolique accueillant, enchâssé au pied d'une colline verdoyante. Il rassemble une dizaine de bungalows en dur, spacieux et bien aménagés, au bord de la rivière. Les 5 chambres, impeccables, se trouvent à l'écart, sur une butte, très au calme. L'imposante salle du **restaurant** (plats 2 900-3 100 CFP, menu 5 900 CFP ; ⊘ midi et soir tlj) manque un peu d'âme mais la cuisine a bonne réputation et les plats sont élégamment présentés (préférez les viandes aux poissons, toutefois). Les petits plus : un sauna, un spa et une grande piscine.

Domaine du Meranki · CHAMBRES D'HÔTES, CASES €€

(carte p. 81 ; ☏ 35 35 56 ; meranki@lagoon.nc ; d case 13 650 CFP, app 2 pers 16 800 CFP, ch d'hôtes 17 850 CFP, petit-déj 1 575 CFP ; ✴ 📶). Ce superbe domaine de 60 ha dispose de 2 cases mélanésiennes haut de gamme (mobilier d'Indonésie, lit à baldaquin, petit carrelage), avec sdb extérieure privative, construites de part et d'autre de la maison de la propriétaire, et de 2 appartements attenants, tout équipés, un peu plus loin en bordure de rivière. Autre option : 2 suites dans la maison, douillettes et très spacieuses, mais avec sdb commune. Le petit-déjeuner est servi sur la véranda. Une prestation sans mauvaise surprise, mais les tarifs sont un peu surévalués. Serviettes de bain non fournies. Possibilité de préparer ses repas sur place (barbecue et cuisine).

(Suite du texte en page 93)

Activités sportives

La Nouvelle-Calédonie est un superbe terrain de jeu pour les passionnés de loisirs nature, aussi bien sur terre que sur l'eau. Quels que soient votre niveau et vos désirs, vous trouverez des prestataires offrant un encadrement professionnel avec, en prime, un accueil personnalisé, à l'écart des foules.

Stand-up paddle dans le lagon Sud, p. 52

JEAN-BERNARD CARILLET ©

Randonnée à pied et à vélo

Si la Nouvelle-Calédonie ne peut rivaliser avec d'autres îles tropicales dans le domaine de la randonnée, elle possède néanmoins de solides atouts. Outre le GR®NC1, qui relie Prony au barrage de Dumbéa en sept étapes, le parc provincial de la Rivière-Bleue est sillonné de sentiers de randonnée très bien balisés, tout comme le parc des Grandes Fougères.

Dans la province Nord, l'un des grands classiques est l'ascension du mont Panié, dans la région de Hienghène. Dans les îles Loyauté, toutes les balades s'effectuent sur des sentiers coutumiers et sont encadrées par des guides kanak, qui vous feront découvrir les coins les plus sauvages.

La pratique du VTT se développe en Nouvelle-Calédonie. Si les structures proposant des vélos en location sont encore rares, il existe malgré tout de belles possibilités dans le parc provincial de la Rivière-Bleue et à proximité des chutes de la Madeleine – emprunter les pistes qui traversent ces sites naturels est une expérience mémorable. Il est facile de faire le tour de l'île des Pins à vélo.

Équitation

La randonnée équestre constitue une occasion unique de se familiariser avec les cultures caldoche et kanak tout en découvrant les paysages méconnus de l'intérieur de la Grande Terre. Toute fête agricole qui se respecte comporte d'ailleurs un rodéo. Dans le secteur de Bourail et de La Foa, notamment, quelques centres équestres vous permettront de jouer les *stockmen* (cow-boys calédoniens ou broussards), de la simple balade dans le ranch aux randonnées de plusieurs jours dans la montagne. Tous les niveaux sont les bienvenus, y compris les débutants et les enfants.

Dans le sens des aiguilles d'une montre
1. Randonnée côtière à Maré (p. 137) 2. Sentier balisé dans le parc provincial de la Rivière-Bleue (p. 68)
3. À la découverte des mystérieuses falaises de Lekiny, Ouvéa (p. 154) 4. Balade à VTT dans le parc provincial de la Rivière-Bleue (p. 68)

JEAN-BERNARD CARILLET ©

Plongée et snorkeling

Les amateurs vont se régaler ! Les récifs des îles Loyauté et de l'île des Pins, ainsi que la barrière corallienne au large de la côte est de la Grande Terre, présentent des conditions idylliques pour la pratique de la plongée et du snorkeling. Les îlots au large de Nouméa et de la presqu'île de Bouraké ou de Bourail ont l'avantage d'être très faciles d'accès. La pratique de la "randonnée palmée" (sortie snorkeling encadrée par un moniteur) se développe en Nouvelle-Calédonie, notamment à Nouméa, à Hienghène et à Poindimié. Ce guide consacre un chapitre spécifique à la plongée sous-marine en Nouvelle-Calédonie (p. 28).

Kayak de mer et canoë

Pour la pratique du kayak, le parc provincial de la Rivière-Bleue, dans le Grand Sud, présente des conditions magiques : vous glisserez sur l'eau, au milieu de la Forêt Noyée. Pour les plus téméraires, la découverte de la Côte Oubliée, au sud de Thio, est une expérience mémorable. Parmi les autres balades recommandées (et plus faciles) figurent le tour des roches de Lindéralique (Hienghène), la mangrove près de Bourail ou de Ouano, la baie de Prony, ainsi que le lagon situé devant l'hôtel Nengone Village à Maré. Certains gîtes, hôtels ou centres nautiques louent des kayaks ou des canoës.

Dans le sens des aiguilles d'une montre
1. Canoës sur une plage 2. Les superbes coraux mous du lagon calédonien (p. 196) 3. Balade en kayak de mer à Hienghène (p. 112) 4. Snorkeling à l'abri des vagues dans la "piscine naturelle" de l'île des Pins (p. 133)

JEAN-BERNARD CARILLET ©

Excursions nautiques

Pour mieux apprécier les beautés du lagon calédonien, l'idéal est de participer à une excursion en bateau, à la demi-journée ou à la journée. La sortie inclut des arrêts baignade et snorkeling, ainsi qu'un pique-nique dans un site isolé. Sur l'île des Pins, la sortie à la "piscine naturelle" s'effectue à bord d'une pirogue traditionnelle qui traverse la baie d'Upi. À Ouvéa, vous pourrez rejoindre des îlots totalement sauvages dans les Pléiades du Sud.

Sports de glisse

La baie Sainte-Marie, à Nouméa, bien exposée aux vents dominants, est réputée auprès des amateurs de planche à voile et des passionnés de kitesurf. Au cours des dernières années, la pratique du stand-up paddle s'est répandue. Plusieurs prestataires proposent des cours et des stages dans ces disciplines. Nouméa et Bourail (plage de Poé) sur la Grande Terre, ainsi que l'île des Pins sont les spots les plus recherchés. Pour le surf, la Nouvelle-Calédonie est encore loin de concurrencer l'Australie ou Tahiti, mais on compte quelques adeptes, surtout dans le secteur de Bourail et de la presqu'île de Ouano.

Plaisance

L'archipel se prête merveilleusement à la croisière, avec un espace maritime immense, un lagon sûr, des baies idylliques (et bien abritées), des mouillages de rêve, des sites vierges, des vents réguliers et des marinas modernes et bien équipées. La côte est, les îles Loyauté et l'île des Pins constituent les principales étapes de la navigation en Nouvelle-Calédonie. Que ceux qui ne possèdent pas leur propre bateau ne désespèrent pas ; plusieurs sociétés basées à Nouméa proposent des catamarans et des monocoques en location, avec ou sans skipper, et sauront vous conseiller pour des itinéraires à la carte.

Dans le sens des aiguilles d'une montre
1. Excursion nautique au large du phare de l'îlot Amédée (p. 50) 2. Préparation du kitesurf, plage de Poé (p. 95) 3. Initiation à la voile sur le lagon d'Ouvéa (p. 152) 4. Excursion en pirogue traditionnelle à l'île des Pins (p. 123)

JEAN-BERNARD CARILLET ©

JEAN-BERNARD CARILLET ©

JEAN-BERNARD CARILLET ©

Observation des baleines à bosse

Cette activité est en plein essor depuis quelques années, et la Nouvelle-Calédonie fait aujourd'hui partie des hauts lieux de l'observation des baleines à bosse dans le Pacifique. La saison habituelle va de mi-juillet à mi-septembre.

Après plusieurs années d'observation "anarchique" par des prestataires pas toujours respectueux des règles d'approche des animaux, l'activité s'est structurée, avec une charte d'observation et un regroupement de la plupart des prestataires au sein d'une association (p. 198). Pendant la saison, les baleines peuvent être observées partout, mais les départs des excursions se font de Nouméa ou de la baie de la Somme, dans le Grand Sud, où les cétacés sont le plus facilement observables. Les sorties s'effectuent à la journée. Attention, ces géants des mers ne sont pas toujours au rendez-vous, et rien ne vous garantit que vous assisterez au spectacle !

Ci-dessous
La vision incroyable d'une baleine à bosse (p. 74).

(Suite du texte de la page 84)

❶ Renseignements

Le **syndicat d'initiative** (☎ 44 39 55 ; www.
sarramea-decouverte.com ; RP18 ; ☺ 9h-15h
lun-ven) borde la route principale, à côté du
terrain de camping. Renseignements sur les
randonnées pédestres et l'hébergement dans
les environs. Malgré les horaires annoncés,
les lieux sont tout de même très souvent fermés.

❶ Depuis/vers Farino et Sarraméa

Pour rallier ces deux localités, empruntez
la RP5 qui part de la RT1 à 4,5 km au nord du
centre de La Foa. La bifurcation pour Farino
est 1 km plus loin, puis la route monte en lacets
à flanc de montagne sur 3 km. L'embranchement
pour Sarraméa se situe à 6 km de la RT1 ; il faut
parcourir encore 3 km jusqu'au village.

Le bus Nouméa-Canala peut vous déposer
à Petit Couli (1 100 CFP, 3 heures 30, quotidien),
à 2 km de Sarraméa.

Moindou

Si Moindou est une ville de passage, la
région alentour cache quelques trésors qui
méritent une halte. Faites-vous indiquer
la **palmeraie de la Ryawa** (☎ 41 52 10), qui
recèle de fabuleuses espèces de palmiers
royaux plantés au XIXe siècle.

◉ À voir

Fort Téremba   SITE HISTORIQUE
(carte p. 81 ; ☎ 44 32 71 ; www.fort-teremba.com ;
adulte/enfant   800/400 CFP,   visite   guidée
1 500/500 CFP ; ☺ 9h-16h lun-dim). La visite de
ce site, à environ 7 km au sud-est de Moindou (bifurcation signalée depuis la RT1),
est indispensable pour mieux comprendre
l'histoire du peuplement de la Nouvelle-
Calédonie. Le fort, qui date de 1871, a
servi à la fois de quartier général pour les
militaires français (à l'œuvre lors de l'insurrection kanak de 1878) et de pénitencier
(jusqu'à la fin des années 1890). Les Kanak
ne parvinrent jamais à s'en emparer. à l'intérieur, des panneaux, des animations et
des bornes interactives dans le blockhaus
permettent de comprendre l'histoire des
lieux. À l'extérieur, un parcours d'interpré-
tation vous fera découvrir les principaux
vestiges du fort et son fonctionnement :
les cuisines, la salle à manger des officiers,
la tour de guet, la poudrière, les écuries,
la boulangerie... Le site lui-même – un
plateau surplombant la plaine et le lagon –
ne manque pas de charme. Le spectacle
son et lumière (adulte hors gradin/gradin
3 000/4000 CFP,   réservation   indispensable),
qui a lieu chaque année en octobre ou
en novembre, rassemble une centaine de
figurants en costume d'époque. Il illustre
l'histoire des forçats et des colons de la
région, et des événements plus récents. Un
feu d'artifice clôture le spectacle.

Gorges de Moindou   BALADE ET BAIGNADE
Une belle promenade familiale consiste à
gagner le barrage des gorges de la rivière
Moindou, qui a creusé son lit dans une vallée
enchanteresse. À la sortie nord du village,
prendre la première à droite avant le pont
puis rouler jusqu'à arriver à la rivière qui
vous obligera à vous garer. De là, en suivant
les berges, vous gagnerez le barrage en à
peine 1 heure de marche. Une belle vasque
d'eau vous attendra alors pour la baignade !

Plage de Tanghy   PIQUE-NIQUE
Après la ferme Sodacal, continuez encore
sur 1,5 km et vous déboucherez sur cette
plage, sauvage et tranquille, bordée par une
lagune et la mangrove – une halte pique-
nique tout indiquée, à défaut d'être un lieu
de baignade idyllique.

🛏 Où se loger et se restaurer

Auberge historique de Moindou AUBERGE €€
(carte p. 81 ; ☎ 35 43 28 ; www.ncmoindou.sitew.
com ; Moindou ; d 6 500 CFP, 1 500 CFP/pers
supp ; ☺ 9h30-14h30 mar-dim et 18h30-21h30
ven-sam ; ❄). Ce vieil hôtel aménagé dans un
ancien relais des Messageries automobiles,
sur la route principale, n'a rien perdu de
son cachet ni de sa patine (parquet, objets
anciens, photos d'époque, charpente appa-
rente dans les parties communes). Rénovées,
les 2 chambres sont d'un confort acceptable ; celle qui donne sur l'avant est un peu
bruyante en journée. La carte du **restaurant** (plats 1 700-2 500 CFP, repas 3 500 CFP,
petit-déj 650-1 800 CFP) affiche peu de plats
(grisette et crabe farcis, magret de canard,
crevettes flambées...), mais la cuisine est
correcte et s'assortit de cocktails de bonne
facture à siroter dans un cadre très agréable.
Vente de produits du terroir sur place.

Les Nautilus   BUNGALOWS, CAMPING €€
(☎ 79 65 69, 77 89 70 ; RT1 ; lesnautilus@hotmail.fr ;
camping tente/adulte 525/1 050 CFP, d 8 500 CFP,
bungalow d 9 500 CFP ; ❄ ❄). Mention bien

LES ROUTES TRANSVERSALES

Cinq routes vous permettent de passer de la côte ouest à la côte est : de Boulouparis à Thio, de La Foa à Canala, de Bourail à Houaïlou, de Koné à Tiwaka (Touho) et, dans le Nord, de Koumac à Ouégoa. Elles traversent toutes la Chaîne de part en part, au milieu de paysages grandioses.

L'une des plus pittoresques est la RPN5, la transversale La Foa-Canala (environ 56 km) ou La Foa-Kaouaoua, qui sinue entre les montagnes, les forêts et les massifs miniers. Elle fait jeu égal avec la RPN2, appelée la Koné-Tiwaka, qui relie Koné, sur la côte ouest, à la côte est, à 14 km au nord de Poindimié, à l'embouchure de la rivière Tiwaka. La route sillonne le relief à grand renfort de virages, révélant des panoramas à couper le souffle sur les montagnes couvertes de végétation. À peu près à mi-chemin, vous pouvez faire un détour par la tribu de Bopope, dont les jolies cases traditionnelles s'accrochent au relief. À mesure que l'on s'approche de la côte est, la route longe la rivière Tiwaka, qui s'élargit pour descendre tranquillement jusqu'à la mer.

La RP4, entre Boulouparis et Thio, est la plus "roulante", malgré les nombreux virages jusqu'au col de Nassirah (348 m). La transversale Bourail-Houaïlou (72 km) passe par le col des Roussettes (386 m), d'où l'on bénéficie de superbes panoramas sur la Chaîne.

pour cet établissement, correctement tenu – 2 bungalows modernes, bien équipés, sur une belle pelouse plantée de bosquets fleuris, ainsi que des chambres accueillantes. Avec un bémol : la RT1 (bruyante en journée) passe devant l'entrée de la propriété. Table d'hôtes de qualité au feu de bois chaque fois que possible, avec des fruits de mer (3 700 CFP), et petit-déjeuner (1 050-1 470 CFP). Goûtez absolument à la spécialité de la maison : la fondue de cerf et de crevettes accompagnée d'aïoli maison. Un bon plan également pour les campeurs, qui disposent d'un bloc sanitaire avec eau chaude. Pas de wi-fi. À 3 km au nord de Moindou, en direction de Bourail.

Bourail

4 779 HABITANTS

Arrêt indispensable à Bourail, principal bourg de la côte ouest et fief de la culture caldoche et broussarde, avec plus de 400 exploitations agricoles. C'est le royaume de l'élevage bovin et des grandes cultures comme le maïs, la pomme de terre et les *squashs* (courges). Avec son allure de ville du Far West, la localité en elle-même n'a pas grand charme – une longue artère principale sillonnée par de gros pick-up et bordée de commerces, de stations-service et de bâtiments administratifs sans aucune unité architecturale. Les environs en revanche valent le détour, notamment la plage de Poé, la plage de la Roche percée et plusieurs sites historiques. À la mi-août, ne manquez pas la foire agricole et artisanale de Bourail

et son célèbre rodéo, qui attire plusieurs milliers de personnes venues de toute la Nouvelle-Calédonie.

Bourail possède une belle facette balnéaire, surtout au niveau de la plage de Poé, dont les infrastructures touristiques se sont beaucoup développées ces dernières années. Cependant, rien à voir avec les stations européennes bondées ; ici, la nature est souveraine, et le littoral n'est bordé que de quelques habitations. Pas d'immeubles ni même de magasins de souvenirs en vue ! Les plages ne sont fréquentées que les week-ends et pendant les vacances scolaires.

La région de Bourail compte une petite population d'origine algérienne, descendant de prisonniers kabyles condamnés au bagne et déportés en Nouvelle-Calédonie au cours de la seconde moitié du XIXe siècle (voir p. 166).

✨ Fêtes et festivals

La **foire de Bourail** (Comité de Foire ☐ 41 21 04), qui se tient 3 jours autour du week-end du 15 août, présente quantité de stands et d'activités, avec notamment des étals de fruits, légumes et produits agricoles, artisanat et nourriture à emporter. Les animaux de la ferme, en particulier les volailles et les lapins, distrairont les enfants, de même que les manèges de fête foraine. L'événement phare est le **rodéo** du samedi et du dimanche après-midi, un spectacle haut en couleur. La foire se tient sur un vaste terrain à 5 km au sud de Bourail.

◉ À voir

Musée de Bourail — HISTOIRE

(☑ 46 46 12 ; adulte/6-18 ans 250/100 CFP ; ⊙ 9h-12h et 13h-17h lun-sam). Dans un bâtiment en pierre à 500 m au sud du centre, ce musée illustre l'histoire de la région en s'appuyant sur des photos, des documents et des objets relatifs à la présence des troupes américaines et néo-zélandaises pendant la Seconde Guerre mondiale. La culture traditionnelle kanak et la colonisation européenne ne sont pas oubliées. Une guillotine avec son panier font aussi partie des pièces exposées (100 personnes furent décapitées en Nouvelle-Calédonie entre 1867 et 1940, date de la dernière exécution). Une case se dresse derrière le musée. On peut s'exercer au tressage de pandanus lors d'**ateliers** (⊙ mar 9h-12h, 500 CFP/heure).

Cimetière des Arabes — SITE MÉMORIEL

Le cimetière des Arabes, près d'une petite **mosquée** à 11 km au sud de Bourail, au bord de la route, rappelle que des prisonniers arabes, en majorité algériens, ont été déportés en Nouvelle-Calédonie entre 1864 et 1897. Leurs descendants vivent à Bourail et dans les bourgs environnants (notamment à Nessadiou et Boghen).

Cimetière militaire néo-zélandais — SITE MÉMORIEL

Dans ce cimetière à 9 km au sud de la ville, au bord de la route (signalé) reposent 242 soldats morts lors des batailles du Pacifique. La vision de ces tombes blanches, au milieu d'une pelouse, est poignante. Pendant la Seconde Guerre mondiale, l'armée néo-zélandaise avait établi un hôpital à Bourail. La mémoire des disparus est commémorée dans le cimetière lors de l'Anzac Day (25 avril).

Plage de la Roche percée — BAIGNADE

À 7 km de Bourail, la plage de la Roche percée invite au farniente. Cette plage est un important site de nidification des tortues (voir l'encadré p. 97). À l'extrémité nord de la plage, on distingue le **Bonhomme**, une imposante formation rocheuse détachée de la falaise principale. Contentez-vous de l'observer de loin, car le risque d'éboulement n'est pas négligeable. Notez bien que la baignade est interdite car extrêmement dangereuse.

Plage de Poé — BAIGNADE

Cette longue plage déroule des kilomètres de sable fin comme de la farine au bord d'un lagon bleu-vert, à une quinzaine de kilomètres de Bourail. Souvent ventée, Poé attire les adeptes de la planche à voile et du kitesurf. Elle convient également aux familles, car le plan d'eau est peu profond, et aux adeptes de snorkeling, grâce à la présence de nombreuses patates de corail et d'un **sentier sous-marin** à 2,5 km du rivage aux abords de la barrière récifale, et au début duquel vous pourriez vous faire déposer en bateau à fond de verre (voir p. 96). La plage de Poé revêt un aspect magique au coucher du soleil.

Plage de la baie des Tortues — FARNIENTE

Cette petite plage discrète, encadrée de falaises, est accessible par une piste en terre, assez escarpée mais praticable par temps sec (accès signalé un peu avant le col de Gouaro, entre la plage de la Roche percée et la plage de Poé). Il est déconseillé de s'y baigner en raison des forts courants. Sur la colline, une autre piste mène à un **belvédère**, d'où l'on découvre toute la baie des Tortues et la baie de la Roche.

Plage de la baie des Amoureux — BAIGNADE

Immédiatement à l'ouest de la plage de la baie des Tortues, la délicieuse plage de la baie des Amoureux est nichée dans un écrin de végétation. Elle n'est accessible qu'à pied, en suivant le sentier des Trois Baies (voir p. 100). On peut s'y baigner.

🏃 Activités

La plupart des activités s'effectuent sur réservation et sont dépendantes des conditions météorologiques.

Domaine de Deva — PARC ÉCOTOURISTIQUE

(☑ 46 57 56 ; rte de Poé). À Gouaro Deva, ce vaste domaine naturel abrite une forêt sèche exceptionnelle et fourmille de sentiers pédestres et équestres (ranch du Carré Neuf ; ☑ 75 02 63) et de pistes de VTT. Il possède son **golf 18 trous** (☑ 20 70 16 ; contact@exclusiv-golf.com). On peut aussi se faire prodiguer des soins au **spa de l'hôtel Sheraton** (☑ 20 70 19, voir p. 99), qui y a élu domicile. À l'entrée, la **Maison de Deva** (☑ 46 57 56 ; maisondeva@deva.nc ; ⊙ 8h-17h lun-ven, 8h-16h sam-dim ; ☎) permet de faire le point sur les activités proposées et organise des expositions et des festivités. Si votre budget le permet, vous pourrez dormir sur place à l'hôtel Sheraton.

L'ÎLE VERTE

Ce magnifique îlot corallien en bordure du récif, à seulement 20 minutes de la Roche percée, est un site idéal pour le snorkeling et le farniente. Plusieurs prestataires à Poé et à la Roche percée organisent un service de bateau-taxi pour l'îlot, avec la possibilité de pique-niquer sur place.

Nekweta Surf Camp LOISIRS NAUTIQUES
(carte p. 98 ; ☑ 78 40 26, 78 76 11 ; www.nekweta. com ; la Roche percée ; ☺ sur réservation). Organise d'intéressantes sorties "éco-découverte" d'une demi-journée (6 500 CFP, 3 pers au minimum) sur le lagon, avec une sensibilisation à l'environnement (la mangrove de la rivière Néra, les fausses passes et les baies, la faune marine) et la possibilité de faire du snorkeling sur le récif. Ce prestataire est également guide de surf : il peut conduire les surfeurs sur les spots du récif (6 000 CFP par surfeur, 4 à 6 heures de surf) et loue des planches. Autres options : un service de bateau-taxi à l'île Verte (3 500 CFP, 2 pers au minimum) et des sorties pêche.

Bateau à fond de verre EXCURSIONS
(☑ 77 50 59 ; www.bateau-a-fond-de-verre.com ; adulte/3-12 ans 2 500/1 500 CFP ; ☺ téléphoner pour connaître les horaires). Ce prestataire propose des sorties quotidiennes de 1 heure 30 dont 40 minutes de plongée en palmes-masque-tuba (fournis) pour observer la faune et la flore du sentier sous-marin du domaine de Déva. Le bateau, dont la coque est transparente, permet d'observer la vie sous-marine en chemin. Départ depuis la plage de l'hôtel Sheraton ou du snack de la plage de Poé.

Blue Paradise PÊCHE SPORTIVE, EXCURSIONS NAUTIQUES
(☑ 75 21 33 ; www.blueparadise.nc ; Poé ; ☺ sur réservation). Blue Paradise propose des excursions à la découverte du lagon de l'île Verte, classée réserve naturelle, avec de nombreux commentaires sur la faune et la flore (aller-retour adulte/-12 ans 7 500/2 500 CFP, pique-nique 2 500 CFP). Vous pouvez aussi choisir d'être simplement déposé en bateau-taxi sur l'île Verte et explorer seul (aller-retour adulte/-12 ans 5 000/2 500 CFP/pers, 2 pers au minimum). Avec un budget plus conséquent,

optez pour une sortie pêche à bord d'un bateau spécialement équipé (à partir de 85 000 CFP la demi-journée pour 5 pers) et allez taquiner la bonite, l'espadon, le marlin, le mahi-mahi...

Bourail Taxi Boat BATEAU-TAXI
(☑ 78 10 10 ; Nessadiou ; ☺ sur réservation). Service de bateau-taxi pour l'île Verte au départ de Nessadiou (3 500 CFP/pers, 2 pers au minimum).

Ranch de la Courie BALADES ÉQUESTRES
(☑ 44 14 90, 87 62 86 ; Nékou ; ☺ sur réservation). La famille Velayoudon propose de superbes balades équestres dans une immense propriété à 3 km au nord de Bourail, avec des forêts, des rivières, des montagnes, des points de vue... Les sorties durent 2 heures (6 000 CFP) ou la journée (11 000 CFP).

🛏 Où se loger et se restaurer

🛏 Bourail

La Néra HÔTEL-RESTAURANT €€
(☑ 44 16 44 ; lanera@lagoon.nc ; RT1 ; s/d 8 150/9 270 CFP ; ✳ ✳ ✳). Dommage que cet établissement soit au bord de la RT1 (bruyante), à hauteur du carrefour pour Poé. Sinon, les studios, attenants et de plain-pied, présentent un niveau de confort très correct et sont bordés par la rivière Néra, avec une vue dégagée. Les sdb sont exiguës. La suite spéciale "Honeymoon River" plaira aux romantiques (d 12 360 CFP). La déco rustique du **restaurant** (plats 2 000-2 700 CFP ; ☺ midi et soir tlj) est inspirée de la chasse, avec des poutres et des trophées de cerfs aux murs... Optez pour les spécialités maison : tripes à la mode bouraillaise, charcuterie, curry de cerf au lait de coco et crevettes de Moindou. Le wi-fi n'est accessible que dans les parties communes. La famille Hernu propose la visite du ranch et l'observation nocturne des cerfs.

Motel Allamanda RÉSIDENCE HÔTELIÈRE €€
(☑ 79 75 08 ; Bourail ; studio 1 à 2 pers 9 000 CFP, app 2 pers 10 000 CFP ; ✳ ✳). Ce bâtiment moderne est situé dans une ruelle peu passante au nord du centre-ville, derrière le cinéma. Vous aurez le choix entre un studio avec cuisinette et deux appartements tout équipés (max 6 personnes, en se serrant un peu). La décoration est assez passe-partout, mais l'ensemble a le mérite d'être fonctionnel. Wi-fi à l'intérieur de l'auto-école de la propriétaire, juste à côté.

Le Motu   MELTING POT €

(☑44 21 41 ; rue Simon-Drémon ; plats 1 400-2 000 CFP ; ⊙8h30-16h lun-ven, 9h-16h sam). Ce modeste restaurant sert de la cuisine locale et des plats de type cuisine du monde à des prix intéressants. L'endroit est un peu bruyant mais plutôt convivial ! Et le service est sympathique.

Sweet Café   SNACK €€

(☑44 29 30 ; rue Simon-Drémon ; plats 1 600-3 000 CFP ; ⊙fermé sam soir et dim). Si l'emplacement, entre deux stations-service, n'a rien d'engageant, la carte, étoffée, se partage entre spécialités chinoises, françaises et pizzas, à des tarifs raisonnables. Sur place ou à emporter.

Marché   MARCHÉ €

(rue Simon-Drémon ; ⊙6h-11h ven-sam). Faites le plein de fruits, de légumes et d'autres produits régionaux aux étals de ce marché, au nord du bourg.

🛏 Nord de Bourail

Aux Délices de la Cigogne   GÎTE €€

(☑44 25 52 ; www.auxdelicesdelacigogne.com ; d avec petit-déj 7 000 CFP ; repas sur résa uniquement 2 750 CFP ; ☎✳). Un petit coin d'Alsace sur le Caillou... Les propriétaires vous accueillent sans chichis dans leur établissement (une ancienne boîte de nuit), au bord de la route, peu fréquentée la nuit, à 5 km au nord de Bourail. Les chambres sont petites et manquent un peu de charme (des lits métalliques blancs superposés), mais elles sont propres et chacune dispose de sdb.

Le Mahavel   CHALET, CAMPING ET TABLE D'HÔTES €€

(☑46 66 92, 86 97 62 ; La Haute Pouéo ; chalet simple 2 pers 5 000 CFP, chalet équipé 4 pers 12 000 CFP, empl. camping 2 000 CFP/pers, 500 CFP/tente ; ✳). Daniel propose deux chalets, l'un équipé pour 4 à 6 personnes, l'autre plus rudimentaire pour deux personnes seulement et sans équipement, et des emplacements de camping. Le site est très apprécié pour son terrain de 43 ha en pleine nature au calme et sa jolie piscine. Les campeurs plébisciteront la cuisine d'été très fonctionnelle et les sanitaires impeccables avec eau chaude. Testez la cuisine réunionnaise gourmande proposée en table d'hôtes (sur réservation). Pour ne rien gâcher, l'accueil est plutôt soigné et sympathique. À 14 km de Bourail, prendre la route de La Pouéo au niveau du pont Bakouya.

🛏 La Roche percée

Nekweta Surf Camp   BUNGALOWS €€

(carte p. 98 ; ☑43 23 26, 78 40 26 ; www.nekweta.com ; la Roche percée ; bungalows d 10 300 CFP, d en case 10 150 CFP ; ✳☎). Une adresse sans fioritures, à l'ambiance décontractée. Près d'un jardin tropical, au choix : un grand bungalow-case, en pierre et en bois, avec sdb extérieure (à 20 m), ou un "bungalow tropical", de construction récente, entièrement en bois sombre, avec toit en tôle, qui comprend 2 chambres climatisées, sur 2 niveaux ; elles ont un certain charme, mais l'insonorisation n'est pas le point fort. Table d'hôtes (petit-déj 1 050 CFP, déjeuner 2 500 CFP, repas du soir 3 675 CFP ; tlj sur réservation) à base de produits locaux. Votre hôte, Emmanuel Hernu, s'implique dans la protection des tortues marines et organise diverses activités de loisirs (voir p. 96).

Entre Plage et Rivière   BUNGALOWS €€

(carte p. 98 ; ☑43 51 28, 83 04 44 ; claujack@lagoon.nc ; la Roche percée ; bungalow d 9 975 CFP, lit supp 1 575 CFP ; ☎). On se sent vite à l'aise dans ce grand parc arboré, très calme et bien situé, à 5 minutes à pied de la plage de la Roche percée. Claudine et Jackie louent 5 bungalows, pas très spacieux mais accueillants et au confort acceptable, même si la disposition des sdb, à l'extérieur, pour trois d'entre eux, n'est pas très pratique. Petit-déjeuner copieux (1 680 CFP), et table

OUEST ET NORD DE LA GRANDE TERRE BOURAIL

LA PROTECTION DES TORTUES MARINES

À l'échelle de la planète, de graves menaces pèsent sur les tortues marines, et celles de la Nouvelle-Calédonie ne sont pas épargnées. Heureusement, des actions de sensibilisation sont régulièrement menées. Dans le secteur de Bourail, l'association **Bwärä Tortues Marines** (bwaratortuesmarines.wordpress.com), présidée par Dominick Lafage, le dynamique propriétaire de L'Effet Mer (p. 98), a entrepris des démarches de protection des tortues caouannes (ou "à grosse tête"), qui viennent nidifier chaque année sur la plage de la Roche percée, de mi-novembre à mi-février. La période d'éclosion s'étend de mi-janvier à mi-avril.

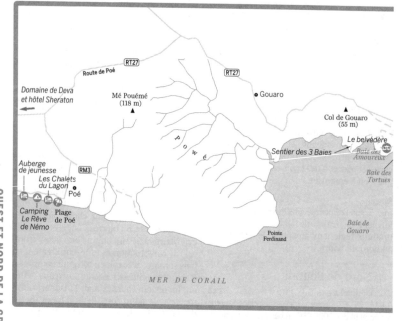

d'hôtes le soir (4 500 CFP) à base de produits locaux (crabe, cochon, poisson, cerf). Nous recommandons l'excellent jambon de cerf maison. À partir de 2 nuits avec petit-déjeuner : prêt de kayaks et de vélos. Bon accueil. Les enfants de moins de 7 ans ne sont pas acceptés.

Pizza Néra AU FEU DE BOIS €
(☑44 68 18 ; plage de la Roche percée ; pizzas 1 900-2 400 CFP ; ⊙vacances scolaires tlj 18h-21h, mar-dim le reste de l'année). Un joli choix de pizzas cuites au feu de bois, à emporter ou à se faire livrer directement sur son lieu de vacances. La savoyarde et la pizza broussarde nous ont convaincu !

♥**L'Effet Mer** CHAMBRES D'HÔTES €€
(carte ci-dessus ; ☑41 61 42, 97 68 49 ; l-39-effet-mer-nc.book.direct/fr-fr ; la Roche percée ; d 7 000-11 000 CFP ; ☎). Relaxez-vous sur cette belle parcelle plantée d'arbres, près du bord de mer. Nichées dans la végétation, les 4 chambres sont soignées, décorées avec goût et partagent 2 sdb impeccables. On aime particulièrement la Chambre des Îles, au rez-de-chaussée du bâtiment principal (à l'architecture très originale, entièrement en bois) et celle du bungalow "Surf", séparé, en bois. Coup de cœur pour la sélection de

BD à disposition et pour le deck en hauteur, où est servi le petit-déjeuner (1 450 CFP), qui inclut du pain et des confitures faits maison. Location de vélos.

Poé

Auberge de jeunesse de Poé DORTOIR ET CHAMBRES €€
(carte ci-dessus ; ☑41 82 08 ; resa.poe@auberges-dejeunesse.nc ; Lot 27, rte de Poé ; ch s/d 7 500 CFP, dort 3-5 pers 2 500 CFP/pers, ajouter 200 CFP par pers et par nuit pour les non-membres, camping adulte/5-16 ans 1 500/1 000 CFP ; ☎). Inaugurée en 2016, la deuxième auberge de jeunesse de Nouvelle-Calédonie se situe à deux pas de la plage et elle est dans l'air du temps : chambres individuelles en plus des dortoirs collectifs, frigos individuels, casiers à couvert individuels... Pour le côté "auberge espagnole" et les prix imbattables, il faudra repasser. Bons points pour le joli jardin face à la mer et l'accueil de campeurs. L'auberge de jeunesse peut vous organiser des excursions guidées, par exemple une balade en stand-up paddle sur le lagon. Wi-fi dans les parties communes.

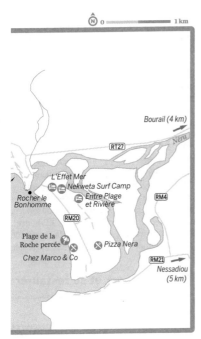

Bourail (4 km)

Néra

RT27

L'Effet Mer
Nekweta Surf Camp
Rocher le
Bonhomme
Entre Plage
et Rivière
RM4
RM20
Plage de la
Roche percée
Pizza Nera
Chez Marco & Co
RM21
Nessadiou
(5 km)

0 ───────── 1 km

🖤 Camping

Le Rêve de Némo   CAMPING ET SNACK €

(carte ci-dessus ; lerevedenemo@gmail.com ; plage de Poé ; camping 1 550 CFP/tente, 300 CFP/pers, snack 1 400-2 500 CFP). Face au lagon et à deux pas de la plage, ce camping coloré se distingue par l'ambiance conviviale qui y règne et par la qualité de ses infrastructures (plusieurs tentes tout équipées à la location et bloc sanitaire bien entretenu). Le snack constitue aussi une belle halte, notamment pour ses poulets rôtis (1 600 CFP, à emporter) et ses plats chauds.

**Les Chalets
du Lagon**   BUNGALOWS €€

(carte ci-dessus ; ☑ 44 15 26, 97 69 10 ; laure-chalet-poe@mls.nc ; plage de Poé ; bungalow d 10 000 CFP, 2 000 à 3 000 CFP/pers supp, camping 1 500 CFP/tente et 500 CFP/pers ; ✳). Un gîte prisé des familles de Nouméa, qui se sentent comme chez elles dans ces 6 bungalows spacieux (jusqu'à 12 places), douillets et tout équipés, à un jet de pierre de la plage de Poé. Apportez vos serviettes. Les draps sont en location (800 CFP). Possibilité de camper dans le jardin si le chalet est plein.

**Hôtel Sheraton
New Caledonia**   HÔTEL DE LUXE €€€

(carte ci-contre ; ☑ 20 70 00 ; www.sheratonnew-caledoniadeva.com ; domaine de Deva ; d à partir de 16 000 CFP ; ℗ ⛵ ✳ 📶). Au cœur du Domaine de Deva (voir p. 95), ce bel hôtel de luxe dispose de 176 chambres au cœur d'un bout de nature qu'on ne se lassera pas d'explorer. On aime particulièrement la massive charpente en bois façon faré, la déco claire et zen des chambres, et l'exquise sélection de rhums du bar. Vélos à disposition, base nautique, centre de fitness et spa, et deux restaurants dont un grill. Un endroit idéal pour se ressourcer et profiter de dizaines d'activités ! Si vous n'êtes pas client, un accès à la piscine est possible moyennant l'achat d'un pass. Concert tous les samedis et dimanches soir au bar.

Chez Marco & Co   SNACK-CRÊPERIE €

(carte ci-contre ; ☑ 92 44 54, 77 39 29 ; plage de la Roche percée ; plats 1 200-2 500 CFP ; ⊙ mer-dim 10h-16h ; 📶). À deux pas du Bonhomme (p. 95), ce snack tout récent et sans chichis permet de déguster de savoureux cocktails de fruits frais, des galettes ou des crêpes sucrées, des burgers (dont un végétarien) ou encore une entrecôte. L'établissement ne disposait pas encore de toilettes lors de notre passage mais leur construction était en projet.

ℹ Renseignements

Aucun problème pour changer ou retirer de l'argent à Bourail, car les principales banques du Territoire y disposent d'une agence. Il existe aussi une poste, une gendarmerie, un hôpital et une pharmacie.

Office du tourisme (☑ 46 46 12 ; www.bourailtourisme.nc ; rue Simon-Drémon ; ⊙ 9h-12h et 13h-17h lun-sam ; 📶). Au même endroit que le musée. Brochures détaillées sur les activités et les hébergements dans la région. Vente de produits de l'artisanat local (bijoux, produits à base de niaouli, livres, confitures…).

ℹ Depuis/vers Bourail

Un bus quotidien **Car Rail** (☑ 27 77 66 ; 900-950 CFP, 2 heures, ⊙ tlj) circule entre Nouméa et Bourail. Par ailleurs, tous les bus qui remontent la côte orientale ou occidentale s'arrêtent à Bourail. Il n'existe pas de transports publics desservant les plages de la Roche percée et de Poé.

À NE PAS MANQUER

LE SENTIER DES TROIS BAIES

Il serait dommage de quitter Bourail sans avoir parcouru le **sentier des Trois Baies**, long de 4,2 km (comptez 2 heures 30 l'aller-retour à pied au départ du parking de la Roche percée). Il longe trois superbes baies, dont la baie des Tortues et la baie des Amoureux, et ménage de superbes points de vue sur le littoral. L'office du tourisme de Bourail vous remettra un dépliant qui détaille l'itinéraire.

De Bourail à Pouembout

De Bourail à Pouembout (105 km), la RT1 ne traverse qu'une poignée d'agglomérations sans intérêt majeur pour le visiteur, dont **Poya**, qui marque la "frontière" entre les provinces Sud et Nord. Le paysage se limite à des savanes parsemées de niaoulis et de gaïacs, des plateaux herbeux avec, en toile de fond, à l'ouest, les massifs de la Chaîne, pour certains tailladés par l'exploitation du nickel. Ceux que l'activité minière intéresse feront un crochet par **Népoui**, en bord de mer. En continuant vers le nord, une autre bifurcation mène à la **plage de Pindaï**. Signalée et accessible par une piste en terre rouge, sur la presqu'île du même nom, elle est sans grand charme mais déserte. À 11 km avant d'arriver à Pouembout, une autre piste conduit en 4 km à la **plage de Franco**, ourlée de sable gris et encadrée par la mangrove. Ces deux plages n'invitent guère à la baignade mais se prêtent à un pique-nique.

Koné

5 971 HABITANTS

De modeste capitale administrative de la province Nord, Koné est en passe de devenir un grand centre industriel, suite à la construction d'une imposante usine de nickel à Vavouto par une société canadienne, à quelques kilomètres au nord. Depuis que cette usine est entrée en production en 2013, le bourg tranquille de la côte ouest, typiquement rural, s'est transformé en une petite ville affairée, qui possède désormais un centre hospitalier.

L'ensemble de la zone "VKP" (Voh-Koné-Pouembout) est en pleine ébullition, même si Pouembout, à 8 km au sud sur la

RT1, conserve sa vocation agricole et son ambiance de Far West. Les ingénieurs et les techniciens n'ont pas remplacé les fameux broussards, ou cow-boys calédoniens.

Entre Pouembout et Koné s'élèvent les bâtiments de style néo-mélanésien de l'administration de la province Nord. En face, une magnifique route transversale, la Koné-Tiwaka (voir aussi p. 94), rejoint la côte est, près de Poindimié.

🏃 Activités

Koné Rando   BALADES ÉQUESTRES

(☑ 47 23 68, 79 36 80 ; ☺ sur réservation). Éric Tikarso organise de belles promenades équestres dans le secteur de Koné, au milieu des caféiers et des bambouseraies, et le long de la rivière (2 200 CFP/heure). Pour les cavaliers confirmés, la traversée de la Chaîne, en 3 jours, est envisageable (30 000 CFP).

🛏 Où se loger et se restaurer

🛏 Koné

La Néa   HÔTEL-RESTAURANT €€

(☑ 47 30 40 ; www.grands-hotels.nc ; d 8 000-20 000 CFP ; ✳✳✳). Cet établissement moderne, à la sortie nord de Koné, ressemble à un petit lotissement (sans charme), avec ses 30 bungalows tous identiques disposés en U. L'intérieur est fonctionnel et agréable à l'œil, malgré quelques signes d'usure dans la déco, le mobilier et les parties communes. Le **restaurant** (plats 2 250-3 500 CFP ; ☺ midi et soir tlj) sert une cuisine variée (poulpe rôti, carpaccio de poisson perroquet...) et bien présentée.

♥ L'Hibiscus   HÔTEL-RESTAURANT €€

(☑ 47 22 61 ; www.hotelhibiscus.nc ; RT1, Koné ; d petit-déj inclus 13 200-19 800 CFP ; ✳✳✳). Une bonne surprise ! À l'entrée sud de la ville, L'Hibiscus possède un certain cachet. Il se prévaut d'un mobilier contemporain et d'une déco de style lounge dans les parties communes, égayée de photos d'artistes calédoniens. Aux chambres standards, un peu sombres et bruyantes, préférez celles, lumineuses et confortables, qui donnent sur la grande piscine ou le jardin, même si ce sont les plus chères. Les chambres "balnéo" ont quant à elles un Jacuzzi privatif. Les tarifs de toutes les chambres incluent l'accès à un hammam. Un excellent petit-déjeuner, sous forme de buffet, à savourer sur la terrasse, est également compris. Le **restaurant** (menu 5 200 CFP, plats 2 750-2 900 CFP ; ⊘tlj) a bonne presse, avec des plats savoureux (cari d'agneau de Poya, pavé de cerf de pays) et d'appétissants desserts réalisés par un maître pâtissier.

Koniambo HÔTEL **€€**
(☑ 47 39 40 ; www.grands-hotels.nc ; RT1, Koné ; d 7 000-16 000 CFP ; ✳ ✳ ✿). Au nord de la ville, face à l'aérodrome, cet hôtel fonctionnel possède 49 chambres réparties dans plusieurs bâtiments à 2 niveaux. Le **restaurant** (plats 1 900-3 200 CFP ; ⊘midi et soir tlj) propose des buffets thématiques les jeudis, vendredis et samedis soir (4 200-5 000 CFP). Cet établissement au fort potentiel aurait néanmoins besoin d'une rénovation et d'un peu plus de dynamisme.

🏠 Environs de Koné

Paddock de la Boutana FERME-AUBERGE **€**
(☑ 47 16 17 ; www.paddockboutana.com ; ch demi-pension adulte/-12 ans 9 100/5 100 CFP). Dans cette ferme, sise dans une merveilleuse clairière au bord d'un ruisseau, les propriétaires réservent un accueil chaleureux comme on le pratique en brousse et servent des repas conviviaux à déguster dans la véranda. Ces anciens éleveurs de bétail destinent aujourd'hui leurs pâturages aux hardes de cerfs sauvages. Les tarifs comprennent la demi-pension, une visite de la ferme en 4×4 au coucher du soleil et une excursion nocturne d'observation des cerfs au projecteur. Les propriétaires vous montreront les traces d'anciens peuplements kanak, ainsi que le site où campaient les prisonniers qui travaillaient dans la montagne. À 20 km de Pouembout (on vous remettra le plan à la réservation). À signaler : les 3 chambres partagent une sdb. Une 4ᵉ chambre, plus grande, possède sa propre sdb.

ℹ Renseignements

Koné possède un bureau de poste, une clinique et des banques équipées de distributeurs.

ℹ Depuis/vers Koné et Pouembout

En général, 2 bus par jour desservant Nouméa et Koumac (1 650 CFP, 5 heures 30) s'arrêtent à Koné.

Air Calédonie (☑ 47 64 76 ; www.air-caledonie.nc) assure deux à trois fois par semaine la liaison aérienne Nouméa-Koné et Nouméa-Koumac. L'aérodrome est à 2,5 km au nord de la ville.

De Koné à Koumac

En quittant Koné par le nord, le relief descend doucement vers la mer qui apparaît par intermittence. D'un vert vif pendant la saison des pluies, les plaines virent au vert brunâtre à la saison sèche. Côté montagne, les carrières à ciel ouvert montrent l'ampleur de l'activité minière de la région.

La mangrove en forme de cœur du village de Voh a été immortalisée par Yann Arthus-Bertrand qui l'a choisie pour illustrer la couverture de *La Terre vue du ciel*. Le cœur de Voh se voit effectivement bien mieux depuis le ciel, mais il a un peu perdu sa forme d'origine. Plusieurs prestataires organisent des balades pédestres ou en 4×4 sur les points de vue environnants. Si vous souhaitez l'observer en toute autonomie, sachez qu'au niveau du cimetière du village, une large piste commençant au bout du lotissement permet de se hisser jusqu'à deux belvédères où vous pourrez l'apercevoir au loin moyennant environ 1 heure 30 à 2 heures de grimpette sur 400 m de dénivelé (prévoir de l'eau et de la crème solaire, le sentier n'est pas du tout ombragé).

La bifurcation vers la plage de Gatope apparaît au niveau du monument aux morts. La petite plage est bordée de quelques arbres permettant de s'abriter du soleil. On admire la vue sur les montagnes au-delà de la baie. Tables et abris à disposition.

🏃 Activités

Koniambo évasion KAYAK, PLANCHE À VOILE
(☑ 99 46 57 ; www.koniambo-evasion.nc ; plage de Gatope ; ⊘sur réservation). Location de kayaks et de planches à voile, organisation de randonnées en kayak vers l'îlot Gatope et sa mangrove (5 000 CFP, 2 heures).

Écomusée du Café TERROIR
(☑ 75 95 65, 47 37 36 ; centre Village ; entrée 100 CFP ; ⊘10h-13h lun, 8h-17h mar-ven, 8h-12h sam-dim). L'histoire du café en Nouvelle-Calédonie a commencé en 1856, avec l'arrivée des premiers plants d'arabica amenés par les pères maristes. Une poignée de passionnés de patrimoine a ouvert ce musée en 2010 pour valoriser et promouvoir les savoir-faire locaux qui se sont développés depuis. Vous apprendrez tout sur les différentes variétés de café cultivées en Nouvelle-Calédonie et vous pourrez déguster de fameux breuvages issus de la production des caféiculteurs locaux. Des visites guidées sur les

parcelles vivrières sont possibles (525 CFP/pers). Des expositions temporaires viennent parfois enrichir la collection permanente. Renseignez-vous aussi sur les ateliers de cueillette, dépulpage et séchage proposés aux particuliers.

🛌 Où se loger et se restaurer

💚 **Refuge du Cerf**   ECOLODGE €€
(☑ 427202 ; www.lerefugeducerf.nc ; Kaala-Gomen ; camping/s-d tente marabout/s-d bungalow en demi-pension 6 892/10 921-16 630/16 134-21 842 CFP par pers ; 🖪🛜). Magnifiquement isolé, à l'écart de la RT1, sur une colline ménageant un fabuleux panorama sur le littoral, ce gîte-table d'hôtes loue des bungalows en bois avec vue sur la mer, équipés d'un ventilateur (pas de clim), très propres, et des tentes tout équipées très confortables. Les campeurs autonomes ont accès à une sdb avec eau chaude. Notez la formule "qui dort dîne" : le repas du soir et le petit-déjeuner sont inclus dans les tarifs et se prennent dans le bâtiment principal, qui ressemble à un chalet alpin, tout en bois. Coup de cœur pour la grande piscine, devant la terrasse du chalet, qui semble surplomber toute la plaine littorale, avec le lagon en toile de fond – profitez de ce panorama avec un verre de rhum arrangé. Carte bancaire acceptée. Dans le secteur de Kaala-Gomen, à 25 km au nord de Voh. Lors de nos recherches, les propriétaires cherchaient cependant un repreneur pour leur établissement.

KOUMAC ET LA POINTE NORD

Koumac est une ville-carrefour : c'est le point de départ pour Poum et la pointe Nord, ou vers la côte est en traversant la Chaîne, via le **col de Crève-Cœur** (205 m) et Ouégoa (p. 110). Ces deux itinéraires sont de toute beauté.

Au nord de Koumac, le paysage change radicalement. L'emprise humaine est minime. On se croirait dans le bush australien, la proximité de l'océan en plus. La terre est âpre, parfois désolée, avec des moutonnements de maquis broussailleux, des arbustes malingres, de fières collines, des baies échancrées bordées par la mangrove, des îlots surgis de nulle part, des pistes poussiéreuses.

Malgré leur apparence inhospitalière et peu aménagée, les confins septentrionaux du Caillou possèdent un indéniable magnétisme. Quelques infrastructures touristiques de qualité invitent à y séjourner.

Koumac

3 003 HABITANTS

Contrairement à ce que sa position géographique pourrait laisser croire, à l'extrémité de la Grande Terre et à 375 km de la capitale – en dépit, aussi, de ce que racontent les mauvaises langues de Nouméa –, Koumac n'est pas un "trou perdu" ! Cette bourgade bénéficie du dynamisme économique lié au boom du nickel dans la région. Pour les voyageurs qui font le tour de la Nouvelle-Calédonie, c'est une étape confortable, avec des établissements de qualité, des services utiles (pharmacie, bureau de poste, banques, supermarchés), une marina bien équipée (à 2,5 km du centre, au lieu-dit Pandop) et une poignée de sites touristiques qui méritent qu'on leur consacre une journée, voire plus si vous comptez faire de la plongée, du snorkeling ou des visites guidées au gré de randonnées à pied dans les environs. Pour avoir une vue d'ensemble du village, grimpez jusqu'au **point de vue** de Koumac, fléché depuis le centre. Une croix lumineuse y brille la nuit et plusieurs tables de pique-nique invitent à une jolie pause déjeuner avec vue.

👁 À voir

Église Sainte-Jeanne-d'Arc   ARCHITECTURE
Située au rond-point, cette église a été construite en 1950 à partir d'un ancien hangar à avions américain de la Seconde Guerre mondiale. Elle renferme de jolis vitraux et des gravures inspirées de motifs traditionnels.

Grottes de Koumac   SITE NATUREL
À 7 km à l'est de la ville (suivez la rue Georges-Baudoux, puis le fléchage), dans un site assez bucolique, ces grottes creusées dans des falaises noires sont ornées de stalactites et de stalagmites (prévoyez impérativement une lampe de poche). Une signalétique permet de ne pas se perdre dans les galeries et délimite la fin de l'accès libre. Avant d'entrer, vous devrez vous inscrire dans le cahier d'admission situé sous la paillotte. La partie boisée à l'extérieur des grottes permet de s'installer pour un pique-nique. Dommage que l'ensemble du site soit peu valorisé.

Parc provincial de Néhoué RÉSERVE NATURELLE
À une vingtaine de kilomètres au nord de Koumac (en direction de Poum), ce parc comprend plusieurs sites de pique-nique, en bord de rivière.

Plage de Tangadiou PLAGE
Cette plage à quelques kilomètres de Koumac vaut le coup d'œil ; ne vous attendez pas, cependant, à trouver un site idyllique (gravier assez grossier, mangrove, installations de chargement de minerai).

🏃 Activités

Plongée et snorkeling
Principaux atouts du secteur : des sites vierges ou presque, de grands tombants et la présence régulière d'espèces pélagiques, dont plusieurs types de requins. Pour plus de détails sur les sites, reportez-vous au chapitre *Plongée* p. 28.

Rêve Bleu Calédonie PLONGÉE, SNORKELING
(☑ 42 45 64, 42 82 59, 97 83 12 ; www.revebleu-caledonie.com ; marina de Pandop ; ☺ mer-dim, sur réservation). Ce centre de plongée propose une dizaine d'explorations pour tous les niveaux, à proximité de la barrière de corail, que l'on rejoint en 15 à 25 minutes de bateau. Les sorties se font généralement à la demi-journée, avec 2 plongées (14 000 CFP, matériel inclus). Les baptêmes (10 000 CFP) s'effectuent sur un site sécurisant et peu profond, appelé le Jardin de Corail, sur la barrière. Pour la formation au Niveau 1, comptez 45 000 CFP. La carte Plongée + (5 000 CFP, valable un an et utilisable dans 5 centres du Territoire), qui donne droit à 15% de réduction sur le prix des plongées (hors location de matériel), est acceptée. Pour les non-plongeurs, Rêve Bleu Calédonie organise des randonnées palmées sur la partie intérieure (côté lagon) de la barrière de corail (5 000 CFP, 4 pers au minimum).

Randonnée pédestre
Le Point Info de Koumac vous remettra une brochure répertoriant les activités dans le secteur. Il vous mettra aussi en relation avec des guides qui proposent des randonnées pédestres sur des sites historiques et culturels des environs (réservez au moins 2 jours à l'avance).

Mine de Tiébaghi Un ancien village minier, à l'histoire émouvante, au nord de Koumac. La visite dure une demi-journée (adulte/-15 ans 2 500/1 250 CFP, gratuit

-12 ans), le jeudi et le samedi matin. Départ à 8h. Voir l'encadré p. 104.

Mine Chagrin Ancienne laverie de chrome, en activité entre 1935 et 1940. Marche commentée au milieu des vestiges. Durée : 1 heure 30 (4 000 CFP pour 2 pers).

Haute Néhoué Site naturel à 25 km de Koumac (vers Ouégoa), très sauvage, avec des vallées de palmiers, des plantes endémiques, des massifs karstiques engloutis par la végétation et quelques vestiges des anciennes populations kanak. C'est un site prisé pour l'escalade. Côté tarif, comptez 200 CFP par personne en accès libre et 1 000 CFP la location d'un crash pad à la journée via **Verti Kaledonie** (☑ 97 38 55 ; www.vertikaledonie.com). Vous pouvez aussi opter pour une randonnée guidée (1 000 à 2 000 CFP selon la durée.).

Les Roches noires de Notre-Dame Immense massif karstique qui culmine à 185 m de hauteur, à 13 km de Koumac (en direction de Ouégoa). Il fut utilisé comme site d'initiation à des rituels magiques (préparation de médicaments, décoctions...). Vous pourrez y retrouver des restes de coquillages millénaires. Jolie balade balisée de 1,1 km (30-45 minutes) et près de 180 voies d'escalade de niveau 3 à 8. Accès libre. Tables de pique-nique.

Randonnée équestre
Centre équestre
La Crinière BALADES ÉQUESTRES
(☑ 47 90 20). Ce centre équestre assure des balades à cheval dans les environs de Koumac, d'une durée d'une heure ("Balade du point de vue", autour du centre équestre), de 2 heures (parcours sur les crêtes) ou d'une demi-journée (parcours jusqu'aux grottes de Koumac, avec passage de rivières). À 2 km du centre-ville, en direction des grottes.

⭐ Fêtes et festivals

La **Foire de Koumac**, à la fin du mois de septembre, constitue le temps fort de l'année. On peut y acheter des produits du terroir et la fête se termine par un rodéo.

🛏 Où se loger et se restaurer

Les hôtels de Koumac sont souvent occupés par une clientèle d'affaires, surtout du lundi au jeudi ; il est donc recommandé de réserver. Il y a plusieurs supermarchés dans le centre du bourg.

**Camping de Pandop
– Gîte du Lagon** BUNGALOWS, CAMPING €€
(📞42 39 49, 83 67 78 ; gitedulagon@canl.
nc ; empl tente 1 000 CFP/adulte, case/chalet
d 6 400/8 500 CFP ; ❄️ 📶). Cette grande
propriété magnifiquement située au bord
de la lagune de Pandop, à 2 km du centre-
ville, propose trois types d'hébergement.
Les campeurs trouveront leur bonheur sur
des emplacements engazonnés et ombragés
(bloc sanitaire avec eau chaude, impeccable).
En revanche, évitez les cases, rudimentaires,
avec sdb commune, et préférez les chalets,
confortables, climatisés, avec parquet et sdb.
Location de kayaks (500 CFP la demi-journée) pour explorer les environs.

Le Passiflore HÔTEL-RESTAURANT €€
(📞42 71 71 ; hotel-lepassiflore-koumac.e-monsite.
com ; s/d 10 000/11 000 CFP, réduction de 20%
ven-dim, petit-déj 900 CFP ; ❄️ 📺 📶). Cet établissement bien tenu est une halte agréable
à Koumac, avec 16 chambres modernes,
correctement équipées et égayées de touches
colorées vert et jaune. Un bon point pour la
qualité de la literie. Le **restaurant** (plats
2 000-3 500 CFP ; 🕐midi et soir lun-sam) fait
également bonne impression, avec une salle
aérée et une carte alléchante, plutôt tournée
sur d'appétissants plats de viande (cochon
au four, travers de porc, civet de lapin…) et
des desserts maison. À noter aussi d'excellents sashimis de thon jaune. Petite piscine
pour se rafraîchir.

Hôtel Karem Bay BUNGALOWS €€
(📞46 77 70 ; www.hotelkarembay-nc.com ; lot 447
RPN1 ; d bungalow 10 500 CFP, petit-déj adulte/
enfant 1 600/1 300 CFP ; 📶 ❄️). Ouverts fin
2017, ces bungalows offrent un très bon
niveau de confort (lit queen size, service de
blanchisserie, climatisation et kitchenette).
Lors de notre visite, l'ensemble était encore
un peu "hors-sol", éloigné du centre, isolé en
bord de route et sans végétation ni jardin
environnants, mais le rapport qualité/prix
est au final assez intéressant et le personnel
est efficace et sympathique. Le restaurant Le
Diagane (plats 1 500-2 900 CFP ; 🕐lun soir-sam
soir) situé sur place a bonne presse auprès
des habitants et propose des plats à emporter (burgers, salades composées, poulet…).

❤️**Escapade du Nord** BUNGALOW €€
(📞42 76 90, 96 33 67 ; l-escapade-du-nord-koumac.
hotelmix.fr ; 8 rue Henri-Rieu ; d 8 400 CFP ; ❄️ 📺 📶).
Une excellente adresse qui se double d'un bon
rapport qualité/prix. Derrière de hauts murs,
rien ne laisse deviner ce superbe écrin tropical dans lequel est serti un bungalow coquet,
impeccablement tenu et de bon confort.
Cerise sur le gâteau : les hôtes peuvent profiter de la piscine chauffée. Les propriétaires
sont de bon conseil sur la région. Petit-déjeuner à 950 CFP. Idéal pour un couple.

Le Skipper RESTAURANT €€
(📞42 59 44 ; marina de Pandop ; plats
2 000-3 000 CFP ; 🕐9h30-14h et 18h-21h mar-sam,
9h30-14h dim ; 📶). Dans le cadre agréable de
la marina de Pandop, face aux bateaux de
plaisance, installez-vous sur la terrasse en
bois et faites-vous plaisir avec des spécialités de poisson ou simplement un cocktail
(1 300 CFP).

ℹ️ Renseignements

Vous trouverez plusieurs banques équipées
de distributeurs de billets au centre-ville.
Les hôtels sont équipés du wi-fi, tout comme

PLONGÉE DANS L'HISTOIRE À LA MINE DE TIÉBAGHI

Aujourd'hui désaffectée, la mine de Tiébaghi a été autrefois la plus grande et la plus riche
mine de chrome au monde. Visible depuis la RPN1, le village qui l'entourait fait désormais
figure de ville fantôme, haut perchée sur les collines marquées par l'activité minière,
à environ 20 km au nord de Koumac.

Après la découverte de cuivre et de chrome à Tiébaghi en 1877, il fallut attendre 1902
pour que l'exploitation commence vraiment. Dans les années 1950, 1 500 personnes
vivaient et travaillaient sur place. Un revers de fortune entraîna la fermeture de la mine
en 1964, mais elle ouvrit à nouveau au milieu des années 1980. Quatre ans plus tard,
les réserves étaient épuisées, et la mine ferma à nouveau en 1989.

Pour visiter l'ancienne mine et le village de Tiébaghi, contactez l'office du tourisme
de Koumac, qui vous mettra en relation avec un guide. Une **visite guidée botanique**
(📞42 78 42 ; 2 000 CFP par adulte ; départ 8h au parking de la mairie de Koumak, durée
2 heures 30 ; 🕐sur réservation) du site a également lieu le dimanche matin. Les spécificités
de la flore des massifs miniers sont vraiment étonnantes !

la médiathèque qui jouxte le Point information (150 CFP pour 30 min).

Point information (✎ 42 78 42 ; www.mairie-koumac.nc ; av. Émile-Frouin ; ☺ 8h-16h lun-jeu, 8h-15h ven, 7h30-11h30 sam). L'équipe met à disposition un plan du bourg et des alentours, ainsi qu'une brochure consacrée aux randonnées dans les environs. Le personnel, très accueillant, contacte également les guides pour la visite des sites miniers (Tiébaghi, Chagrin) et la Haute-Néhoué.

ⓘ Depuis/vers Koumac

AVION

Le petit aérodrome de Koumac se situe à 3,5 km au nord de la ville, en prenant à gauche sur la route de Poum. Il est desservi deux fois par semaine par des vols en provenance de Nouméa (voir p. 61 pour en savoir plus). Pour acheter un billet, adressez-vous à l'**agence Air Calédonie** (✎ 47 53 90), à l'hôtel Le Grand Cerf, au rond-point.

BATEAU

Koumac est le point de départ pour les îles Belep. Contactez le Point information pour connaître les jours et horaires exacts des transferts par bateau. La traversée prend 3 heures 30.

BUS

Des liaisons sont assurées entre Koumac et Nouméa (comptez 5 heures 30), Pouébo et Poum (via Arama en 1 heure 30). L'arrêt de bus se situe dans la rue Roger-Trouillot, à environ 300 m du rond-point principal (en face du cimetière). Pour les horaires, contactez les bus du réseau **RAÏ** (✎ 05 81 61).

VOITURE

Si vous comptez explorer la pointe Nord, pensez à faire le plein d'essence à Koumac car la seule station du secteur (à Poum) n'est pas aisée à trouver et n'avait pas de signalétique lors de notre passage – elle se trouve environ 1 km avant la mairie, en retrait de la RPN1, côté mer.

Pointe Nord

Voici le secteur le plus sauvage de Nouvelle-Calédonie. Passé Koumac, la RPN1 file plein nord, passe à hauteur de la bifurcation pour la **mine de Tiébaghi** (voir l'encadré ci-contre), puis joue les montagnes russes sur de petites collines ondoyantes. Elle longe la baie de Néhoué avant de rejoindre la bifurcation pour Arama ; ignorez cette dernière et continuez tout droit. Vous passerez successivement devant l'hôtel Malabou Beach et la piste qui mène au

Relais de Golone (à 4 km), où vous pourrez faire une pause baignade sur la **plage de Golone** ou participer à une **sortie en mer** organisée par Jean-Pierre, le propriétaire (à partir de 5 000 CFP), et pique-niquer sur un îlot.

Arrivé à **Poum**, faites un tour rapide de la localité, qui ne comprend qu'une poignée d'habitations, la mairie, une gendarmerie, plusieurs échoppes, des abribus colorés, une chapelle, un terrain de foot et des tables de pique-nique au bord de la mer... Profitez de la vue sur la baie et les îlots, au large, avant de reprendre la route vers le nord. Faites une pause à l'adorable **plage de Nenon** (signalée par un minuscule panneau, ouvrez l'œil), bien ombragée, qui forme un bel arc de cercle frangé d'un gravier fin et doré, équipée de tables de pique-nique, puis poursuivez jusqu'à la bifurcation pour le **Relais de Poingam** (voir p. 106), superbement situé au bord de l'eau. Après avoir fait quelques emplettes à la boutique artisanale, parcourez les trois derniers kilomètres qui vous conduiront au hameau de **Boat Pass**. Terminus ! Vous êtes arrivé au point le plus septentrional du Caillou. Ambiance de bout du monde garantie. La côte est bordée par la mangrove et, au-delà du chenal, on distingue nettement l'île de Baaba, qui ferme l'horizon.

De Boat Pass, revenez sur vos pas jusqu'à la bifurcation pour Arama (19 km), et prenez à gauche. Après le col de Pointe, la route descend tranquillement vers la mer et s'incurve vers le sud, en longeant la côte, au bord de la mangrove. L'état de la route se dégrade mais reste praticable jusqu'au village d'**Arama**, à 15 km de la bifurcation, village qui présente peu d'intérêt touristique en dehors de l'église multicolore (vert, orange, rouge) qui apporte une petite note de fantaisie.

À quelques kilomètres au sud d'Arama, la RPN9 vous ramène sur la côte ouest, où vous retrouvez la RPN1, que vous redescendrez sur une trentaine de kilomètres avant de bifurquer à gauche en direction de Ouégoa si vous souhaitez continuer votre périple vers la côte est.

🛏 Où se loger et se restaurer

Relais de Golone   BUNGALOWS €€ (carte p. 106 ; ✎ 47 20 00, 97 54 42 ; gitedegolone@yahoo.fr ; chalets d 8 000 CFP, bungalows qua 10 000 CFP, petit-déj 900 CFP ; ☎). Un petit coin de paradis, qui s'enroule au bord de la jolie

Pointe Nord

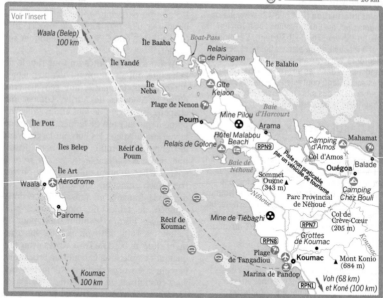

baie de Tanlé, frangée d'une mince bande de sable clair (baignade possible). Optez pour l'un des 4 chalets en bois, simples et corrects, ou, encore mieux, un bungalow avec sdb et kitchenette (notre préféré : "la Gazelle", sur une petite butte, pour son panorama sur la baie). Ils sont simples et sobres mais propres et bien espacés les uns des autres. Location de kayaks pour explorer la baie à sa guise. Autres activités : des excursions en bateau sur les îlots avoisinants (5 000 CFP/pers, 4 pers au minimum). Bon accueil de Jean-Pierre, caldoche de la troisième génération, et de son épouse Émilie. Wi-fi (payant) à la réception. Accès : suivez la piste cahoteuse qui débute à 400 m au nord de l'hôtel Malabou Beach, sur 4 km.

♥ **Gîte Kejaon** CAMPING ET BUNGALOWS €€
(carte ci-dessus ; ☑ 90 05 55 ; kejaon.wordpress. com ; route de Boat Pass RM8 ; empl. camping 1 200 CFP/pers et gratuit -10 ans, d bungalow rustique/bois 5 500/8 500 CFP, gratuit -10 ans et 1 500 CFP/pers supp, petit-déj adulte/5-9 ans 800/500 CFP, table d'hôtes adulte/5-9 ans 3 000/1 500 CFP). Le gîte Kejaon est un de ces endroits hors du temps qui font tout le charme de la pointe Nord ! Jade, d'origine vietnamienne, y propose une table d'hôtes succulente qui mixe les spécialités calédoniennes et les saveurs asiatiques. Ses

bigorneaux au beurre et à l'ail sont divins ! Côté hébergement, vous pourrez choisir entre un bungalow rustique à même le sable avec douche à l'extérieur ou deux bungalows en bois plus cossus avec sdb. Aucun n'a l'eau chaude. S'ajoutent des espaces pour les campeurs, face à la mer ou sous les cocotiers (gare aux chutes de coco !). L'espace sanitaire est équipé de toilettes sèches. Coin barbecue (bois ou charbon non fournis, pensez à vous approvisionner au préalable car la coupe est interdite sur le site) et prêt de kayaks. Possibilité de transfert vers l'îlot Nandjale (2 000 CFP/pers, gratuit -5 ans) où un couple fait de l'accueil en camping et propose une table d'hôtes (appeler Edwin ☑ 90 18 63).

♥ **Relais de Poingam** BUNGALOWS, CAMPING €€
(carte ci-dessus ; ☑ 47 92 12 ; www.relais-poin-gam.nc ; Poingam ; camping 903 CFP/pers, gratuit -12 ans, bungalow d 10 000 CFP, 2 610 CFP/pers supp, petit-déj adulte/enfant 1 300/750 CFP ; 🛜🏊). Ce gîte fait l'unanimité pour son cadre splendide et sauvage. Les 7 bungalows, au confort simple, avec sdb (eau chaude) et moustiquaire (fort bienvenue !), sont noyés dans la végétation tropicale, au bord d'une plage tranquille où l'on peut barboter sans danger. Un conseil : si vous êtes en couple,

réservez la tente safari, un nid douillet en bord de plage, un peu à l'écart, avec du mobilier en matériaux locaux, une douche extérieure, une terrasse, une bouilloire et un petit frigo. Pas de clim, mais des ventilateurs. Les campeurs disposent d'emplacements ombragés, avec de la pelouse, en bord de plage, et d'un bloc sanitaire avec eau chaude. Le restaurant (plats déj 1 780-3 800 CFP, menu dîner adulte/enfant 4 000/1 000 CFP ; ⊙ midi et soir tlj), réputé, possède une grande terrasse avec des tables en pierre et ouvre sur la mer. Les produits locaux sont à l'honneur : cari de cerf, coquillages, poisson, langouste... Plusieurs activités sont envisageables : des itinéraires pédestres balisés menant à des marais salants et à des bains d'argile où vous pourrez vous recouvrir de boue, des sorties en mer, du snorkeling autour de l'ilot Daougaé, une baignade dans la petite piscine d'eau de mer... Il vous sera difficile de quitter ce paradis ! Une boutique d'artisanat commercialise du sel de Poingam et des huiles essentielles fabriquées sur place. Wi-Fi au restaurant et carte bancaire acceptée.

Malabou Beach HÔTEL €€-€€€

(carte ci-contre ; ☑ 47 60 60 ; www.grands-hotels.nc ; bungalow d 9 000-26 000 CFP, petit-déj 1 950 CFP ; ✳ ✉ 🛜). Cet établissement récemment rénové profite d'un emplacement grandiose, au bord d'une large baie ourlée d'une plage de sable clair, dans une cocoteraie bien entretenue. Tous les bungalows sont orientés face à la mer et arborent des tonalités chaleureuses et du mobilier moderne. Les plus chers ont leur piscine privative chauffée. Des tarifs promotionnels sont régulièrement proposés hors période scolaire. Le restaurant (plats 2 000-3 500 CFP, buffet dîner 4 800 CFP ; ⊙ midi et soir tlj) sert des plats simples à midi et un alléchant buffet le soir. Parmi les activités proposées, citons des excursions à la demi-journée sur les îlots avoisinants (4 heures ; adulte/enfant 5 000/2 500 CFP), un mini-golf, du tir à l'arc, du canoë, du tennis et même de l'ULM.

❶ Depuis/vers la pointe Nord

Les bus desservant Poum ne brillant pas par leur régularité, mieux vaut explorer cette partie de la Grande Terre avec une voiture de location.

OUEST ET NORD DE LA GRANDE TERRE POINTE NORD

Côte est de la Grande Terre

Le top des activités

➡ Plongée (p. 117)

➡ Kayak (p. 115)

➡ Randonnée pédestre (p. 112)

➡ Snorkeling (p. 117)

Le top des hébergements

➡ Ka Waboana Lodge (p. 115)

➡ Tiéti (p. 118)

➡ Néwé-Jié (p. 118)

➡ L'accueil dans une tribu à Hienghène (p. 114)

➡ Chez Georgette (p. 121)

Pourquoi y aller

Changement complet de décor et d'ambiance sur la façade orientale de la Grande Terre. Exposée aux vents dominants, la côte est présente un visage luxuriant. On y marche toisé par la végétation haute, au pied de montagnes recouvertes d'une épaisse forêt et marbrées de cascades impétueuses. L'unique route principale louvoie le long de la côte et ne traverse que deux localités significatives, Hienghène, fief de la culture kanak, et Poindimié, un centre touristique plus au sud. Ailleurs ? Des tribus mélanésiennes, souvent plus en retrait dans les terres, avec leurs cases entourées d'arbres fruitiers et de jardins fleuris. Tout au sud, vers Canala et Thio, les paysages miniers réapparaissent et l'accueil des habitants peut être un peu moins enthousiaste.

Les sites touristiques majeurs n'étant pas nombreux, on vient ici pour apprécier les trésors façonnés par la nature (cascades, forêts, estuaires, vallées), découvrir des églises colorées et des villages paisibles, rencontrer la population... Les plus actifs pourront pratiquer le kayak, la plongée sous-marine, le snorkeling, la randonnée et le canyoning.

Quand partir

Cette partie de la Grande Terre est beaucoup plus arrosée que le reste du territoire, en raison de son exposition aux alizés et de son relief très accidenté qui retient les masses nuageuses. Les épisodes pluvieux y sont nettement plus marqués, en toute saison. Les précipitations peuvent atteindre 2 000 mm sur les sommets, soit deux fois plus que sur la côte ouest. Si le climat reste incertain toute l'année, la période septembre-novembre est considérée comme la plus agréable.

À ne pas manquer

1 Un **séjour dans une tribu kanak** dans la vallée de Hienghène (p. 114)

2 Une balade en kayak le long des **falaises de Lindéralique** (p. 113)

3 Une pause rafraîchissante au pied de la **cascade Colnett** (p. 112)

4 La visite du village minier de **Thio** (p. 120)

5 Une **plongée** sur le récif au large de Poindimié (p. 117)

6 Les plages de l'**îlot Tibarama** (p. 117)

7 L'atmosphère de bout du monde le long de la **Côte Oubliée** (p. 121)

ℹ Depuis/vers la côte est de la Grande Terre

La côte orientale est desservie par bus au départ de Nouméa et depuis Koumac (☎ 05 81 61). La voiture reste le meilleur moyen pour circuler le long de la route côtière (RPN3), l'axe principal.

Pour rejoindre la côte ouest, vous pouvez emprunter l'une des cinq routes transversales : Boulouparis-Thio, La Foa-Canala (ou La Foa-Kaouaoua), Bourail-Houaïlou, Koné-Tiwaka (Touho) et Koumac-Ouégoa.

De Ouégoa à Pouébo

Si vous venez de Koumac ou de la pointe Nord, vous passerez à proximité de Ouégoa (2 200 habitants), un bourg tourné vers l'agriculture (notamment la production de bananes), l'élevage et la pêche aux crabes, alangui dans la plaine du Diahot, l'unique fleuve de Nouvelle-Calédonie. Bien qu'étant du côté est de la Chaîne, Ouégoa est encore dans l'aire d'influence broussarde de la côte ouest. Jamais la formule "le temps semble s'être arrêté" n'a semblé plus appropriée pour décrire l'atmosphère silencieuse qui se dégage de cet endroit. En mai, ne manquez pas la fête du Diahot. Au programme : concours de pêche, concours du plus beau régime de bananes, courses de chevaux, dégustation de crabes... Contactez le Point I à la mairie de Ouégoa (☎ 47 64 05, 90 00 59) pour les dates exactes. Ce guichet d'information pourra également vous communiquer les coordonnées de guides locaux pour la visite de plusieurs sites, dont les grottes sacrées de Tchalabell (d'anciennes sépultures kanak), des vestiges miniers (mine de Balade, usine de Pam), l'église de la tribu de Bondé... Autant de trésors cachés qu'il est difficile de voir par ses propres moyens.

Après Ouégoa, la route monte au col d'Amos (368 m), d'où l'on découvre un panorama à couper le souffle sur le lagon de la côte est, la barrière de corail et le littoral. Désormais, vous êtes vraiment au cœur de la région !

En contrebas du col d'Amos, la route vire brutalement à droite et suit le littoral. Vous êtes engagé sur la RPN3, la seule route de la côte orientale avec, d'un côté, le lagon, et de l'autre, des pentes montagneuses couvertes d'une épaisse végétation tropicale.

Marquez un arrêt à Balade, un site historique (et symbolique) de première importance, puisque c'est là que le premier Européen, l'explorateur James Cook,

débarqua en Nouvelle-Calédonie en 1774. C'est également à Balade que les Français prirent officiellement possession de la Nouvelle-Calédonie en 1853. Sur une éminence plantée de quelques cocotiers, en surplomb de la route, vous admirerez une petite église. Les vitraux proches de l'autel représentent la première messe à Balade, le jour de Noël 1843, l'assassinat du frère Blaise (voir l'encadré ci-contre) en 1847 (un bloc de béton blanc, à l'extérieur, matérialise l'emplacement précis où il a été assassiné), la fuite des missionnaires avec le navire français *La Brillante*, et enfin la restitution du crâne du frère Blaise à l'évêque Douarre. En partant, profitez du superbe panorama sur la mer, dont les reflets d'un bleu velouté se dessinent au-delà des frondaisons des cocotiers.

Non loin de l'église, la plage de Maamaat a prêté son cadre à la première messe catholique, le jour de Noël 1843. Une grande croix blanche et un autel en l'honneur de Notre-Dame de Maamaat, sous un gigantesque banian aux branches ornées de tissu, rappellent l'événement. Pour y accéder, prenez la bifurcation à 1,5 km au nord de l'église, et tournez à droite 700 m plus loin à l'arrêt de bus, sur une route non goudronnée. Il reste alors 500 m à parcourir.

La tribu de Pouébo s'étend sur plusieurs kilomètres du nord au sud. Au nord se dresse la grande mission catholique, dont l'église, coiffée d'un clocher carré, se repère facilement. Elle renferme un mausolée en marbre contenant les restes de l'évêque Douarre, qui avait créé la première mission catholique de la Grande Terre, en 1843. Pouébo est aussi connue pour ses sculptures en pierre à savon (stéatite), vendues sur les étals de bord de route, et sa culture de la banane. Chaque dernier week-end du mois de novembre, la fête du Mwata rend hommage à ce fruit. Dans la tribu de Yambé, l'association Djowero (☎ 79 95 98) vend de l'artisanat traditionnel (sculpture, tressage, vannerie).

🛏 Où se loger et se restaurer

Pour vous restaurer, vous trouverez quelques modestes épiceries et snacks à Ouégoa. Les voyageurs désargentés seront heureux d'apprendre que les campings des plages de Saint-Mathieu et de Sainte-Marie sont gratuits.

LA PREMIÈRE MISSION

Les premiers missionnaires catholiques arrivés sur la Grande Terre, conduits par l'évêque Guillaume Douarre, débarquent à Maamaat, près de Balade, le 21 décembre 1843. Le chef Paiama leur donne l'autorisation de construire un abri pour la messe de Noël. Deux ans plus tard, ils s'installent un peu plus dans l'intérieur des terres, sur le site de l'église actuelle de Balade.

En 1847, la mission de Balade subit une attaque lancée par les clans locaux. Ceux-ci sont accablés par la famine et les maladies en raison du passage des bateaux, dont les équipages ponctionnent périodiquement les richesses agricoles et répandent des maladies. Les missionnaires fuient à bord de *La Brillante*, arrivée à point nommé. Le frère Blaise Marmoiton ne parvient pas à s'échapper. Son cadavre, traîné dans la rivière, est ensuite décapité ; sa tête ornera la hutte du chef, non loin de Saint-Denis. Son crâne sera restitué à l'Église en 1849.

Les missionnaires se réfugient à Yaté, dans le sud de la Grande Terre, puis sur l'île des Pins. Ils reviennent à Balade en 1851. En 1852, la mission s'étend et s'installe plus au sud, à Pouébo. En moins d'un an, l'évêque Douarre convertit plus de 100 Kanak et procède aux premiers baptêmes.

À la suite de la découverte d'un gisement en 1863, les chercheurs d'or envahissent la petite mission, installent une gendarmerie et s'emparent de terres kanak pour y extraire le précieux métal. En 1866, les Kanak réagissent par une pétition : Hippolyte Bonou, leur chef et l'un des premiers chrétiens convertis, est envoyé en exil à l'île des Pins, où il meurt l'année suivante. Peu après son arrestation, les violences éclatent et les Kanak tuent deux gendarmes et plusieurs colons français près de Oubatche, à environ 8 km au sud de Pouébo. En guise de représailles, on installe une guillotine à la mission, pour procéder à l'exécution de 10 Kanak. Quand le calme est rétabli, la construction de l'église de Balade reprend, pour se terminer en 1875.

Chez Bouli   CAMPING €

(carte p.106 ; ☎79 42 98 ; Ouégoa ; camping 500 CFP/pers). Un camping sommaire, aux petits emplacements herbeux ombragés par des manguiers, au bord du fleuve Diahot. Le propriétaire, Armand Ogushiku, dit "Bouli", propose diverses excursions dans la région, notamment une balade en bateau sur le Diahot (12 000 CFP pour 2 pers, 3 heures de descente). À 4 km de Ouégoa, vers la côte, suivez les panneaux depuis la bifurcation, 100 m à l'ouest du pont sur le Diahot.

Camping d'Amos   CAMPING €

(carte p.106 ; ☎42 42 11 ; camping 800 CFP/ tente). Dans la descente du col d'Amos (vers Pouébo), une bifurcation sur la gauche mène après 1 km à ce camping installé dans une belle cocoteraie débouchant sur le lagon. Le cadre est pittoresque mais les infrastructures sont très rudimentaires (pas d'électricité, sanitaires en mauvais état) et il n'y a pas de plage digne de ce nom (on fait quand même payer l'accès 500 CFP).

Snack Thivana   SNACK €

(☎93 51 34 ; plage de Maamaat ; plats 700-2 000 CFP ; ☺10h-14h et 17h-19h lun-ven).

Au nord de Pouébo, près de la plage de Maamaat, au niveau de la tribu Ballade, ce snack propose des sandwichs et des plats simples à consommer sur place ou à emporter. Vu le peu de concurrents à des kilomètres à la ronde, dommage qu'il soit fermé le week-end !

❶ Depuis/vers Ouégoa et Pouébo

Les bus du réseau **RAÏ** (☎27 77 66 ; www.rai.nc) assurent la ligne Pouébo-Nouméa via Ouégoa et Koumac 5 fois par semaine.

De Pouébo à Hienghène – la Corniche calédonienne

Dépaysement assuré ! Cette portion de côte, que l'on appelle la "Corniche calédonienne", est absolument superbe. Une poignée de hameaux kanak, la luxuriance de la végétation, des montagnes qui dévalent vers le lagon, des falaises abruptes, des cascades écumantes, des estuaires en miniature, quelques petites plages, des étals d'artisanat sur le bord de la route et des fleurs colorées partout participent à son charme.

LE BAC DE LA OUAÏÈME

Nul ne peut prétendre connaître Hienghène s'il n'a pas traversé la vaste Ouaïème sur ce vieux bac à moteur, gratuit et en service 24h/24. Avec une patience infinie, le conducteur bascule les hélices d'un côté à l'autre, accomplissant aller-retour sur aller-retour, au pied des imposantes montagnes de la rive sud. Ces bacs étaient nombreux autrefois sur la côte est, à l'époque où il n'y avait pas de pont. Celui-ci est le dernier en activité en Nouvelle-Calédonie. Il se trouve à environ 19 km au nord de Hienghène.

La cascade Colnett, du nom de la vigie du capitaine Cook, est visible depuis la route. Tout proche, le Relais de Ouane Batch (voir ci-contre) donne sur une petite plage de sable blanc.

À quelques kilomètres au sud, vous distinguerez la zébrure blanche de la cascade de Tao, accessible à pied (2 km, comptez une heure aller-retour). La plupart des visiteurs se contentent de l'admirer de loin et de se baigner dans une vasque du cours d'eau alimenté par la cascade, à 15-20 minutes à pied de la route côtière. Attention, en cas de pluie, le site est peu praticable et le débit du cours d'eau peut monter très rapidement. Les risques sont vraiment majeurs en cas de crue ! En arrière-plan se profile le mont Panié (1 629 m), le point culminant de l'archipel. L'ensemble du massif, classé réserve naturelle, abrite une grande diversité d'écosystèmes et des espèces végétales endémiques.

De très belles randonnées pédestres sont possibles dans le secteur, mais l'ascension du mont Panié a été fermée pour protéger le site.

On arrive ensuite à l'estuaire de la Ouaïème, aux airs de fjord tropical, où un banc de sable sépare l'eau verdâtre de la rivière et le bleu cristallin du lagon. Surprise : la route s'arrête net sur la berge ; il faut prendre le bac de la Ouaïème pour rejoindre la rive opposée.

À quelques kilomètres au nord de Hienghène, la route passe à hauteur de la mission catholique de Ouaré, fondée en 1897. Empruntez la route qui descend face au petit cimetière : l'église (1930), flanquée de son ancien presbytère rouge et blanc,

se tient près de la plage, au nord de la baie de Hienghène. On aperçoit les falaises de Lindéralique de l'autre côté de la baie.

🛏 Où se loger et se restaurer

Relais de Ouane Batch CAMPING, BUNGALOWS €
(carte ci-contre ; ☑42 47 92 ; lieu-dit Galarino-Colnett ; camping 1 200/200 CFP par tente/pers, bungalow d à partir de 6 000 CFP). Ce gîte proche de la cascade Colnett est situé sur un site splendide, au bord d'une étroite plage ombragée, face au lagon. Il venait d'être repris par de nouveaux gérants lors de nos recherches. Les bungalows, en bois clairs, sont assez rudimentaires et se partagent un bloc sanitaire commun (eau chaude). Les campeurs disposent d'une aire ombragée, au bord du lagon et certains emplacements ont un abri. La table d'hôtes et le petit-déjeuner devaient encore faire leurs preuves. Location de kayaks (1 500 CFP/demi-journée).

Snack des Cascades SNACK €
(carte ci-contre ; ☑99 15 34 ; plats 1 200-2 000 CFP ; ☺11h30-17h30 mer-dim, fermé de mi juin à mi juil). Juste après la cascade Colnett (en venant du nord), ce snack familial tenu par des Zoreilles est une halte idéale pour caler une petite faim, en profitant de la vue sur la mer et d'un cadre arboré. Carte réduite, avec des en-cas (paninis, sandwichs et hamburgers à partir de 700 CFP) et des plats simples (steak de bœuf, côte de porc, entrecôte)... Pas de spécialités locales.

Hienghène

2 627 HABITANTS

Bienvenue à Hienghène, étape touristique incontournable de la côte est et bastion de la culture kanak. Vous êtes dans le fief de Jean-Marie Tjibaou, figure charismatique du mouvement indépendantiste kanak, assassiné à Ouvéa en 1989. Fière de son identité et de ses traditions, Hienghène se tourne aujourd'hui vers l'écotourisme pour assurer son développement. Les visiteurs curieux séjournent quelques jours dans les tribus des environs, admirent les superbes formations géologiques autour de l'estuaire et s'adonnent aux joies de la plongée, du snorkeling, du kayak... ou tout simplement du farniente.

Histoire

Quand les missionnaires et les colons français arrivent à Hienghène en 1843, ils reçoivent un accueil si hostile de la part des

Kanak qu'ils envoient leur grand chef en exil à Tahiti en 1854. Le gouverneur colonial le fait revenir six ans plus tard, espérant ainsi calmer les esprits. Mais les acquisitions forcées de terres par les Français à la fin du XIXᵉ siècle, ainsi que le recrutement d'ouvriers javanais dans les plantations de café se soldent par une nouvelle révolte kanak en 1917. Après la Seconde Guerre mondiale, un mouvement indépendantiste émerge progressivement et fait de plus en plus entendre ses revendications, qui culminent lors du boycott des élections territoriales en 1984. Peu de temps après, un groupe de colons massacre 10 Kanak, dont deux des frères de Jean-Marie Tjibaou, dans une embuscade. Les meurtriers, jugés en France, seront amnistiés. Hienghène plonge à nouveau dans le deuil en 1989, après l'assassinat de Jean-Marie Tjibaou (voir p. 116).

Ces dernières années, Hienghène a fait l'objet d'un développement intensif, avec la construction d'un collège, d'un gymnase, d'une marina et d'un office du tourisme.

◉ À voir

Les centres d'intérêt de Hienghène se situent à l'extérieur du bourg. Les **plages**, de gravier et non de sable fin, sont du côté de Koulnoué, au sud, à hauteur du Koulnoué Camping et de l'hôtel Koulnoué Village.

Centre culturel
Goa Ma Bwarhat　　　CULTURE MÉLANÉSIENNE
(☑42 80 74 ; entrée libre ; ⊗8h-17h lun-jeu, 8h-16h ven-sam, 9h-12h dim). Ce centre culturel comporte une salle consacrée à des expositions temporaires, un labo photo, des cases de chefferie, une médiathèque et un musée rassemblant des objets anciens. Sur place : des totems sculptés en bois, ainsi qu'un "village artisanal" regroupant quelques ateliers (sculpture, poterie...).

La Poule Couveuse
et le Sphinx　　　SITE NATUREL, PANORAMA
Pause photo incontournable au **belvédère**, aménagé sur une colline surplombant la baie de Hienghène, à 2 km au sud du bourg. De ce fantastique point de vue, découvrez l'étrange formation rocheuse appelée "la Poule Couveuse" et le rocher du Sphinx qui lui fait face.

Falaises de Lindéralique　　SITE NATUREL
Ces impressionnants rochers de calcaire noir sont aussi célèbres pour leurs silhouettes taillées à l'emporte-pièce que pour leur présence sur l'ancien billet de 500 CFP. Tous les habitants connaissent d'ailleurs

LES TRIBUS DE LA VALLÉE DE HIENGHÈNE

Au départ de Hienghène, plusieurs vallées s'enfoncent vers le cœur de l'île, grandiose et très sauvage, où l'on ne compte qu'une poignée de tribus, très attachées au maintien de leurs traditions. Il s'agit de **Werap** (10 km), **Poindjap** (7 km), **Tiendanite** (20 km), **Tendo** (24 km), **Bas-Coulna** (35 km), **Haut-Coulna** (45 km) et **Ouayaguette** (50 km), la plus éloignée (et la plus isolée du Caillou), à une cinquantaine de kilomètres au nord-ouest de Hienghène. Si Werap et Poindjap, proches de Hienghène, sont faciles d'accès (la route est goudronnée), les autres tribus sont plus éloignées et la route initiale se transforme en piste : certains tronçons ne sont pas praticables avec une voiture ordinaire.

Tiendanite se distingue car elle renferme la sépulture de Jean-Marie Tjibaou. On peut voir sa tombe à proximité de l'église, au milieu du village, ainsi que celles des 10 hommes tués à Hienghène lors des Événements de 1984 (voir p. 170). La tribu est à 20 km de Hienghène (les 11 derniers kilomètres ne sont pas goudronnés). Le panneau indiquant la bifurcation se trouve sur la rive nord. Après 8,5 km, une clairière apparaît, où l'on voit un drapeau kanak et les épaves de deux camionnettes couvertes de tissu : le site du massacre de 1984.

Accueil en tribu

Pour une véritable immersion dans la culture kanak traditionnelle, l'idéal reste l'accueil en tribu, une formule plutôt bien établie dans les tribus de la vallée de Hienghène, qui proposent un hébergement dans des cases traditionnelles, des repas typiquement mélanésiens et des activités de découverte (randonnée, présentation de la vie en tribu et de la culture kanak, baignade en rivière, pêche à la crevette de creek (écrevisses), tressage, sculpture sur bois, chasse au cochon sauvage ou participation aux travaux agricoles).

Pour éviter les mauvaises surprises, mettez-vous d'accord sur les tarifs des activités au préalable. Gardez en tête que l'accueil est très variable : il arrive que les familles, occupées à diverses cérémonies (mariage, deuil), n'accordent qu'une attention limitée à leurs hôtes occidentaux. Certaines se mettent en quatre pour faire partager leur mode de vie, d'autres sont moins empressées. Tout se fait un peu "à l'humeur", et selon les circonstances. En aucun cas, il ne s'agit d'une "prestation" hôtelière, avec un service garanti – et c'est aussi ce qui fait le charme (et l'authenticité) de la formule !

Attention, le niveau de confort est sommaire, voire très sommaire. Les visiteurs dorment sur des matelas ou des tapis de sol, dans une case mélanésienne, sans électricité. Les douches et les toilettes occupent un bloc sanitaire extérieur, souvent rudimentaire (attendez-vous à un mince filet d'eau froide). Même constat pour les repas : certaines cuisinières sont de vrais cordons bleus, d'autres ne font pas beaucoup d'efforts. Les prix sont assez similaires d'un accueil à l'autre, comptez généralement au moins 1 500 CFP par personne pour une nuitée en case ou en chalet et 2 000-2 500 CFP pour déguster un *bougna* (à réserver au préalable).

À leur arrivée, les visiteurs peuvent (sans obligation) faire la coutume, en présentant au chef quelques mètres de tissu et un billet de 500 CFP ou encore du tabac, ou tout autre petit présent de leur choix. La coutume ne remplace pas le montant alloué à l'hébergement et aux repas.

Les réservations se font auprès de l'office du tourisme de Hienghène, qui dispose d'une liste de contacts, au moins 2 jours à l'avance. Le personnel vous conseillera alors la tribu correspondant le mieux à vos attentes. Il est également possible de réserver directement auprès de prestataires, qui disposent d'un téléphone. Lors de notre passage, les gîtes **Chez Cécile** (☑ 42 81 29 ; tribu de Ouayaguette ; d 3 500-4 200 CFP), qui dispose de 2 chambres dans un chalet en bois et d'un dortoir dans un faré, **Chez Julie** (☑ 85 43 12 ; tribu de Tendo ; d 3 500 CFP dans une case traditionnelle) et **Chez Charline** (☑ 80 57 44 ; tribu de Tiendanite ; case 1 200 CFP/pers), la plus proche de Hienghène et accessible en véhicule léger, bénéficiaient d'un bouche-à-oreille favorable.

le fameux "rocher du Billet de 500 francs". Vous pourrez le voir à proximité de la grotte de Lindéralique. Les propriétaires du camping très rudimentaire de la **plage du Billet de 500 francs**, attenante, exigent cependant 100 CFP pour tout pique-nique, toute baignade ou photo prise sur les lieux. Vous voilà prévenu…

Les formations rocheuses s'étirent sur une dizaine de kilomètres, depuis la baie de Hienghène, vers le sud. Pour les approcher en bénéficiant du meilleur angle de vue, prenez la route qui mène à Lindéralique (la bifurcation est signalée à 4 km au sud de Hienghène) et vous arriverez au pied des falaises. Autre option, encore plus spectaculaire : une balade en kayak de mer.

🏃 Activités

Koulnoué Camping – Babou
Côté Océan   PLONGÉE, KAYAK, PROMENADE EN MER
(voir ci-dessous). Au Koulnoué Camping, à 1 km de l'hôtel Koulnoué Village, ce centre convivial tenu par Thierry Baboulenne propose des plongées sur le récif, au large de Hienghène – reportez-vous au chapitre *Plongée* p. 28 pour plus de détails sur les sites de plongée des environs. Autre option : la sortie à l'îlot Hienga (à 15 minutes de bateau), au sein d'une aire marine protégée, qui combine un parcours botanique (à terre) et une randonnée palmée sur un sentier sous-marin. Le guide apporte de passionnants éclairages sur la faune, la flore et les écosystèmes (5 000 CFP). Le baptême coûte 9 000 CFP, la sortie de deux plongées 13 000 CFP (plus 2 000 CFP pour la location du matériel). La carte Plongée + (6 000 CFP, valable un an dans 5 centres du Territoire), qui donne droit à une réduction de 15%, est acceptée. S'ajoutent des promenades en bateau en mer, en rivière et dans la baie de Hienghène (5 000 CFP, 2 heures l'après-midi) et la possibilité de louer des kayaks pour admirer les falaises de Lindéralique depuis la lagune ou se promener sur la rivière Hienghène. La location coûte 1 500 CFP la demi-journée.

🛏 Où se loger et se restaurer

Malgré une fréquentation touristique relativement importante, vous trouverez peu de restaurants à Hienghène.

Koulnoué Camping
– Babou Côté Océan   CAMPING €
(carte p. 113 ; ☑ 42 83 59 ; www.babou-plongee. com ; tribu de Koulnoué ; empl 700 CFP/pers ; 🛜).

BALADES À PIED AUTOUR DE HIENGHÈNE

Des randonnées faciles, en accès libre (donc non soumises à autorisation coutumière) et ne demandant pas la présence d'un guide, sont désormais possibles autour de Hienghène. Un réseau de cinq itinéraires balisés a été mis en place, d'une durée de 1 heure 30 à 3 heures (de 2,8 à 6,3 km). Demandez les fiches *Randonnées* auprès de l'office du tourisme de Hienghène. Vous trouverez aussi un plan récapitulatif au niveau de la plage du Billet de 500 Francs.

Un bon point de chute pour les petits budgets, tenu par le moniteur du centre de plongée du même nom (voir ci-contre), au sud de Hienghène. L'aire de camping, très tranquille, donne sur la plage, et les emplacements sont ombragés. Le bloc sanitaire, rudimentaire, dispose de l'électricité et de l'eau chaude. Il est possible de louer une tente (1 000 CFP pour 1 à 3 pers), un matelas (500 CFP) et un duvet (500 CFP). Pas de service de restauration ni de cuisine équipée, mais un congélateur et un distributeur de boissons chaudes, et le Koulnoué Village n'est qu'à 1 km.

Ka Waboana   LODGES ET RESTAURANT €€
(carte p. 113 ; ☑ 42 47 03 ; www.kawaboana-lodge.nc ; d bungalows 11 000-14 000 CFP, 1 500 CFP/pers supp, ch en app avec sdb partagée 7 000-8 400 CFP, petit-déj 1 500 CFP ; formule entrée-plat ou plat-dessert 2 500 CFP ; 🛜). Au centre du village, face à la marina, sur une petite butte noyée dans la végétation, cette structure créée en 1998 par l'épouse de Jean-Marie Tjibaou se compose de 9 bungalows douillets avec brasseur d'air et terrasse privative, et de 3 appartements. Coup de cœur pour le bungalow "Honeymoon", avec douche extérieure et grande terrasse ombragée par la végétation tropicale. Les chambres des appartements sont plus ordinaires. Le restaurant sert une cuisine tout à fait correcte, dont d'excellents poissons grillés à assortir de cocktails colorés (750-1 100 CFP). Le cadre est spacieux et joliment aménagé.

JEAN-MARIE TJIBAOU

Jean-Marie Tjibaou (1936-1989) est né dans la tribu de Tiendanite, près de Hienghène. Jeune prêtre à la fin des années 1960, il étudie la sociologie à l'université catholique de Lyon. De retour chez lui, il décide de quitter l'Église, malgré sa foi. Il estime en effet qu'il est "impossible à un prêtre dans ce Territoire de prendre position, par exemple en faveur de la restitution des terres au peuple kanak". Il met en place des formations pour les jeunes et fait la promotion de la culture kanak. En 1975, il organise le festival Melanésia 2000 à Nouméa, réunissant, au cours de cet événement resté historique, des Kanak de tous les clans de la Nouvelle-Calédonie.

En 1984, Tjibaou est élu premier président du Front de libération nationale kanak et socialiste (FLNKS). Le parti, ouvertement indépendantiste, se révèle bien plus vigoureux que ses prédécesseurs dans cette quête.

La signature en 1988 des accords de Matignon (voir p. 172) par Jean-Marie Tjibaou apporte un peu de calme sur le Territoire. Mais le leader et son député, Yeiwené Yeiwené, sont assassinés le 4 mai 1989 par un autre Kanak. Tjibaou est enterré à Tiendanite (voir p. 114). Le centre culturel de Nouméa héritera de son nom.

Cette grande figure du FLNKS était souvent décrite par les journalistes comme un "homme spirituel, un visionnaire". Un correspondant écrit ainsi : "Quelle que soit la violence des événements qui l'entouraient, il restait une oasis de calme et d'inspiration. Il était déterminé à obtenir l'indépendance, mais pas au prix du sacrifice de son peuple." Aujourd'hui, il a atteint le statut de héros.

Son épouse, Marie-Claude Tjibaou, n'a jamais cessé de s'investir dans différents secteurs du développement, notamment dans l'Agence pour le développement de la culture kanak (ADCK), qui gère le centre culturel Jean-Marie-Tjibaou (p. 48).

Koune We Foinbanon GÎTE €€
(carte p.113 ; ☑ 42 70 51, 87 14 99 ; Lindéralique ; bungalow s/d/tr/qua/5 pers 6 000/8 000/8 500/9 000/10 000 CFP). Un gîte convenable, joliment situé, face à une plage de sable gris ombragée par des cocotiers, à proximité des falaises. Les 4 bungalows, accueillants et propres, partagent 2 sdb extérieures (eau chaude), très bien entretenues. Repas du soir 2 500 CFP. Location de kayaks (1 500 CFP/demi-journée). Accueil entre 16h et 18h30.

Koulnoué Village VILLAGE HÔTELIER €€-€€€
(carte p.113 ; ☑ 42 81 66 ; www.grands-hotels.nc ; tribu de Koulnoué ; bungalows et cases d 9 000-33 000 CFP selon confort ; plats 1 900-3 200 CFP ; ✸ ☒ ☎). Installé dans une superbe cocoteraie près d'une grande plage de gravier, à 10 km au sud de Hienghène, le Koulnoué Village séduit par son atmosphère décontractée qui invite au farniente. Les 50 bungalows et les 11 cases ont bénéficié d'une grosse rénovation achevée en 2016 et offrent des niveaux de confort très variables. Le must ? Les bungalows premium, des cases d'inspiration mélanésienne avec mobilier contemporain et piscine privative. Parmi les activités gratuites, signalons le tennis, le VTT, le canoë et le minigolf. Diverses excursions payantes

sont organisées au départ de l'hôtel. Au restaurant, la cuisine est principalement servie sous forme de buffet.

❶ Renseignements

L'**office du tourisme** (☑ 42 43 57 ; www.hienghene-tourisme.nc ; ☺8h-12h et 13h-17h lun-ven, 8h-15h sam) occupe un bâtiment moderne d'inspiration traditionnelle à côté de la marina. Le personnel peut réserver votre hébergement en tribu et gère aussi la marina : les arrivées et les départs des bateaux en Nouvelle-Calédonie se font ici. Les bateaux doivent prévenir de leur arrivée 48 heures à l'avance.

Face à la marina, dans un petit centre commercial, sont regroupés une agence **BCI** (☑ 42 77 10 ; ☺9h15-10h45 et 11h15-14h15 mar et ven), équipée d'un distributeur de billets, une pharmacie, un bureau de poste, une gendarmerie et une laverie.

❶ Depuis/vers Hienghène

Les bus du réseau **Raï** (www.rai.nc) s'arrêtent entre le marché et l'office du tourisme. Un bus quotidien assure, du lundi au samedi, la liaison Nouméa-Hienghène (1 570 CFP, 6 heures 30).

La station-service la plus proche se trouve à une quinzaine de kilomètres au sud de Hienghène (en direction de Touho).

De Hienghène à Poindimié

La route côtière continue tranquillement en bord de mer, au milieu des cocotiers et des massifs de fleurs. Peu après Touho, à 28 km au nord de Poindimié, on rejoint la bifurcation pour la côte ouest via la route transversale appelée "Koné-Tiwaka", l'une des plus pittoresques de Nouvelle-Calédonie. Restez le long de l'axe côtier si vous souhaitez rejoindre Poindimié. Différents points de vue permettent de s'arrêter pour admirer les vagues qui se brisent sur la barrière de corail. Quelques campings et de modestes hébergements sont disponibles, mais nous vous conseillons de passer la nuit à Poindimié, où vous aurez bien plus de choix.

Poindimié

4 824 HABITANTS

Principale agglomération de la côte est, Poindimié vous séduira à coup sûr avec son environnement verdoyant, ses infrastructures touristiques de qualité, sa longue plage de sable clair et ses activités nautiques. Accordez-vous au moins deux jours pour profiter de cette agréable escale.

⊙ À voir

À environ 5,5 km à partir du centre, vous remarquerez la tranquille mission de Tié, avec son église blanchie à la chaux et son toit rouge vif. Elle se tient à quelque distance de la route et se détache sur l'arrière-plan vert de la montagne. Pour la rejoindre, prenez à droite, à 3,5 km au nord de la plage de Tiéti, juste après la bifurcation vers la vallée de la rivière Amoa.

Au nord de la ville, on peut remarquer une jolie case kanak près de la mer, de l'autre côté du terrain de football.

Pour la baignade, la longue plage de Tiéti, à hauteur de l'hôtel Tiéti Tiera, est la plus agréable.

Activités

Plongée et snorkeling

Poindimié est un haut lieu de la plongée sous-marine en Nouvelle-Calédonie. Les sites, adaptés à tous les niveaux, à proximité de la barrière de corail, rassemblent une faune magnifique et se caractérisent par la flamboyance des gorgones et des coraux mous, l'une des spécificités de cette zone. Les baptêmes se font à partir de

l'îlot Tibarama, un splendide îlot accessible en moins de dix minutes depuis Poindimié. Pour en savoir plus sur les sites, reportez-vous au chapitre *Plongée*, p. 28.

Tiéti Diving   PLONGÉE, SNORKELING
(📞 42 42 05 ; www.tieti-diving.com ; ☺ sur réservation). Ce centre de plongée installé de longue date et impeccablement tenu se trouve dans l'enceinte de l'hôtel Tiéti (voir p. 118). Il propose des baptêmes (9 000 CFP), des sorties "two-tank" (deux plongées, en matinée) à 13 000 CFP hors location du matériel (ajoutez 2 000 CFP) et des formations. Certains jours, Tiéti Diving organise également des randonnées palmées (snorkeling encadré par un moniteur sur le récif). Possibilité de plongée au nitrox. La carte Plongée + (6 000 CFP, valable un an dans 5 centres du Territoire), donne droit à une réduction de 15%.

Autres activités

Brousse O'Thentik   MULTIACTIVITÉS
(📞 97 59 69 ; ☺ sur réservation). Cette petite société propose la découverte de la région de Poindimié au travers d'activités variées : balade guidée à pied jusqu'à la tribu de Napoémien et la cascade de Kokingone,

Région de Poindimié

Voir la carte Région de Hienghène (p. 113)

LE NAKAMAL LÉPISPIS

Envie de sortir des sentiers battus ? Passez la soirée au **Lépispis** (carte p. 117), un nakamal, ou bar à kava, situé dans la vallée d'Amoa, ouvert en principe tous les soirs. On y croise aussi bien des Mélanésiens que des Zoreilles, et l'ambiance est bon enfant. Buvez un bol de kava (100-200 CFP) ou du thé, grignotez des beignets et refaites le monde avec vos interlocuteurs d'un soir. Accès : à 3 km au nord de Poindimié, tournez à gauche juste après le pont de l'Amoa et remontez la vallée sur 4 km, le bar est sur la droite, dans une propriété arborée. Plongez-vous dans l'ambiance en suivant leur page Facebook ("Bar à Kava Lépispis").

initiation à la pêche à la crevette de *creek*, visite explicative d'une case mélanésienne, balade en radeau sur la rivière, journée découverte à l'îlot Tibarama, location de vélos et de kayaks... Pas de site Internet, mais une page Facebook. Il est conseillé de réserver plusieurs jours à l'avance.

Relais d'Ina KAYAK

(voir ci-dessous). Ce camping situé dans une cocoteraie loue des kayaks (1 500 CFP la journée) et fait face à l'îlot Tibarama, que vous pourrez sans trop d'efforts rejoindre en moins d'une demi-heure pour profiter des plages.

🛏️ Où se loger et se restaurer

Relais d'Ina BUNGALOWS, CAMPING €

(carte p. 117 ; ☎ 84 27 75 ; tribu d'Ina ; camping 1 300 CFP/tente, 100 CFP/pers, bungalows d 5 000 CFP, 1 000 CFP/pers supp ; ☎). Entre la route principale et le bord de mer, cet établissement est un bon port d'attache pour les voyageurs à petit budget peu exigeants. Le site est idéalement situé et assez bien entretenu (blocs sanitaires très corrects avec eau chaude la plupart du temps, faré collectif avec électricité). La cocoteraie offre quantité de zones ombragées pour les campeurs, mais gare aux chutes de cocos ! Sans charme mais fonctionnels, les 5 bungalows en bois regardent vers la mer. Le littoral, rocailleux à cet endroit, n'est pas adapté à la baignade, mais des kayaks en location (voir ci-dessus) permettent de pagayer jusqu'à l'îlot Tibarama, en face du relais.

❤️ Néwé-Jié GÎTE €€

(carte p. 117 ; ☎ 42 70 74 ; www.gite-newejie. com ; tribu d'Ina ; s 8 800 CFP, bungalows d 9 300-10 800 CFP ; @). Assurément l'une des meilleures adresses du secteur, dans un environnement bucolique et calme. À l'entrée sud de Poindimié, ce gîte tenu par un couple de Zoreilles parfaitement intégré à la tribu locale possède plusieurs types d'hébergement, dont des bungalows privatifs, une grande case familiale et un bungalow dortoir. Tous sont bien conçus, en bois peint de couleurs vives, équipés d'une literie de qualité et d'un réfrigérateur individuel. Les bungalows plus chers sont dotés d'une sdb et d'une cuisine privative, les autres partagent un bloc sanitaire très bien entretenu, agrémenté de touches balinaises. Pas de restauration mais une grande cuisine équipée ainsi qu'un grand faré "barbecue" (bois fourni) sont à disposition. Une connexion Internet gratuite est disponible à la réception. Les enfants apprécieront le terrain de jeu et l'enclos avec des animaux de la ferme. Diverses activités sont possibles au départ du gîte (randonnée, baignade). En venant du centre de Poindimié, prenez la route à droite juste avant le pont de la rivière Ina.

Les Pouroa GÎTE €€

(carte p. 117 ; ☎ 42 72 98 ; vallée de Napoémien ; bungalows s/d 6 300/8 400 CFP ; ☎). Un gîte au calme, isolé dans une vallée paisible, à 2,5 km du centre de Poindimié. Les 2 bungalows sur pilotis, propres et bien tenus, offrent un confort suffisant, avec une petite sdb, du parquet clair et un balcon orienté vers une rivière qui glougloute, en contrebas (baignade possible). On peut commander et se faire livrer ses repas par une mamma de la tribu (petit-déjeuner/repas 500/1 400 CFP). Les propriétaires habitent à 1 km en aval.

Tiéti HÔTEL €€€

(carte p. 117 ; ☎ 42 64 00 ; www.tieti.nc ; d 9 000-20 000 CFP, bungalows 12 000-33 000 CFP, petit-déj buffet 1 950 CFP ; ❄️🏊📶). Hôtel de référence sur la côte est, cet établissement se déploie dans une belle propriété arborée et calme, en bord de plage. L'agencement des bungalows (préférez ceux avec vue mer), dotés d'un toit en forme de bonnet d'évêque, est une réussite. Les chambres standards, dans un bâtiment sur deux niveaux plus en retrait, sont assez petites mais accueillantes, avec une déco au goût du jour qui joue sur les tons brun, chocolat et ocre. Le **restaurant** (plats 1 900-3 700 CFP ; ☺midi et soir tlj), face à la piscine, a bonne presse auprès des habitants. Les locaux du centre de plongée Tiéti Diving (voir p. 117) sont installés à l'intérieur de l'hôtel. Des offres promotionnelles sont régulièrement proposées sur le site Internet.

Snack Naaoutea SNACK €
(plats 1 200-2 000 CFP ; ☺8h-20h tlj ; ☎). Cette paillote de bric et de broc, au bord de la route principale, sert des plats corrects à des tarifs imbattables (côte de porc, mahi mahi sauce curry), des hamburgers (pas le meilleur plat du restaurant cela dit...) et des sandwichs (à partir de 500 CFP). Le service est très froid, dommage...

Koyaboa Pizza PIZZERIA €
(☑42 74 22 ; 20 rte de la Cascade ; pizza 1 200-3 600 CFP ; ☺17h-21h lun-sam). Une petite case rouge, légèrement en retrait de la route. Pizzas à emporter.

Marché PRODUITS LOCAUX €
(☺mer et sam matin). Le marché de Poindimié vend des fruits et des légumes frais, des produits de la mer, fleurs et un peu d'artisanat.

❶ Renseignements

Poindimié compte plusieurs banques avec DAB, un bureau de poste et un hôpital. Il n'y a pas d'office du tourisme.

❶ Depuis/vers Poindimié

Un bus du réseau **Raï** (www.rai.nc) relie Nouméa à Poindimié (1 350 CFP, 5 heures) chaque jour du lundi au samedi en passant par Tiwaka.

De Poindimié à Canala

Passé Poindimié, la route côtière vous replonge dans un univers sauvage et luxuriant, ponctué de quelques localités, dont **Ponérihouen**, précédée d'un grand **pont métallique** qui enjambe la rivière Nimbaye et, à 46 km au sud, **Houaïlou**, célèbre pour sa fête du Litchi, chaque année en décembre. De Houaïlou, une route transversale conduit à Bourail (70 km), sur la côte ouest.

Avant d'atteindre Ponérihouen, faites un petit détour vers l'intérieur des terres, en suivant la **vallée de la Tchamba**. La route longe la rivière et offre une jolie balade parmi les plantations d'ignames et les verts pâturages où paissent les vaches. Vous pouvez faire une balade en **kayak** sur la Tchamba en contactant la famille **Zenkoro**

(☑42 80 24, 96 38 12), dont l'exploitation agricole se situe dans la vallée, à 1 km de la route côtière, face à la rivière. Monsieur Zenkoro vous conduira en voiture à environ 7 km en amont pour que vous puissiez descendre la rivière à votre rythme (comptez de 1 500 à 2 500 CFP pour un kayak monoplace).

La **cascade de Bâ** se trouve à 13,5 km au nord du pont de la Houaïlou. Lors de notre enquête, elle n'était signalée par aucun panneau. Il faut traverser la tribu du Bâ et prendre une piste à droite juste avant un petit pont. Très rapidement, une piste débouche sur la gauche et sur un petit parking (150 CFP). Il reste alors environ 100 m à parcourir pour atteindre un joli bassin au pied des chutes, où l'on peut se rafraîchir et pique-niquer. On peut s'y baigner d'octobre à mai.

Au sud de Houaïlou, la route s'écarte du littoral et sinue dans l'intérieur des terres, au milieu de paysages impressionnants, dominés par des montagnes balafrées par l'exploitation minière, avant de replonger vers la côte et la localité de **Kaouaoua**. De là, vous pouvez rejoindre La Foa (63 km), sur la côte ouest, par une route transversale, ou continuer votre périple en restant sur la côte est, jusqu'à Canala et Thio.

🛏 Où se loger et se restaurer

Les infrastructures sont très limitées dans ce secteur de la côte est.

Les Ignames de Névaho CAMPING ET GÎTE À LA FERME €
(☑42 80 24, 96 38 12 ; jeanpierrezenkuro@gmail.com ; Névaho ; studio avec cuisine et sdb ext 7 000 CFP, chalet 10-15 pers 13 000 CFP, camping 1 000 CFP/tente et 300 CFP/pers). Sur une exploitation d'ignames de 200 ha, Jean-Pierre propose de grands chalets, parfaits pour les groupes ou les familles, et des studios plutôt bien entretenus et équipés, avec sdb sanitaire et cuisine à l'extérieur. Les campeurs sont également bienvenus. Pas de repas mais un coin barbecue. Draps fournis. Location de canoës, paddles et pédalos (1 500-2 500 CFP) et balades en bateau (2 000 CFP). Vente de produits de la ferme en mai-juin. Depuis Poindimié, la ferme se situe juste avant le pont de Tchamba.

Camping Tiakan CAMPING €
(☑42 85 14 ; empl 500 CFP/pers). À 7 km au nord du pont de Ponérihouen, dans une grande cocoteraie en bord de mer. Malgré un cadre enchanteur, la plage s'avère en

grande partie impropre à la baignade en raison de plates-formes de corail tout près du bord. Quant au bloc sanitaire, il est rudimentaire. Les propriétaires habitent dans la maison face à l'entrée. S'ils ne sont pas là, vous devrez payer dans une petite boîte prévue à cet effet.

Canala

3 512 HABITANTS

Dites "Canala" à un "zoreille" ou à un caldoche et il y a des chances que son regard s'assombrisse. Ce bastion indépendantiste, dans lequel fleurissent les portraits du leader indépendantiste Éloi Machoro, le héros de Canala, n'a en effet pas très bonne réputation, eu égard aux manifestations d'hostilité régulièrement constatées à l'encontre des forces de l'ordre.

Cette perception est réductrice. Canala n'est pas qu'un foyer d'agitation. Blottie au fond de l'une des plus belles baies du Caillou, la localité a des atouts à faire valoir et cherche à développer le tourisme. La **fête de la Mandarine**, chaque année en juillet, attire de nombreux visiteurs.

La spectaculaire **cascade de Ciu**, visible depuis la RPN3 au sud de Canala, coule à pic. De la route, on n'en distingue qu'une partie. On peut en revanche se baigner dans le vaste bassin rocheux qui s'étend à ses pieds et admirer la vue somptueuse sur la plaine luxuriante et la baie de Canala. Le **canyoning** est pratiqué dans les cascades autour de Canala, notamment la cascade de Ciu (pour confirmés, avec de nombreux rappels, des toboggans et des sauts) et la cascade de Kwéwa (site d'initiation).

Contactez **Terraventure** (☎ 77 88 19 ; terraventure.nc) pour plus d'information.

Les tribus des environs, notamment **Kuinet** et **Haut-Gélima**, disposent d'aires de camping et de cases pour les visiteurs. La **mairie de Canala** (☎ 42 60 61) vous en fournira la liste.

En direction de Thio, à 34 km au sud, vous passerez à hauteur de la **tombe d'Éloi Machoro**, surmontée d'une flèche faîtière, à 300 m en retrait de la route principale, sur la commune de Nakéty, à environ 10 km de Canala. Ensuite, il vous faudra prendre la **route à horaires** (voir l'encadré ci-dessous) pour rejoindre Thio.

Thio

2 920 HABITANTS

Ne vous laissez pas décourager par son statut de "ville minière" ou de "capitale de l'or vert". Thio a une âme et un cachet liés à son histoire : on y extrait le nickel depuis 1874. Berceau de la SLN (Société Le Nickel), elle résume à elle seule toute la riche histoire industrielle du Territoire. Par endroits, des pans entiers de la montagne ont été creusés et laissés à nu, formant un paysage lunaire qui témoigne d'une époque où l'on se souciait peu de l'environnement. Cet aspect ne doit pas occulter la beauté du site, la diversité des paysages et la splendeur magnétique du littoral. De plus en plus, Thio mise sur le tourisme vert et culturel pour changer son image et attirer les Nouméens. Après tout, elle n'est qu'à 1 heure 30 de Nouméa (120 km), via la transversale depuis Boulouparis (46 km). Thio est également une étape obligée avant la Côte Oubliée (voir l'encadré ci-contre).

LA ROUTE À HORAIRES

En vous dirigeant au nord vers Canala, vous atteindrez la "route à horaires", un axe à circulation alternée de 13 km, situé à 8,5 km au nord de Thio. Le système fonctionne ainsi : les voitures partent de Thio aux heures impaires de 5h à 17h, de Canala aux heures paires de 6h à 18h (les heures de passage sont mentionnées sur un panneau à chaque extrémité de la piste). Afin d'éviter les rencontres frontales, les automobilistes ne peuvent emprunter la route que dans les 20 minutes qui suivent l'heure.

Les véhicules arrivés trop tôt attendent sur le bord de la route, à l'ombre des arbres. Le parcours est agréable (mais n'a rien d'époustouflant cela dit), avec quelques points de vue sur le littoral, les vallées verdoyantes, les mines rouges de nickel et, avec un peu de chance, les Loyauté. La route sine jusqu'au col de Petchécara (438 m) et descend ensuite en lacets vers Thio. Attention cependant : cette route n'a pas très bonne réputation. Des faits de délinquance et de caillassage ont été rapportés par des touristes. Lors de notre passage nous n'avons cependant connu aucun désagrément.

LA CÔTE OUBLIÉE

Coup de cœur pour cette portion du littoral, l'une des mieux préservées et des plus isolées du Caillou. De Thio à **Petit Borendi**, sur une cinquantaine de kilomètres, la route goudronnée longe la côte, par endroits en corniche, et ménage des points de vue imprenables sur le lagon. Vous ne traverserez qu'une poignée de hameaux peu animés, dont **Port Bouquet**, **Grand Borendi**, **Saint-Joseph** et **Saint-Jean-Baptiste**, pour finir à **Petit Borendi**, avec un parfum de bout du monde en tête. Notez bien que les possibilités de restauration et d'hébergement sont très minces (mieux vaut s'assurer au préalable que l'adresse est ouverte) et qu'il n'y a pas d'épicerie dans le secteur.

Activités

Si vous avez l'âme d'un explorateur, vous pouvez découvrir la Côte Oubliée en kayak de mer, jusqu'à Yaté. Contactez **Aventure Pulsion** (☑ 26 27 48 ; www.aventure-pulsion.nc).

Où se loger et se restaurer

Quelques campings dans des tribus, très simples, vous permettront de prolonger votre séjour. Prévoyez des provisions car les possibilités de ravitaillement sont inexistantes.

La Moara   CAMPING €

(☑ 85 19 71 ; camping adulte/3-10 ans 700 /350 CFP). Au bord de la plage de la Moara, dans une jolie cocoteraie. Bloc sanitaire sommaire. À 8 km au sud de Thio. Si vous restez juste pour un pique-nique sur la plage, il vous sera demandé 300 CFP.

Camping de Port Bouquet   CAMPING €

(☑ 88 18 70 ; empl petite/grande tente 1 500/2 000 CFP). Au bord de la plage de Port Bouquet, un camping qui peut accueillir 25 tentes et dispose de deux blocs sanitaires avec eau froide et d'un grand abri couvert. À 24 km de Thio.

Fô Pas Rêver   BUNGALOWS €

(☑ 44 52 21, 76 31 33 ; empl 1 500 CFP/tente, bungalow avec sdb commune 7 000 CFP ; ⊘ sam et dim). Quatre bungalows, avec électricité et eau chaude, et une aire de camping, au bord de la route, côté montagne (pas de plage). Belle vue sur la mer, mais la propriété est peu arborée. Possibilité de repas (3 000 CFP), de location de kayaks (3 000 CFP la journée) et d'excursions en mer. À 30 km de Thio. Attention, l'adresse n'est ouverte que le week-end (se renseigner).

Chez Philibert Nékaré – À la Table de Julia   TABLE D'HÔTES €

(☑ 99 04 18 ; repas 1 800-3 000 CFP ; ⊘ sur réservation). Au bord de la mer, mais pas de plage. Cuisine locale à base de produits frais (pensez à réserver). Également 2 chambres, que nous déconseillons – elles sont extrêmement sommaires. À 32,5 km de Thio.

Chez Georgette   CAMPING, TABLE D'HÔTES €

(☑ 44 13 21 ; empl 1 000 CFP/tente). Bienvenue au bout du monde ! Georgette est une figure locale de Petit Borendi et une guérisseuse reconnue. Son *bougna* (3 500 CFP) et ses spécialités de la mer sont légendaires.

👁 À voir

La localité possède quelques belles **habitations coloniales** en bois, avec véranda et toit de tôle ondulée.

Musée de la Mine   MUSÉE

(☑ 44 51 77 ; adulte/enfant 200/100 CFP ; ⊘ 8h-16h30 lun-ven, 8h30-14h sam). Dans la rue principale de Thio, ce petit musée illustre l'histoire minière de la région à travers des photos anciennes, des outils et des morceaux de nickel. Une vieille machine à vapeur et des pièces d'équipement se dressent sur la pelouse, à l'extérieur. Pour en savoir plus sur l'histoire de l'industrie minière, vous pouvez aussi opter pour un pack à la journée

LA VISITE DE LA MINE DU PLATEAU

Le plateau de Thio est l'un des plus importants gisements de nickel au monde, et la mine du Plateau (1874) est la plus ancienne de Nouvelle-Calédonie toujours en exploitation. Elle mérite qu'on lui consacre une visite, tant le paysage est impressionnant. Le Point Info de Thio (ci-contre) organise des visites guidées commentées par un historien local, une fois par mois, le samedi matin suivant la nouvelle lune. Elles sont suivies d'un déjeuner en tribu (5 000 CFP pour la visite, repas inclus ; réservation impérative). Chaussures fermées et pantalon sont obligatoires. Les enfants de moins de 14 ans ne sont pas admis sur le site minier.

incluant petit-déjeuner au musée, balade sur le site minier, visite du musée et déjeuner en tribu (tarif 5 000 CFP). Le départ se fait à 8h et l'après-midi en tribu est libre à partir de 14h (à partir de 14 ans seulement, garderie possible à la médiathèque pour les plus jeunes ; prévoir de l'eau et de bonnes chaussures de marche).

Pétroglyphes SITE ARCHÉOLOGIQUE
Au lieu-dit "Village SLN", où vivent les employés de la mine, à quelques kilomètres du centre de Thio (en venant de Boulouparis), vous pourrez admirer des pétroglyphes gravés sur un rocher sombre (ne vous attendez à rien de très impressionnant cela dit). Un panneau signale l'emplacement du site.

🎉 Fêtes et festivals

La foire de Thio, chaque année en juillet, draine pendant deux jours un public très important. Au programme : expositions artisanales, musique, vente de produits du terroir et visites de la mine.

🛏 Où se loger et se restaurer

Les 3 Boucles GÎTE €
(☑ 44 51 13 ; village de Nakalé ; bungalows sdb commune 1-3 pers 4 000-6 000 CFP, 1 000 CFP/pers supp, petit-déj 1 200 CFP). À une dizaine de kilomètres au sud-ouest de Thio, en retrait de la route transversale pour Boulouparis, ce gîte est accueillant et bien tenu. La famille Lacrose vous fera visiter son ranch et peut organiser des balades équestres (à partir de 2 000 CFP/pers, 4 pers minimum). Les 2 bungalows (l'un avec 3 couchages, l'autre avec 2 chambres 4 places) sont rustiques et propres. Repas sur place (2 500 CFP) et préparation de pique-nique.

La Fiesta SNACK €
(☑ 44 51 81 ; Thio ; plats du jour 1 500-1 800 CFP, salades composées 850 CFP ; ⊘ 8h30-14h lun-ven). Plats du jour, salades composées, sandwichs (à partir de 450 CFP), à déguster dans une petite salle ou, mieux, dans un grand jardin, à l'ombre d'imposants manguiers. En dessert, goûtez aux crêpes maison (dont celles avec du miel de La Foa). À 50 m du musée de la Mine.

Kalyx SNACK €
(☑ 90 82 99 ; Thio ; plats 800-1 400 CFP ; centre commercial du village ; ⊘ 10h-13h lun-ven). Cuisine familiale, et plats du jour à des prix défiant toute concurrence. Également sandwichs, burgers, salades. Plats à emporter le week-end sur réservation.

ℹ Renseignements

Le **Point Info** (☑ 44 25 04 ; www.thio.nc ; ⊘ 8h-16h30 lun-ven, 8h30-14h sam ; ☎), voisin du musée de la Mine, vous donnera tous les renseignements sur Thio et la Côte Oubliée. Bon accueil, vente de miel de tribu et wi-fi gratuit.

La banque BNP, située dans la même rue, possède un distributeur de billets.

Vous pourrez trouver des provisions à l'épicerie Vaïna (toujours dans la même rue).

Île des Pins

Le top des activités

➡ Plongée (p. 128)

➡ Excursion en mer (p. 129)

➡ Balade à pied (p. 128)

➡ Snorkeling (p. 128)

Le top des hébergements

➡ Le Méridien (p. 133)

➡ Ouré Lodge (p. 130)

➡ Gîte Nataiwatch (p. 130)

Pourquoi y aller

Souvent qualifiée de "joyau du Pacifique", l'île des Pins ("Kunié", dans la langue locale) réunit tous les ingrédients du rêve tropical. À seulement 60 km au sud-est de Nouméa, facilement accessible en bateau ou en avion, elle éblouit les visiteurs par ses baies magnifiques cerclées de plages nacrées, ses eaux d'un bleu étincelant et ses majestueux pins colonnaires. Chacun trouvera son bonheur : des îlots isolés pour jouer les Robinson, des forêts majestueuses, des grottes mystérieuses, des fonds marins sublimes, des plages de rêve, de belles balades et même une poignée de sites historiques.

Bien qu'étant la principale vitrine touristique de la Nouvelle-Calédonie, l'île des Pins n'en reste pas moins préservée. Elle a su garder intacts son cachet mélanésien et sa douceur de vivre, à mille lieues de toute forme de tourisme de masse. Les hébergements sont peu nombreux, parfaitement intégrés à leur environnement et adaptés à tous les budgets, de l'emplacement de camping au bungalow luxueux. Il ne vous reste plus qu'à explorer l'île à votre rythme, à découvrir le lagon lors d'une excursion ou simplement à déconnecter sur une plage presque déserte.

Quand partir

Attention ! les cartes postales présentent systématiquement l'île des Pins sous son jour le plus flatteur, mais elle n'est pas épargnée par le passage des dépressions tropicales pendant l'été austral (mi-décembre à avril) et par les épisodes pluvieux, frais et ventés de juin à fin août. Les températures nocturnes sont assez fraîches en juillet-août. Comme partout ailleurs sur le territoire, la période de septembre à mi-décembre est la plus favorable. La température de l'eau oscille entre 21°C et 28°C.

Port Boisé
(Grande Terre)
(48 km)

Vallée des Gorgones
Passe de Gié
Îlot Gié

Fonds marins
de la baie de Gadji

2

Baie
des Crabes

OCÉAN
PACIFIQUE
SUD

Gadji

Récif de
Kasmira

Gué

Île
Kônubutr

Baie
d'Oro

Wapan

RM1

Hôtel Le Méridien

Kô-Ngé-Âa-Ké
(ex-Kou-Gny)

Baie de
Ouaméo

Kuniè Scuba
Center

Aérodrome

6

Grotte de la
Reine Hortense

3 Piscine naturelle

RM2

Ouatchia

Île
Kûûmo

Grotte de
la Troisième

Presqu'Île
d'Oro

RM3

1

Excursion
en pirogue

Baie d'Upi

Baie
de la Corbeille

Cimetière
des Déportés
Wèro

Îlot
Morop

Boulangerie-
alimentation-
rôtisserie

7 Vestiges du bagne

Waajè

Départ
des pirogues

Île
Kôtomo

Baie des
Rouleaux

Nouméa
(118 km)

Baie de
Kuto

Plages de Kuto
et de Kanuméra

4 Kuto

Baie
de
Kanuméra

Voir carte p. 127

Montée
du Pic N'ga

5

(262 m)

Vao

Église

Snack
Kohu

Baie de
Saint-Joseph

RM5

Statue de
saint Maurice

Plage
de Vao

Baie de
Saint-Maurice

OCÉAN
PACIFIQUE
SUD

8 Îlot Brosse

Îlot Nokanhui

Îlot
Kotumere

À ne pas manquer

1 Une **excursion en pirogue** dans la baie d'Upi (p. 133)

2 Les fonds marins de la **baie de Gadji** (p. 132)

3 Une baignade dans la "**piscine**", un magnifique bassin naturel près de la baie d'Oro (p. 129)

4 Une pause bronzage sur les plages idylliques de **Kanuméra** et de **Kuto** (p. 127)

5 La montée du **pic N'ga** (p. 128) et le panorama inoubliable sur l'île et les lagons turquoise

6 L'ambiance mystérieuse de la **grotte de la Reine Hortense** (p. 132)

7 La visite émouvante des **vestiges du bagne** (p. 127)

8 Le lagon scintillant autour de l'**îlot Brosse** (p. 129)

Histoire

Le peuplement de "Kunié", comme on l'appelle localement, est très ancien. On estime que l'île a d'abord été habitée par les Lapita, vers 2000 av. J.-C., puis par les Mélanésiens.

L'explorateur anglais James Cook est le premier Européen à découvrir l'île, en 1774. Surpris par la vision des grands pins *Araucaria cookii* qui frangent le littoral, il la baptise "île des Pins". La barrière de corail rendant l'accostage hasardeux, Cook est contraint d'aborder sur un îlot auquel il donne le nom de Botany Island.

Au début des années 1800, les santaliers (marchands de bois de santal) débarquent sur Kunié, suivis par les missionnaires protestants de la London Missionary Society, en 1841. Quelques années plus tard, des missionnaires catholiques prennent la relève. Leurs tentatives de conversion sont plus fructueuses que celles de leurs prédécesseurs.

En 1872, la France transforme l'île en colonie pénitentiaire, qui accueille bientôt 3 000 exilés de la Commune de Paris et une centaine d'"Arabes", en fait des Berbères algériens condamnés après la révolte kabyle de mars 1871. La population locale est déplacée vers la côte de l'île pour laisser la place aux forçats, que l'on installe sur la côte ouest. Après la révolte de 1878, 750 Kanak en provenance de la Grande Terre viennent rejoindre les bagnards. À la fermeture du bagne en 1911, les terrains de l'Administration pénitentiaire sont restitués à la population locale.

❶ Depuis/vers l'île des Pins

AVION

L'île est accessible en 30 minutes d'avion depuis l'aérodrome de Magenta à Nouméa. **Air Calédonie** (☎ 25 21 77 ; www.air-caledonie.nc) assure entre 3 et 5 vols par jour. L'aller simple coûte entre 8 500 CFP (tarif promotionnel, franchise de 12 kg de bagages) et 11 300 CFP (tarif flexible, avec une franchise de 20 kg de bagages). Attention, la franchise de bagages en cabine (5 kg) est scrupuleusement respectée (les bagages sont pesés).

BATEAU

Le ferry grande vitesse **Betico 2** (☎ 26 01 00 ; www.betico.nc) dessert l'île des Pins au départ de la gare maritime de Nouméa à raison de deux à trois rotations par semaine (mercredi, samedi, dimanche). Comptez 5 900/3 100 CFP l'aller simple adulte/enfant. La traversée dure en moyenne 2 heures 30 (gare au mal de mer en cas de houle...). Le bateau accoste au quai situé à Kuto. Notez que les rotations sont

---

❶ PAS D'IMPAIRS !

En plus des habituels codes de conduite liés au respect de la coutume, deux règles sont à respecter impérativement sur l'île des Pins :

➡ Pas de monokini (et encore moins de naturisme)

➡ Pas d'escalade sur le Rocher sacré, dans la baie de Kanuméra. Ce gros rocher recouvert de végétation, doté de marches en bois sur le côté, est relié à la plage par une langue de sable submergée à marée haute.

---

annulées en cas de conditions météorologiques défavorables, ce qui arrive régulièrement.

❶ Comment circuler

Il n'y a aucun transport en commun sur l'île des Pins. Si vous êtes sportif, vous pouvez envisager de sillonner l'île à vélo. Le relief est modeste et les distances sont relativement courtes ; de la baie de Kuto au village de Vao, il y a 5 km ; jusqu'à Oro, 18 km.

DEPUIS/VERS LE QUAI ET L'AÉRODROME

La plupart des hébergements assurent le transfert entre le quai ou l'aérodrome et leur adresse ; les tarifs varient selon les distances. À titre indicatif, comptez 1 600 CFP par personne entre Kuto et l'aérodrome, et 500 CFP par personne entre Kuto et le quai des ferries (aller-retour).

VÉLO ET SCOOTER

Le gîte Nataiwatch et l'hôtel Ouré Lodge louent des vélos. Comptez 2 500 CFP la journée.

Vu la taille de l'île, le scooter est une formule intéressante. **Atchu Location Scooters** (☎ 95 87 18 ; ⊙7h30-11h30 et 15h-18h), situé à côté de la réception de l'hôtel Ouré Lodge, loue des scooters moyennant 5 500 CFP par jour.

VOITURE

Si vous disposez de peu de temps, la location d'une voiture se révèle pratique pour visiter les principaux sites touristiques de l'île. En général, les loueurs viennent chercher leurs clients et les déposent à l'aérodrome ou au quai. Prévoyez de 7 500 à 8 900 CFP par jour. Il n'y a qu'une station-service sur l'île, à Kuto, fermée le dimanche. Contactez les prestataires suivants :

Edmond Location (☎ 76 69 96)

Gîte Nataiwatch (☎ 46 11 13 ; www.nataiwatch.com)

Hôtel Kou-Bugny (☎ 46 18 00 ; www.kou-bugny.com). Tarifs préférentiels pour les clients de l'hôtel (6 300 CFP).

INFORMATIONS

Le site www.ile-des-pins.com est une source d'informations sur l'île (hébergement, activités, sites remarquables).

Vao

Seule véritable agglomération de l'île, Vao rassemble des services utiles aux visiteurs et quelques commerces de proximité. Le centre du bourg ne présente pas d'intérêt, mais les baies de Saint-Joseph et de Saint-Maurice, toutes proches, valent le détour.

◉ À voir

Église ÉDIFICE RELIGIEUX, ARCHITECTURE
À l'entrée de Vao, la grande église catholique au clocher rouge, entourée de bâtiments datant de l'époque coloniale, a fière allure. Remarquez les jolies gravures autour de l'autel et les boiseries au plafond. Derrière l'église, sur les hauteurs d'une colline, se dresse une petite **chapelle** rénovée. Comptez de 5 à 10 minutes de marche pour y accéder. Votre effort sera récompensé par le magnifique panorama qui s'ouvre sur les baies et le village.

Baie de Saint-Maurice SITE NATUREL, MONUMENT
Voici un exemple de mélange harmonieux entre les croyances traditionnelles et la foi chrétienne : au-dessus de la plage, une **palissade** composée de totems en bois sculptés entoure une statue de saint Maurice. Le monument commémore l'arrivée des premiers missionnaires sur l'île des Pins. L'endroit, avec le lagon en toile de fond, est très photogénique.

Depuis Kuto, tournez à droite juste avant l'église et continuez en direction de la mer.

Baie de Saint-Joseph SITE NATUREL
La baie de Saint-Joseph, à environ 1,5 km à l'est de l'église, sert de point de départ des excursions en pirogue à destination de la baie d'Oro. Sous les arbres, vous verrez de belles embarcations sagement alignées le long de la plage. Celle-ci, en revanche, n'est guère propice à la baignade en raison du manque de fonds et de la présence de vase.

Suivez la route depuis l'église ou, si vous arrivez à Vao par le nord, tournez à gauche avant le terrain de football, juste avant le snack Le Kohu.

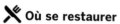 **Où se restaurer**

Pour des courses, le bourg compte deux petites épiceries.

Le Kohu SNACK €
(☑ 46 10 23 ; plats 1 500-2 300 CFP ; ☺ 8h30-14h lun-sam). Pour une pause déjeuner sans chichis, ce snack-bar installé dans une bâtisse en pierre et en bois, coiffée d'un toit en tôle bleue, au bord de la route principale, fait parfaitement l'affaire. Prenez place à l'ombre d'une paillote, décorée de poteaux sculptés, et contentez-vous du plat du jour ou d'un sandwich (700-800 CFP). Les jours et heures d'ouverture ne sont pas toujours respectés ; appelez au préalable.

Marché FRUITS, LÉGUMES €
(☺ 6h-11h mer et sam). Faites provision de produits frais (tubercules, fruits, légumes et poissons frais) dans ce modeste marché qui se tient en face de la BCI. Venez de préférence avant 9h.

ⓘ Renseignements

La **Banque Calédonienne d'Investissement** (BCI ; ☺ 7h30-12h et 13h-15h30 lun et ven, 7h30-12h mar et mer, 13h-15h15 jeu) est équipée d'un distributeur de billets. Un autre DAB, à l'intérieur du **bureau de l'OPT** (☺ 7h45-11h30 et 12h30-15h lun-ven), n'est accessible qu'aux heures d'ouverture de celui-ci.

Vous trouverez aussi une pharmacie et un dispensaire où exercent deux médecins et un dentiste.

Baies de Kuto et de Kanuméra

Difficile de concevoir un site plus idyllique que ces deux baies dont les courbes parfaitement dessinées, de part et d'autre d'un isthme, resteront gravées longtemps dans votre mémoire. Ourlées de somptueuses plages de sable blanc et fin comme du talc, ombragées par des frondaisons de pins colonnaires et de cocotiers, baignées par des eaux d'un bleu turquoise intense, elles ne vous donneront qu'une seule envie : rester ici à demeure. Votre programme, selon votre état d'esprit : étaler votre serviette, vous abandonner au farniente, piquer une tête, louer un kayak ou un canoë, enfiler un masque et des palmes et admirer les petits poissons...

Quelques sites historiques environnants méritent aussi le détour.

⊙ À voir

Vestiges du bagne   SITE HISTORIQUE

Un épais mur de pierre entoure l'ancien bagne, qui date de l'époque pénitentiaire. Une fois les exilés de la Commune amnistiés en 1879, d'autres condamnés ont été envoyés sur l'île. Le bâtiment principal comprend deux immenses cellules délimitées par des murs agrémentés de plantes grimpantes. Passez l'arche de l'entrée et imprégnez-vous du silence absolu qui enveloppe ce lieu chargé d'émotion. Les ruines se trouvent le long de la route pour l'aérodrome, à 1 km au nord de la baie de Kuto.

Un chemin continue sur 200 m jusqu'à un ancien château d'eau, toujours utilisé aujourd'hui.

Cimetière des Déportés   SITE HISTORIQUE

Après la révolte parisienne de 1871, 3 000 communards furent déportés sur l'île des Pins. Près de 240 y périrent. La plupart sont enterrés au cimetière des Déportés, à 2 km au nord de la baie de Kuto. Dans ce lieu émouvant, un monument présente les noms des disparus, y compris ceux qui ont tenté de s'évader par la mer. Douze rangées de pierres brutes, ensevelies sous la végétation, signalent les tombes. L'absence de croix (sauf pour deux d'entre elles) reflète la volonté des prisonniers, hostiles à tout symbole religieux. Le cimetière est à 700 m de la route principale, vers l'intérieur de l'île.

Plage de Kuto   BAIGNADE, SNORKELING

Quelle merveille ! Cette plage forme un long arc de cercle de sable blanc et poudreux, ombragé par des filaos et des cocotiers. Aucune construction ou presque ne défigure le site et la baignade est sans danger. Sachez tout de même que c'est le point de chute privilégié des croisiéristes qui débarquent par centaines lors des escales sur l'île, deux à trois fois par semaine en haute saison…

Plage de Kanuméra   BAIGNADE

La "petite sœur" de la plage de Kuto, à quelques dizaines de mètres au sud, est à la fois plus intime et un peu plus fréquentée, surtout quand les paquebots australiens sont de passage. Le sable est fin et clair, l'eau est cristalline et la baignade excellente. Il est interdit d'escalader le Rocher, considéré comme sacré, qui se trouve devant la plage, mais il est possible de faire du snorkeling à proximité.

Baies de Kuto et de Kanuméra

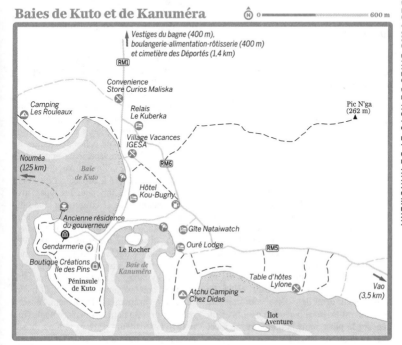

Vestiges du bagne (400 m), boulangerie-alimentation-rôtisserie (400 m) et cimetière des Déportés (1,4 km)

RM1

Convenience Store Curios Maliska

Camping Les Rouleaux

Relais Le Kuberka

Village Vacances IGESA

Nouméa (125 km)

Baie de Kuto

RM6

Hôtel Kou-Bugny

Ancienne résidence du gouverneur

Gendarmerie

Boutique Créations île des Pins

Péninsule de Kuto

Le Rocher

Baie de Kanuméra

Gîte Nataiwatch

Ouré Lodge

RM5

Table d'hôtes Lylone

Atchu Camping – Chez Didas

Îlot Aventure

Pic N'ga (262 m)

Vao (3,5 km)

N · 0 —— 600 m

À NE PAS MANQUER

EN KAYAK JUSQU'À L'ÎLOT AVENTURE

L'hôtel Ouré Lodge, implanté sur la baie de Kanuméra, loue des kayaks biplaces (2 000 CFP/heure). Le bon plan : de la plage de l'hôtel, pagayez jusqu'à l'îlot Aventure, dans la baie voisine (à l'est), où se trouve une petite plage de sable blanc. Robinsonnade garantie !

🏃 Activités

Plongée et snorkeling

Les plus beaux spots de snorkeling sont situés aux deux extrémités de la baie de Kanuméra, ainsi qu'à proximité de l'îlot Brosse (voir ci-contre). Faune bariolée garantie ! Si vous n'avez pas votre équipement, adressez-vous au centre nautique de l'hôtel Ouré Lodge, qui loue palmes, masque et tuba moyennant 1 000 CFP/heure.

La plongée se pratique dans le lagon de la baie de Ouaméo et de Gadji. Le seul centre de plongée de l'île (voir p. 132) assure les transferts depuis les hébergements du secteur de Kuto et de Kanuméra. Consultez le chapitre *Plongée* p. 28 pour plus d'informations sur les sites.

Surf et kitesurf

Le seul endroit de l'île où vous pourrez pratiquer le surf porte bien son nom : la baie des Rouleaux, au sud-ouest de l'île. Les meilleures périodes pour le surf et le kitesurf sont les mois de juillet et d'août. Apportez votre propre matériel, car il n'y a pas de boutique de location sur place. Attention, il est nécessaire d'obtenir une autorisation coutumière ; adressez-vous au gérant du camping Les Rouleaux.

Randonnée

Non loin de Kuto, un chemin mène au pic N'ga (262 m), point culminant de l'île. Prévoyez entre 45 et 60 minutes pour atteindre le sommet, sans grande difficulté, malgré l'absence d'ombre. Depuis la cime, vous découvrirez l'île tout entière, entourée de lagons idylliques.

Le chemin, indiqué par un panneau, commence à 200 m au sud du Relais Le Kuberka. Un droit de passage coutumier de 200 CFP est exigé (si personne n'est présent, déposez la pièce dans la boîte prévue à cet effet au début du chemin).

🛏 Où se loger

Atchu Camping – Chez Didas
CAMPING, CABANE €

(📱78 11 09 ; atchu-tourisme@mls.nc ; empl tente pour 2 pers 2 200 CFP, cabane d 4 900 CFP, case qua 7 500 CFP ; 🛜). À 5 minutes de l'hôtel Ouré Lodge (même route d'accès), dans une petite baie très tranquille, la famille Kouathé a aménagé sa belle propriété plantée de cocotiers, en bord de mer. L'herbe et l'ombre ne manquent pas. Une case mélanésienne, équipée de matelas, est également disponible, ainsi que six petites cabanes en bois, avec matelas au sol. Il faut se contenter d'un seul bloc sanitaire (avec eau chaude, quand cela fonctionne), dans un état passable, pas vraiment dimensionné pour l'ensemble des hébergements. Une modeste cuisine commune (réchaud, réfrigérateur et ustensiles) est à disposition, ainsi que des prises électriques sous un faré. La plage est propice à la baignade, avec l'îlot Aventure en arrière-plan. À savoir : on peut louer des tentes (1 500 CFP, avec matelas). Pour la restauration, une formule snack est proposée entre 11h et 13h tous les jours sauf le mardi (plats 1 300-1 400 CFP, sandwichs 600 CFP) ; le soir (sur réservation avant 17h), vous pouvez déguster une assiette garnie (1 900-2 800 CFP). Les propriétaires organisent des excursions nautiques.

Les Rouleaux
CAMPING €

(📱46 11 16, 72 36 30 ; camping 1 600 CFP/pers, bungalow 9 000 CFP). Donnant sur la superbe baie des Rouleaux et la seule plage de l'île où la mer est agitée, ce camping atypique, signalé par un discret panneau en bois (Gaby, le propriétaire, tient à sa tranquillité), est surtout connu des surfeurs, tout heureux de se retrouver face à de belles déferlantes en juillet-août. Les emplacements engazonnés et ombragés sont délimités par des petites clôtures en bois, face à la plage, et disposent chacun d'un petit abri pour les repas, avec point d'eau et prise électrique. Le bloc sanitaire, spartiate, possède néanmoins l'eau chaude (le soir seulement, avec une chaudière à bois). Repas sur commande (4 500 CFP). Un bungalow d'une capacité de 4 personnes, sommaire, avec kitchenette extérieure, est aussi disponible, et partage le même bloc sanitaire que les campeurs. Principal inconvénient (ou avantage...) : l'isolement. Pensez à réserver un vélo pour vos déplacements (voir p. 125). Les visiteurs peuvent profiter du site et de la plage moyennant 200 CFP.

EXCURSIONS EN MER AUTOUR DE L'ÎLE DES PINS

Pour découvrir les plus beaux sites autour de l'île, plusieurs sorties en mer sont proposées.

Piscine naturelle (baie d'Oro)

L'image des pirogues traditionnelles de l'île des Pins, avec leur coque en bois, leurs voiles triangulaires et leur balancier si caractéristiques, est emblématique. L'excursion à la journée sur l'une de ces embarcations glissant sur les flots turquoise constitue le temps fort du séjour. Les départs ont lieu depuis la baie de Saint-Joseph (voir p. 126). Première étape : la remontée de la **baie d'Upi**, aux eaux cristallines (environ 1 heure 30). Ensuite, un parcours pédestre coupe à travers la forêt et rejoint en 30 minutes un petit chenal qui relie l'océan à la baie d'Oro. Là, vous devrez vous acquitter d'un droit coutumier de 200 CFP. Si vous le suivez vers l'ouest, vous arriverez au Méridien ; si vous traversez le chenal et suivez un autre chemin en direction de l'est (indiqué), vous parviendrez à la **"piscine naturelle"**, idéale pour le snorkeling et la baignade. Depuis cette "piscine", un autre chenal débouche, vers le nord, sur la plage de sable de la baie d'Oro et le restaurant Kô-Ngé-Âa-Ké (ex-Kou-Gny).

La plupart des hôtels et des gîtes se chargent d'organiser cette excursion en contactant directement les piroguiers. Comptez environ 4 500 CFP sans le repas, avec transferts inclus (jusqu'au point de départ des pirogues dans la baie de Saint-Joseph à l'aller et depuis le parking près du "péage" à Oro au retour). Pour le déjeuner, emportez votre pique-nique, un sandwich ou demandez à votre hôtel de réserver (impératif) un repas au restaurant Kô-Ngé-Âa-Ké (ex-Kou-Gny) ou au restaurant du Méridien. Les paiements se font en espèces.

Îlot Brosse et îlot Moro

Plusieurs prestataires organisent des sorties en bateau sur d'autres sites tout aussi paradisiaques, au sud de l'île : l'**îlot Brosse**, inhabité, entouré d'une superbe plage frangée de pins colonnaires, et l'**îlot Moro**, autre lieu superbe. Ces deux îlots correspondent en tout point à l'image d'un éden tropical, avec des plages de sable fin et des récifs coralliens autour desquels s'égaille une faune bigarrée – idéal pour le **snorkeling**. Ces excursions s'accompagnent généralement d'un pique-nique, sous forme de barbecue, sur l'îlot Brosse ou sur l'îlot Moro. Les tarifs d'une excursion combinée îlot Moro-îlot Brosse avec arrêts snorkeling dans les baies et baignade avec les raies (pastenagues et mantas) et les tortues (si elles daignent se montrer) varient environ de 8 000 CFP (excursion sans repas) à 14 000 CFP (excursion avec repas à base de langouste) la journée (de 9h à 15h). Un nombre minimum de 4 participants est requis. L'équipement de snorkeling est en principe prêté, mais mieux vaut prendre son propre matériel. Contactez les prestataires suivants :

Atchu Nautique (☎78 11 09 ; www.atchunautique.com ; excursion 7 000-9 500 CFP). Tour des baies et repas à l'îlot Brosse.

Mana Nautique (☎75 00 88 ; www.mananautique.nc ; excursion 8 000-13 800 CFP/pers). Tour des baies et repas à l'îlot Brosse.

Île des Pins Plaisance (☎77 28 50 ; www.iledespinsplaisance.com ; excursion 8 000-10 000 CFP/pers). Tour des baies, îlot Brosse et repas à l'îlot Moro.

Oriana Nautique (☎81 49 44 ; www.oriananautique.nc ; excursion 7 000-10 000 CFP). Tour des baies, îlot Brosse et repas à l'îlot Moro.

Kanuméra Tours (☎82 16 52 ; excursion demi-journée 5 000 CFP). Sortie à la demi-journée à l'îlot Brosse.

Relais Le Kuberka　　AUBERGE €
(☎46 11 18 ; kuberka@mls.nc ; s/d 7 500/9 500 CFP, bungalow d 12 500 CFP ; ❊☷☏). Une auberge familiale tranquille, aux allures de mini-motel, avec une petite piscine tout juste suffisante pour barboter, à 350 m de la plage de Kuto (aucune vue mer, donc). Au choix : 3 bungalows en dur et 8 chambres attenantes, dans un jardin tropical très bien entretenu. L'ensemble est sans charme mais fonctionnel,

propre et sans mauvaise surprise, et l'atmosphère sans chichis. La clim est en option (supplément de 1 500 CFP/nuit). Restaurant sur place.

Gîte Nataiwatch
GÎTE, CAMPING €€

(☑46 11 13 ; www.nataiwatch.com ; camping s/d 1 600/2 100 CFP, bungalow mélanésien qua 16 900 CFP, bungalow en dur avec petit-déj s/d 10 900/12 900 CFP ; ☎). Une valeur sûre de l'île des Pins. Ce gîte magnifiquement situé, dans une forêt avec accès direct à la plage de Kanuméra (à 100 m), comprend 4 bungalows de style mélanésien, avec coin cuisine, un peu vieillissants, ainsi que 8 bungalows jumelés, en dur, modernes, bien conçus et égayés de quelques touches décoratives ; ils sont tous équipés de brasseur d'air (pas de clim) et d'une terrasse. Bonne nouvelle pour les campeurs : un espace ombragé et équipé (barbecue, point d'eau, électricité, abris avec tables et chaises, mais pas de cuisine commune) leur est réservé. Le bloc sanitaire (eau chaude) est bien entretenu. Autres atouts : restaurant sur place, salon de télévision, location de vélos et de voitures, wi-fi dans toute la propriété, serviettes dans les bungalows, et carte bancaire acceptée.

Le Kou-Bugny
HÔTEL €€

(☑46 18 00 ; www.kou-bugny.com ; d 24 500-27 000 CFP, bungalows qua 28 000-31 000 CFP ; ✳@☎). Ombragé par de sculpturaux arbres *bugny*, face à la baie de Kuto, cet établissement de gamme moyenne est convenable malgré un rapport qualité/prix qui laisse franchement à désirer. Il loue deux types d'hébergement : des bungalows en dur, de style mélanésien, très spacieux (adaptés aux familles) mais peu lumineux, et des chambres nettement plus petites, au confort ordinaire, réparties dans un bâtiment sur deux niveaux. Celles du rez-de-chaussée possèdent une petite terrasse ; celles à l'étage donnent sur une coursive (l'intimité est donc plus limitée). Il suffit de traverser la route pour accéder à la magnifique plage de Kuto, où se trouve le restaurant de l'hôtel. Location de voitures à tarif préférentiel. Des offres promotionnelles sont parfois disponibles sur le site Internet ou via les agences de voyages de Nouméa, sous forme de packages.

Ouré Lodge
HÔTEL €€€

(☑43 13 15 ; www.tera-hotels-resorts.com ; bungalow d avec petit-déj 19 000-45 000 CFP ; ✳☒☎). Cet établissement est un havre de paix, dans un site exceptionnel, face à la baie de Kanuméra et bordant une plage de rêve. Les 30 bungalows, en bois, répartis en 4 catégories, sont d'une conception relativement simple (imaginez des chalets) mais sont lumineux, ouvrent sur une large terrasse et sont bien espacés les uns des autres (sauf les "Jardin", jumelés par deux, les moins chers) dans une splendide cocoteraie qui donne directement sur la plage. Les sdb ont bénéficié d'un petit rafraîchissement en 2019. La présence d'une piscine est presque incongrue dans ce décor enchanteur. L'ambiance est décontractée, on se sent comme à la maison. Le petit plus : des kayaks et des équipements de snorkeling à disposition. Également location de vélos. Des offres promotionnelles sont régulièrement proposées sur le site Internet. L'hôtel compte deux restaurants et un bar.

🍴 Où se restaurer

Épicerie

Ethele
BOULANGERIE, ALIMENTATION, RÔTISSERIE €

(☑41 73 71 ; ⏱5h30-11h30 et 15h30-18h30 lun-sam, 6h30-8h30 et 10h30-12h dim). Petit magasin, situé juste en face des vestiges du bagne. Poulets rôtis à 1 200 CFP (en vente certains jours le matin à partir de 9h) et sandwichs (500 CFP).

Convenience Store

Curios Maliska
ÉPICERIE €

(☑43 49 02 ; ⏱9h-17h lun-sam, 11h-17h dim). Épicerie, pâtisseries, sandwichs (500 CFP) et poulets rôtis (1 500 CFP) le matin certains jours.

Restaurant du Relais

Le Kuberka
CUISINE LOCALE €€

(☑46 11 18 ; plats 2 500-3 500 CFP ; ⏱tlj 11h30-13h30 et 18h30-19h30, sur réservation). Le restaurant du Kuberka a bonne presse, surtout pour les spécialités de la mer (salade de poulpe, filet de bec de cane...) et les escargots de l'île (3 500 CFP la douzaine). Également sandwichs à 750 CFP. Dommage que le décor de la salle (deux aquariums et une fresque murale d'inspiration maritime) soit franchement passé de mode.

Les Nautiles
RESTAURANT, SNACK €€

(☑46 18 00 ; plats 3 200 CFP, buffet déj 3 200-4 800 CFP ; ⏱tlj 12h-13h30 et 19h-20h30). Conçu dans un esprit "bateau", avec de grandes baies vitrées et un deck panoramique, le restaurant de l'hôtel Kou-Bugny bénéficie d'un emplacement de rêve. La cuisine, servie à midi sous forme de buffet, et à la carte le soir (sauf le samedi soir : buffet à 4 800 CFP), recueille des avis mitigés. Le buffet au déjeuner n'a rien d'original et le service manque de professionnalisme. Au dîner, essayez le filet de bœuf à la plancha ou le rôti de vivaneau. Des sandwichs (à partir de 850 CFP) sont également en vente au snack-bar attenant, de 12h à 14h.

Village Vacances IGESA RESTAURANT €€
(☎46 19 19 ; menu 2 700 CFP ; ◷12h-13h et 19h-20h tlj sur réservation). Dans la baie de Kuto (mais sans vue mer), le restaurant de ce village de vacances fréquenté par le personnel de l'armée accueille les clients extérieurs (sur réservation) et propose un menu fixe (pas de carte) d'un bon rapport qualité/prix. Plages horaires réduites.

Table d'hôtes Lylone TABLE D'HÔTES, CAMPING €€
(☎98 40 15 ; menus 3 000-7 000 CFP ; ◷midi et soir sur réservation). Une belle propriété ombragée, en bord de mer, face à l'îlot Aventure, un accueil familial, et une cuisine savoureuse à base de produits locaux... Lylone (signalé) devrait contenter les amateurs de bonne chère. Le prix du menu (à choisir au moment de la réservation) varie en fonction des plats (poulet, poisson, langouste). Possibilité de camper (1 000 CFP/pers). Bloc sanitaire correct (eau froide). Petit-déj à 750 CFP.

Kunie Kaa – Restaurant du Gîte Nataiwatch CUISINE LOCALE €€
(☎46 11 13 ; plats 1 800-3 100 CFP, menus 2 900-4 300 CFP ; ◷12h-13h et 19h-20h tlj sur réservation ; ☎). À l'entrée de la propriété du gîte, cet établissement accueille les clients extérieurs sur réservation (avant 11h pour le déjeuner, avant 17h pour le dîner). La salle, impersonnelle, se prolonge par une terrasse occupée par du mobilier en plastique. Aucune vue particulière, mais on vient ici pour la cuisine, variée et savoureuse (entrecôte, poisson, escargots, pizzas). Également d'excellents sandwiches à 600 CFP. Plages horaires réduites.

♥**Ouré Lodge – Le Kanuméra et Le Banian** RESTAURANTS D'HÔTEL €€
(☎43 13 15 ; plats 2 500-3 500 CFP ; ◷tlj 12h-13h45 et 19h-21h45 ; ☎). Les deux restaurants de cet hôtel (Le Banian au déjeuner, près de la plage, Le Kanuméra au dîner, près de la piscine) se caractérisent par leur carte alléchante, avec des plats de viande et de poisson bien préparés et joliment présentés, notamment un excellent burger

---

LES ESCARGOTS DE L'ÎLE DES PINS

Les amateurs d'escargots (ils sont appelés bulimes dans l'archipel) se régaleront sur l'île des Pins. Ramassés dans la forêt et mis à dégorger pendant deux jours, ils sont ensuite cuisinés comme en France, avec du beurre persillé et de l'ail. Attention, il ne faut pas confondre ces escargots, d'environ 6 cm de long, avec les escargots africains géants, très répandus en Nouvelle-Calédonie, et considérés comme des animaux nuisibles dans les pays voisins.

---

de mi-cuit de thon. La carte du soir est plus variée (fricassée de poulpe, part de bougna) et l'atmosphère romantique. Pour caler une petite faim l'après-midi, une carte snack est disponible de 14h30 à 17h.

🔒 Achats

Boutique Créations île des Pins SOUVENIRS
(☎46 12 68 ; ◷9h-11h30 et 14h30-17h30 tlj ; ☎). Non loin du quai à Kuto, cette boutique vend divers souvenirs, notamment des beaux livres, des cartes postales, des vêtements peints à la main, des paréos et des articles en cuir réalisés localement. Plusieurs ouvrages ont été écrits par la propriétaire de la boutique, Hilary Roots, surnommée "Cléo". Euros acceptés.

Grotte de la Troisième

Le nom de cette grotte immergée remonte à la période pénitentiaire de l'île, durant laquelle le secteur s'appelait "la troisième commune". Elle est dissimulée dans une forêt, à 8 km au nord de Kuto. Le site dégage une impression saisissante. La végétation a des airs de petite jungle. Vous pouvez vous aventurer à l'intérieur si vous ne craignez pas le noir. Soyez vigilant, car le sol est irrégulier. Le fond de la grotte, rempli d'eau douce, fait office de site de plongée (pour plongeurs confirmés seulement ; voir le chapitre *Plongée* p. 28). Adressez-vous au Kunié Scuba Center.

En venant de Kuto, sur la route principale, suivez le sentier signalé par un panneau. Au bout de 800 m, vous arriverez dans une clairière. La grotte est à 50 m sur la droite.

Baies de Ouaméo et de Gadji

La baie de Ouaméo, avec sa longue plage, est exposée plein ouest, à 1 km de la route principale. Pour y accéder, il faut traverser une forêt d'anciens banians. C'est dans cette anse isolée qu'est installé le centre de plongée Kunié Scuba Center (voir ci-après). Tout au nord, vous parviendrez dans la partie la plus sauvage de l'île, au hameau de Gadji et à la baie des Crabes, accessible par une piste. Avec ses îlots rocheux disséminés sur un plan d'eau turquoise, cette dernière est pittoresque, mais la plage, vaseuse, n'incite guère à la baignade.

🏃 Activités

Les plus beaux sites de plongée se situent autour des îlots et des récifs de la baie de Gadji, au nord de l'île, accessibles en un quart d'heure environ depuis le centre de plongée. Ils conviennent à tous les niveaux, y compris aux débutants qui pourront faire un baptême dans les eaux limpides et poissonneuses autour de l'îlot Gié. Pour plus de détails sur les sites, reportez-vous au chapitre *Plongée*, p. 28.

Kunié Scuba Center   PLONGÉE, SNORKELING
(📞 46 11 22 ; www.kuniedive.com ; ⊘ tlj sur réservation). Bien tenu et doté d'un matériel en bon état, ce centre de plongée, le seul de l'île, se trouve dans l'enceinte de l'hôtel Kodjeue. Les sorties sont organisées selon la formule "two-tank" (deux plongées successives dans la matinée) et coûtent 17 400 CFP, location de l'équipement compris. Pour un baptême, vous paierez 12 500 CFP. Le Kunié Scuba Center accepte la carte de Plongée + (6 000 CFP, valable un an dans 5 centres du Territoire), qui donne droit à une réduction de 15%. Pour les amateurs de snorkeling, le Kunié Scuba Center offre la possibilité d'embarquer à bord du bateau de plongée et d'explorer les récifs autour de l'îlot Gié avec palmes, masque et tuba (6 300 CFP, matériel inclus). Les sites sont choisis le jour même, en fonction de la météo, des marées et du niveau des plongeurs. Transferts gratuits pour les hébergements du secteur baie de Kuto/Kanuméra. Carte bancaire acceptée.

🛏 Où se loger et se restaurer

Un établissement hôtelier, le Kodjeue, se trouve sur la plage, mais le laisser-aller général qui le caractérise ne permet pas de le recommander.

Grotte de la Reine Hortense

Au milieu de l'île, la grotte de la Reine Hortense (250 CFP) désigne une immense grotte creusée dans une falaise calcaire. À partir du parking, le chemin traverse, sur une centaine de mètres, une forêt luxuriante composée de bananiers sauvages et de papayers, de fougères géantes et d'arbres tropicaux, jusqu'à l'entrée de la grotte, au pied de la falaise. Attention, le sol est glissant à l'intérieur.

La reine Hortense, épouse d'un chef local, se serait réfugiée dans cette immense caverne pendant plusieurs mois en 1855 pour échapper à un conflit qui opposait les tribus de l'île. La grotte est agrémentée de nombreuses stalactites et stalagmites. Juste après l'entrée, vous verrez un sanctuaire de fortune où se dresse une statue de la Vierge ; au fond de la grotte, une dalle rocheuse, lisse, aurait servi de lit à la reine. Le fond de la caverne est éclairé par une ouverture dans le plafond, par laquelle les racines d'un banian descendent jusque dans la grotte.

Si le gardien n'est pas à son poste, déposez l'argent dans la boîte qui se trouve à côté du cabanon. Vous pouvez emprunter des lampes de poche, à côté de la boîte. La grotte, signalée, est à 500 m de la route principale, en bas d'une impasse. La bifurcation est à 300 m au nord du carrefour pour l'aérodrome.

Baie d'Oro

Encore un chef-d'œuvre de la nature… Sur la côte est, au nord de la presqu'île du même nom, la baie d'Oro est barrée par deux îlots, séparés entre eux et de la grande île par des bras de mer sablonneux submergés à marée haute (eau jusqu'à mi-cuisse). L'îlot le plus proche du rivage sert d'écrin à l'hôtel Le Méridien (accessible par un petit pont) et, de l'autre côté, au restaurant Kô-Ngé-Âa-Ké (ex-Kou-Gny ; en réalité une paillote aménagée sur la plage).

La baie d'Oro est à 5 km de la route principale. La bifurcation (signalée), à 9 km au nord de Vao, fait face à un petit cimetière.

LE BOIS DE SANTAL

Le bois de santal du Pacifique n'a cessé d'attiser les convoitises depuis deux siècles. Sur l'île des Pins, dans les années 1840, une exploitation abusive a presque fait disparaître cette ressource en l'espace de deux ans. Les négociants se sont alors rabattus sur les îles Loyauté puis sur la côte est de la Grande Terre. À l'époque, leur principal débouché était la Chine. De nos jours, le bois reste très demandé, en particulier en France, où ses huiles essentielles entrent dans la composition de certains parfums. Le *Santalum album* pousse très lentement. Son tronc souple et menu s'orne de branches aux petites feuilles vernissées. Ce sont les racines et le duramen jaunâtre (mesurant jusqu'à 1 m de haut) qui contiennent les précieuses essences.

◉ À voir et à faire

Piscine naturelle   BAIGNADE, SNORKELING
(200 CFP). À hauteur du parking du Méridien, un sentier longe l'îlot et conduit en une dizaine de minutes à la "piscine naturelle", l'un des sites touristiques les plus célèbres de Nouvelle-Calédonie. Imaginez un vaste plan d'eau claire et scintillante encadré de massifs coralliens, coiffés par les pins colonnaires… On prend un plaisir immense à barboter dans ce bassin naturel, à l'abri des vagues et des courants. On peut aussi étaler sa serviette sur une mince bande de sable mais, pour la farniente, la plus belle **plage** est celle qui s'étend devant le restaurant Kô-Ngé-Âa-Ké (ex-Kou-Gny). Mettez des sandales (pour marcher dans l'eau) et n'oubliez pas vos palmes, masque et tuba ! Évitez néanmoins la piscine naturelle lorsque les croisiéristes des paquebots viennent s'y prélasser en nombre lors de leur escale à la journée sur l'île… L'ambiance sauvage est gâchée. Notez qu'une coutume (un "péage") de 200 CFP est exigée pour accéder au site.

🛏 Où se loger et se restaurer

Kô-Ngé-Âa-Ké   PAILLOTE €
(☏99 27 81 ; menus 3 500-8 000 CFP ; ☺midi tlj, sur réservation). L'ancien Kou-Gny bénéficie toujours d'un cadre incomparable. Ses tables en bois sont disposées à l'ombre des filaos, les pieds dans le sable, face aux eaux turquoise de la baie d'Oro. C'est donc une étape de choix lors de votre excursion à la journée dans cette baie. Faites un petit effort financier et offrez-vous le menu langouste (8 000 CFP, hors boisson), mais vous pouvez aussi bien opter pour le menu poulet (3 500 CFP) ou le repas poisson (4 800 CFP)… Accès : traversez le pont menant au Méridien, empruntez le chemin sur la droite, et suivez-le jusqu'au bout (environ 10 minutes à pied). Réservation souhaitable (la veille ou le jour même avant 9h). Paiement en espèces.

Le Méridien   HÔTEL DE LUXE €€€
(☏26 50 00 ; www.marriott.fr ; d avec petit-déj à partir de 27 000 CFP, bungalows d avec petit-déj à partir de 37 000 CFP ; ✳☒☍). Sertis dans un cadre arboré, les bungalows et les chambres du Méridien, prisés des couples de Japonais en lune de miel, évoquent un éden tropical. La vue sur la baie d'Oro est de toute beauté, la plage est petite mais attrayante et les silhouettes élancées des pins colonnaires forment une magnifique toile de fond. La piscine à débordement se confond avec les eaux calmes du lagon. Il n'y a pas d'animation ; l'ambiance, calme, est propice à la relaxation. Quelques activités sont possibles, dont le kayak et le vélo. Préférez les chambres "vue piscine" du 2e étage, qui ouvrent sur la piscine (éclairée le soir) et le lagon, ou les bungalows au bord du chenal. Le **bar-restaurant La Pirogue** (plats 2 200-3 600 CFP ; ☺tlj), ouvert aux clients extérieurs (sur réservation, de préférence), propose une carte snack ainsi qu'une cuisine internationale.

Baie d'Upi

Les photos aériennes de cette petite mer intérieure, fermée à l'est par l'île de Koutomo et la presqu'île d'Oro, ont fait le tour du monde. Vue du ciel, la baie d'Upi compose un tableau extraordinaire : un grand miroir couleur turquoise piqueté de minuscules îlots calcaires, coiffés d'une corolle verte. Pour peu que les pirogues traditionnelles à balancier soient de la partie, voguant à la queue leu leu en direction de la baie d'Oro…

Au ras de l'eau, cette baie est tout aussi photogénique même si la plage en elle-même ne présente pas d'intérêt particulier. La plupart des touristes la découvrent à l'occasion de l'excursion en pirogue pour la "piscine naturelle", dont la première étape consiste à remonter la baie, jusqu'à son extrémité (voir l'encadré p. 129).

ÎLE DES PINS BAIE D'UPI

Îles Loyauté

Le top
des activités

➔ Plongée (p. 148)

➔ Randonnée pédestre
   (p. 142)

➔ Snorkeling (p. 148)

Le top des
hébergements

➔ Nengone Village (p. 141)

➔ Drehu Village (p. 145)

➔ Pe Une (p. 142)

➔ À La Petite Baie (p. 151)

➔ Hôtel Beaupré (p. 154)

Pourquoi y aller

Maré, Lifou et Ouvéa… Ces îles si dépaysantes, à environ 100 km à l'est de la Grande Terre, vous plongeront dans un univers radicalement différent des autres provinces, à tel point que vous aurez l'impression de changer de pays.

C'est dans cet archipel que la société kanak traditionnelle a été le mieux préservée. Même si la modernité a fait son apparition, on vit encore à l'heure de la "coutume", qui rythme tous les aspects de l'existence. Et que dire du patrimoine naturel ? À Lifou et Maré, le relief se compose de plateaux calcaires recouverts d'une végétation dense, troués de grottes mystérieuses et bordés de hautes falaises, tandis qu'Ouvéa affiche le profil d'un atoll surélevé. S'y ajoute la carte maîtresse de l'archipel : des plages immaculées, désertes, frangées de pins colonnaires, de cocotiers et de pandanus. Le développement touristique, limité, est resté étroitement encadré. Hormis une poignée d'hôtels, les hébergements sont des gîtes tenus par les habitants (une formule appelée "accueil en tribu"). Parmi les activités le plus souvent pratiquées, les excursions pédestres guidées et le snorkeling sur des fonds coralliens se distinguent.

Chaque île de l'archipel des Loyauté a sa personnalité ; visitez-les toutes les trois !

Quand partir

Le cadre naturel idyllique des Loyauté peut laisser croire que les conditions météo sont toujours idéales. La réalité est plus nuancée, surtout en juillet-août, lorsque les températures nocturnes peuvent descendre en dessous de 13°C – prévoyez une petite laine. Comme dans le reste du territoire, la saison idéale s'étend de septembre à mi-décembre.

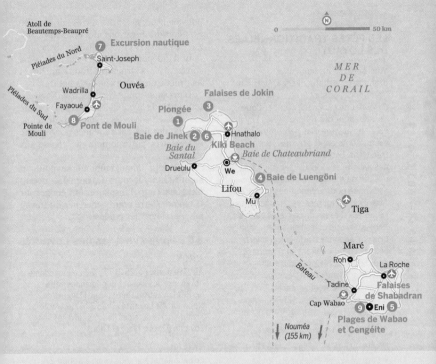

À ne pas manquer

1 Une **plongée** au large de Lifou (p. 143)

2 Du snorkeling au milieu des patates de corail de la **baie de Jinek** (p. 148)

3 Le panorama depuis les **falaises de Jokin** (p. 148)

4 Les eaux scintillantes de la **baie de Luengöni** (p. 150)

5 Une balade guidée jusqu'aux **falaises de Shabadran** à Tadine (p. 142)

6 La discrète **plage de Kiki Beach** (p. 147) à Lifou

7 Une **excursion nautique** dans les Pléiades du Nord à Ouvéa (p. 158)

8 Le **pont de Mouli** qui enjambe le lagon (p. 154), à Ouvéa

9 Les plages idylliques de **Wabao** et de **Cengéité**, sur l'île de Maré (p. 140)

Histoire

L'archipel est habité par des tribus mélanésiennes depuis plusieurs millénaires. Des navigateurs polynésiens se sont mélangés à la population locale entre le XIe et le XVIIIe siècle.

L'amiral français Bruny d'Entrecasteaux est le premier Européen à localiser les îles Loyauté en 1793. La même année, le navire anglais *Britannia* passe au large de Maré. En 1827, Dumont d'Urville est officiellement mandaté pour dresser la carte de l'archipel. Il y retourne une seconde fois en 1840 pour achever sa mission.

À partir de 1810, les baleiniers sillonnent la zone. Les chasses à la baleine se terminent vers 1860. L'huile de baleine, utilisée pour l'éclairage, est remplacée par les carburants fossiles récemment découverts. Au début des années 1840, les santaliers pillent les ressources locales et saccagent en une décennie l'écosystème forestier, échangeant le bois contre du fer, des vêtements, des perles et des fusils. Malgré quelques escarmouches, les contacts avec les Européens furent plutôt amicaux. Les Mélanésiens ont en revanche payé un lourd tribut aux maladies apportées par les arrivants blancs, notamment la rougeole et la variole.

À NE PAS MANQUER

LES FÊTES TRADITIONNELLES DES LOYAUTÉ

Vous souhaitez découvrir en profondeur la culture kanak ? Les fêtes traditionnelles sont le plus sûr moyen de vivre une expérience authentique. Le calendrier des fêtes dans les Loyauté est riche et varié. Ces nombreux événements populaires associent traditions, coutumes et mise en valeur des savoir-faire locaux. Les habitants des îles se mobilisent plusieurs mois à l'avance pour préparer ces festivités. Attention, il faut réserver très tôt pour visiter les îles lors de ces fêtes car les hébergements et les transports sont pris d'assaut. Des forfaits transport/accueil chez l'habitant sont proposés pour l'occasion. Consultez le site www.iles-loyaute.com pour des renseignements détaillés.

➡ Fête Luecila 3000 – début janvier, Lifou

➡ Fête de l'Avocat – mai, Maré

➡ Fête du Lagon – mi-juin, Ouvéa

➡ Fête du Waleï – mi-juillet, Ouvéa

➡ Fête du Santal et du Miel – début septembre, Lifou

➡ Foire des Îles – mi-septembre, foire tournante chaque année sur l'une des îles Loyauté

➡ Fête de la Vanille – octobre, Lifou

➡ Fête du Vivaneau (Wajuyu) – novembre, Maré

Les contacts avec la culture occidentale s'intensifient avec l'arrivée des évangélistes de la London Missionary Society (LMS). Venus des Tonga, ils s'établissent à Maré en 1841, à Lifou l'année suivante et à Ouvéa en 1856. Le succès de leur démarche est facilité par l'œuvre des catéchistes des Samoa et de Rarotonga qui les avaient précédés. Apprenant la bonne fortune des protestants, les catholiques français, alors occupés à convertir les habitants de la Grande Terre et de l'île des Pins, viennent répandre la bonne parole dans l'archipel à la fin des années 1850.

Peu après l'annexion par la France au début des années 1850, les autorités coloniales avaient décidé que seuls les Kanak pouvaient posséder des terres sur ces îles. En dépit des invasions, des épidémies, des guerres tribales et religieuses et de la lutte pour l'indépendance, les clans ont ainsi conservé leurs structures traditionnelles et leur mode de vie proche de la nature.

Dans la seconde moitié du XIX° siècle, une partie de la population des îles Loyauté est transférée vers les plantations de canne à sucre des îles australiennes. Cette traite des esclaves porte le nom de "chasse aux merles".

Le déclin démographique se poursuit aujourd'hui. Au cours des dernières décennies, beaucoup d'insulaires ont émigré sur la Grande Terre pour y chercher du travail ou poursuivre des études.

ℹ Depuis/vers les îles Loyauté

AVION

Air Calédonie (☎ 25 21 77 ; www.air-caledonie.nc) assure des liaisons quotidiennes entre les îles Loyauté et l'aérodrome Magenta de Nouméa. **Air Loyauté** (☎ 25 37 57 ; www.air-loyaute.nc) assure des liaisons entre les îles Loyauté (Ouvéa, Maré et Lifou).

BATEAU

Le catamaran à grande vitesse **Betico 2** (☎ 26 01 00 ; www.betico.nc ; gare maritime, quai des Volontaires, Nouméa ; ⏰ 8h-16h lun-ven, 8h-11h sam) effectue la desserte des îles Loyauté au départ de Nouméa : deux rotations par semaine (trois à certaines périodes de l'année, notamment lors des vacances scolaires) pour Maré et Lifou (aller simple adulte/enfant 8 500/4 300 CFP, 4 heures pour Maré, 6 heures pour Lifou), en principe le lundi et le vendredi. Les dessertes se font alternativement dans le sens Nouméa-Maré-Lifou-Nouméa et Nouméa-Lifou-Maré-Nouméa. L'inter-îles Maré-Lifou (2 heures environ) coûte 4 700 CFP.

Suite à des travaux d'aménagement du quai à Ouvéa en 2017, le *Betico 2* dessert également Ouvéa (direct depuis Nouméa, sans passer par Lifou ou Maré ; 6 heures de navigation), mais il n'y a qu'une à deux rotations par mois en moyenne.

Le planning des rotations mensuelles est disponible sur le site Internet de la compagnie. Les réservations peuvent se faire en ligne.

ℹ Comment circuler

Attention, les distances sont grandes sur ces îles (75 km du nord au sud de Lifou, 45 km pour traverser Ouvéa du nord au sud, 50 km entre les deux tribus les plus éloignées de Maré). La voiture de location est la formule la plus pratique, à défaut d'être la plus économique, en l'absence de transports en commun. Comptez entre 6 500 et 8 000 CFP par jour. Les loueurs livrent le véhicule à l'aérodrome ou au quai sans frais supplémentaires. Pour plus de détails, consultez la rubrique *Comment circuler* de chaque localité.

Il est d'usage de faire du stop (on dit "faire du pouce") pour les petits déplacements le long des axes principaux. En revanche, vous risquez d'attendre longtemps sur les routes peu fréquentées.

MARÉ (NENGONE)

7 400 HABITANTS

C'est la plus secrète des îles Loyauté et, à en croire de nombreux visiteurs, la plus authentique. Sa population s'appuie encore solidement sur des traditions vivaces, et Maré n'a rien à envier à ses voisines sur le plan environnemental. Son littoral déchiqueté est émaillé de petites plages léchées

ⓘ À SAVOIR AVANT D'ORGANISER UN SÉJOUR AUX LOYAUTÉ

➡ Il n'y a que trois hôtels dans l'archipel : le Paradis d'Ouvéa à Ouvéa, le Nengone Village à Maré, et le Drehu Village à Lifou. Un hôtel de luxe devrait voir le jour d'ici 2023 à Lifou.

➡ Les autres hébergements sont des gîtes tribaux, chez l'habitant. Vous dormirez dans une case traditionnelle (avec matelas au sol), une paillote (case équipée d'un lit) ou un bungalow situés sur le terrain des propriétaires. Le confort est simple et les sdb sont communes (et l'eau n'est pas toujours chaude), mais cette formule vous permettra d'être au cœur de l'univers kanak. Comptez entre 4 000 CFP et 7 500 CFP la nuitée pour deux personnes. Il est également possible de camper (environ 1 800 CFP par tente). Rares sont les gîtes équipés du Wi-Fi.

➡ Draps et couvertures sont fournis dans les gîtes, mais pas le savon ni les serviettes de toilettes.

➡ La "concurrence" n'existe pas vraiment. Les tarifs sont quasi identiques d'un gîte à l'autre (ils sont fixés par l'office du tourisme de la province des Loyauté).

➡ Il est impératif de réserver son hébergement, surtout en période de vacances scolaires calédoniennes.

➡ La qualité du service est très variable ; certains hôtes se montrent attentifs et prévenants, d'autres sont beaucoup plus négligents envers les touristes qu'ils accueillent.

➡ Il y a peu de restaurants indépendants ; les repas sont servis dans les gîtes ou les hôtels, et il faut toujours prévenir au moins 24 heures à l'avance. Dans tous les cas, il est préférable de téléphoner au préalable pour confirmer les jours et heures d'ouverture.

➡ Les menus sont simples, à base des produits du terroir ou de la pêche. Si vous souhaitez déguster des plats particuliers (crabe de cocotier, langouste, *bougna*), précisez-le lors de la réservation par téléphone. Le menu complet (hors boisson) coûte entre 2 500 CFP et 4 500 CFP.

➡ Chaque île possède au moins un ou deux supermarchés bien approvisionnés.

➡ La disponibilité de vos hôtes varie selon les périodes de l'année. De juin à septembre, saison des mariages et des fêtes coutumières, il est fréquent que des réservations ne soient pas honorées, que vos interlocuteurs ne décrochent pas leur téléphone, que des excursions n'aient pas lieu, que les snacks n'ouvrent qu'épisodiquement et que des familles s'absentent – d'où un possible sentiment d'accueil inexistant ressenti par les touristes. Gardez à l'esprit que la vie de la tribu, les travaux agricoles, les rites et les obligations liés à la coutume ainsi que les fêtes coutumières passent avant les prestations touristiques... Soyez indulgent !

➡ Sauf exception, les gîtes ne prennent pas la carte bancaire et disposent rarement de monnaie. Prévoyez des espèces en petites coupures pour régler vos prestations et faire l'appoint.

➡ Le trafic routier est faible, mais il faut rester vigilant sur les routes ; certains habitants n'ont pas le permis et n'hésitent pas à rouler en état d'ébriété, surtout le soir, les week-ends ou pendant les fêtes coutumières.

Maré

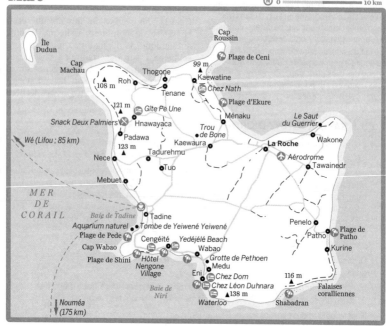

par des lagons translucides. Par endroits, le plateau central, recouvert d'une végétation dense, plonge à pic dans la mer, offrant une vue splendide depuis de hautes falaises battues par les lames en furie. Des trous bleus béants, percés dans le substrat calcaire, et de superbes sentiers côtiers ajoutent à son charme, de même qu'une poignée de gîtes kanak où l'on peut se régaler de spécialités mélanésiennes à bon compte. Sans oublier, bien sûr, des plages de rêve où l'on ne croise pas âme qui vive.

Population

La population de Maré descend des Mélanésiens autochtones et des Polynésiens qui s'installèrent sur l'île entre le XIe et le XVIIIe siècle. L'île comprend huit districts administrés par un chef, lui-même placé sous l'autorité d'un grand chef. La langue locale est le nengone.

Ces dernières années, Maré s'est illustrée sur le plan artistique, notamment grâce au dramaturge kanak Pierre Gope et aux musiciens Dick et Hnatr Bouama (ex-Gurejele) et Gulaan (ex-OK! Ryos).

🛈 Renseignements

Si vous n'avez pas de routeur wi-fi ou de carte SIM avec accès Internet par la 3G, vous aurez des difficultés à accéder à Internet car la plupart des hébergements ne sont pas équipés de l'accès wi-fi. Seules exceptions : l'hôtel Nengone Village (accès réservé aux clients uniquement) et le gîte Waterloo à Eni.

Banque Calédonienne d'Investissement (BCI ; Tadine ; ⊘7h20-12h et 13h-15h45 lun-mar et jeu-ven, 7h20-12h et 13h30-15h45 mer). L'unique banque de l'île. Change (euros uniquement en matinée seulement ; pas de commission) et distributeur de billets. À Tadine, sur le front de mer, près de la gendarmerie.

OPT (Tadine ; ⊘7h45-11h15 et 12h15-15h lun-ven). Le bureau de poste est équipé d'un distributeur de billets, à l'extérieur. Près de la gendarmerie, sur le front de mer.

🛈 Depuis/vers Maré

L'aérodrome se trouve à La Roche. **Air Calédonie** (📞25 21 77 ; www.air-caledonie.nc ; ⊘7h45-11h et 14h-17h lun-ven, 7h45-11h sam, selon horaires des vols sam après-midi et dim), qui assure les vols entre Maré et Nouméa, possède une agence à l'aérodrome. L'aller simple plein tarif Nouméa-Maré varie entre 11 200 CFP et 15 500 CFP selon la classe tarifaire et la franchise bagage en soute.

La compagnie **Air Loyauté** (☎25 37 57 ; www.air-loyaute.nc ; ☺8h30-12h et 14h-16h30 lun, mer et ven, 8h-11h30 et 14h-17h mar et jeu), qui effectue les vols entre Ouvéa, Maré et Lifou, dispose également d'une agence à l'aérodrome. Comptez 8 800 CFP le vol Maré-Lifou (35 minutes, un à deux vols par jour du lundi au vendredi, pas de vol le week-end). Pour Ouvéa (11 300 CFP), il faut transiter par Lifou. Attention, la franchise bagage en soute est de 12 kg (et 3 kg en cabine) ; l'excédent est facturé 300 CFP/kg.

Le navire de passagers *Betico 2* accoste à Tadine. Reportez-vous p. 136 pour plus de renseignements sur la desserte de l'île.

ⓘ Comment circuler

Ne comptez pas sur les transports en commun, inexistants. Le "pouce" (auto-stop) fonctionne plutôt bien, mais ce mode de déplacement reste évidemment aléatoire compte tenu du faible trafic (et gardez à l'esprit que les distances sont grandes). Les gîtes et l'hôtel peuvent organiser les transferts depuis/vers l'aérodrome ou le quai (comptez de 2 000 à 3 500 CFP, selon la distance). Un véhicule se révèle vite indispensable si vous ne voulez pas vous sentir "coincé". La location d'une petite voiture revient à 6 500 CFP par jour. Les "agences de location" locales sont en réalité de petites affaires familiales disposant d'un parc de quelques véhicules (en principe correctement entretenus), mais un contrat en bonne et due forme est établi. Il est impératif de réserver, surtout pendant les vacances scolaires calédoniennes et la saison des mariages et des fêtes. Faites-vous livrer le véhicule directement à l'aérodrome ou au quai (et restituez-le au même endroit). Stations-service à Nece, Wabao et Tadine.

Contactez :

Golf Location (☎45 09 42, 95 55 36 ; golflocation2@gmail.com). Cartes bancaires acceptées.

Olalic Location (☎77 81 64)

Maya Location (☎45 45 31, 76 23 30)

Tadine

À l'ouest de l'île, Tadine est l'une des deux principales localités de Maré. L'animation est limitée, sauf quand arrive le *Betico 2*, le bateau qui relie Maré et Lifou à Nouméa. Vous y trouverez deux boutiques, une agence de la BCI, une pharmacie, un centre médical, une gendarmerie et une poste.

Un **marché** pittoresque de produits locaux se tient chaque mardi et vendredi matin près de la mairie.

✖ Où se restaurer

Wacal   SNACK €

(plats du jour 1 700-2 100 CFP ; ☺5h-13h30 lun-ven). À côté du marché, ce petit snack (pas d'enseigne) sans chichis sert quelques plats du jour, des sandwichs (600 CFP), des crêpes et des en-cas. Depuis les tables en terrasse, vous pourrez profiter de l'animation, les jours de marché, et de la vue sur le quai.

Sud de Tadine

Au sud de Tadine, la route côtière passe à proximité immédiate de falaises calcaires tapissées d'une végétation luxuriante, puis s'éloigne du littoral à partir de Cengéité et Wabao, deux tribus voisines. Il est plus agréable d'emprunter les routes secondaires longeant la mer. C'est dans ce secteur que se trouvent les plages les plus remarquables de l'île, et les plus facilement accessibles.

◉ À voir et à faire

Tombe de Yeiwéné Yeiwéné   MONUMENT

À 2,5 km au sud de Tadine, vous passerez à la hauteur de la tombe du leader indépendantiste qui fut assassiné à Ouvéa avec Jean-Marie Tjibaou en 1989. Elle est aménagée sur un petit promontoire rocheux donnant sur la mer. À côté, une

---

À NE PAS MANQUER

BALADE DU NENGONE VILLAGE À LA PLAGE DE SHINI

Du Nengone Village, on peut entreprendre une agréable (et facile) promenade d'environ 2 km le long du littoral, en terrain plat et ombragé, jusqu'à la **plage de Shini**, un éclatant liseré blanc qui s'étire langoureusement jusqu'au pied du cap Wabao. Le chemin longe préalablement plusieurs autres petites plages de sable blanc, totalement sauvages, bordées de pins colonnaires, que séparent des promontoires coralliens.

Adressez-vous à la réception du Nengone Village pour que l'on vous indique le début du sentier, signalé par un panneau. Après avoir profité de la plage de Shini, rebroussez chemin jusqu'à l'hôtel Nengone Village.

VAUT LE DÉTOUR

LES PLAGES DU NORD : EKURE ET CENI

Le nord-est de l'île comprend des plages splendides et désertes, accessibles uniquement à pied. La plus facile d'accès est la **plage d'Ekure** (environ 2 heures aller-retour) ; le parcours, ombragé, ne comprend aucune difficulté et est balisé par des manu (morceaux de tissu). Le sentier pour la **plage de Ceni** (environ 3 heures aller-retour) est également plat, ombragé et relativement bien balisé par des morceaux de tissu, mais la section finale – la descente de la falaise jusqu'à la plage proprement dite –, est très escarpée et, malgré les cordes installées, déconseillée pour les personnes sujettes au vertige ou peu entraînées. Dans tous les cas, de bonnes chaussures sont indispensables (surtout pas de tongs !) car la progression se fait sur du calcaire acéré. La plage d'Eni est parfois partiellement recouverte de déchets plastique apportés par les courants. Le départ du sentier pour la plage de Ceni se fait depuis le gîte Chez Nath (voir p. 142) ; celui pour la plage d'Ekure, un peu plus loin dans la tribu. Adressez-vous à Noël, le propriétaire du gîtes Chez Nath. Si vous ne logez pas au gîte, vous devrez régler un droit de passage de 2 000 CFP par personne. Prévoir de l'eau et un pique-nique.

plaque commémore la réconciliation entre les familles des victimes et le meurtrier, en 2004. Avant d'approcher, demandez la permission dans la maison d'en face. Abstenez-vous impérativement de prendre des photos sans autorisation.

Aquarium naturel   SITE NATUREL
Environ 700 m après la tombe de Yeiwéné Yeiwéné, vous arriverez à hauteur de ce magnifique site naturel, signalé par un panneau, sur votre droite. Il s'agit d'un bassin creusé dans la roche calcaire, qui forme un splendide aquarium naturel, aux eaux translucides. Il est relié à la mer par des canaux souterrains.

Plage de Pede   BAIGNADE
Entre l'aquarium naturel et l'hôtel Nengone Village, à hauteur d'un virage et à 50 m en retrait de la route, la plage de Pede vaut le détour, mais, en l'absence de panneau indicateur, elle est un peu plus difficile à trouver que les autres plages de l'île. Entourée de buissons et protégée par le cap Wabao, elle offre un mouillage très protégé, apprécié des voiliers. La plage de sable blanc et le lagon bleu-vert qui s'étend au pied de petites falaises composent un décor séduisant.

Plage du Nengone Village
(plage de Kawa)   BAIGNADE
La plage de sable blanc qui s'étend devant l'hôtel Nengone Village est superbe et offre un bain sécurisant, mais elle est exposée aux vents dominants. Elle est accessible à tous moyennant, le cas échéant, une consommation à l'hôtel.

Plages de Cengéité et de Wabao   BAIGNADE
On ressent un sentiment de perfection à la vue de ces plages qui se succèdent, à l'est de l'hôtel Nengone Village. Le long ruban de sable est d'un blanc aveuglant, et l'eau du lagon est turquoise et cristalline. Autour des patates de corail gravite une ribambelle de poissons colorés. Les conditions sont idéales pour la baignade et le snorkeling. Les deux plages sont signalées par un panneau et sont en accès libre.

Plage d'Eni   BAIGNADE
Tout au sud de l'île, cette jolie plage ombragée, assez intime (sauf quand les paquebots de croisière y débarquent leurs passagers...), encadrée de toutes petites falaises coralliennes, bénéficie de magnifiques couchers de soleil.

Grotte de Pethoen   SITE NATUREL
Juste avant la tribu de Medu, à une cinquantaine de mètres en retrait de la route, se trouve un site naturel spectaculaire : imaginez une grande cavité taillée dans la falaise, un épais rideau de stalactites, un bassin d'eau d'un beau bleu sombre et une végétation profuse... Le sentier, caché dans un sous-bois, est difficile à repérer et n'est pas signalé ; seul un petit terre-plein herbu, sur lequel on peut garer son véhicule, peut servir de repère. Si vous ne trouvez pas, renseignez-vous auprès des habitants que vous croiserez.

Boniface Wahaga   SNORKELING
(☑ 45 45 00, 45 19 00, 96 10 61 ; ⊙ sur réservation). Employé à l'hôtel Nengone Village, Boniface Wahaga propose des sorties snorkeling guidées dans la baie de Pede (1 800 CFP,

1 heure 30). Si vous n'êtes pas client de l'hôtel, apportez votre propre matériel.

🛏 Où se loger et se restaurer

Yedjélé Beach
BUNGALOWS €

(☑ 45 40 15, 74 32 66 ; plage de Cengéité ; bungalow d 6 500 CFP). Principal atout de cet établissement : son emplacement, à 20 m de la plage de Cengéité, dans une cocoteraie. Les 4 bungalows en dur ne déclenchent aucune réaction enthousiaste et mériteraient un rafraîchissement, mais restent fonctionnels, disposent d'une sdb (eau froide) et jouissent d'une vue sur la plage. Ils sont équipés d'une plaque de cuisson et d'un réfrigérateur. Possibilité de repas sur place (environ 2 000 CFP) en s'adressant à la famille qui gère la structure.

Chez Léon Duhnara
GÎTE, CAMPING €

(☑ 87 25 99 ; Eni ; camping 1 300/300 CFP par tente/pers, case 2 500 CFP/pers, bungalow d 6 000 CFP). À 400 m de la plage d'Eni, vous aurez le choix entre deux cases, correctes, avec matelas au sol, et une belle aire de camping, avec pelouse, au milieu de la végétation tropicale ; le bloc sanitaire dispose de l'eau chaude (en principe !). Également un bungalow en dur, très sobre. Le site est de l'autre côté de la route par rapport au rivage rocheux de la baie de Niri. La table d'hôtes (sur réservation, la veille) a bonne presse. Faites-vous plaisir avec une langouste (4 000 CFP), du crabe (4 000 CFP) ou du poisson (3 000 CFP).

Waterloo
GÎTE, CAMPING €

(☑ 45 93 78, 95 65 97 ; emilewaetheane@gmail.com ; Eni ; camping 1 600/210 CFP par tente/pers, case d avec sdb commune 4 000 CFP, bungalow d avec sdb commune 5 000 CFP ; 🛜). Un bon point de chute, à 100 m de la plage d'Eni, tout au sud de l'île. Ce gîte tenu par Émile et ses proches vous conviendra si vous appréciez les ambiances familiales. Au choix : deux cases traditionnelles (matelas au sol), en bon état (nous recommandons la "Samarie", typique), ainsi qu'une unité mi-case mi-bungalow (avec lit), tous avec (petit) ventilateur à pied et moustiquaire, cachés dans un beau jardin tropical. Également une aire de camping herbeuse et ombragée et un bloc sanitaire équipé d'eau chaude (à condition que le chauffe-eau ne soit pas en panne...). D'excellents repas à base de produits locaux (dont l'avocat, en saison) sont servis sur demande (à partir de 2 700 CFP). Le petit plus : l'accès wi-fi (gratuit).

Chez Dom
GÎTE, CAMPING €

(☑ 45 92 63, 90 10 02 ; Eni ; camping 1 700/210 CFP par tente/pers, case d avec sdb commune 4 000 CFP). Après avoir vécu à Nouméa, Dominique Duhnara est revenu dans sa tribu à Eni pour ouvrir ce gîte sur le terrain dont il a hérité. Il s'agit d'une belle propriété aérée, avec de la pelouse, légèrement à l'écart du "centre" de la tribu, derrière les bâtiments de l'ancienne école primaire, à environ 800 m de la plage d'Eni. Les cases (avec matelas au sol) sont simples et bien tenues, tout comme le bloc sanitaire ; il n'y avait pas encore de chauffe-eau lors de notre passage, mais le propriétaire apporte des bassines d'eau chaude. Possibilité de table d'hôtes.

Nengone Village
HÔTEL €€€

(☑ 45 45 00 ; www.hotelnengonevillage.nc ; Cengéité ; bungalow d 16 000-18 000 CFP ; ❄🏊🛜). Un havre de sérénité et un décor de carte postale : une majestueuse cocoteraie, une pelouse bien nette, une superbe plage de sable blanc (assez venteuse), léchée par les eaux turquoise du lagon, et une vingtaine de bungalows, qui ne sont plus de première jeunesse mais bien entretenus et idéalement situés (les plus chers ont une vue directe sur la mer). Le service est (très) décontracté et l'ambiance familiale. Prélassez-vous autour de la petite piscine ou profitez des activités gratuites (snorkeling, kayak). Des vélos en location (1 300 CFP la journée) vous permettent de rejoindre l'aquarium naturel, les plages de Cengéité et Wabao, et Tadine. Dommage que la cuisine du restaurant (plats 1 800-3 400 CFP ; ⏱ tlj 11h30-13h30 et 19h-21h) ne soit pas à la hauteur du cadre, tout comme le buffet petit-déjeuner, surfacturé (2 500 CFP). En revanche, le buffet du dimanche midi (3 800 CFP), avec animation musicale, est d'un excellent rapport qualité/prix. Le soir, le bar est le seul endroit "animé" de l'île (cocktails à partir de 1 100 CFP). D'intéressantes offres promotionnelles (-35%) sont régulièrement proposées (contactez une agence de voyages à Nouméa ou l'hôtel en direct).

Nord de Tadine

Au nord de Tadine, la route longe la côte, traverse la tribu de Nece et se faufile à travers une nature luxuriante au pied de falaises calcaires escarpées jusqu'à la minuscule école de Padawa. Ensuite, elle grimpe en pente raide jusqu'au plateau qui ménage de superbes perspectives sur l'océan.

VAUT LE DÉTOUR

RANDONNÉE VERS LES FALAISES DE SHABADRAN

L'itinéraire qui suit la côte sud-est jusqu'à Shabadran constitue l'une des plus belles randonnées des îles Loyauté. On longe d'impressionnantes falaises coralliennes, au profil torturé, qui surplombent l'océan de plus de 100 m. La randonnée se termine sur deux **plages** absolument paradisiaques, protégées par une barrière de corail et encadrées de rochers calcaires. Le site, d'une beauté intensément sauvage, vous laissera un souvenir impérissable.

Cette balade se fait obligatoirement avec un guide local. Contactez **Damas Bearune** (☑ 73 29 71 ; 4 000 CFP/pers), à la tribu de Kurine. C'est le seul guide désigné pour accompagner les visiteurs ; il arrive qu'il mandate son fils ou une autre personne de la tribu. Il se contente de montrer le chemin, sans apporter beaucoup d'explications sur la faune, la flore et le paysage. La randonnée n'a lieu que pour un minimum de 5 participants. Le rendez-vous est généralement fixé à 7h30 à la tribu de Kurine. L'approche se fait d'abord en pick-up, dans une cocoteraie, jusqu'aux premières falaises, où débute la marche proprement dite. Comptez 1 heure 30 l'aller, jusqu'aux plages. Prévoyez de l'eau, un pique-nique (non fourni) et de bonnes chaussures. Le retour s'effectue dans l'après-midi.

Attention : le parcours nécessite une bonne condition physique et est déconseillé aux enfants, aux personnes âgées ou aux personnes sujettes au vertige. La progression sur le corail, acéré et irrégulier, est parfois pénible, et il faut s'aider des mains.

La route continue vers le nord, jusqu'au village de pêcheurs de **Roh**, où débarquèrent les premiers missionnaires protestants. Un monument au bout de la route commémore l'événement. Le village de Nece accueille début mai la **fête de l'Avocat**. Au cours du week-end de festivités, les nombreuses variétés d'avocats cultivées sur l'île sont écoulées. Diverses manifestations culturelles, en particulier des cérémonies coutumières et des danses, agrémentent cette fête très populaire.

◉ À voir

Trou de Bone   SITE NATUREL

Ce site naturel (signalé) désigne une profonde cavité dont les parois résonnent. Le fond sablonneux est planté d'arbres et comporte un bassin aux eaux saumâtres. En venant de la route principale qui relie Tadine à La Roche, prenez l'embranchement de Tenane et continuez sur 1,5 km. Le trou est en face de la glissière de sécurité.

🛏 Où se loger et se restaurer

Chez Nath   GÎTE €

(☑ 83 07 58, 83 87 92 ; Kaewatine ; camping 1 600/210 CFP par tente/pers, case d avec sdb commune 4 000 CFP, bungalow d avec sdb commune 5 600 CFP). Mention bien pour ce gîte pas comme les autres, avec ses deux cases (matelas au sol), son faré-restaurant et son bloc sanitaire (eau chaude) en bon état, à la tribu de Kaewatine. Noël,

le propriétaire, a également construit un "bungalow troglodytique" dans une cavité de la falaise corallienne qui s'élève au fond du jardin, ainsi qu'un bungalow en bois avec toit en tôle, perché sur un rocher calcaire, accessible par un escalier – très original ! Ces deux bungalows, avec lits, disposent d'un bloc sanitaire commun. Chez Nath est également une base idéale si vous souhaitez découvrir les plages du Nord (voir l'encadré p. 140), notamment Ekure et Ceni ; le sentier pour la plage de Ceni part directement de la propriété, celui de la plage d'Ekure, un peu plus loin dans la tribu. Si vous logez au gîte, vous n'aurez pas à acquitter les 2 000 CFP par personne demandés à titre de droit de passage pour emprunter ces sentiers. Pour un repas, comptez entre 2 800 CFP et 4 500 CFP. Le gîte n'est pas situé en bord de mer.

Pe Une   GÎTE, CAMPING €

(☑ 82 06 49, 73 21 47 ; Hnawayaca ; camping 1 600/210 CFP par tente/pers, case d avec sdb commune 4 000 CFP). Un bon choix, sans mauvaise surprise. Marcel et Louise Waya-ridri, producteurs de vanille, mettent à disposition des touristes deux cases et un petit bungalow (tous avec matelas au sol), très propres, sur leur terrain verdoyant, face au temple de la tribu de Hnawayaca. Les campeurs plantent la tente sur un espace ombragé et herbeux. Le bloc sanitaire, en dur, avec eau chaude, est en bon état. Les repas coûtent entre 2 600 CFP et 4 000 CFP, et la cuisine est de qualité. Les petits plus : la visite guidée de la vanilleraie (500 CFP) ou d'une grotte (1 500 CFP) et la vente de gousses de vanille (de 200 à 400 CFP). Le gîte n'étant pas à proximité du bord de mer, une voiture s'avère indispensable.

Snack Deux Palmiers SNACK €
(☑ 96 29 13 ; Padawa ; menu 2 800 CFP ; ⊘ 11h-14h et 19h-21h lun-sam). C'est Jeanne qui est aux commandes de ce snack à la tribu de Padawa. En réalité, elle cuisine dans sa maison et propose ses repas sur sa terrasse aménagée. La cuisine, à base de produits du terroir, est simple et goûteuse (crevettes à l'ail, côte de porc, igname, etc.). Le snack est en principe ouvert sans qu'il soit nécessaire de réserver mais il est préférable de s'assurer de son ouverture en passant un coup de fil au préalable.

Secteur de La Roche et Wakone

Sur la côte est, le village de La Roche s'étend au pied d'une imposante falaise, baptisée localement "Titi", qui semble toiser la flèche rouge de l'impressionnante **église catholique**.

⊙ À voir

Saut du Guerrier SITE NATUREL
À environ 9 km à l'est de La Roche, vous serez impressionné par cette imposante crevasse de 5 m de large entre deux falaises, battue par les flots. Selon la légende, un guerrier aurait échappé à ses ennemis en franchissant cet abîme, à 30 m au-dessus des vagues qui se fracassent sur les rochers en contrebas. Les hauteurs désolées de la falaise, recouvertes de broussaille, forment un contraste saisissant avec les eaux bleues de l'océan. Pour rejoindre ce site depuis La Roche, suivez jusqu'au bout la route qui part vers l'est en direction de Wakone ; à la tribu de Wakone, à hauteur du terrain de football, tournez à gauche puis, à la patte d'oie suivante, prenez l'embranchement à gauche, jusqu'au terminus.

Secteur de Patho, Kurine et Shabadran

Si vous aimez les ambiances de bout du monde, vous adorerez cette partie sud-est de l'île, la plus reculée. Les tribus de **Patho** et de **Kurine** vivent au rythme bien paisible des travaux agricoles. La **plage de Patho-Kurine**, longue de plusieurs kilomètres, vaut le coup d'œil.

Mais c'est encore plus au sud, dans le secteur appelé **Shabadran**, inaccessible par la route, que le dépaysement est maximal (voir l'encadré ci-contre).

Les infrastructures d'hébergement et de restauration sont quasi inexistantes ; vous devrez donc y venir à la journée par vos propres moyens.

LIFOU (DREHU)

10 300 HABITANTS
La plus visitée (et la mieux desservie depuis Nouméa), l'île de Lifou est d'une beauté à couper le souffle et offre des paysages très variés : de longues baies bordées de plages de rêve, de hautes falaises ménageant des panoramas spectaculaires, des grottes calcaires, une végétation touffue... Elle se distingue également par une culture passionnante où se mêlent tradition et modernité. Près des maisons en dur regroupées sur les propriétés familiales, il y a toujours une ou deux cases, rappelant que le mode de vie traditionnel kanak est toujours vivant.

Pour les amateurs d'écotourisme, Lifou est une halte incontournable. Au programme : randonnées guidées sur des terres coutumières, rencontre avec des sculpteurs, plongée sous-marine sur des fonds vierges, snorkeling au milieu d'une faune que l'on croirait sortie d'un aquarium... Sur la côte sud-est, les plus chanceux apercevront des tortues nageant près du rivage. Dans l'intérieur des terres, les routes traversent d'impénétrables étendues broussailleuses. Partout, la paisible solitude de la nature enveloppe le visiteur. Même à Wé, siège de la province des îles Loyauté, vous aurez la plage pratiquement pour vous tout seul. Sans oublier la dégustation de l'excellent miel et de la vanille de Lifou. Magique !

Population

Bien que considérée comme mélanésienne, la population de Lifou s'est mélangée avec les Polynésiens arrivés entre le XIᵉ et le XVIIIᵉ siècle, puis avec les baleiniers et les santaliers anglo-saxons au XIXᵉ siècle. De nombreux mots de drehu, le dialecte

ÎLES LOYAUTÉ LIFOU (DREHU)

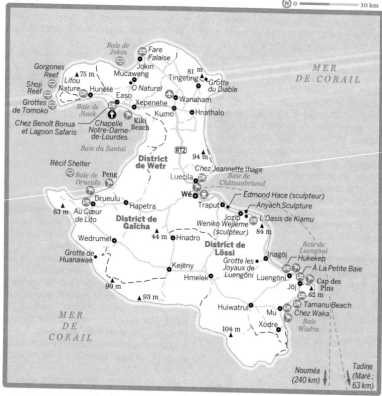

local, sont d'origine anglaise – preuve de l'influence des premiers missionnaires protestants britanniques.

À l'instar de Maré, Lifou est connue pour ses talentueux musiciens. Signalons le groupe Wetr, l'une des premières troupes traditionnelles kanak qui s'est produite en Europe et dans le Pacifique dans les années 1990, et Mexem, un groupe de kaneka qui fit un tabac au début des années 2000. Son leader, Edou, a enregistré plusieurs albums en solo.

Lifou regroupe trois chefferies.

Renseignements

Wé compte une poste, un centre médical, une pharmacie, une gendarmerie, des commerces et une agence bancaire. L'hôtel Drehu Village est couvert par le wi-fi, ainsi que le snack-pizzeria Finemen et le bar-restaurant Globe Trotters.

Banque BCI (Wé ; ◷7h20-12h et 13h15-15h lun-ven). DAB, change.

Poste (Wé). DAB. À l'écart du centre, à côté du centre médical, en allant vers Traput.

❶ Depuis/vers Lifou

L'aérodrome se trouve à Wanaham, dans le nord de l'île. **Air Calédonie** (☑ 25 21 77 ; www.air-caledonie.nc ; Wé ; ◷7h30-16h lun-ven, 7h30-11h sam) assure quatre à cinq vols par jour entre Nouméa et Lifou, et possède une agence dans la rue principale à Wé, ainsi qu'une billetterie à l'aérodrome. L'aller simple Nouméa-Lifou coûte entre 11 200 CFP et 15 500 CFP selon la classe tarifaire et la franchise bagage en soute.

La compagnie **Air Loyauté** (☑ 25 37 57 ; www.air-loyaute.nc ; ◷7h30-11h30 et 14h-17h lun-ven), qui effectue les vols entre Ouvéa, Maré et Lifou, dispose d'une agence à l'aérodrome. Comptez 8 800 CFP le vol Lifou-Maré (35 minutes, un à deux vols par jour du lundi au vendredi, pas de vol le week-end) et 6 700 CFP le vol Lifou-Ouvéa (20 minutes, un à deux vols par jour du lundi au vendredi, pas de vol le week-end). Attention, la franchise bagage en soute est de 12 kg (et 3 kg en cabine) ; l'excédent est facturé 300 CFP/kg.

Le navire de passagers *Betico 2* accoste au quai de Wé, à côté de la marina. Reportez-vous p. 136 pour plus de renseignements sur la desserte de l'île.

Les paquebots de croisière mouillent généralement pour la journée dans la baie du Santal.

❶ Comment circuler

La plupart des gîtes et des hôtels de Lifou assurent les transferts à l'aérodrome et au quai (comptez de 2 000 à 5 000 CFP), mais il est préférable de louer un véhicule dès votre arrivée (pensez à réserver longtemps à l'avance, surtout pendant les vacances scolaires calédoniennes, les longs week-ends et les fêtes coutumières entre juin et août). Attention, les distances sont grandes à Lifou : près de 75 km séparent Jokin, au nord, de Xodre, tout au sud !

Lifou compte plusieurs agences de location de voitures qui peuvent livrer le véhicule à votre arrivée à l'aérodrome ou au quai. Comptez de 6 000 à 8 000 CFP par jour. Contactez **Auto Pro Locations** (☑ 45 15 10), **Javos Location** (☑ 45 12 09, 89 54 18), **Sajoema Location** (☑ 45 04 94, 78 20 20) ou **Loca V** (☑ 45 07 77, 79 53 53). La plupart acceptent le paiement par carte bancaire.

Des stations-service se trouvent à Wé et à Xepenehe. Elles ferment vers 18h30 ainsi que le dimanche après-midi.

Wé

Centre administratif des îles Loyauté, Wé s'enroule autour de la magnifique baie de Chateaubriand. Malgré son importance au sein de l'archipel, ce bourg à l'ambiance décontractée n'est guère animé. On y vient surtout pour profiter de la plage ou se reposer à l'ombre bienfaisante des filaos.

◉ À voir

L'**église catholique** et le **temple protestant** se dressent côte à côte sur le front de mer, au sud du rond-point.

Baie de Chateaubriand　　　PLAGE
Cette baie sublime dessine un arc de cercle parfait, sur plusieurs kilomètres, et offre une splendide plage de sable blanc que baignent des eaux turquoise. Pratiquement déserte malgré la proximité du centre-ville, la plage se caractérise par son cadre paradisiaque, même si l'ombre est plutôt rare. Pour caler une petite faim, vous pouvez vous rendre à l'hôtel Drehu Village.

🏃 Activités

Wé Plongée　　　PLONGÉE
(☑ 90 64 82 ; weplongeelifou@gmail.com ; marina de Wé ; ☺ tlj sur réservation). Ouvert en 2019, ce petit centre (un seul moniteur, Pascal, qui exerçait auparavant à Nouméa) basé à la marina de Wé propose un accueil personnalisé et des prestations à la carte, en fonction de vos attentes et de votre niveau. Les baptêmes se font directement au ponton, à la marina (le site est très sécurisant). La zone de plongée se situe dans la baie de Chateaubriand, à moins de 5 minutes de Zodiac, sur des sites de qualité adaptés à tous les niveaux (voir le chapitre *Plongée* p. 28 pour les détails sur les sites). Également adapté aux formations, du niveau 1 au niveau 3.

🛏 Où se loger et se restaurer

Le **marché** a lieu le mercredi et le vendredi matin, derrière les bâtiments administratifs de la province.

Chez Jeannette Ihage　　　GÎTE
(☑ 45 45 05, 71 59 49 ; case d 5 600 CFP ; ☎). Située à Luecila, face à la baie de Chateaubriand et à 100 m d'une plage de sable blanc, cette adresse a bonne réputation auprès des touristes, qui apprécient le calme du site. Au choix : plusieurs paillotes (dont deux construites en 2019, plus modernes,), carrelées, avec lits et ventilateur, qui se partagent un bloc sanitaire (eau chaude) en bon état et une cuisine équipée, bien pratique. D'excellents repas à base de spécialités mélanésiennes, dont le bougna, sont servis sur commande (à partir de 2 700 CFP).

Drehu Village　　　HÔTEL €€€
(☑ 45 02 70 ; www.hoteldrehuvillage.nc ; bungalow d 17 000-19 000 CFP ; ✳🛏☎). Cette structure hôtelière, sur la plage de Chateaubriand, dispose de bungalows idéalement situés, dans un jardin débouchant directement sur la plage de sable blanc - pour 2 000 CFP de plus, offrez-vous un "bungalow plage". Un bel endroit pour se ressourcer, dans une ambiance décontractée et familiale, même si les 28 bungalows, jumelés par deux, accusent le poids des ans, et si le service est particulièrement nonchalant. Le **restaurant** (plats 2 600-3 300 CFP, menus 2 900-4 000 CFP ; ☺ tlj 11h30-13h30 et 19h-20h45) donne sur une petite piscine ; la carte, alléchante, fait la part belle aux plats de poisson et de viande (médaillon de veau, ragoût de poulpe, poisson

du jour). Vu le prix (2 400 CFP), le buffet petit-déjeuner est décevant. Kayaks gratuits.

Makanu SNACK €

(plats 450-1 500 CFP ; ⊙6h30-14h lun-ven, 6h-12h30 sam). Ce snack sert des plats préparés, très simples, à consommer sur place ou à emporter, ainsi que des sandwichs, des paninis et de modestes pâtisseries. Devant le supermarché Korail.

La Kaz à Jo SNACK €

(☑ 71 03 01, 83 99 60 ; plats 900-1 900 CFP ; ⊙11h-14h et 18h-20h30 tlj sauf jeu ; ☎). Cette case tire honorablement son épingle du jeu, avec des plats simples (hamburgers, sandwichs et plats du jour) à des tarifs très abordables. Autre avantage : l'ouverture le dimanche. Tables dans le jardin. Sur la route de la marina (signalé).

ℹ RESPECTER LE MODE DE VIE KANAK

Plus qu'ailleurs en Nouvelle-Calédonie, le choc culturel est important aux îles Loyauté, où la culture kanak traditionnelle est très présente et où la coutume régit l'intégralité de la vie sociale. Petit rappel de quelques règles simples, pour gagner le respect des habitants et faciliter les contacts :

➡ Mettez-vous en permanence dans la peau d'un invité, jamais dans celle d'un touriste qui attend des prestations.

➡ Les paysages et les sites ne sont jamais vierges, déserts ou "publics". Ils sont porteurs d'histoires, de légendes, de mythes qui, pour les Kanak, revêtent une importance fondamentale.

➡ L'anonymat n'a pas cours dans le monde kanak. On dit bonjour aux personnes que l'on croise, même quand on est en voiture. Un simple hochement de tête ou un petit geste de la main suffisent.

➡ La tenue vestimentaire ne doit pas être provocante. Les femmes privilégieront les tenues couvrantes et amples. Le monokini et le nudisme sont interdits sur les plages. Évitez les marques d'affection en public.

➡ Dans les gîtes tribaux, faites preuve d'indulgence envers vos hôtes. Ce ne sont pas des professionnels, et souvent ils exercent d'autres activités, d'où une certaine irrégularité des prestations et un service parfois aléatoire ou rapidement débordé. N'attendez pas un service hôtelier et des normes de confort à l'occidentale dans ce type d'hébergement. Le maître mot est simplicité.

➡ Ne manifestez jamais de signes d'impatience ou d'énervement. La notion de temps n'est pas la même dans les îles. Adaptez-vous au rythme de vie local, caractérisé par une certaine nonchalance.

➡ Demandez toujours la permission avant de prendre une photo, et respectez les éventuels refus. Certains lieux ou certaines cases (par exemple, les chefferies) font l'objet d'une interdiction coutumière de photographier.

➡ Ne participez aux rassemblements et aux cérémonies (mariage, deuil, cultes religieux) que si vous y êtes convié. Si c'est le cas, demandez quelle est la conduite à adopter.

➡ La notion d'espace privé et de propriété chez les Kanak est totalement différente des références occidentales en la matière. Il n'y a pas de barrière pour délimiter des terrains. Sans le savoir, vous pouvez vous retrouver sur un lieu privé, voire tabou ! Demandez toujours aux habitants de la tribu la plus proche dans quel endroit vous êtes autorisé à circuler. Le fait de demander avec humilité fait l'effet d'un "laissez-passer symbolique".

➡ Mieux encore, participez à des excursions guidées, fort instructives, au cours desquelles vous apprendrez énormément sur la culture mélanésienne et visiterez des lieux qui vous seraient inaccessibles autrement.

➡ Dans les établissements touristiques, vous n'êtes pas tenu de faire la coutume. Prévoyez tout de même des coupons de tissu coloré à donner au cas où vous seriez invité, afin de signifier votre respect à l'égard des autorités coutumières.

Snack-Pizzeria Finemem SNACK, PIZZERIA €€
(☎73 02 53 ; plats 1 200-2 000 CFP ; ☺11h-13h30
et 17h-20h30 lun-sam ; 🖥). De l'extérieur, cet
établissement aux airs de gargote ne paie
vraiment pas de mine, mais l'intérieur, égayé
de touches colorées, est plus accueillant. Au
déjeuner, plats et barquettes à emporter
uniquement (600-1 300 CFP). Le soir, place
aux pizzas, correctes (pour Lifou). À proximité du carrefour pour le Drehu Village.

L'Île Ô Pizzas PIZZERIA €
(☎71 03 01 ; plats 1 100-2 100 CFP ; ☺17h-20h45).
Sur la route menant à la marina, cette toute
petite structure ouverte tous les soirs cale les
estomacs affamés avec de copieuses pizzas,
dont la Hnassé, réalisée avec du fromage de
chèvre et du miel de Lifou. Commandez par
téléphone si vous souhaitez éviter une trop
longue attente sur place.

💜**La Kabane** SNACK €€
(☎87 82 73 ; plats 750-2 500 CFP ; ☺6h-15h
lun-ven). Une heureuse surprise que cette
"cabane" qu'on ne remarque guère à la
sortie nord de Wé (à 200 m de Loca V).
Séba, seul derrière ses fourneaux, se démène
pour proposer chaque jour des plats goûteux
réalisés avec des produits frais cuisinés
sur place (veau à la crème, frites maison,
achards, etc.). De bons sandwichs (à partir
de 750 CFP) et de vrais petits-déjeuners (à
partir de 600 CFP) accompagnés de jus
de fruits maison sont aussi disponibles,
ainsi que d'alléchants desserts (hmmm, le
yaourt au miel de Lifou...), à déguster sur
le petit comptoir ou dans le jardin à l'arrière. Voir la page Facebook Lakabane Lifou
Snack-Restaurant.

Globe Trotters RESTAURANT, BAR €€
(☎45 01 88 ; plats 1 700-3 200 CFP ; ☺11h-13h30
et 18h-21h45 mer-ven ; 🖥). Pour changer un
peu, ce restaurant propose d'alléchantes
suggestions (tacos de cerf, mahi mahi,
sashimi de thon), renouvelées régulièrement
à déguster sur un joli deck avec vue sur la
mer, à l'arrière. Le soir, la carte est limitée
aux burgers et aux pizzas. Le Globe Trotters
est également l'un des rares lieux "animés"
de l'île (tout est relatif) et fait office de
bar. Concert ou karaoké certains soirs.
Dommage qu'il ne soit ouvert que trois jours
par semaine. Accès Wi-Fi gratuit et carte
bancaire acceptée. Sur la route menant à la
marina.

Nord de Wé

Hnathalo et Tingeting

À l'est de Kumo et à 3 km au sud-est de l'aérodrome, Hnathalo abrite la maison moderne
du chef de Wetr, avec à l'arrière la **chefferie**
traditionnelle entourée d'une palissade en
bois. À côté s'élève une imposante **église
catholique**, dotée de deux flèches jumelles.
On peut entrer dans l'église, mais il faut
demander la permission pour visiter la case.

Grotte du Diable SITE NATUREL
(☎45 17 93, 76 81 08 ; Tingeting ; 2 000 CFP). Ce
site naturel spectaculaire se compose de
trois vastes cavernes calcaires reliées les
unes aux autres. En venant de l'aérodrome,
le site est à 6 km au nord-est de Tingeting,
où réside Adrien Trohmae, le guide qui vous
y conduira. Prévoir une heure de balade.
Amenez une lampe. À Tingeting, tournez à
droite après l'église et suivez les panneaux
indiquant la maison d'Adrien.

Jokin et Mucaweng

Tout au nord de Lifou, Jokin est un site
sublime, perché au-dessus d'une baie magnifique. Une route pittoresque relie Jokin à
Easo, sur la côte nord-ouest. À mi-parcours,
le bourg de Mucaweng est connu pour ses
vanilleraies (les plants de vanille furent
apportés à Lifou par les premiers missionnaires anglais).

VAUT LE DÉTOUR

KIKI BEACH

Voici un secret bien gardé, à Xepenehe :
la plage de Kiki Beach, un joyau, qui
s'étend au pied d'une petite falaise.
La baignade est sans danger et on peut
pratiquer le snorkeling. L'accès se fait
à pied uniquement, à partir d'un chemin
qui commence derrière le terrain de
football, à l'entrée du village, dans une
propriété privée ; prévoyez une coutume
de 500 CFP par personne, à régler au
propriétaire (la maison est cachée par
les frondaisons, derrière la cage des
buts). Comptez entre 35 et 45 minutes
de marche sur un sentier relativement
bien matérialisé et ne présentant pas
de difficulté particulière, à condition
d'être bien chaussé (pas de tongs).

👁 À voir et à faire

Falaises de Jokin   SITE NATUREL
Préparez votre appareil photo ou votre caméra ! L'un des plus beaux sites naturels de Lifou, les falaises de Jokin, qui se dressent au bout de la route derrière l'église, vous laisseront un souvenir inoubliable. Du haut de ces vertigineuses parois de calcaire, le panorama sur les échancrures du littoral et les fonds marins scintillants est mémorable. À gauche de l'église, un sentier (signalé) aménagé en escalier descend jusqu'au pied des falaises, où se trouve une crique où l'on peut faire du snorkeling au milieu des formations coralliennes.

O Nature!   VANILLERAIE
(📞80 73 71 ; Mucaweng ; visite 500 CFP/pers). Joseph, l'exploitant, vous fera une visite commentée d'environ 30 minutes de sa vanilleraie, et vous pourrez acheter des gousses.

🛏 Où se loger et se restaurer

Fare Falaise   BUNGALOWS €
(📞45 02 01, 92 14 95 ; farefalaise@gmail.com ; Jokin ; bungalow d avec sdb commune 6 000 CFP). Après une longue traversée du désert, ce gîte a connu une véritable renaissance en 2019. Les propriétaires ont entièrement rénové les 5 bungalows (avec lits), qui présentent un confort simple et efficace. Deux sont jumelés, pour les familles. C'est surtout l'emplacement, incomparable, qui fait la différence : le gîte est perché tout au bord des falaises de Jokin. De votre terrasse, vous serez hypnotisé par la vue imprenable sur l'océan et les fabuleux couchers de soleil. Autres atouts : la location de voitures (6 500 CFP/jour, minimum 2 jours) et un service de restauration (2 600 CFP le repas). À partir du gîte, on peut descendre dans une crique au pied des falaises et se baigner au milieu de patates de corail. Le gîte se situe tout au bout de la route, à Jokin, derrière l'église, à côté du point de vue des falaises. Carte bancaire acceptée.

Xepenehe et Easo

Avec ses paysages terrestres et maritimes variés, le secteur nord-ouest de l'île mérite amplement qu'on lui consacre une visite approfondie. Pendant la baie de Jokin, au nord, la baie du Santal et la baie de Jinek vous charmeront. Du haut des falaises, on découvre des vues somptueuses.

On ne compte que quelques tribus : Xepenehe (cheh-peh-neh-heh), sur une hauteur au-dessus de la baie du Santal, la deuxième localité d'importance après Wé. Le cadre est agréable, avec des maisons entourées de murs de pierre sèche. Après Xepenehe, en continuant vers l'ouest, on arrive à la tribu de Easo, porte d'accès à la baie de Jinek.

👁 À voir

**Chapelle
Notre-Dame-de-Lourdes**   CHAPELLE
(Easo). De Easo, continuez la route jusqu'au bout d'une petite presqu'île, et vous arriverez jusqu'à cette chapelle, posée sur le sommet verdoyant d'une colline, ponctué d'arbres et d'hibiscus rouge flamboyant. Une statue de la Vierge surmonte le toit de la chapelle. À l'intérieur, une statue plus modeste trône sur un autel en béton, flanquée de vases de fleurs artificielles. La chapelle fut édifiée en 1898 pour commémorer l'arrivée des premiers missionnaires catholiques en 1858. De ce promontoire, vous bénéficiez d'une perspective exceptionnelle sur la baie de Jinek, à l'ouest, et la baie du Santal, à l'est et au sud.

Baie de Jinek   BAIE, SNORKELING
Environ 300 m avant la chapelle Notre-Dame-de-Lourdes, une petite route descend jusqu'à une zone herbeuse, à côté d'une plate-forme en bois donnant sur la baie de Jinek. Avec ses eaux calmes et transparentes où évoluent des poissons tropicaux, cette baie ressemble à un aquarium naturel. De la plate-forme, montée sur des coraux, des marches descendent dans l'eau – un paradis pour le snorkeling !

🏃 Activités

Le nord de l'île est réputé pour le snorkeling et la plongée, avec un bel éventail de sites adaptés à tous les niveaux. Pour plus de détails sur les sites, reportez-vous au chapitre *Plongée*, p. 28. Pour le snorkeling, la baie de Jinek est splendide.

Lagoon Safaris – Wetr Diving   PLONGÉE
(📞45 40 60, 89 43 20 ; Easo ; ⊘tlj sur réservation). Ce petit club, qui a changé de main en 2019, est installé sur la propriété de Benoît Bonua à Easo et propose des sorties "two-tank" (deux plongées successives, en matinée) moyennant 13 000 CFP (ajoutez 2 200 CFP pour la location de l'équipement complet). Le baptême revient à 8 500 CFP. Les sites, tous situés

au nord de l'île, sont accessibles entre 15 et 30 minutes de trajet. Pas de site Internet mais page Facebook. Carte bancaire acceptée.

Lifou Rando Palmée PLONGÉE
(☏ 81 97 65 ; www.lifoupmt.wordpress.com ; Easo ; 7 000 CFP/pers ; ☺ tlj sur réservation). Vous ne plongez pas, mais souhaitez malgré tout découvrir les fonds marins du nord-ouest de l'île ? Cette structure tenue par un moniteur de plongée vous permettra d'apprécier en toute sécurité les richesses subaquatiques du secteur à l'occasion de séances de snorkeling guidées dans la baie du Santal. La sortie (en bateau) a lieu à la demi-journée (minimum 3 personnes) et inclut une collation.

🛏 Où se loger et se restaurer

Les hébergements au nord de Wé sont peu nombreux. **Chez Benoît Bonua** et **Lilo Rêve**, à Easo, recueillent des avis défavorables.

Lifou Nature GÎTE €
(☏ 94 04 31, 91 84 33 ; lifounature@gmail.com ; Hünete ; camping 1 000 CFP/pers, case ou paillote d avec sdb commune 3 000 CFP). Perdue tout au nord-ouest de l'île, à la tribu de Hünete, cette adresse familiale bien tenue est la seule que nous recommandons au nord de l'île. Marianne accueille les voyageurs à petit budget dans une paillote (matelas au sol) et une case (avec lit) ; les campeurs plantent la tente dans une aire ombragée. Les sanitaires (eau chaude fonctionnelle lors de notre venue) sont convenables. On aime l'emplacement au bord de mer, même s'il n'y a pas de réelle plage à cet endroit, mais une petite corniche corallienne. Quelques marches aménagées permettent de se mettre à l'eau facilement. Excellente cuisine de la maîtresse de maison (repas 1 700-2 000 CFP). Possibilité d'utiliser la cuisine commune. Lino, le fils, propose des balades pédestres guidées jusqu'à une plage, accompagnées d'explications sur l'écosystème (2 500 CFP/pers). Vu l'isolement, une voiture est indispensable.

Snack Huti Hut SNACK €
(☏ 71 00 35 ; Xepenehe ; sandwichs 400-800 CFP, plats 1 200-2 100 CFP ; ☺ 10h-15h et 18h-20h30 lun-sam). À l'entrée de Xepenehe, cet accueillant snack tenu par un moniteur de plongée est la seule option de restauration indépendante dans le secteur. Les plats proposés sont simples (pizzas, paninis, poulet rôti, poisson de pêche locale, barquettes de frites et sandwichs), mais caleront un petit creux

ℹ NE VOUS PERDEZ PAS !

Munissez-vous impérativement d'une **carte routière** des îles Loyauté et n'hésitez pas à demander votre chemin, car les panneaux de signalisation sont peu nombreux. Avec un smartphone, l'application **maps.me**, qui fonctionne hors ligne, est fiable et recense la plupart des sites touristiques.

sans se ruiner. Il est préférable d'appeler pour vérifier les heures d'ouverture.

Magasin Chez Alice SUPERMARCHÉ €
(Xepenehe ; ☺ 6h30-11h45 et 14h30-19h30 lun-sam, 6h30-11h et 15h30-19h dim). À Xepenehe, à côté de la station-service Mobil. Ce magasin est le mieux approvisionné du secteur.

Ouest de Wé

Peng et Drueulu

Encore des plages de rêve, toujours plus désertes... Ce secteur de l'île réserve de belles surprises ! La tribu de Drueulu abrite la résidence du chef de Gaïca. La grande **case**, entourée d'une palissade en bois, s'élève à l'extrémité ouest du village, au bord de la plage. Demandez la permission avant de pénétrer sur le terrain.

⊙ À voir et à faire

Plage de Peng BAIGNADE
Cette plage est un délice, avec une large bande de sable clair et des endroits ombragés, dans la baie du Santal. Le site mérite qu'on lui consacre au moins une demi-journée. L'accès n'est pas signalé ; à la tribu de Hapetra, suivez une piste qui part à droite, sur environ 3,5 km. L'exposition, plein ouest, en fait un site idéal au coucher du soleil.

Plage de Drueulu BAIGNADE, SNORKELING
À 20 km à l'ouest de Wé, cette plage est bordée de plates-formes coralliennes surélevées qui forment de superbes petites criques naturelles ; la zone sablonneuse étant très étroite, cette plage plaira davantage aux amateurs de **snorkeling**.

🛏 Où se loger et se restaurer

Au Cœur de Lito GÎTE €
(☏ 86 89 91 ; Drueulu ; case/paillote d avec sdb commune 4 000/5 600 CFP). Une adresse sans histoire, même si ce gîte semble loin de tout,

RANDONNÉES ÉCOTOURISTIQUES À LIFOU

Il existe de multiples beautés secrètes à Lifou, que l'on ne peut découvrir qu'accompagné d'un guide local, qui vous racontera les légendes de l'île et vous donnera des explications sur la flore et les traditions locales, dans un cadre naturel totalement préservé. Pensez à réserver au moins un jour à l'avance.

Les Joyaux de Luengöni Au départ de Luengöni, un sentier mène vers des trous d'eau (dolines) dans lesquels on peut se baigner, au milieu d'une forêt dense. Durée de la sortie : environ 1 heure 30 (1 000 CFP/pers). Contact : Noël Pia (☑ 93 26 49). Les "guides" sont souvent des enfants de la tribu, qui se contentent de montrer le chemin.

Sur les traces de Weniko Qatr À Jozip. Visite d'une vanilleraie, au milieu d'une forêt adossée à la falaise, et randonnée jusqu'à un point de vue et une grotte, sur la falaise. Durée : environ 2 heures. Contact : Weniko Wejieme (☑ 45 01 30). Tarif : 1 500 CFP.

Medehu Nature À Easo. Itinéraire de 2 heures environ. Sentier botanique, très facile, pour tout connaître sur les plantes, les oiseaux, les techniques de chasse et de pêche, les traditions locales. Contact : Antoine Geihaze (☑ 45 18 13, 97 77 18). Tarif : 2 100 CFP/pers.

Grotte Jila À Wedrumel. Découvrez l'une des plus grandes grottes souterraines de Lifou. Prévoir une demi-journée. Contact : Jeanne Marion (☑ 82 16 23). Tarif : 2 500 CFP/pers.

à la tribu de Drueulu. Posez vos valises dans l'une des deux paillotes (avec lits), au sol carrelé, ou dans la grande case (avec matelas au sol). Le bloc sanitaire, avec eau chaude, est impeccable. Envie de faire trempette ? La plage de Drueulu n'est qu'à 300 m. Repas à partir de 2 700 CFP. Pas de transfert – réservez une voiture dès l'arrivée à l'aérodrome.

Sud de Wé

Jozip et Traput

Le village de Jozip s'inscrit entre des falaises calcaires et le littoral rocheux. Deux ateliers de sculpteurs se visitent dans cette tribu : **Edmond Hace**, à Traput, et **Anyach Sculpture** (☑ 45 14 79 ; Jozip), de Dick Ukewedr et son épouse Jacqueline, première femme sculpteur de Lifou. Ils vous feront visiter leur atelier et vous expliqueront les différentes techniques pour travailler le bois. Des sculptures sont en vente sur place. Vous pourrez également visiter la **plantation de vanille** de **Weniko Wejieme** (☑ 45 01 30).

🛏 Où se loger et se restaurer

L'Oasis de Kiamu   HÔTEL €€
(☑ 45 15 00 ; www.hoteloasisdekiamu.nc ; bungalow d 15 500-16 900 CFP ; ✳✳🛜). Ce petit ensemble hôtelier, bâti au pied de falaises calcaires peu élevées, se compose de plusieurs pavillons de 4 chambres ou studios avec kitchenette, répartis dans une jolie propriété en bord de route (pas de vue mer). Certaines boiseries extérieures mériteraient un coup de vernis mais l'ensemble est bien tenu. L'établissement est dépourvu de cachet local, mais les chambres sont fonctionnelles (à défaut d'avoir le moindre charme). Pour la baignade, vous pourrez profiter de la modeste piscine ou d'une petite crique sablonneuse accessible en traversant la route. Le **restaurant** (plats 2 200-3 800 CFP, menus 3 700-4 000 CFP ; ⊙ 11h-13h30 et 19h-20h30 tlj) a bonne réputation ; les plats, d'inspiration française et mélanésienne (citons le magret de canard au miel de Lifou ou le filet de vivaneau), sont goûteux. En dessert, la glace au miel de Lifou ou le pain d'épice maison séduisent les papilles. Bar et petite boutique sur place. Les tarifs affichés sont élevés, mais des offres promotionnelles sont régulièrement proposées sur le site Internet.

🛍 Achats

Béatrice Camallonga   ATELIER-GALERIE
(☑ 87 90 27 ; Traput ; fusionnisme.over-blog.com ; ⊙ sur rdv). Métropolitaine installée de longue date à Lifou, cette artiste plasticienne propose des toiles et des "Ipadraws" (dessins photographiques stylisés), inspirés des paysages et des atmosphères des Loyauté. Appelez au préalable.

Luengöni

Avec sa plage, Luengöni est une étape incontournable à Lifou.

⊙ À voir et à faire

Plage de Luengöni
BAIGNADE

Au bord d'un superbe lagon, cette longue plage au sable blanc immaculé, ourlée d'un liseré végétal, dégage une sérénité à laquelle on succombe facilement. La baie, abritée, possède un je-ne-sais-quoi d'intemporel. En nageant dans le lagon turquoise, vous apercevrez peut-être des tortues.

Joyaux de Luengöni
GROTTES

Au nord de la plage, vous pourrez explorer, en compagnie d'un guide, les "Joyaux de Luengöni", un ensemble de grottes calcaires. Certaines grottes sont émergées ; d'autres, souterraines, forment de profonds bassins naturels. La baignade dans les eaux vert émeraude qui scintillent à la lueur d'une lampe torche est une expérience inoubliable.

🛏 Où se loger et se restaurer

Hukekep
GÎTE, CAMPING €

(☑ 45 14 34, 84 69 45 ; camping 1 600/210 CFP par tente/pers, case avec sdb commune 1 900 CFP/pers, paillote d avec sdb commune 5 600 CFP). Ce gîte tenu par Agathe est établi dans une magnifique cocoteraie au bord de la plage de Luengöni – un tel emplacement vaut de l'or ! La case (avec matelas au sol) et les deux paillotes traditionnelles, avec lits (les matelas sont un peu faiblards) ont un certain charme ; le bloc sanitaire (eau chaude... si le chauffe-eau est réparé) est correct. Pour les campeurs, les espaces ombragés et herbeux ne manquent pas. Une modeste cuisine équipée est à disposition. Possibilité de repas (à partir de 2 200 CFP), sur réservation.

♥ À La Petite Baie
GÎTE €

(☑ 45 15 25, 79 72 83 ; chezannettelifou@gmail.com ; ch d avec sdb commune 5 600 CFP, case d avec sdb commune 4 000 CFP, paillote d avec sdb commune 6 200 CFP, bungalow d avec sdb commune 9 000 CFP, bungalow d 11 500 CFP ; 🛜). Cette adresse laisse un très bon souvenir. Les atouts sont nombreux : une propriété impeccablement entretenue donnant sur la plage de Jöj, plusieurs types d'hébergement, un accueil sympathique, un bloc sanitaire (eau chaude) irréprochable et une table d'hôtes (repas à partir de 2 600 CFP, sauf le mercredi et le vendredi) de qualité. La paillote (avec lits), au sol carrelé, est agrémentée de poteaux sculptés ; la case (avec matelas au sol) est en excellent état ; le bungalow en bois, avec sdb commune, est coquet et dispose d'une terrasse surplombant la plage ; la chambre,

petite et basse de plafond, avec sanitaires privés attenants, est propre ; et le bungalow, au-dessus de la chambre, avec sdb, grande terrasse et même la clim, conviendra à ceux qui recherchent un confort plus classique. Les petits plus : le Wi-Fi gratuit près de la salle de restauration, une cuisine commune et la possibilité de régler par carte bancaire.

Mu et Xodre

En arrivant à Mu, la route longe des **plages** qui décrivent des arcs de cercle et des baies pittoresques avant de suivre la côte rocheuse jusqu'à Xodre. Un autre axe au départ de Mu traverse le plateau à l'intérieur des terres et rejoint Drueulu, à l'ouest.

🛏 Où se loger et se restaurer

Tamanu Beach
GÎTE €

(☑ 45 09 24, 84 67 63, 98 21 53 ; gazeric@live.fr ; Mu ; camping 1 800 CFP par tente, bungalow d avec sdb commune 5 600 CFP ; 🛜). Une bonne adresse, tenue par Éric Gaze et sa famille. Au Tamanu, ni case ni paillote, mais deux bungalows en dur, simples, propres et bien conçus, équipés de lits (dommage que les matelas soient trop fins), dans une belle cocoteraie en bord de mer, avec une agréable plage. Les campeurs disposent d'emplacements bien ombragés. Les sanitaires (eau chaude) sont impeccables. L'autre atout est le **restaurant** (menus 2 700-5 200 CFP ; ⊘tlj 11h30-13h30 sans réservation, 19h-20h sur réservation), qui bénéficie d'une solide réputation. On se régale de produits frais (poisson, langouste, crabe de cocotier) et bien travaillés, comme le perroquet à la crème vanille de l'île. Viviane, la fille d'Éric, peut vous guider jusqu'au cap des Pins (2 000 CFP/pers). Wi-fi gratuit.

Chez Waka
GÎTE, CAMPING €

(☑ 45 15 14, 86 49 59 ; anewelec@canl.nc ; Mu ; camping 2 700 CFP par tente, case/paillote d avec sdb commune 4 000/6 300 CFP ; 🛜). Un cadre de carte postale : imaginez une cocoteraie, une pelouse, une plage de sable blanc, et de bonnes conditions d'hébergement, avec une case traditionnelle (matelas au sol), 3 paillotes (avec lits et carrelage au sol) bien aménagées, un bloc sanitaire en bon état et une salle de restaurant en dur ouvrant sur la plage (en projet de rénovation lors de notre passage). Repas sur demande (plats à partir de 2 300 CFP). Wi-fi 500 CFP pour le séjour (disponible de l'autre côté de la route, près de la maison des propriétaires). Bon accueil de Rachelle.

OUVÉA (IAAÏ)

4 360 HABITANTS

Ce superbe atoll corallien tout en longueur, bordé d'un chapelet d'îlots, les Pléiades du Nord et les Pléiades du Sud, s'enroule autour d'un magnifique lagon déclinant toutes les nuances de bleu. Une splendide plage de sable blanc se déploie sur 25 km à l'ouest, côté lagon. L'unique route longe le lagon et ménage de magnifiques points de vue sur le bord de mer. Sur la côte orientale, un récif frangeant et des falaises de corail viennent interrompre la course des puissantes vagues du Pacifique. Les forêts du Nord abritent les dernières perruches d'Ouvéa (*Eunymphicus uvaeensis*).

Ouvéa a défrayé la chronique en 1988, lors de la sanglante affaire de la grotte (voir l'encadré p. 172). Aujourd'hui, les habitants souhaitent tourner la page et misent sur le tourisme à petite échelle.

Installez-vous dans un gîte et partez à la découverte de cette île exceptionnelle dans laquelle les loisirs nautiques (snorkeling, excursion sur le lagon, kayak...) et le farniente ont la part belle.

Population

Beaucoup d'habitants d'Ouvéa possèdent des origines polynésiennes. Des Wallisiens débarquèrent sur l'île au XVIIIᵉ siècle et se mêlèrent à la population locale. Le nom d'Ouvéa ("île lointaine") fut d'ailleurs donné par ce peuple. On parle encore le faga uvea, un dialecte wallisien, de même que l'iaai, un dialecte mélanésien.

ⓘ Renseignements

Le centre médical et la pharmacie sont sur la route de l'aérodrome. L'hôtel Paradis d'Ouvéa, l'hôtel Beaupré, le gîte Beauvoisin et le gîte Chez Dydyce disposent d'un accès wi-fi.

Banque BCI (Fayaoué ; ☉7h20-12h lun-mar et jeu-ven, 7h20-12h et 13h-15h mer). DAB, change. Sur la route qui mène à l'aérodrome.

Office du tourisme (☑85 10 81 ; syndicat. initiative.iaai@gmail.com ; Fayaoué ; ☉8h-16h lun-ven, 8h-11h sam ; ☏). Au milieu de l'île, dans une maisonnette au bord de la route, à côté de la station-service Pacific (signalé). Bien renseigné sur les prestataires et les activités. Page Facebook : "Ouvéa Tourisme". Wi-fi gratuit.

Poste (Fayaoué). DAB.

Ouvéa

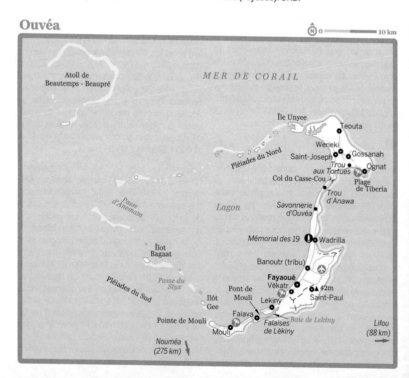

Ⓝ 0 ▬▬▬▬ 10 km

MER DE CORAIL

Atoll de Beautemps - Beaupré

Île Unyee
Teouta
Weneki
Saint-Joseph
Gossanah
Trou aux Tortues
Ognat
Col du Casse-Cou
Plage de Tiberia
Pléiades du Nord
Trou d'Anawa
Savonnerie d'Ouvéa
Lagon
Passe d'Anemata
Mémorial des 19
Wadrilla
Îlot Bagaat
Banoutr (tribu)
Passe du Styx
Fayaoué
Vékatr
Saint-Paul
▲ 42m
Pléiades du Sud
Pont de Mouli
Lekiny
Îlot Gee
Faiava
Baie de Lekiny
Lifou (88 km)
Pointe de Mouli
Falaises de Lékiny
Mouli
Nouméa (275 km)

RANDONNÉES ÉCOTOURISTIQUES À OUVÉA

Ouvéa ne se réduit pas à sa magnifique plage. Accompagné de guides locaux, vous pourrez découvrir des endroits insolites et des coins secrets. Les guides ne sont pas des professionnels comme on peut l'entendre habituellement, mais des habitants de la tribu, qui vous accompagnent et vous montrent des sites méconnus. Pensez à réserver au moins un jour à l'avance. Contactez aussi l'office du tourisme d'Ouvéa (voir p. 152) qui tient une liste à jour des excursions guidées et pourra vous conseiller.

Salia Balade Balade tout au nord de l'île, dans la tribu de Teouta. Contact : François Wamou (☑54 92 97).

Grotte de Hulup Découverte d'un grand banian et d'une grotte creusée de plusieurs galeries. Contact : Pierre Dialla (☑95 62 82). Tarif : 2 000 CFP/pers.

Grotte Anubet Traversée de la forêt et visite d'une grotte. Contact : Dominique Tanghmelen (☑87 64 20). Durée : 2 heures (2 000 CFP/pers).

Randonnée Perruche d'Ouvéa Découverte de la perruche dans son habitat naturel, tout au nord de l'île. Contact : Jean-Baptiste Dao (☑90 54 85). Durée 2 heures (2 000 CFP/pers).

❶ Depuis/vers Ouvéa

L'aérodrome se situe à Houloup (Hulup), à 5 km au nord-est de Fayaoué. **Air Calédonie** (☑25 21 77 ; www.air-caledonie.nc ; ⊙7h30-11h et 14h-16h30 lun-ven, 7h30-11h sam) assure entre deux et trois quotidiens entre Nouméa et Ouvéa, et possède un comptoir à l'aérodrome. L'aller simple Nouméa-Ouvéa coûte entre 11 300 CFP et 15 500 CFP selon la classe tarifaire et la franchise bagage en soute.

La compagnie **Air Loyauté** (☑25 37 57 ; www.air-loyaute.nc ; ⊙7h30-17h lun-jeu, 7h30-16h30 ven), qui effectue les vols entre Ouvéa, Maré et Lifou, dispose également d'une agence à l'aérodrome. Comptez 6 700 CFP le vol Ouvéa-Lifou (20 minutes, un à deux vols par jour du lundi au vendredi, pas de vol le week-end). Pour Maré (11 300 CFP), il faut transiter par Lifou. Attention, avec Air Loyauté, la franchise bagage en soute est de 12 kg (et 3 kg en cabine) ; l'excédent est facturé 300 CFP/kg.

Le *Betico 2* dessert également Ouvéa (direct depuis Nouméa, sans passer par Lifou ou Maré ; 6 heures de navigation), mais il n'y a qu'une à deux rotations par mois en moyenne (8 200 CFP l'aller simple).

❶ Comment circuler

La plupart des structures d'hébergement assurent les transferts à l'aérodrome et au quai. Les prix varient selon la distance (comptez de 1 000 à 3 000 CFP).

Compte tenu des distances (une bonne quarantaine de kilomètres du nord au sud) et de l'absence de transports en commun, il est recommandé de louer un véhicule pour assurer vos déplacements. Lors de notre passage, il n'y avait qu'un seul loueur, **Lo.K.**

Ouvéa (☑45 73 77, 79 55 58 ; ouvealok@gmail. com), qui dispose d'une flotte de véhicules en bon état. Prévoyez 7 500 CFP/jour. Il est conseillé de réserver, surtout pendant les vacances scolaires calédoniennes, les longs week-ends et les fêtes coutumières entre juin et août. Pour la location d'un scooter (4 000 CFP/jour), appelez **Christian** (☑98 17 02) ou **Aurélie Kapoeri** (☑52 22 32) ; n'oubliez pas que les distances sont importantes à Ouvéa, ce qui peut limiter l'intérêt d'un scooter pour explorer tous les sites de l'île. Pour louer un vélo, la seule option fiable est l'hôtel Paradis d'Ouvéa, qui demande 2 500 CFP la demi-journée. Les deux stations-service de l'île se trouvent au centre de l'île, à Fayaoué, au bord de la route, près de l'hôtel Beaupré.

L'auto-stop se pratique assez couramment à Ouvéa, mais il faut faire preuve de patience vu la faible circulation.

Fayaoué

Presque au milieu de l'île, le plus grand village d'Ouvéa s'étire tout en longueur, mais n'a pas vraiment de "centre". Il comprend quelques commerces et des gîtes. La plage est jolie mais plus étroite et beaucoup moins spectaculaire qu'au sud de l'île. Saint-Paul est une tribu qui se trouve plus à l'intérieur des terres.

🏃 Activités

Canio CENTRE NAUTIQUE (☑77 45 45 ; infocanio@gmail.com ; Fayaoué ; ⊙8h30-11h30 et 13h30-16h30 lun-sam). Ce petit centre nautique, non loin de la gendarmerie, loue des planches à voile (1 500 CFP l'heure), des catamarans (2 000-3 000 CFP l'heure), des kayaks et des paddles (1 000 CFP l'heure). Possibilité de cours particuliers.

Où se loger et se restaurer

Hôtel Beaupré HÔTEL €€
(☑45 70 94 ; www.hotelbeaupre.nc ; Fayaoué ; bungalow d 16 500 CFP ; ❄🛜). Ce petit hôtel familial et sans prétention, de niveau deux-étoiles, possède 13 bungalows en bois, aménagés sur des petits pilotis, bien disposés les uns par rapport aux autres et desservis par une passerelle dans un grand jardin tropical. Ils sont fonctionnels, lumineux et bien équipés (terrasse, Wi-Fi, sdb moderne, clim). Pour la plage (étroite à cet endroit, le secteur est beaucoup moins impressionnant que du côté de Mouli), il suffit de traverser la route. Le **restaurant** (☑45 70 94 ; plats 2 500 CFP, menu midi 3 100 CFP ; ⊙11h30-13h et 19h-20h45 tlj), aménagé sur un deck bien aéré devant la réception, propose une carte réduite (six plats) mais les plats (viande et poisson) sont de qualité. Également un **snack** (en-cas 800-1 100 CFP ; ⊙9h-14h et 17h-19h tlj) attenant, bien pratique pour caler une petite faim avec une salade, un sandwich, un panini ou un burger. Seul bémol : le buffet petit-déjeuner, très moyen. Location de vélos (2 900 CFP/jour).

Chez Dydyce GÎTE, CAMPING €
(☑94 78 21 ; Banoutr ; camping 2 500 CFP/tente, paillote d avec sdb commune 5 900 CFP ; 🛜). Un point de chute pratique pour les petits budgets. Rachelle Kaouma propose

À NE PAS MANQUER

LE PONT DE MOULI

Le pont de Mouli enjambe l'étroit bras de mer entre la baie de Lekiny et le lagon. En dessous, les eaux bleu turquoise scintillent dans le lagon, ourlé d'une plage de sable blanc éblouissant. On peut passer des heures sur le pont à observer les créatures marines (requins, tortues, raies) qui évoluent dans le lagon. La baie constituant une réserve de pêche pour les habitants de Lekiny, les visiteurs n'ont pas le droit de s'y baigner. En revanche, il est possible de nager ou, mieux, de faire du snorkeling à hauteur du pont, mais côté lagon (attention, le courant est fort), et d'admirer une faune bariolée.

4 paillotes convenables, équipées de lits, ainsi qu'une aire de camping accueillante et bien aménagée, sur un terrain herbeux mais dépourvu d'ombre. Le bloc sanitaire est moderne et dispose de l'eau chaude ; un coin cuisine, très simple, est à disposition (plusieurs supérettes sont accessibles à pied). Possibilité de repas le soir sur réservation (2 900 CFP), sous une paillote en matériaux traditionnels. La plage (modeste à cet endroit de l'île) est juste de l'autre côté de la route. Le mari de la propriétaire organise des sorties en mer. Carte bancaire acceptée.

Baie de Lekiny et Mouli

C'est le secteur le plus photogénique de l'atoll. L'étroite baie de Lekiny (Lékine), au sud d'Ouvéa, forme une échancrure parfaitement dessinée. De hautes **falaises calcaires** la protègent du côté est. Deux petits chenaux au sud communiquent avec la pleine mer. À marée basse, on peut explorer les falaises dans la partie la plus étroite de la baie et les escalader pour atteindre des surplombs et des grottes, à condition d'être accompagné par un guide. Au **pont de Mouli** (voir l'encadré ci-contre), vous pourrez profiter d'une magnifique **plage**, de part et d'autre du chenal. Attention, ne vous baignez pas du côté sud (côté falaises) du pont car il s'agit d'une réserve coutumière.

Un peu plus au sud, à hauteur de l'hôtel Paradis d'Ouvéa et du gîte Moague, la **plage de Mouli**, somptueuse, est à n'en pas croire ses yeux !

À l'extrême sud d'Ouvéa, la tribu de **Mouli** renferme une ravissante **église** dotée d'une flèche rouge. Elle s'élève sur une petite éminence, à une centaine de mètres en retrait de la plage. Toute proche, la **chefferie** de Mouli est dissimulée derrière des palissades.

La plage de Mouli continue jusqu'à la **pointe de Mouli**, terminus de la route et pointe sud de l'île. Par temps calme, ce site, doté d'une petite plage et de beaux massifs coralliens, se prête au snorkeling, mais attention aux courants.

Activités

L'excursion nautique aux Pléiades du Sud fait partie des incontournables (voir ci-contre).

EXCURSIONS NAUTIQUES DANS LES PLÉIADES DU SUD ET LES PLÉIADES DU NORD

Ouvéa regorge de sites naturels éblouissants, dont certains ne sont accessibles qu'en bateau. C'est le cas des groupes d'îlots qui forment les Pléiades du Nord (au nord de l'atoll) et les Pléiades du Sud (au sud de l'atoll). Des prestataires nautiques organisent sur réservation des sorties à la journée à la découverte de ces lieux extraordinaires. Au programme : arrêts snorkeling, pique-nique et farniente sur une plage. Prévoyez votre matériel de snorkeling et réservez dès votre arrivée.

Pierre Kauma (☏ 89 23 26). Sorties dans le secteur des Pléiades du Sud, à bord d'un bateau confortable. Au programme, trois arrêts snorkeling sur des sites différents. Une collation, prise sur le bateau, est incluse. Pas de débarquement sur un îlot (le programme est surtout axé sur le snorkeling). Tarif : 7 500 CFP. Retour vers 14h.

Charly Aema (☏ 45 07 60, 75 08 89). Le propriétaire du gîte Moague organise une excursion dans le lagon et les Pléiades du Sud (7 500 CFP, pique-nique inclus, 4 pers au minimum). En réalité, il s'agit d'un transfert en bateau (plus que d'une excursion) sur le magnifique îlot Gee (deux plages), où vous pourrez faire du snorkeling le long des massifs coralliens. Barbecue à base de poisson grillé. Retour vers 13h30.

Kay et Lylyne (☏ 83 32 41, 95 47 99). Découverte à la journée des Pléiades du Nord. Snorkeling guidé sur un récif poissonneux (possibilité de voir des raies mantas, des requins gris, des loches et des carangues), initiation à la pêche, barbecue sur le splendide îlot Awa (prévoir de l'antimoustique) et snorkeling autour d'un pinacle corallien dans le lagon. Tarif 10 000 CFP la journée. Le rendez-vous a lieu à l'église de Saint-Joseph.

Wekiny Excursion (☏ 85 53 81). Sortie similaire à la précédente. Découverte des Pléiades du Nord. Snorkeling guidé et pique-nique sur l'îlot Awa. Tarif : 10 000 CFP. Le rendez-vous a lieu à l'église de Saint-Joseph.

Felix Alosio EXCURSION NAUTIQUE, SNORKELING
(☏ 92 55 12). Au départ du camping de Lekiny, l'excursion, à pied, dure environ 2 heures (2 500 CFP, 3 pers au minimum) et inclut la visite des falaises et une séance de snorkeling sur un magnifique jardin de corail à proximité des falaises (prévoir palmes, masque et tuba, non fournis).

🛏 Où se loger et se restaurer

Camping de Lekiny CAMPING €
(☏ 92 55 12 ; Lekiny ; camping 1 000 CFP/pers). Ce camping est très spartiate mais sa localisation, à l'ombre des filaos, face aux falaises de Lekiny et à un jet de pierre du pont de Mouli (et de la plage éponyme), le rend incontournable pour les campeurs à petit budget. Toutefois, le site est venté. Le bloc sanitaire, en dur, est passable (eau froide). Pas d'accueil : les gérants, de la tribu voisine, ne vivent pas sur place mais passent une ou deux fois par jour. La "cuisine commune" est rudimentaire et pas très bien entretenue.

Moague GÎTE €
(☏ 75 08 89, 95 23 25 ; aemacm@lagoon.nc ; Mouli ; camping 2 700/210 CFP par tente/pers, paillote d avec sdb commune 7 400 CFP). Ce gîte bénéficie d'un cadre exceptionnel, dans une propriété ombragée ; il suffit de s'avancer de quelques mètres et l'on étale sa serviette sur la superbe plage de sable blanc de Mouli (large à cet endroit), face au lagon scintillant. C'est là son principal atout, car certains touristes ont fait part de leur déception à propos de l'accueil peu chaleureux, du confort limité des petites paillotes (avec lits), de l'entretien du bloc sanitaire (avec eau chaude), des repas (à partir de 2 700 CFP) et du petit-déjeuner minimaliste. La "cuisine commune" se réduit à un réchaud et à un réfrigérateur rouillé. Le propriétaire organise des sorties sur un îlot dans les Pléiades du Sud. Carte bancaire acceptée.

Chez Monique GÎTE €€
(☏ 95 37 11 ; Mouli ; paillote d avec sdb commune 3 000 CFP, maison en dur s/d/tr 5 000/7 000/10 500 CFP). Un bon plan, à condition d'accepter l'idée de ne pas être directement en bord de mer ; la propriété est à l'intérieur des terres, à la tribu de Mouli, à 400 m du lagon environ. La paillote (avec lits) est bien entretenue, tout comme

le bloc sanitaire en dur (eau froide). Pour un confort plus classique, optez pour la "maison d'hôtes", spacieuse, idéale pour une famille (2 chambres, cuisine équipée, sdb avec eau chaude).

Paradis d'Ouvéa   HÔTEL €€€

(✆ 45 54 00 ; www.paradisouvea.com ; Mouli ; bungalows d 32 500-43 000 CFP, qua 55 000-68 000 CFP ; ❄ 💻 🛜). "Paradis", le terme est exagéré, même si l'emplacement, directement sur la plage, près du pont de Mouli, est extraordinaire, avec du sable d'un blanc éclatant et le dégradé turquoise du lagon. Les villas et les 34 bungalows, spacieux, à la déco d'inspiration zen, prolongés par de belles terrasses face au couchant, ressemblent à des pavillons blancs alignés le long de la plage ; optez pour les bungalows "Deluxe Lagon", certes plus chers, mais d'une luminosité exceptionnelle. Sachez que le service est décontracté, voire nonchalant, et qu'il n'y a aucune animation – on vient là pour le farniente au bord du lagon. La piscine est vraiment petite pour un hôtel de ce standing, mais vous ferez trempette dans le lagon, à quelques mètres. Location de vélos (3 000 CFP la journée), de paddles et de kayaks (1 000 CFP/heure), et organisation d'excursions. Bar, snack et restaurant sur place. Wi-fi (gratuit) autour du bar et de la réception.

Fassy   SNACK €

(✆ 99 31 88, 86 68 54 ; Mouli ; plats 600-2 500 CFP ; ⊙ 8h-14h tlj). Ce snack à proximité du pont de Mouli a, par moments, des allures d'établissement fantôme... Géré par la tribu voisine, il n'est ouvert qu'irrégulièrement. Des mammas prépareront des barquettes à emporter (500 CFP) sur la plage (à 30 m) ou des plats plus consistants (poulet, poisson) à déguster sur place.

Didewa Mafatou   SNACK €

(✆ 90 42 13, 97 85 64 ; Mouli ; plats déj 1 800-2 000 CFP, menu soir 2 850 CFP ; ⊙ 9h-14h, soir 19h-20h30 sur réservation). Établi de part et d'autre de la route, ce snack sert une cuisine familiale, simple et fraîche. Dommage que le service soit parfois bien lent. Au déjeuner, prenez place sous la paillote aménagée sur une petite crique corallienne, face au lagon. Pour le repas du soir, il est conseillé de réserver. Comme partout aux Loyauté, pensez à appeler au préalable, pour vérifier les heures d'ouverture.

Doumai – Les Derniers Rayons de Soleil   SNACK €

(✆ 51 15 00, 96 60 41 ; Mouli ; plats 1 000-1 300 CFP ; ⊙ 8h-14h tlj). Cette petite affaire familiale lancée en 2019 n'est pas très facile à trouver, mais mérite le détour pour sa cuisine simple et goûteuse, à base de produits de la pêche (poisson grillé servi avec de la salade et du riz). La paillote est aménagée sur du sol corallien, à quelques mètres du bord de mer, côté océan, pas très loin de la pointe de Mouli ; en venant du nord, dépassez l'église de Mouli et le cimetière, prenez ensuite la première route à gauche ; à l'intersection suivante tournez à droite et continuez sur 600 m environ, jusqu'au panneau.

♥**Paradis d'Ouvéa – Le Jardin d'Eden**   SNACK D'HÔTEL €€

(voir ci-contre ; plats 800-2 300 CFP ; ⊙ 11h-16h tlj). Un bon plan ! Ce petit snack aménagé au bord de la piscine de l'hôtel Paradis d'Ouvéa propose quelques petits plats savoureux et bon marché (salade du jour, plat du jour), ainsi que des galettes, des crêpes, des paninis et des sandwichs, très corrects. Calez un petit creux en profitant du cadre superbe, sans vous ruiner !

Paradis d'Ouvéa – La Part des Anges   RESTAURANT D'HÔTEL €€

(voir ci-contre ; plats 2 600-3 500 CFP ; ⊙ 12h-13h45 et 19h-21h tlj). Le restaurant de l'hôtel de luxe Paradis d'Ouvéa propose une cuisine honnête dans un cadre accueillant, à des tarifs raisonnables, mais le service est lent. Carte limitée, avec plats de viande et de poisson.

🛍 Achats

Tribal Cuts   SCULPTURE

(✆ 93 59 32 ; Lékiny ; ⊙ sur réservation). Marjorie Tiaou est une jeune sculptrice au talent reconnu sur l'ensemble du Territoire. Vous pourrez la voir à l'œuvre dans son atelier et acheter certaines de ses réalisations.

De Wadrilla à Saint-Joseph

Ce secteur de l'île forme un col de cygne entre le sud et le nord d'Ouvéa ; par endroits, l'atoll n'est large que de quelques dizaines de mètres. Wadrilla est aussi le site de l'usine de désalinisation d'Ouvéa qui alimente les habitants en eau potable, car il n'y a pas de sources. Auparavant, les insulaires devaient stocker l'eau de pluie dans de vastes réservoirs ou, en période de sécheresse, acheminer de l'eau par bateau depuis Nouméa.

À voir et à faire

Monument des 19   MONUMENT
À Wadrilla, vous passerez devant cet impressionnant monument, qui s'élève entre la route et le lagon. Cette grande stèle colorée a été édifiée à la mémoire des 19 Kanak abattus lors de la prise d'otages de 1988. En 1989, les leaders indépendantistes Jean-Marie Tjibaou et Yeiwéné Yeiwéné furent assassinés à cet endroit (voir l'encadré p. 172). Début mai 2018, le président Emmanuel Macron s'est recueilli devant cette stèle lors de la commémoration des tragiques événements du 5 mai 1988.

Savonnerie d'Ouvéa   USINE
(☑ 45 10 60 ; entrée libre ; ◷ 8h30-11h30 et 13h-15h lun-ven). À 6 km au nord de Wadrilla, cette petite usine produit environ 200 tonnes d'huile par an, utilisée dans la fabrication de savons et d'huile de coco, en vente sur place. Venez plutôt le matin si vous souhaitez voir les installations en fonctionnement. Cette activité constitue l'une des principales sources de revenus d'Ouvéa. Dans le nord de l'île, vous pourrez voir des installations servant au séchage de la pulpe de noix de coco, généralement dans les cocoteraies. Ces séchoirs, placés au-dessus d'un four à bois, sont recouverts d'un toit en tôle ondulée.

Trou d'Anawa   SITE NATUREL
À environ 3 km au nord du quai de Wadrilla, on peut voir un premier profond bassin naturel creusé dans la roche corallienne, relié à la mer par des canaux souterrains. Dans cette eau d'un bleu intense évolue une faune multicolore. Continuez en suivant la piste le long de la mer sur 200 m jusqu'à un second bassin, tout aussi impressionnant, bien dissimulé par la végétation ; cherchez le sentier à travers les taillis.

Le site (mal signalé) est accessible par une piste qui s'écarte de la route principale, sur la gauche (en venant du sud), à 100 m du snack O'Kafika. Après le trou d'Anawa, la route principale monte ensuite en lacets jusqu'au **col du Casse-Cou**, le point le plus étroit d'Ouvéa. De l'autre côté du col, elle continue vers la côte ouest, jusqu'à Saint-Joseph.

À NE PAS MANQUER

LA PLAGE DE TIBERIA

La plus belle plage du nord de l'île mérite une halte, mais elle n'est pas signalée. À Saint-Joseph, prenez la direction d'Ognat, roulez 7 km jusqu'à un petit escalier bétonné, avec une rambarde, sur la droite. C'est là ! Une dizaine de marches vous conduisent sur cette magnifique étendue de sable clair encadrée de petites falaises coralliennes. Le lagon est parsemé de splendides patates coralliennes – n'oubliez pas votre équipement de snorkeling – qui débouchent sur un tombant.

Où se restaurer

Snack O'Kafika   SNACK €
(☑ 45 90 27, 75 33 93 ; Anawa ; plats 2 400-2 800 CFP ; ◷ 11h30-13h15 et 19h-20h lun-sam). À 100 m du Trou d'Anawa, ce snack sert une cuisine appréciée, à base de produits frais. Les plats changent régulièrement, et sont affichés sur un tableau (viande et poissons, par exemple escalope de veau, fricassée de poulpe ou loche bleue). De la terrasse, on voit le lagon, partiellement caché par les frondaisons. Appelez au préalable pour confirmer les jours et heures d'ouverture.

Nord de l'île

La partie nord de l'île est la moins touristique, mais offre néanmoins de superbes découvertes, avec des sites naturels et d'époustouflantes plages désertes. Les principales tribus sont **Saint-Joseph**, **Teouta** (tout au nord), **Ognat** (Saint-Thomas), à l'extrémité est de l'île, et **Gossanah**, théâtre de la prise d'otages de 1988.

À voir

Trou aux Tortues   SITE NATUREL
Peu avant Saint-Joseph, une route part vers la droite et mène à ce gouffre naturel creusé dans le calcaire et rempli d'eau, au milieu de la forêt. Postez-vous sur le bord et attendez quelques minutes pour apercevoir une tortue remonter respirer à la surface. Il est possible de s'y baigner mais l'accès (et la remontée) est escarpé. Le site n'est pas signalé ; utilisez l'application maps.me pour le trouver ou demandez votre chemin aux habitants.

Chefferie de Saint-Joseph   SITE CULTUREL

À Saint-Joseph, la chefferie, entourée d'une palissade en bois, se dresse sur le front de mer.

Plage de Saint-Joseph   PLAGE

De l'église de Saint-Joseph, sur le front de mer, vous pouvez emprunter la piste qui continue vers le nord sur environ 3,5 km. Elle longe une immense plage de sable blanc, ombragée et bien protégée, idéale pour la bronzette et la baignade. La piste est en principe praticable avec un véhicule de location, mais il est préférable de la suivre à pied pour éviter tout désagrément.

🏃 Activités

N'hésitez pas à vous inscrire à une sortie nautique dans les Pléiades du Nord (voir l'encadré p. 155).

Hnimëk – Antoine Omei   RANDO MIXTE

(☑98 72 05 ; 3 500 CFP/pers ; ☺sur réservation). Cette prestation ne s'effectue pas en bateau, mais à pied. Le guide propose une excursion pédestre au cours de laquelle il vous emmènera à la passe aux Requins, dans les Pléiades du Nord, où vous pourrez vous baigner et observer des requins (inoffensifs) ; il vous racontera aussi des légendes, vous initiera à la pêche à l'épervier et vous donnera des explications sur l'utilisation des plantes locales. Le rendez-vous se fait à l'église de Saint-Joseph ; de là, on est conduit en pick-up jusqu'à l'extrémité de la piste qui longe la plage du nord, où commence la balade (environ 6 km aller-retour). La sortie dure 3 à 4 heures (en matinée uniquement). Prévoyez des chaussures ne craignant pas l'eau de mer, un pique-nique et votre équipement de snorkeling.

🛏️ Où se loger et se restaurer

Beauvoisin   GÎTE €€

(☑85 54 65, 51 91 31 ; beauvoisin@live.fr ; Gossanah ; case ou paillote d avec sdb commune 4 000-5 700 CFP ; 🛜). Il vous faudra impérativement un véhicule si vous séjournez dans ce gîte excentré au nord de l'île, à la tribu de Gossanah. Ici, pas de bord de mer mais la plage de Tiberia n'est qu'à 5 minutes en voiture. La prestation est très convenable côté hébergement, avec plusieurs paillotes et une case, confortables et propres, avec lits ou matelas au sol, dans un beau jardin arboré. Le bloc sanitaire est fonctionnel ; quant à l'eau chaude, elle est disponible lorsque le chauffe-eau fonctionne... Repas sur demande (2 800 CFP).

Au Soleil Levant   LIVRAISON DE REPAS €€

(☑86 12 43 ; Ognat ; assiettes 2 500-3 500 CFP ; ☺tlj midi et soir sur réservation). La propriétaire de cet ancien snack à Ognat propose un service de livraison de repas (en réalité, une assiette de poisson avec des légumes et du riz) dans le nord de l'île (utile pour le gîte Beauvoisin ou si vous êtes sur la plage de Tiberia, par exemple). Possibilité de livrer plus au sud (jusqu'à Fayaoué, au gîte Chez Dydyce s'il y a un minimum de 3 commandes).

Comprendre la Nouvelle-Calédonie

La Nouvelle-Calédonie aujourd'hui

La Nouvelle-Calédonie est à la croisée des chemins. Sur le plan institutionnel, tout est possible pour ce territoire ultramarin, partagé entre tentation de l'indépendance et maintien dans la République. Sur le plan économique, le Caillou est plus que jamais fragilisé par les soubresauts du marché du nickel. Côté tourisme, la fréquentation est à la hausse, mais des efforts restent à faire pour dynamiser ce secteur.

À lire

En pays kanak, sous la direction de l'anthropologue et spécialiste de la Nouvelle-Calédonie Alban Bensa et d'Isabelle Leblic (Maison des sciences de l'homme, 2000).
La Traversée du monde, de Jean-Claude Guillebaud (Arléa, 2009). L'un des sept récits de voyage rassemblés par ce grand reporter est consacré à la Nouvelle-Calédonie.
Mémoires de Louise Michel (La Découverte, 2002). La célèbre communarde évoque sa vie, notamment sa déportation en Nouvelle-Calédonie, où elle sympathise avec les Kanak.

Médias

Les Nouvelles Calédoniennes (www.lnc.nc). Un quotidien.
Nouvelle-Calédonie Première (la1ere.francetvinfo.fr/ nouvellecaledonie/). Une chaîne de télévision locale.

Quelques prix

⇒ Un litre d'essence : **1,35 €**
⇒ Un plat dans un restaurant : **20-25 €**
⇒ Une journée de location de voiture : **45-70 €**
⇒ Un aller-retour en avion pour l'île des Pins : **150 €**
⇒ Un baptême de plongée : **70 €**
⇒ Une bière locale : **3,70 €**
⇒ Une nuitée pour deux dans un gîte mélanésien : **35 €**

Un avenir en pointillé

L'accord de Nouméa, signé en 1998, a permis à la Nouvelle-Calédonie de vivre une période de stabilité, de croissance économique et de renforcement de son autonomie. Cet accord, provisoire, a servi à panser les plaies des conflits passés en attendant que la question de fond – l'indépendance ou le maintien du Territoire au sein de la République française – soit à nouveau posée dans un climat plus serein. Conformément à cet accord, en novembre 2018 les électeurs néo-calédoniens résidant depuis au moins 20 ans sur l'archipel ont été amenés à se prononcer par référendum sur le statut de leur île. Si le vote en faveur du "non" à l'indépendance l'a emporté par 56,4% des voix, ce résultat a plongé l'île dans une incertitude encore plus grande, en déjouant tous les pronostics, qui donnaient les loyalistes largement gagnants. Paradoxalement, les indépendantistes sont sortis ragaillardis du scrutin et estiment que le sens de l'histoire leur est plus que favorable… Jamais le Territoire n'a semblé aussi divisé. Deux nouveaux scrutins sont prévus, en 2020 et 2022, dont l'issue est totalement incertaine. Conséquence : les investissements extérieurs sont ralentis et l'économie calédonienne est paralysée par cette grande inconnue institutionnelle qui risque de durer encore quelques années.

Un Territoire toujours compartimenté

Un "destin commun" est-il possible ? La frange modérée des loyalistes et des indépendantistes semble y croire. Dans les faits, pourtant, l'imaginaire est encore morcelé ("les Kanak au nord et dans les Loyauté, les Blancs dans le Sud"). Pour l'instant, les relations entre les différentes composantes de la population sont apaisées, même si le rapprochement entre les communautés est encore hésitant, et le contraste entre les modes de vie respectifs saisissant. Sur le plan culturel, les Kanak ont obtenu la reconnaissance de leur identité. Sur le plan politique et institutionnel, ils ont également bénéficié des transferts de compétence. En revanche, dans les domaines économique et social, le fossé est toujours aussi profond entre Blancs et Kanak, malgré l'émergence d'une classe moyenne mélanésienne. L'essentiel des emplois se concentre toujours à Nouméa, et il existe un monde entre le niveau de vie des Blancs des beaux quartiers de la capitale et celui des Kanak des régions du nord ou des îles, où prédominent l'agriculture et la pêche vivrières. Ce fossé touche surtout les jeunes Kanak non diplômés, tiraillés entre les références traditionnelles de la tribu et les aspirations du monde occidental ; cette jeunesse déboussolée, qui bascule dans la délinquance, la violence et les addictions (alcool, drogue), constitue l'un des défis majeurs à relever.

Le nickel : un marché incertain

Moteur de l'économie calédonienne depuis le XIXe siècle, l'exploitation de l'or vert (dont un quart des réserves mondiales sont en Nouvelle-Calédonie) est soumise à de forts aléas. Le territoire compte trois usines : Vale, au sud de la Grande Terre, la SLN, à Nouméa, et Koniambo Nickel, près de Koné, dans la province Nord. Cette manne, dont les retombées bénéficient à toutes les communautés, contribue à la relative prospérité du territoire (et donc à une certaine stabilité sociale). Mais ce secteur, après une période de croissance euphorique due à l'augmentation continue de la demande mondiale, est très exposé aux aléas de la demande internationale. L'irrégularité des cours du nickel et la concurrence d'autres pays font peser une menace sur cette filière. Le "rêve industriel" calédonien a parfois des airs de cauchemar, avec des risques de licenciements et de fermetures d'exploitations qui porteraient préjudice à la stabilité du territoire. Il faut également signaler l'impact écologique de cette industrie ; des portions du territoire et du lagon sont régulièrement souillées par des effluents.

L'embellie touristique

Le tourisme, longtemps délaissé par les pouvoirs publics, redresse la tête. En 2018, la Nouvelle-Calédonie a enregistré 126 000 arrivées de touristes à l'aéroport international, après avoir longtemps plafonné à 100 000. Un record. Sans compter de nombreux paquebots de croisière. Cette augmentation provient principalement des pays voisins, Australie et Nouvelle-Zélande, mais aussi de la France, qui représente 36% des visiteurs (en hausse régulière, +2 à 3% par an). Outre le coût (élevé) du billet d'avion, la Nouvelle-Calédonie reste mal connue des métropolitains et pâtit d'une image peu compétitive par rapport à d'autres destinations insulaires. Si le tourisme a de beaux jours devant lui, il reste beaucoup à faire pour redynamiser ce secteur : rénover et diversifier le parc hôtelier, professionnaliser l'accueil et le service, améliorer la desserte aérienne internationale et rendre plus fiable la desserte aérienne intérieure.

POPULATION :
280 000 HABITANTS

SUPERFICIE : **18 580 KM²**

NOMBRE DE TOURISTES
EN 2018 : **126 000**

POINT CULMINANT :
MONT PANIÉ (1 629 M)

DISTANCE DEPUIS PARIS :
16 750 KM

Sur 100 personnes en Nouvelle-Calédonie

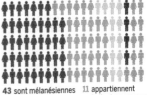

43 sont mélanésiennes
30 sont européennes
12 sont polynésiennes
4 sont asiatiques
11 appartiennent à d'autres groupes ethniques

Habitants

180 000 — Grand Nouméa

68 000 — Grande Terre (hors Grand Nouméa)

18 500 — Îles Loyauté

2 000 — Île des Pins

Population au km²

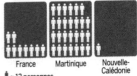

France   Martinique   Nouvelle-Calédonie

♀ ≈ 13 personnes

Histoire

Depuis le XVIIIᵉ siècle, l'histoire de la Nouvelle-Calédonie est étroitement liée à celle du continent européen. Elle s'est écrite sur la base d'un rapport de force entre deux mondes, créant de multiples tensions, en alternance avec des phases de stabilité. À la suite de longues et complexes négociations entre les populations mélanésienne et européenne sous les auspices de l'État français, la Nouvelle-Calédonie est à la croisée des chemins. L'avenir du Caillou est aujourd'hui toujours en suspens.

Les premiers habitants

Les premiers habitants du Pacifique occidental, des chasseurs-cueilleurs venus d'Asie du Sud-Est, s'installent dans la région voici 50 000 ans, au pléistocène. À cette époque, la baisse du niveau des eaux favorise en effet la route migratoire entre l'Indonésie, la Nouvelle-Guinée et les îles Salomon. D'autres peuples, appelés Austronésiens, arrivent ensuite de l'ouest. Leur métissage avec les Papous donne naissance à diverses ethnies que l'on appelle par convention "Mélanésiens" ou "Polynésiens". Les Austronésiens, également connus sous le nom de Lapita, se lancent dans la conquête de la haute mer et prennent position dans les îles de l'actuelle Mélanésie, notamment, vers 1500 av. J.-C., en Nouvelle-Calédonie, en provenance du Vanuatu.

> Les premiers habitants cultivent, entre autres, l'igname, le taro et le manioc ; on distingue encore la trace de leurs champs en terrasses sur la Grande Terre, notamment à Païta, Bourail et Houaïlou.

Chasseurs-cueilleurs, les Lapita doivent leur nom à un site proche de Koné, sur la Grande Terre, l'île principale de la Nouvelle-Calédonie, où l'on a découvert des vestiges de leur poterie. Les Lapita ont par ailleurs laissé d'énigmatiques pétroglyphes, avant de poursuivre leur route vers les îles Fidji, Tonga et Samoa.

Entre le XIᵉ siècle environ et le XVIIIᵉ siècle, la Nouvelle-Calédonie connaît une autre vague de migration, celle des Polynésiens qui débarquent essentiellement au nord de la Grande Terre et dans les îles Loyauté, où ils se métissent avec les tribus mélanésiennes.

La vie s'organise autour de la grande case, la plus vaste hutte (conique) du clan, dans laquelle réside le chef. Le culte des ancêtres y est très important et la vie du clan est régie par la "coutume" (voir le chapitre *Culture et société*, p. 174).

CHRONOLOGIE 1500 av. J.-C.	1774	1788
Arrivant du Vanuatu, les Lapita, premiers habitants de la Nouvelle-Calédonie, d'origine austronésienne (des populations parties d'Asie du Sud-Est au IVᵉ millénaire av. J.-C.), s'installent sur les côtes.	Découverte de la Nouvelle-Calédonie par le capitaine Cook. Il baptise la Grande Terre en référence à son Écosse natale, et l'île des Pins d'après la végétation qui la caractérise.	Une expédition menée par le comte de Lapérouse doit apprécier le potentiel économique de l'archipel. Le naufrage de l'*Astrolabe* et de la *Boussole* met un terme à l'aventure.

L'arrivée des Européens

Si, au XVIᵉ siècle, les Espagnols organisent des expéditions pour localiser la *Terra Australis Incognita*, ce n'est qu'au XVIIIᵉ siècle qu'arrivent les premiers Européens en Nouvelle-Calédonie. L'archipel est alors habité par au moins 60 000 Mélanésiens et Polynésiens.

L'explorateur britannique James Cook aborde la Grande Terre en 1774, lors de sa deuxième expédition scientifique à la recherche de la *Terra Australis*. Il la nomme Nouvelle-Calédonie en raison de son relief qui lui rappelle les montagnes écossaises (baptisées Calédonie par les Romains). Cook et l'équipage du *Resolution* jettent l'ancre sur la côte nord-est le 4 septembre 1774 et consacrent dix jours à l'exploration des environs, frappés par l'hospitalité des "indigènes". Le navire cabote ensuite le long de la côte est de la Nouvelle-Calédonie jusqu'à l'île des Pins, sans apercevoir les îles Loyauté.

La France s'intéresse à la Nouvelle-Calédonie quatorze ans plus tard lorsque Louis XVI envoie le comte de Lapérouse, Jean-François de Galaup, pour en apprécier le potentiel économique. Lapérouse et ses deux navires, l'*Astrolabe* et la *Boussole*, disparaissent dans un cyclone au large de Vanikolo, au sud-est des îles Salomon. Le musée de l'Histoire maritime de Nouméa fournit des détails sur ce naufrage. La mission chargée de les retrouver quitte la France le 28 septembre 1791. Sous les ordres de l'amiral Bruny d'Entrecasteaux et du capitaine Huon de Kermadec, les équipages de l'*Espérance* et de la *Recherche* débarquent à Balade le 17 avril 1793, après avoir dépassé Vanikolo où se sont installés, sans qu'ils le sachent, deux survivants de l'expédition de Lapérouse.

Kermadec meurt peu après son arrivée en Nouvelle-Calédonie. Entrecasteaux explore le nord de la Nouvelle-Calédonie à pied avec quelques membres de son équipage. Après un séjour d'un mois, ils portent des jugements sur les habitants qui sont bien différents de ceux

La flèche faîtière, qui symbolise la présence des ancêtres, est une flèche de bois ornementale dressée au sommet de la grande case kanak.

HISTOIRE L'ARRIVÉE DES EUROPÉENS

LES PÉTROGLYPHES

Ces gravures sur roche sont fréquentes dans le Pacifique. En Nouvelle-Calédonie, on recense plus de 350 sites totalisant quelque 4 500 dessins. Ils ont des formes géométriques (spirales, cercles) ou évoquent parfois des figures humaines ou animales. Leur signification et leur fonction demeurent mystérieuses, de même que leur âge. Selon une hypothèse, ces pétroglyphes auraient servi à délimiter le territoire vers l'an 1, lorsque le nombre des tribus augmenta et que les combats se multiplièrent. En dépit de leur nombre, ils ne sont pas mis en valeur et peu faciles d'accès. Le meilleur endroit pour les apprécier reste donc le musée de la Nouvelle-Calédonie de Nouméa ; à défaut, si vous êtes hébergé dans un gîte tribal, votre hôte vous indiquera peut-être un site accessible.

BOB TAZAR / STOCK.ADOBE.COM ©

1792-1793
L'amiral français d'Entrecasteaux, parti à la recherche de Lapérouse, explore la côte est de la Grande Terre et arrive à Balade, au nord-est, l'année suivante.

1827
L'explorateur français Dumont d'Urville cartographie pour la première fois l'archipel des Loyauté.

→ Totems en bois

de Cook. On suppose que cette différence de perception tient au fait que Cook et son équipage ont introduit des maladies nouvelles dans la région, qui font de nombreuses victimes parmi les Kanak ; d'où l'accueil moins amical réservé au deuxième groupe.

Entrecasteaux sera le premier Européen à repérer Ouvéa, la plus méridionale des îles Loyauté. Il mourra lors de son voyage de retour en France. La même année, le capitaine anglais Raven, embarqué sur le *Britannia*, localise Maré, la plus septentrionale des îles Loyauté, où il remarque la présence de santal. Ces îles ne seront cartographiées qu'en 1827, grâce à l'explorateur français Dumont d'Urville.

Chasseurs et négociants

Les baleiniers britanniques et américains sont les premiers navires marchands à aborder dans ces îles. Les Britanniques viennent de la colonie australienne de Port Jackson (l'actuelle Sydney). Dès 1840, ils cherchent du pétrole à Lifou, la plus grande des îles Loyauté.

Aux baleiniers succèdent les santaliers, dont la présence aura un impact durable sur les insulaires. Ils convoitent les arbres exotiques dont les racines et le cœur sont brûlés sous forme d'encens dans les temples chinois. Opérant depuis l'Australie, ils pillent ainsi, entre 1840 et 1850, l'île des Pins, puis les îles Loyauté et enfin la côte est de la Grande Terre. En échange du bois de santal, les habitants des îles reçoivent des outils en métal, des clous, des hameçons ou encore du tabac et de l'alcool. Les navires partent ensuite livrer leur cargaison en Chine, où elle est échangée contre du thé destiné à l'Australie.

Les missionnaires

Les missionnaires catholiques (français) et protestants (anglais) arrivent en Nouvelle-Calédonie au XIXe siècle. Deux pasteurs des Samoa, appartenant à la London Missionary Society (LMS), débarquent ainsi sur l'île des Pins en 1841. Bien que rapidement chassés, ces missionnaires réussissent à s'établir à Lifou en 1842. De leur côté, des frères maristes français fondent une mission à Balade, sur la côte nord-est de la Grande Terre, en décembre 1843.

La pratique de la polygamie et du cannibalisme cesse avec l'arrivée des missionnaires.

L'annexion française

Au début des années 1850, les Français ont besoin d'une base militaire stratégique dans le Pacifique et d'une alternative à la colonie pénitentiaire de l'île du Diable, au large de la Guyane, où sévit le paludisme.

Au cours du XIXe siècle, de nombreux Kanak, constituant une main-d'œuvre bon marché, sont déportés en Australie pour travailler dans les plantations. Certains d'entre eux sont restés sur place où leurs descendants vivent toujours aujourd'hui.

En plus de propager la foi chrétienne, les missionnaires protestants introduisent le cricket, dont une variante est toujours jouée aujourd'hui et demeure très populaire.

1853	1858	1860-1870	1864
La France, en quête d'une colonie pénitentiaire, annexe la Nouvelle-Calédonie. Les couleurs françaises sont hissées pour la première fois le 24 septembre à Balade, au nord-est de la Grande Terre.	Le chef Bouarate de Hienghène, accusé de complot contre les Français, est emprisonné durant cinq ans au fort de Taravao à Tahiti.	Le Second Empire met en place un programme destiné à favoriser l'installation de colons français dans l'archipel.	Arrivée des premiers forçats dans la colonie pénitentiaire (250 bagnards de métropole), à l'île de Nou, et annexion des îles Loyauté.

En 1853, sous prétexte de protéger les missions catholiques françaises, Napoléon III ordonne l'annexion de la Nouvelle-Calédonie. Lorsque le drapeau tricolore est hissé à Balade le 24 septembre 1853, le Royaume-Uni ne réagit pas car il est trop occupé par ses nouvelles acquisitions en Nouvelle-Zélande et en Australie. Après la nomination, en 1862, d'un premier gouverneur, la Nouvelle-Calédonie demeurera sous contrôle militaire jusqu'à la fin du XIXe siècle.

La colonie pénitentiaire

L'exil et la déportation constituent des chapitres douloureux mais indissociables de l'histoire de la Nouvelle-Calédonie. À l'époque où elle faisait office de colonie pénitentiaire, on disait des forçats envoyés sur le "Caillou" qu'ils allaient à la Nouvelle. Aujourd'hui, on parle plutôt de Calédonie tout court.

LA DÉPORTATION DES KANAK

En Nouvelle-Calédonie même, les Kanak convaincus d'activisme anticolonial étaient exilés sur l'île des Pins et les îles Loyauté. Certains étaient même envoyés dans les institutions pénitentiaires d'autres possessions françaises. Les déportations massives ont fait des dégâts considérables dans la société kanak.

Ce type de peine s'appliquait systématiquement aux chefs tribaux. En 1858, le chef Bouarate de Hienghène, accusé de complot contre les Français et d'hostilité envers les missionnaires, fut expédié au fort de Taravao, à Tahiti, où il passa cinq années.

Neuf ans plus tard, les autorités condamnèrent treize Kanak de Pouébo aux travaux forcés sur l'île de Lifou. Les dix survivants se retrouvèrent ensuite dans la prison de l'île de Poulo Condor en Cochinchine (dans le sud de l'actuel Vietnam). Leur chef, Ouarébate, fut pour sa part déporté à Tahiti. On leur reprochait à tous des délits commis lors du soulèvement de Pouébo en octobre 1867.

Les participants à la révolte kanak de 1878 furent pour la plupart confinés sur l'île des Pins ou les îles de Belep dans le Nord. Certains chefs furent toutefois transférés à Tahiti, notamment Boerou, qui mourut dans un hôpital de Papeete en 1879, et le grand chef Oua-Tom, qui demeura en Polynésie jusqu'en 1888.

À l'issue du second conflit qui opposa les factions catholiques et protestantes sur l'île de Maré, quinze meneurs protestants furent envoyés à Poulo Condor en 1881. Leurs lettres décrivent des conditions de vie ignobles, marquées par les coups, la privation de nourriture, l'isolement total, la maladie et la mort.

En 1887, le chef Poindi-Patchili mourut à Obock, près de Djibouti, où il était retenu depuis l'année précédente. Le grand chef de Hienghène en 1894, le jeune Bouarate, endura l'exil sur l'île des Pins avant d'être amnistié en 1896. Il fut par la suite déporté à Tahiti, subissant ainsi le même sort que son grand-père.

1870	1873	1878	1880
Fondation de Bourail, sur la côte ouest. La ville accueille d'anciens condamnés, qui reçoivent des concessions agricoles.	Deux célèbres communards, le journaliste et député Victor-Henri Rochefort et Louise Michel, sont déportés en Nouvelle-Calédonie.	Révolte kanak menée par le chef Ataï contre l'appropriation des terres par les colons français, dans le centre de la Grande Terre. Mille Kanak sont tués au cours des affrontements.	Création de la Société Le Nickel (SLN) et début de l'exploitation industrielle du nickel.

Les premiers bateaux de prisonniers partis de France abordent en mai 1864 à Port-de-France (actuelle Nouméa) au terme d'une pénible traversée de six mois par le cap de Bonne-Espérance. À l'arrivée, les forçats sont enfermés dans de vastes huttes sur l'île Nou (actuelle presqu'île de Nouville) en attendant l'achèvement du pénitencier. Ils travaillent aux ouvrages publics, notamment à la construction de routes et de la cathédrale Saint-Joseph à Nouméa. De 1887 à 1895, les plus récalcitrants sont envoyés au camp Brun, surnommé "l'abattoir".

Jusqu'en 1897, près de 25 000 personnes, dont 1 000 femmes, seront ainsi déportées en Nouvelle-Calédonie pour divers crimes. Une fois libérés, la majorité des anciens forçats, ceux condamnés à une peine supérieure à huit ans, sont contraints de s'installer sur l'île. Certains reçoivent des terres tandis que d'autres reprennent des commerces. Ceux qui ne parviennent pas à se réinsérer dans la société finissent leurs jours à l'hospice du pénitencier.

La déportation s'arrête en 1897, mais la diminution des fonds alloués à la colonie pénitentiaire fait empirer les conditions de détention, notamment l'accès aux soins médicaux. Le pénitencier est finalement fermé en 1928 et l'île Nou rebaptisée Nouville (qui deviendra une presqu'île avec la construction d'une digue en 1972).

L'Archipel des forçats : histoire du bagne de Nouvelle-Calédonie (1863-1931), de Louis-José Barbançon (Presses universitaires du Septentrion, 2004), aborde l'histoire de la déportation des forçats sur l'île.

Les communards et les déportés kabyles

L'insurrection de la Commune en 1871 débouche sur la déportation de 4 300 communards qui, contrairement aux autres forçats, ne sont pas emprisonnés mais cantonnés dans certaines zones du "Caillou". La plupart sont envoyés sur l'île des Pins, mais les plus "dangereux" sont exilés sur la péninsule de Ducos, en face du port de Nouméa.

En 1871, 20 000 Kabyles se révoltent en Algérie contre la colonisation française en Afrique du Nord. Ce soulèvement prend le nom d'insurrection de Mokrani, du nom de Mohamed ben el-Hadj el-Mokrani, le *bachaga* (haut dignitaire) de la Medjana, tué durant les événements. La répression qui s'ensuit ne fait pas de quartier. Des insurgés sont condamnés à mort, d'autres à la déportation. La rébellion écrasée, 110 chefs berbères se retrouvent sur l'île des Pins et à Ducos en 1874.

En 1879, les communards bénéficient de mesures d'amnistie et un grand nombre d'entre eux retournent en France. À l'exception de Bou Mezrag el-Mokrani, les Kabyles sont également amnistiés en bloc en 1891, bien que certains l'aient déjà été à titre individuel.

Sur les quelque 1 700 prisonniers kabyles de la révolte de 1871 en Algérie, la plupart restent en Nouvelle-Calédonie et s'implantent principalement à Bourail, où leurs descendants vivent toujours.

La révolte de 1878

Au cours des décennies 1860 et 1870, un programme financé grâce à la découverte de nickel en 1864 est mis en place pour favoriser le départ de

1887
Mise en place du Code de l'indigénat dans les colonies françaises. Ce code prive les populations autochtones de tous les droits civiques.

1894
À l'initiative du gouverneur Feillet, près de 500 familles de colons arrivent pour développer l'agriculture et peupler l'intérieur de la Grande Terre, sur des terres confisquées aux Kanak.

1897
La déportation vers le bagne de Nouvelle-Calédonie s'arrête.

JEAN-BERNARD CARILLET ©

➡ Site minier entre Poindimié et Canala

colons français vers la Nouvelle-Calédonie. Les hostilités entre Kanak et colons éclatent lorsque ces derniers empiètent sur les terres tribales. La saisie des terres mélanésiennes prend une tournure officielle lorsque le gouverneur Guillain (1862-1870) introduit le système du cantonnement, qui lui donne le droit de vendre la terre aux Français. De vastes parcelles, dévolues dorénavant à l'élevage, remplacent les champs de taro et d'igname et détruisent les canaux d'irrigation des Kanak.

Le chef Ataï est dépossédé d'une partie de ses meilleures terres, que les colons veulent aménager pour installer la ferme de la prison de Ponwhary, près de La Foa. La révolte, menée par Ataï, éclate dans les environs de La Foa et de Boulouparis en 1878. Elle durera sept mois et tous les clans, de Boulouparis à Poya, y prendront part. Les militaires français écrasent la révolte avec l'aide, parfois, de tribus kanak alliées. Au total, 200 Français et 1 200 Kanak, dont Ataï et plusieurs autres chefs, sont tués. À la suite de l'insurrection, 800 Kanak seront exilés vers les îles Belep ou l'île des Pins. D'autres seront déportés à Tahiti.

Le régime colonial

La colonisation à grande échelle débute vers la fin du XIXe siècle. Toutefois, c'est le Code de l'indigénat, instauré par les Français en 1887, qui en incarne l'aspect le plus indigne. En leur imposant un statut légal inférieur, ce système vise les Kanak en dehors du droit commun français. La population locale est contrainte de vivre dans des réserves aménagées dans les montagnes, qu'elle ne peut quitter sans la permission de la police. Les échanges commerciaux inter-îles entre les Kanak sont interrompus et les liens religieux ou ancestraux qui les unissent à certains sites ignorés. Ils sont obligés de travailler pour les colons ou les autorités coloniales.

Lorsque le flux de forçats s'arrête en 1897, les colons perdent leur réserve de main-d'œuvre gratuite (néanmoins, les Kanak remplaceront vite les forçats). L'industrie métallurgique, dont les mines employaient précédemment des centaines de bagnards, doit faire face à la même crise. Le recrutement de main-d'œuvre, principalement en Indonésie, en Indochine et au Japon, commencé au début des années 1890, se poursuit.

La population kanak commence à décliner, chutant de 42 500 en 1887 à 28 000 en 1901. Le Code de l'indigénat sera renouvelé tous les dix ans jusqu'à la Seconde Guerre mondiale, les autorités françaises estimant à chaque fois que la population locale ne disposait pas des moyens moraux ou intellectuels suffisants pour diriger elle-même ses affaires. Ce système ne sera aboli qu'en 1946, date à laquelle les Kanak deviendront des citoyens français et pourront quitter leurs réserves sans autorisation.

Au bagne...

1864 – six mois de traversée en bateau à voile par le cap de Bonne-Espérance

1897 – un mois et demi de traversée en vapeur par le canal de Suez

1880 – fin des châtiments corporels

Début du XXe siècle – le téléphone et l'électricité sont installés au pénitencier

1901	1917	1940	1942
La population kanak ne compte plus que 28 000 personnes. Elle continuera à décliner jusqu'après la Première Guerre mondiale.	Révolte kanak contre l'enrôlement forcé dans l'armée française durant la Première Guerre mondiale. L'insurrection se solde par la mort de 200 Kanak et 11 Français.	La colonie se rallie à la France libre du général de Gaulle.	Pendant la Seconde Guerre mondiale, l'armée américaine installe un contingent de 40 000 soldats sur le territoire calédonien, qui devient la principale base américaine dans le Pacifique.

DÉPORTÉS POLITIQUES CÉLÈBRES

Victor-Henri Rochefort, marquis de Rochefort-Luçay (1831-1913)

Henri de Rochefort se fait connaître en 1868 comme rédacteur en chef de *La Lanterne*, un quotidien très populaire qui brocarde le régime impérial. Bien que n'ayant pas participé activement à la Commune, il est néanmoins arrêté et condamné à la déportation en Nouvelle-Calédonie, où il débarque en 1873. Confiné dans la péninsule de Ducos, il parvient à s'en échapper trois mois plus tard de façon spectaculaire avec cinq camarades et à rejoindre l'Australie. Lorsque les communards déportés se voient accorder une amnistie générale en 1880, Rochefort rentre à Paris et fonde un autre journal, *L'Intransigeant*. Sa critique du pouvoir lui vaut d'être exilé à nouveau de 1889 à 1895. Plus tard, son refus de soutenir la cause dreyfusarde le conduit à être renié par ses amis politiques. Il restera toutefois l'ami fidèle de Louise Michel à qui il versera une rente à vie.

Louise Michel (1830-1905)

Jeune institutrice de province, Louise Michel (surnommée la "Vierge rouge") monte à Paris où elle épouse la cause républicaine et joue un rôle actif dans la Commune. Condamnée pour cela, elle arrive en Nouvelle-Calédonie en décembre 1873 par le même convoi qu'Henri Rochefort et passe cinq années à Ducos. En janvier 1879, elle s'installe à Nouméa, gagnant sa vie en enseignant notamment la musique à des enfants de la ville. Elle quitte enfin la Nouvelle-Calédonie en septembre 1880 à la suite de l'amnistie générale. Sur place, on se souvient d'elle comme d'une personne généreuse, sensible à l'environnement naturel et fascinée par la culture kanak, avec laquelle elle n'eut pourtant que peu de contacts directs.

Ahmed bou Mezrag ben el-Hadj el-Mokrani (mort en 1905)

Le frère du *bachaga* est débarqué à Nouméa à la fin de 1874 et détenu sur l'île des Pins puis, après 1880, dans la péninsule de Ducos. On lui accorde ensuite la liberté de mouvement, ce qui lui permet de monter un commerce prospère entre Nouméa et l'île des Pins. Il vit alors en concubinage avec Eugénie Lemarchand, une ancienne prisonnière de la colonie pénitentiaire. Les deux amnisties générales de 1879 et 1880 accordées aux prisonniers politiques ne s'appliquent pas aux Kabyles, mais certains sont amnistiés à titre individuel dans les années qui suivent. Lorsque les déportés algériens bénéficient enfin d'une amnistie générale en février 1895, ils ne sont plus que 24 sur les 116 initialement envoyés en Nouvelle-Calédonie. Le gouverneur d'Algérie s'opposant au retour d'Ahmed Bou Mezrag, celui-ci n'est cependant pas amnistié avant janvier 1904. Un défilé dans les rues de Nouméa salue le départ de ce citoyen bien établi et apprécié de la population. Pendant de nombreuses années, son établissement avait été le point de ralliement des Kabyles de Nouméa qui voyaient en lui leur chef. En mai 1904, il fait voile vers Marseille avec sa compagne et meurt l'année suivante en Algérie.

1946	1953	1957	Années 1970
Abolition du Code de l'indigénat. Les Kanak obtiennent la citoyenneté française et le droit de vote. La Nouvelle-Calédonie passe du statut de colonie à celui de "territoire d'outre-mer" (TOM).	L'Union calédonienne (UC) est le premier parti politique à compter des Kanak dans ses rangs.	La loi Defferre (1956) confie une large autonomie au Territoire. Élection d'une assemblée territoriale, remportée par l'Union calédonienne, un parti autonomiste.	Le boom du nickel attire 20 000 à 25 000 Français de métropole. Une nouvelle génération de leaders kanak, emmenés par Jean-Marie Tjibaou (FLNKS), revendique l'indépendance.

Les guerres mondiales

Durant la Première Guerre mondiale, 2 145 hommes, incluant 1 005 Kanak, sont recrutés pour former le bataillon français du Pacifique. Au total, près de 600 hommes perdront la vie, dont 382 Kanak.

Ne pouvant désobéir aux ordres de leur chef, lui-même soumis à la pression des autorités coloniales, les Kanak n'ont pas d'autre choix que de s'enrôler. S'ensuit une révolte en 1917 dans la région de Koné-Hienghène, menée par le chef Noël. Ces troubles feront 200 victimes chez les Kanak, dont le chef Noël, et 11 du côté français.

La population kanak atteint son niveau le plus bas peu après la Première Guerre mondiale. En 1923, l'enseignement du français devient obligatoire à l'école et les pratiques des guérisseurs kanak sont interdites, sous peine de prison.

En 1940, la majorité des Français de Nouvelle-Calédonie se rallient au général de Gaulle et aux Forces françaises libres lorsque le régime de Vichy arrive au pouvoir. Le bataillon du Pacifique est reformé et participe aux campagnes d'Afrique du Nord, d'Italie et à la libération du sud de la France.

Après l'attaque de Pearl Harbor, tous les ouvriers japonais sont envoyés en exil, même ceux qui ont formé une famille sur place. La plupart ne reviendront jamais.

Les alliés américains sont autorisés à installer une base militaire sur la Grande Terre. Près de 40 000 Américains et quelques centaines de soldats néo-zélandais débarquent ainsi début 1942. L'influence, en particulier, des Américains, inaugura une nouvelle ère de modernité en Nouvelle-Calédonie.

Cannibale (Folio, 1999), de Didier Daeninckx et Josiane Grinfas, se déroule sur fond de l'Exposition coloniale internationale de Paris en 1931 et est inspiré d'un fait authentique : l'arrivée à Paris d'une centaine de Kanak, présentés et exhibés comme des cannibales au Jardin d'acclimatation du bois de Boulogne.

L'après-guerre

Après la Seconde Guerre mondiale, la Nouvelle-Calédonie obtient le statut de territoire d'outre-mer (TOM). En 1946, la citoyenneté des Kanak est reconnue par la Constitution et progressivement, durant la décennie suivante, ils obtiennent le droit de vote.

En 1953 apparaît le premier parti politique comprenant des Kanak. L'Union calédonienne (UC) est une coalition composée de Kanak, de petits propriétaires blancs et de syndicalistes. L'UC domine la scène politique du pays durant 20 ans. Pendant cette période, Roch Pidjot, que l'on baptisera plus tard le "grand-père de la lutte pour l'indépendance", sera le premier député kanak élu à l'Assemblée nationale.

Certes, l'essor du nickel des années 1960 et 1970 apporte la prospérité, mais il provoque en parallèle un déséquilibre dans les structures sociales du pays. Les mines se multiplient, attirant fermiers et Kanak qui quittent leur terre. À la fin des années 1960, une nouvelle vague d'immigrants

Le musée de la Ville de Nouméa présente dans sa collection permanente un témoignage sur la Première Guerre mondiale.

1977	1979	1984-1988	1988
Création du Rassemblement pour la Calédonie dans la République (RPCR) par les partisans de la Nouvelle-Calédonie française, conduits par Jacques Lafleur.	La majorité des partis kanak s'unissent pour former le front indépendantiste.	Les "Événements" : période d'affrontements violents entre indépendantistes et loyalistes, qui culmine en avril 1988 avec le massacre de la grotte d'Ouvéa.	Signature des accords de Matignon qui établissent une plus grande autonomie par rapport à la France et prévoient un rééquilibrage économique en faveur des régions kanak.

arrive des Nouvelles-Hébrides (le Vanuatu actuel), de Wallis, de Tahiti et de France – ceux-ci seront en effet nombreux à profiter du boom du nickel.

Les mouvements indépendantistes

Nouvelle-Calédonie, vers l'émancipation (Découvertes Gallimard, 1998), d'Alban Bensa, spécialiste du monde néo-calédonien, fait une synthèse de l'histoire de l'île.

Les premiers étudiants kanak qui rentrent de France en 1969, après avoir assisté aux événements de mai 68, ramènent avec eux des idées politiques nouvelles. L'un d'eux, Nidoish Naisseline, fils du chef de Maré, forme le groupe des Foulards rouges qui s'emploie à porter avec fierté ses origines kanak. Parmi les premiers membres du groupe : la politicienne, écrivaine et féministe kanak Déwé Gorodey, élue vice-présidente du gouvernement de la Nouvelle-Calédonie en 2001 et en 2004.

Inspirés par l'indépendance des Fidji (1970) et de la Papouasie-Nouvelle-Guinée (1975), de nouveaux groupes politiques se créent pour obtenir plus que l'autonomie restreinte à laquelle aspirait l'UC. En 1975, le leader kanak Yann Celene Uregei est le premier à revendiquer l'indépendance. Pendant l'assemblée territoriale de 1979, la majorité des partis kanak s'unissent pour former le Front indépendantiste.

En 1977, Jacques Lafleur, qui deviendra le leader historique des Caldoches, propose à plusieurs partis loyalistes de former le Rassemblement pour la Calédonie dans la République (RPCR). Le RPCR devient le principal adversaire du mouvement pour l'indépendance.

Histoire de la Nouvelle-Calédonie : nouvelles approches, nouveaux objets (L'Harmattan, 2006), de Frédéric Anglevial, professeur d'histoire contemporaine à l'université de Nouvelle-Calédonie, présente l'histoire du pays et son évolution, de la société kanak originelle à la politique engagée depuis les événements des années 1980.

En 1983, une table ronde est organisée en métropole entre le gouvernement et les leaders indépendantistes. La France reconnaît le "droit inné et actif du peuple kanak à l'indépendance". En retour, les chefs de file du mouvement acceptent la présence d'autres communautés sur le territoire, essentiellement celle des Caldoches (descendants des forçats ou des premiers colons français), "victimes de l'histoire", qu'ils considèrent avoir autant le droit de vivre en Nouvelle-Calédonie que les Kanak.

Les Événements

Le mouvement indépendantiste connaît un tournant décisif en 1984, année qui verra le début des "Événements". En 1984, le Front indépendantiste et plusieurs partis indépendantistes fusionnent pour former le Front de libération nationale kanak et socialiste, ou FLNKS, avec à sa tête Jean-Marie Tjibaou (voir aussi p. 116).

Le FLNKS boycotte immédiatement les élections territoriales à venir et proclame le gouvernement provisoire de Kanaky présidé par Tjibaou. Dix jours plus tard, 10 Kanak sont tués dans une embuscade près de Hienghène. Le pays étant au bord de la guerre civile, un plan comprenant un référendum sur l'indépendance et un gouvernement "en association"

1989	1998	2008	2010
Assassinat de Jean-Marie Tjibaou et Yeiwéné Yeiwéné par un extrémiste kanak le 4 mai à Ouvéa, lors de la cérémonie de levée de deuil des 19 morts kanak d'Ouvéa.	Signature de l'accord de Nouméa qui prévoit la tenue d'un référendum sur l'indépendance à partir de 2014. Le texte est approuvé par près de 72% des Néo-Calédoniens.	Les deux tiers du lagon calédonien sont inscrits au patrimoine mondial de l'humanité par l'Unesco.	Visite du Premier ministre François Fillon, à Nouméa, Tiendanite et Lifou. Les deux drapeaux, français et kanak, sont hissés côte à côte au fronton des édifices publics.

avec la France est proposé en janvier 1985. Il est cependant rejeté par le mouvement indépendantiste. Quelques jours plus tard, l'un des chefs de file les plus radicaux du FLNKS, Éloi Machoro, est abattu par le GIGN près de La Foa. Sa mort déclenche des émeutes dans toute la Nouvelle-Calédonie, et l'état d'urgence est déclaré pour six mois.

La France décide de lancer un nouveau programme de réformes foncières et d'accroître l'autonomie des Kanak.

Après les élections législatives de mai 1986, le calme semble revenir tandis que le nouveau ministre chargé du territoire dévoile son plan pour l'avenir de l'archipel. Les quatre conseils régionaux perdent une grande partie de leur autonomie et l'organisme chargé de la réforme foncière en faveur des Kanak est supprimé. Un référendum sur la question de l'indépendance est prévu à la fin de 1987. Le FLNKS souhaite que seuls se prononcent les Kanak et les électeurs nés sur le territoire et dont au moins un parent est d'origine calédonienne. Soutenu par une résolution de l'ONU, le FLNKS décide de boycotter le référendum en cas de refus du gouvernement. Parallèlement, des dissensions commencent à apparaître au sein du FLNKS.

En décembre 1986, l'Assemblée générale de l'ONU se prononce à 89 voix contre 24 en faveur de la réinscription de la Nouvelle-Calédonie sur la liste des pays à décoloniser. Il s'agit d'un pas important vers l'indépendance car le "droit inaliénable à l'autodétermination" du Territoire est reconnu au plan international.

Le 13 septembre 1987, le référendum sur l'indépendance est boycotté par 84% des Kanak. Sur 59% de votants (a pu participer au vote tout adulte installé sur le territoire depuis plus de trois ans ; sont donc concernés les immigrants du boom du nickel des années 1960 et 1970), 98% se prononcent contre l'indépendance. Le référendum est présenté comme une victoire retentissante par les loyalistes et le gouvernement français de droite.

En octobre a lieu le procès des 7 hommes inculpés pour le meurtre des 10 Kanak à Hienghène en 1984. Considérant qu'il s'agissait d'un acte d'autodéfense, le juge déclare le non-lieu.

L'Assemblée nationale approuve le nouveau plan pour le Territoire proposé par le gouvernement en janvier 1987 et appelle à une élection le 24 avril 1988, jour du premier tour des élections présidentielles en France. Le nouveau plan rétablit les quatre conseils régionaux si bien que les Kanak ont toutes les chances de perdre une région et de se retrouver avec les régions les moins développées. C'est là qu'éclate la crise d'Ouvéa (voir l'encadré p. 172). Les socialistes, revenus au pouvoir en métropole, décident de mettre un terme au conflit sanglant en Nouvelle-Calédonie.

La Présence kanak (Odile Jacob, 1996) rassemble des conférences et entretiens donnés par Jean-Marie Tjibaou.

Île d'exil, Terre d'asile, édité par le musée de la Ville de Nouméa, dresse un compte-rendu détaillé de la colonie pénitentiaire et de la déportation politique en Nouvelle-Calédonie. Sur le même sujet : *De Paris à Nouméa : l'histoire des communards de la Ville de Paris déportés en Nouvelle-Calédonie* (Orphie, 2003), d'Hélène Duparc, est agrémenté de photos et de documents d'archives.

HISTOIRE LES ÉVÉNEMENTS

Septembre 2010	2011	2014	2016
En septembre, la Nouvelle-Calédonie accueille le 4e Festival des arts mélanésiens.	Du 27 août au 10 septembre, les XIVe Jeux du Pacifique (équivalent régional des Jeux olympiques) se tiennent en Nouvelle-Calédonie, pour la troisième fois depuis leur création en 1963.	En novembre, François Hollande effectue une visite éclair sur le Caillou pour réaffirmer la neutralité de l'État.	Fin avril, le Premier ministre Manuel Valls se rend en Nouvelle-Calédonie, confrontée à la crise du nickel.

LA CRISE D'OUVÉA

En janvier 1987, l'Assemblée nationale approuve le nouveau plan pour le territoire qui prévoit la réduction à trois des quatre conseils régionaux de Nouvelle-Calédonie et l'augmentation des forces de police. Une élection doit avoir lieu en avril 1988, qui coïncide avec le premier tour du scrutin présidentiel en France. Le FLNKS (Front de libération nationale kanak et socialiste) demande que l'élection en Nouvelle-Calédonie soit reportée après ce dernier. Les refus successifs du gouvernement attisent alors la vague de colère qui déclenchera l'affaire d'Ouvéa. Le jour de la présidentielle, un groupe de Kanak s'empare de la gendarmerie de Fayaoué et tue 4 gendarmes avant de se replier avec 16 otages dans une grotte proche de Gossanah, dans l'extrémité nord de l'île.

L'intervention des militaires français dans la grotte fait 21 morts, dont 2 gendarmes. Après l'assaut, 32 prisonniers ouvéens parmi lesquels Wea, chef indépendantiste local, sont envoyés en France pour y être jugés. Le haut-commissaire leur avait pourtant assuré que les procès se dérouleraient à Nouméa.

Wea est finalement libéré et ses compagnons sont amnistiés dans le cadre des accords de Matignon signés en juin 1988 et stipulant la tenue d'un référendum la même année. Certains Kanak, dont Wea, continuent pourtant d'en appeler à l'indépendance immédiate.

Un an jour pour jour après l'assaut de la grotte, le leader du FLNKS, Jean-Marie Tjibaou, et son second, Yeiwéné Yeiwéné, venus à Ouvéa pour assister à une cérémonie marquant la fin des 12 mois de deuil pour les 19 Kanak morts à Gossanah, sont abattus à bout portant par Wea, tué à son tour par un policier kanak.

Depuis, une cérémonie de réconciliation a réuni en 2004 les familles Tjibaou, Yeiwéné et Wea. Le chef de l'État, Emmanuel Macron, s'est rendu à Ouvéa en mai 2018. En partie décriée, cette visite présidentielle s'est toutefois déroulée sans heurts.

Les accords de Matignon

L'Assaut de la grotte d'Ouvéa (L'Harmattan, 2004), de Cédric Michalski, est une analyse juridique et une œuvre de réflexion sur cet assaut qui se termina dans un bain de sang.

Le 26 juin 1988, le nouveau Premier ministre, Michel Rocard, met en place les accords de Matignon, traité de paix historique signé dans son bureau par les deux présidents des formations politiques de Nouvelle-Calédonie, Tjibaou et Lafleur.

Ces accords prévoient le rééquilibrage politique et économique entre les différentes communautés et la division de la Nouvelle-Calédonie en trois régions : la province Sud (dont le siège est à Nouméa), la province Nord et la province des îles Loyauté. Le traité prévoit également l'organisation d'un référendum sur l'autodétermination dans les dix ans qui suivent. Le 4 mai 1989, lors de la cérémonie de levée de deuil des 19 morts kanak d'Ouvéa, Tjibaou et son lieutenant, Yeiwéné Yeiwéné, sont assassinés par un extrémiste kanak, qui estimait que les accords de Matignon étaient une trahison. Cet acte isolé ne remet pourtant pas en cause le processus initié par le traité, que Kanak et loyalistes

2018

Le président Emmanuel Macron se rend sur l'île d'Ouvéa le 5 mai. La visite présidentielle se déroule sans heurts.

2018

Lors du référendum sur l'autodétermination du 4 novembre, le non à l'indépendance l'emporte par 54,7% des voix, mais le camp indépendantiste crée la surprise et sort renforcé de ce scrutin.

BOBO TAZAR / STOCK.ADOBE.COM ©

➡ Hommage à Éloi Machoro

(anti-indépendantistes) s'emploient à mettre en œuvre. Des élections territoriales ont lieu en 1989 et 1995. La province Nord et la province des Loyauté passent sous contrôle indépendantiste, tandis que la province Sud est aux mains des loyalistes.

L'accord de Nouméa

En 1998, dix ans après les accords de Matignon, le FLNKS, le RPCR et le gouvernement français (sous l'égide de Lionel Jospin) signent l'accord de Nouméa. Le référendum d'autodétermination, qui devait avoir lieu la même année, est annulé. L'accord de Nouméa temporise : il renvoie la tenue d'un référendum sur l'indépendance à 2014 au plus tôt, le temps de favoriser une période de croissance économique. En échange, la Nouvelle-Calédonie gagne en autonomie, passant du statut de TOM (Territoire d'outre-mer) à celui de "POM" (pays d'outre-mer). En 1999, conformément à l'accord, une citoyenneté calédonienne est instituée et des institutions locales, dont un gouvernement local, sont mises en place. Ce gouvernement est formé à la fois d'indépendantistes et de membres des partis loyalistes. L'accord de Nouméa prévoit également le transfert progressif des compétences de l'État français au profit du gouvernement de la Nouvelle-Calédonie. Conformément à cet accord, les Néo-Calédoniens doivent se donner un destin commun et se doter des symboles d'une identité nationale propre, tels qu'un hymne et un drapeau. En juillet 2010, les deux drapeaux, français et kanak, sont hissés côte à côte sur le fronton des établissements publics.

En novembre 2014, en marge d'un G20 à Brisbane (Australie), François Hollande, président de la République, effectue une visite express en Nouvelle-Calédonie au cours de laquelle il rend hommage à deux grandes figures ayant joué un rôle dans les accords de Matignon signés en 1988, Jacques Lafleur et Jean-Marie Tjibaou. Fin avril 2016, c'est au tour de Manuel Valls, en tant que Premier ministre, de se rendre en Nouvelle-Calédonie, pour prendre la mesure de la situation. En réalité, les deux camps, loyalistes et indépendantistes, sont divisés. La crise du nickel, amorcée en 2015, vient compliquer la donne, sur fond de chômage des jeunes. En mai 2018, le président Macron effectue une visite hautement symbolique sur l'île d'Ouvéa, devant la stèle des 19 (mais il ne dépose pas de gerbe). Aucun incident n'est à déplorer, même si cette visite d'un chef d'État français ne fait pas l'unanimité sur l'île.

Le référendum portant sur l'avenir institutionnel (indépendance ou maintien au sein de la République française) s'est tenu le 4 novembre 2018. Grosse surprise : la victoire des loyalistes est nette (56,7%) mais pas aussi large qu'espérée... Paradoxalement ce sont les indépendantistes qui, avec 43,3% en faveur du oui à l'indépendance, sortent renforcés de ce scrutin. Une deuxième, voire une troisième consultation, seront organisées à partir de 2020. L'avenir du pays est toujours aussi incertain...

Paru en 2016 aux éditions Au vent des îles, *Jean-Marie Tjibaou, Une parole kanak pour le monde*, d'Éric Waddell, retrace le destin exceptionnel du leader indépendantiste. Également paru en 2016 aux mêmes éditions, *Nidoïsh Naisseline, De cœur à cœur*, de Wallès Kotra, évoque, sous forme d'entretiens, le parcours de ce chef coutumier, figure emblématique du mouvement indépendantiste kanak.

Réalisé par Charles Belmont, *Les Médiateurs du Pacifique* (1996) est un documentaire s'intéressant à sept hommes qui, à l'initiative du Premier ministre Michel Rocard, tentèrent de régler pacifiquement le conflit entre Kanak et Caldoches durant la période de violence du printemps 1988.

Culture et société

La culture néo-calédonienne est à l'image de la population qui compose le territoire : extrêmement protéiforme et toujours en mouvement. Tant dans les arts que dans l'organisation de la société, c'est le dépaysement assuré !

La société calédonienne

Annexée par la France en 1853, la Nouvelle-Calédonie a été marquée par l'influence française tout en développant sa spécificité. Collectivité territoriale des antipodes, elle possède un parfum d'îles lointaines, où le temps, par exemple, n'a pas le même sens qu'en métropole.

Principale caractéristique de la société calédonienne : elle est pluriethnique, mais clivée. Kanak et Européens ne se mélangent pas, voire s'ignorent. Les visiteurs ont l'impression que deux mondes, deux univers se juxtaposent, et que tout les sépare : l'histoire, la culture, les traditions, le mode de vie. Pourtant, après une période d'affrontements dans les années 1980, les relations entre les communautés sont aujourd'hui apaisées.

Reflétant ces disparités culturelles et sociales, les contrastes sont très marqués entre les différentes régions. À Nouméa, où les "métros" (Européens arrivés récemment) et les Calédoniens (population d'origine française, descendants des bagnards et des colons) sont majoritaires, on vit comme sur la Côte d'Azur ; on se croirait presque à Nice : plage, sport, restaurants, boîtes de nuit, plaisance, shopping... Changement de décor et d'ambiance dès que l'on sort de la capitale. Sur la côte ouest, on pénètre dans l'univers des Caldoches broussards (autres descendants des premiers colons et bagnards), qui vivent principalement de l'agriculture et de l'élevage. La côte est, elle, est peuplée de Mélanésiens (Kanak), tout comme les îles Loyauté et l'île des Pins, où la vie est régie par la coutume, malgré les apports du monde moderne (téléphone portable, télévision, Internet).

On trouve des informations sur l'histoire et la culture kanak sur www.adck.nc.

Mode de vie

En semaine, Nouméa est très animée. Le week-end, les Nouméens partent se ressourcer en brousse ou dans les îles.

La famille est d'une grande importance dans toutes les couches de la société calédonienne. Ainsi, les Kanak et les Caldoches aiment passer leurs jours de congé dans la propriété familiale ou dans leur tribu (village kanak), où priment convivialité et activités de plein air (incluant la pêche et la chasse). Les hommes vont faire un "coup de pêche" à bord de petits bateaux à moteur ou un "coup de chasse" (au cerf ou au cochon sauvage), tandis que les femmes vont chercher des coquillages sur la plate-forme corallienne à marée basse, des crabes dans la mangrove ou des crevettes dans les rivières. Dans les tribus, les femmes jouent au cricket, au volley-ball et au bingo. La pratique religieuse est également forte.

"Tata" est une façon informelle de dire "au revoir" en Nouvelle-Calédonie.

Beaucoup de Kanak habitent dans les banlieues populaires de Nouméa, mais conservent un lien très présent avec la tribu.

UN PAYS, TROIS PROVINCES

Depuis les accords de Matignon de 1988, l'archipel calédonien s'articule autour de trois entités administratives : la province Nord, la province Sud, et celle des îles Loyautés. Chaque province est compétente dans toutes les matières qui ne sont pas dévolues à l'État, à la Nouvelle-Calédonie ou aux communes. Elles ont le statut de collectivités territoriales de la République française, et ont chacune une assemblée élue qui détient le pouvoir législatif et un président qui détient l'exécutif. Celui-ci peut saisir le Conseil constitutionnel et détient aussi un pouvoir de contrôle sur le Congrès de Nouvelle-Calédonie.

La province Sud, qui englobe Nouméa, est la plus importante, avec environ 200 000 habitants. Elle remonte jusqu'à Poya sur la côte ouest et Thio sur la côte est. Elle est plutôt anti-indépendantiste. La province Nord, dont le chef-lieu est Koné, rassemble un peu plus de 50 000 habitants, dont beaucoup d'indépendantistes. La province des îles Loyauté rassemble environ 20 000 habitants.

Les "métros" ou les "zoreilles", ne possédant pas de propriété familiale dans le pays, profitent des gîtes ruraux, des terrains de camping et des hôtels pour aller à la rencontre des familles kanak et caldoches. Dans la province Nord et les îles Loyauté, les expatriés français constituent la majorité des touristes sur place.

La tribu kanak, en Nouvelle-Calédonie, désigne à la fois le groupe tribal et linguistique et le village ou la vallée que ce groupe occupe.

Culture traditionnelle kanak

L'élément important dans la société kanak n'est pas l'individu mais le clan. La vie du village obéit à un principe communautaire. Chacun est assuré de manger à sa faim et d'être pris en charge, pour peu qu'il apporte son écot à la communauté d'une façon ou d'une autre – pêche, cueillette, agriculture, sculpture ou réparation des cases.

La coutume (voir p. 192) assure la pérennité du système en fondant un lien commun et une compréhension entre tous les Kanak. Cet aspect de la culture kanak est toujours très vivace.

Le clan

On pense qu'il existait près de 300 clans à l'arrivée des Blancs. Les missionnaires ont employé le mot "tribu" pour décrire un clan. Chacun vivait dans son propre village et possédait son propre totem, dont il tirait souvent son nom. La filiation, perpétuée par les liens du sang, était reliée à un ancêtre spirituel. Très fortes, les relations avec ces ancêtres et le monde des esprits donnaient lieu à des fêtes et à des danses symboliques. Chaque clan avait ses propres traditions et légendes. Les villages entretenaient des liens entre eux par les échanges de femmes et la polygamie. L'activité du clan était centralisée autour de la plus grande hutte, la grande case (voir l'encadré p. 192), où résidait le chef.

Légendes et chants de gestes canaques (1875) (Presses universitaires de Lyon, 2006), de Louise Michel, une célèbre déportée communarde en Nouvelle-Calédonie, exalte la nature et les paysages du peuple kanak.

Le chef

Les hommes devenaient chefs soit par transmission héréditaire, soit par nomination sur la base de leurs compétences. Dans cette société de tradition orale, l'éloquence était très prisée et les grands chefs étaient ceux qui savaient le mieux utiliser le pouvoir des mots. Le chef administrait la justice et, en cas de nécessité, déclarait la guerre. Pour le seconder, un conseil des Anciens regroupait les hommes les plus âgés de chaque famille du clan. Aujourd'hui, le chef représente la communauté locale.

Le clan des femmes

Après le mariage, la femme devient généralement membre de la famille de son mari et ses enfants portent le nom du père. Toutefois, le nouveau-né reste à tout jamais lié au clan de sa mère par l'intermédiaire de son oncle maternel. Celui-ci joue un rôle plus important dans la vie de l'enfant que son père car il est son gardien et reste son mentor à vie.

Considérant le port du pagne comme indécent, les missionnaires instaurèrent le port d'une robe kanak ou de la "robe mission", appelée aussi "robe de la mère Hubbard", descendant jusqu'aux mollets, en général ornée d'une bande ou deux de dentelle, et portée souvent sans ceinture. C'est d'ailleurs encore la tenue préférée de nombreuses Kanak.

Culture calédonienne et française

Si vous entendez parler des "Pokens", il s'agit du surnom "affectueux" donné aux Australiens par leurs voisins néo-calédoniens.

Solidement implantée à Nouméa et, dans une certaine mesure, le long de la côte ouest de la Grande Terre, la culture française n'imprègne pas la totalité de la Nouvelle-Calédonie.

Les broussards (Caldoches des zones rurales) apprécient tout particulièrement la pêche, la chasse, le rodéo et les fêtes de village. Ils sont pour la plupart les descendants d'anciens forçats ayant choisi de rester en Nouvelle-Calédonie à leur libération. Ce faisant, ils se sont progressivement forgé leur propre culture, assez proche de celle des éleveurs de bétail australiens ("stockmen"), dont ils ont d'ailleurs copié la tenue vestimentaire.

À Nouméa, métros et Calédoniens vivent dans un univers plus sophistiqué et perpétuent les aspects les plus caractéristiques de la culture française : la cuisine, la mode, l'art et le sport. Nouméa regorge de restaurants de cuisine française traditionnelle.

Population

Les Néo-Calédoniens sont tous des citoyens français, mais ils se divisent en différents groupes qui forment une étonnante mosaïque culturelle.

La population calédonienne est estimée à 265 000 habitants. Les deux tiers des habitants vivent dans la région de Nouméa. Avec 40% de la population, les Kanak (Mélanésiens) constituent le groupe culturel le plus important. Viennent ensuite les Européens avec 30%, les Polynésiens (Tahitiens et Wallisiens), les Asiatiques et d'autres groupes minoritaires.

(Suite du texte en page 188)

L'ÉTIQUETTE EN TERRE KANAK

Les Kanak ont l'habitude de saluer toutes les personnes qu'ils croisent, même si elles se trouvent à bord d'un véhicule. L'ancienne coutume consistant à offrir de la nourriture aux visiteurs est toujours d'actualité. À votre arrivée dans un village, peut-être vous invitera-t-on à boire une tasse de thé ou de café, voire à partager un repas chez quelqu'un que vous venez tout juste de rencontrer. Si vous êtes de passage, on ne vous demandera rien de plus qu'un "merci" en retour. En revanche, si vous restez un jour ou deux, la politesse veut que vous donniez un peu de nourriture à votre hôte.

Les Kanak sont très pudiques. Aussi, n'entrez pas dans les villages vêtu d'un simple maillot de bain ou d'un short court. Les femmes veilleront à porter des jupes ou des pantalons d'une longueur "décente" et les hommes éviteront de rester torse nu. Les vêtements décolletés sont parfaitement admis dans les quartiers balnéaires de Nouméa, mais mal tolérés en dehors de la capitale. Sur l'île des Pins, un décret du chef les proscrit même formellement (sauf sur les plages touristiques). Le monokini est accepté uniquement sur les plages de Nouméa.

Les cimetières traditionnels kanak sont la demeure des ancêtres et, à moins de demander la permission aux anciens de la tribu, il vaut mieux ne pas y pénétrer.

Gardez à l'esprit que la terre est sacrée ; aussi, avant de visiter un site, de vous baigner dans un "trou" ou de vous promener sur le territoire d'une tribu, demandez l'autorisation aux habitants (adressez-vous de préférence au chef ou au petit chef) et faites la coutume (voir l'encadré p. 192).

Ambiance insulaire

Explorer la Nouvelle-Calédonie, c'est aller de surprise en surprise. Ce territoire du bout du monde possède un patrimoine culturel et des paysages à couper le souffle qui jamais ne se ressemblent – plages, lagons, cascades, falaises ou grottes. Autant de merveilles à découvrir !

1. Centre culturel Jean-Marie-Tjibaou (p. 48)
Une magnifique œuvre architecturale signée Renzo Piano, et un haut lieu de la culture mélanésienne, à Nouméa.

JEAN-BERNARD CARLLET ©

JEAN-BERNARD CARLLET ©

1. Pont de Mouli, Ouvéa (p. 154)

Cet ouvrage d'art qui enjambe un chenal aux eaux scintillantes offre un superbe point de vue sur le lagon et les falaises de Lekiny.

2. Palissade sculptée, île des Pins (p. 123)

Face à la baie de Saint-Maurice, une superbe palissade composée de totems en bois, sur le site de l'arrivée des premiers missionnaires européens.

3. Monument des 19, Ouvéa (p. 157)

Cette stèle au bord du lagon rend hommage aux 19 Kanak tués lors de l'assaut du GIGN dans la grotte d'Ouvéa en 1988.

1. Vestiges du bagne de Prony (p. 75)
Le village de Prony est un ancien pénitencier.

2. Phare Amédée (p. 50)
Le phare de 56 m qui domine l'îlot Amédée a été érigé en 1865.

3. Église à Ouvéa (p. 152)
Dans les îles Loyauté, chaque tribu compte une église ou un temple.

2

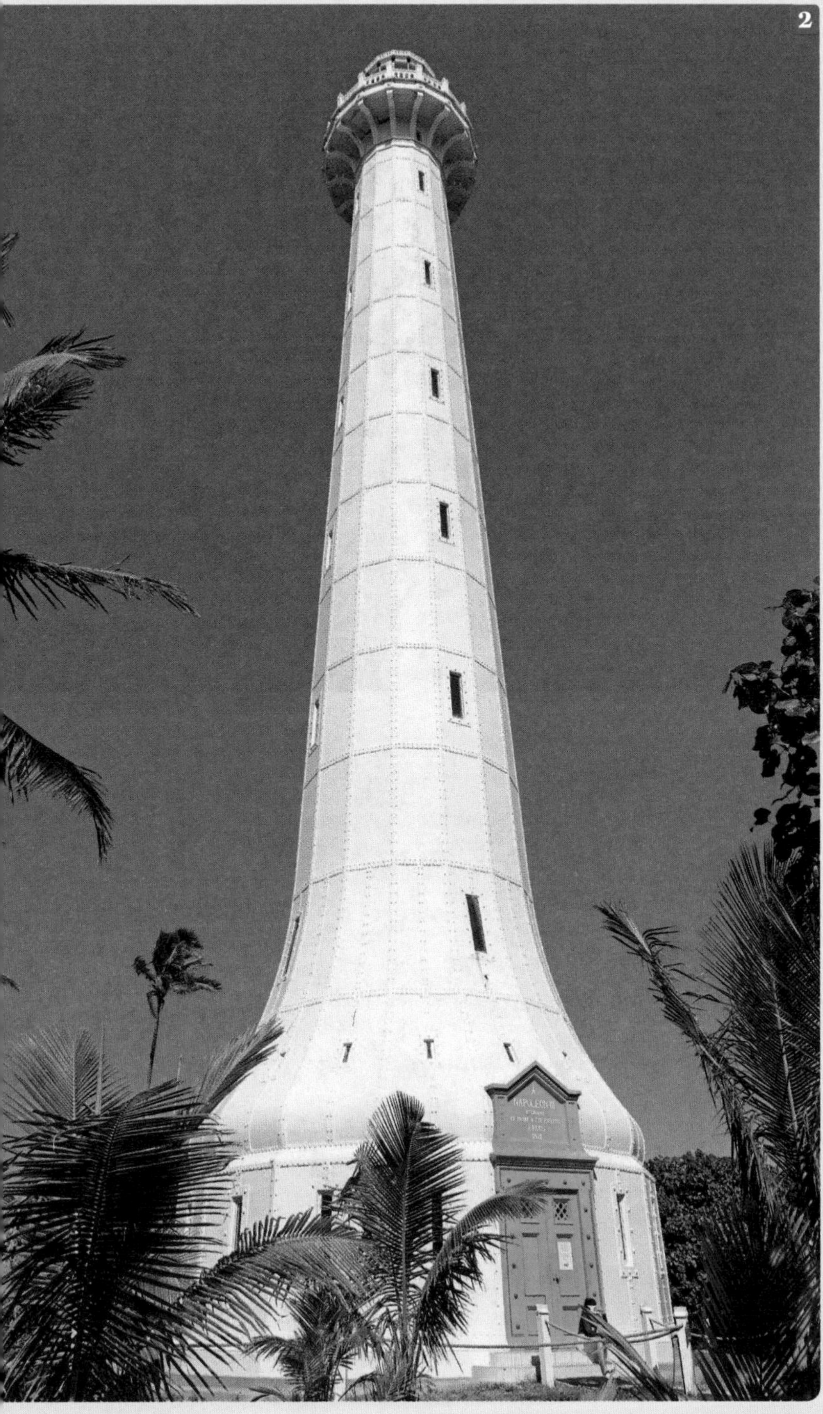

JEAN-BERNARD CARILLET ©

JEAN-BERNARD CARILLET ©

JEAN-BERNARD CARILLET ©

JEAN-BERNARD CARILLET ©

1. Falaises de Lindéralique (p. 113)
De spectaculaires falaises noires aux arêtes acérées surplombent le littoral près de Hienghène.

2. Cascade de Wadiana (p. 71)
Dans le Grand Sud, cette belle cascade au bord de la route constitue une halte rafraîchissante.

3. Cagou du parc zoologique et forestier, Nouméa (p. 49)
Dans ce parc, vous aurez l'occasion d'approcher quelques couples de cagous, l'animal symbole de la Nouvelle-Calédonie.

4. Saut du Guerrier, Maré (p. 143)
La côte découpée près du Saut du Guerrier est isolée et sauvage.

3

Cimetière néo-zélandais, ~~o~~urail (p. 95)

~~n~~ souvenir des soldats néo-zélandais ~~m~~orts dans le Pacifique Sud-Ouest ~~p~~endant la Seconde Guerre mondiale.

2. Fort Téremba, Moindou (p. 93)

Les ruines de cette ancienne colonie pénitentiaire ont été impeccablement restaurées.

3. Case mélanésienne à Easo, sur l'île de Lifou (p. 143)

Dans l'archipel des Loyauté, l'habitat traditionnel est toujours utilisé pour l'accueil des touristes.

1. Vanilleraie à Lifou (p. 143)
Découvrez les secrets de la culture
de la vanille lors d'une visite guidée
sur cette île des Loyauté.

2. Danse traditionnelle (p. 192)
Pilou ou *tchap*... Laissez-vous
envoûter par les rythmes des danses
traditionnelles kanak.

3. Sculpteur sur bois (p. 143)
L'art de la sculpture sur bois est très
présent sur l'île de Lifou.

4. Gastronomie (p. 203)
Les produits de la mer, dont les poissons
grillés, figurent en bonne place sur la table
calédonienne.

KANAK, CANAQUE, CALDOCHES ET CALÉDONIENS

Le terme "kanak" (ou canaque selon l'ancienne orthographe) a été inventé par les premiers Européens installés en Polynésie. Il vient probablement du mot "kanakas", utilisé pour désigner les peuples du Pacifique Sud déportés par les négriers en Australie et dans d'autres pays au XIXᵉ siècle. En Nouvelle-Calédonie, ce mot était considéré comme une insulte par les populations indigènes, et il tomba en désuétude lorsque les autorités coloniales françaises lui préférèrent "indigène". Ce n'est qu'au début des années 1970, avec le regain d'intérêt pour la culture traditionnelle, que ce peuple a commencé à revendiquer le nom de "Kanak", qui a aujourd'hui perdu toute connotation péjorative.

Apparu dans les années 1960, "caldoche" désigne les Européens de souche coloniale. Initialement péjoratif, il suscite encore des réticences chez certains, qui préfèrent être appelés "Calédoniens".

(Suite du texte de la page 176)

La population est largement concentrée dans ce qu'on appelle "le Grand Nouméa", qui englobe la capitale et les localités voisines de Dumbéa, Païta et Mont-Dore. Le reste de la Grande Terre est très faiblement peuplé ; les Caldoches vivent principalement le long de la côte ouest ; la côte est, elle, est habitée par les Kanak. Le Grand Sud ne comporte qu'une poignée de hameaux, mais l'usine de traitement de nickel Vale, à Goro, rassemble plusieurs centaines de personnes.

Dans les îles Loyauté et sur l'île des Pins, la population, également très clairsemée, se concentre dans quelques tribus et hameaux.

Le site www. brousse-en-folie. com présente de nombreux liens et un tas d'informations sur la société calédonienne.

Kanak

Les Kanak sont des Mélanésiens, un groupe présent dans de nombreuses îles du sud-ouest du Pacifique. Ils vivent en grande majorité dans les "tribus" (clans ou villages mélanésiens) du nord et de l'est de la Grande Terre, sur l'île des Pins et les îles Loyauté. Ces dernières décennies, beaucoup ont quitté leur mode de vie traditionnel pour chercher du travail ou étudier à Nouméa (où ils seraient près de 20 000), mais ils restent très attachés à leur clan et aux traditions. Les coutumes ancestrales, les liens sacrés avec la terre et le respect des anciens et des hiérarchies traditionnelles continuent à imprégner le quotidien des Kanak, même si toutes les caractéristiques du monde moderne – Internet, télévision, téléphone mobile, voiture – font aujourd'hui également partie intégrante de leur mode de vie.

Calédoniens d'origine française

La population "française" de Nouvelle-Calédonie se compose de plusieurs communautés distinctes.

Caldoches

Les Caldoches sont les descendants des forçats ou des premiers colons français arrivés sur l'île au cours de la seconde moitié du XIXᵉ siècle. Il existe deux sortes de Caldoches : ceux qui vivent en zone urbaine, souvent appelés "Calédoniens", et ceux des zones rurales, qu'on surnomme "broussards". Généralement installés sur la côte ouest de la Grande Terre, ils possèdent de vastes propriétés sur lesquelles ils pratiquent l'élevage extensif. Pour leur part, les Calédoniens vivent surtout à Nouméa et ses environs, et beaucoup travaillent dans l'administration. Nombre de Caldoches trouvent le terme péjoratif et lui préfèrent celui de Calédoniens.

Métros ou zoreilles

Les Français qui viennent en Nouvelle-Calédonie pour y travailler quelques années sont des métros ("métropolitains"). On les surnomme

L'ANCIENNE MONNAIE KANAK

L'ancienne monnaie kanak n'était pas une monnaie au sens habituel du terme car elle ne servait pas à des fins commerciales, mais était utilisée comme une marque de respect coutumier, un symbole que l'on échangeait lors des grandes cérémonies (naissances, mariages, décès), voire comme témoin pour sceller une réconciliation en cas de conflit. Elle se composait d'un chapelet de fines perles taillées, agrémentées de pendentifs en os ou en nacre, de coquillages et de touffes de poils ou d'herbe. Elle était toujours présentée enveloppée dans une bourse en tapa (étoffe d'écorce). On peut en admirer plusieurs spécimens anciens (et contemporains, à base de perles en plastique et de laine) au musée de Nouvelle-Calédonie de Nouméa.

aussi zoreilles (ou "zors"), ce qu'ils n'apprécient guère car ce mot évoque l'époque où les gardiens du bagne tentaient de surprendre les conversations des forçats en tendant l'oreille. Les métros sont fonctionnaires, professeurs, médecins, cadres, techniciens ou gendarmes, et travaillent dans les secteurs de l'administration et des services. Ils vivent majoritairement à Nouméa.

Il existe aussi une petite communauté d'environ 2 000 pieds-noirs arrivés en Nouvelle-Calédonie à la fin de la guerre d'Algérie en 1962.

Autres communautés

Polynésiens

Cette communauté, qui forme 12% de la population calédonienne, vient de Polynésie française et, surtout, de Wallis-et-Futuna (territoire d'outre-mer au nord-est des Fidji). Il y a plus de Wallisiens en Nouvelle-Calédonie que sur leurs îles d'origine. Leur opposition à l'indépendance a créé un profond antagonisme entre eux et les Kanak. Ils vivent dans la région de Nouméa, et sont employés dans les travaux difficiles (industrie, manutention...).

Asiatiques

Au tournant du XXe siècle puis dans les années 1960 et 1970 avec le nouvel essor de l'activité minière, des ouvriers indonésiens, vietnamiens et chinois ont immigré en Nouvelle-Calédonie pour travailler dans les mines. Ils conservent des liens étroits avec leur culture d'origine, beaucoup ne parlant le français que comme deuxième langue. Aujourd'hui, la plupart exercent un métier dans le commerce et la restauration, d'où les nombreuses boutiques du Chinatown de Nouméa.

Autres

Parmi les autres groupes ethniques figurent des Calédoniens originaires du Vanuatu, des Antillais et des Réunionnais. Citons aussi l'arrivée d'étrangers anglophones, notamment d'Australie et du Canada, dans le cadre des projets d'exploitation minière.

Les Cœurs barbelés (La Table Ronde, 1999), de Claudine Jacques, raconte une histoire d'amour interculturelle, soulignant les différences et les similitudes entre Kanak et Caldoches.

Être une femme en Nouvelle-Calédonie

Il y a longtemps que les Néo-Calédoniennes œuvrent activement dans le milieu associatif local. Ce n'est toutefois que depuis l'introduction de la loi française sur la parité, au début des années 2000, qu'elles s'illustrent davantage en politique. En 2004, Marie-Noëlle Thémereau a été la première femme élue présidente du gouvernement, et l'auteure kanak Déwé Gorodey a conservé son poste de vice-présidente. Avec d'autres femmes kanak, cette dernière milite pour l'instauration d'une assemblée coutumière kanak destinée à conseiller le gouvernement sur les questions relatives à la tradition. Aux élections municipales de mars

2014, la députée Sonia Lagarde est devenue la première femme maire de Nouméa. Deux autres femmes ont conquis des mairies lors de ces élections, à Bourail et à Poya.

Religions

La religion joue un rôle important dans la société calédonienne. Les Européens sont en majorité catholiques, tandis que les Kanak se partagent entre catholicisme et protestantisme (surtout dans les îles Loyauté). La communauté musulmane, généralement d'origine indonésienne ou kabyle, représente environ 3% de la population. On rencontre aussi des mormons, des bouddhistes, des bahaïs, des adventistes du septième jour et des témoins de Jéhovah.

Sports

Les Néo-Calédoniens aiment le sport, surtout le football qui unit l'ensemble de la population. Plusieurs vedettes internationales du ballon rond sont originaires de Nouvelle-Calédonie, dont Christian Karembeu, qui a joué en équipe de France, Antoine Kombouaré, ancien entraîneur du Paris Saint-Germain, et Jacques Zimako, un ancien international qui s'illustra avec le club de Saint-Étienne à la fin des années 1970.

Il est étonnant de voir à quel point le volley-ball et le cricket sont populaires, surtout chez les femmes kanak. Le cricket calédonien suit les règles du jeu anglais, mais il s'est adapté aux habitudes locales. Les parties de cricket sont hautes en couleur ; les joueuses chaussées de baskets sont vêtues d'amples robes de mission bariolées, portées au-dessus de shorts, et sont équipées de genouillères.

Très populaire, la Transcalédonienne est une course à pied d'une côte à l'autre, en juillet, pendant deux jours.

Autre activité très prisée, héritée cette fois des Français : la pétanque. Qu'ils soient kanak, caldoches ou métros, les hommes s'y adonnent en fin d'après-midi sur un boulodrome à l'ombre de grands arbres. À Nouméa, vous pourrez assister à des parties passionnées devant la plage d'Anse Vata et sur la place des Cocotiers.

Les grands athlètes ne manquent pas. Depuis des années, l'équipe calédonienne d'athlétisme domine les Jeux du Pacifique qui se tiennent tous les quatre ans. Ce succès est dû en partie à la qualité des infrastructures sportives et à la présence d'entraîneurs qualifiés.

Des triathlons et des marathons sont organisés de mai à novembre. Au cours de ces mois, des courses d'orientation ont également lieu sur tout le territoire. Il est rare qu'un week-end de la saison se passe sans manifestation sportive.

LA FÊTE DE L'IGNAME

La fête de l'Igname a lieu environ six mois après les semailles. Contrairement aux fêtes célébrant les récoltes dans de nombreux autres pays, il ne s'agit pas d'une grande manifestation publique accompagnée de chants et de danses. En fait, le clan se réunit dans le calme pour partager l'igname, qu'il traite avec la considération habituellement réservée à un grand-père ou à un ancêtre. À cette occasion, de nombreux Kanak qui vivent à Nouméa retournent dans leur village.

Les anciens fixent le moment de la récolte en se fiant aux signes de la nature. La récolte commence officiellement après que les premières ignames ont été ramassées dans un champ sacré et présentées aux anciens et au chef du clan. Le lendemain, tout le monde se réunit à l'église (depuis l'arrivée des missionnaires) et les ignames sont bénies par le prêtre. Les racines sont ensuite portées en procession jusqu'à la grande case, puis distribuées au sein de la tribu. Par respect, on ne coupe pas l'igname, on la rompt comme le pain.

Arts

L'art kanak remonte à l'antique poterie lapita vers 1500 av. J.-C. Aujourd'hui, arts traditionnel et contemporain se retrouvent dans les sculptures sur bois et stéatite, la peinture sur sable et écorce, le tissage et la vannerie.

Sculpture

Bois

Autrefois, les esprits étaient sculptés dans le bois. Aujourd'hui, la sculpture traduit l'esprit de la culture kanak. La plus importante sculpture sur bois est la flèche faîtière, qui ressemble à un petit totem orné de formes symboliques.

Il existe d'autres motifs évoquant des faucons, des divinités antiques, des serpents et des tortues. Souvent sculptés dans des troncs d'arbre, ils servent de palissade ou de clôture, notamment autour de la grande case. On peut en admirer de superbes spécimens à Vao, sur l'île des Pins.

Les massues, taillées dans les arbres les plus robustes et dotées d'une forme phallique ou d'un bec, portaient respectivement le nom de casse-tête ou de bec d'oiseau.

Pour le combat, les guerriers s'armaient de lances en niaouli, un arbre originaire de Nouvelle-Calédonie, dont ils se servaient pour incendier les huttes ennemies.

Actuellement, la sculpture sur bois connaît un vif engouement en Nouvelle-Calédonie. On peut en acheter à Nouméa ou sur les éventaires installés le long de la côte nord-est, où les prix sont beaucoup moins élevés que dans la capitale, ainsi que dans les îles Loyauté.

Pierre

L'objet en pierre le plus important de Nouvelle-Calédonie est la hache de cérémonie, qui symbolise la force et le pouvoir du clan. Généralement utilisée pour décapiter l'ennemi au combat ou honorer les ancêtres durant le *pilou*, cette arme en jade ou en serpentine était polie en forme de disque. Deux trous semblables à des yeux étaient percés au centre pour le passage d'une anse en fourrure de roussette. Le bas de l'anse était orné de pierres et de coquillages, faisant symboliquement référence à un clan.

Très courantes, les sculptures sur stéatite (pierre de savon) sont vendues dans les boutiques de souvenirs de Nouméa et sur les éventaires de la côte nord-est. Comptez environ 700 CFP pour un visage d'ancêtre en brousse, 2 000 CFP dans une boutique de la capitale.

Gravure sur bambou

Entre 1850 et 1920, les anthropologues ont recueilli dans les villages kanak des cannes de bambou ornées de gravures très élaborées. Comme la plupart datent approximativement de l'arrivée des Européens, on ignore s'il s'agit d'une forme d'art traditionnel séculaire ou d'une simple mode de l'époque.

Ces bambous mesurent en moyenne un mètre de long. Les Kanak s'en munissaient pour les danses ou pour se rendre dans un autre village. Remplis d'herbes magiques destinées à écarter les mauvais esprits, ils étaient garnis de dessins. Il s'agissait en général de motifs géométriques mais il existe aussi des scènes réalistes – de la danse du *pilou* (voir plus bas) aux travaux des champs en passant par les scènes de village telles que la pêche ou la construction d'une case. Pour leur donner une patine noire, on portait les gravures au feu.

Le musée de Nouvelle-Calédonie de Nouméa en possède une belle collection. L'artiste contemporaine Micheline Neporon est réputée dans ce

Le musée du quai Branly, à Paris, présente une collection de sculptures kanak. Le site www.quaibranly.fr en donne un aperçu.

Le centre culturel Tjibaou de Nouméa présente des expositions temporaires et permanentes d'art traditionnel et contemporain.

Les amateurs de théâtre se rendront au Théâtre de l'Île (www.theatredelile.nc), installé dans un ancien bagne rénové à Nouville, près de Nouméa.

LES PILIERS DE LA CULTURE KANAK

La coutume et le geste coutumier

La coutume est l'élément fondamental de l'identité kanak. Ce code de conduite régit les rites et les échanges sociaux à l'intérieur du clan (mariages, naissances, deuils, fête de l'igname) et avec les autres clans, et maintient le lien avec les ancêtres. Aujourd'hui, le monde moderne n'est pas toujours compatible avec cette pratique.

L'échange de présents (ignames, tissus, monnaie kanak) est un élément central dans la coutume, car il génère une trame d'obligations mutuelles très respectées, sous la forme d'un système de dons et de contre-dons. Celui qui offre un cadeau tire du prestige de son geste tout en créant une obligation que le récipiendaire n'oubliera jamais de rendre – c'est une reconnaissance mutuelle. À tous les stades importants de la vie, on donne des cadeaux, on fait des offrandes symboliques et on palabre ; la parole et le discours sont également très importants dans la coutume.

Avant de pénétrer dans la maison d'un chef, les Kanak offrent un petit cadeau en signe de respect ; ils "font la coutume". De même, si vous avez le privilège d'être invité dans une tribu, faites la coutume en apportant un morceau de *manou* (coupon d'étoffe colorée en vente dans la plupart des boutiques moyennant quelques centaines de francs CFP), un T-shirt, de l'argent (un billet de 500 ou de 1 000 CFP suffit) ou un paquet de cigarettes ou de riz – plus que l'objet, c'est le geste qui compte, la marque d'attention. Si vous voulez camper ou visiter un site sur le territoire coutumier, sur terre (grotte, montagne, cascade) ou sur mer (plage, îlot), présentez-vous au chef, si c'est possible, ou au moins à un membre du clan.

La grande case

La grande case constitue l'un des symboles les plus visibles de la culture kanak. Construite sur le même plan depuis des siècles, elle désigne la case la plus spacieuse et la plus haute du village dans laquelle résidait autrefois le chef. Aujourd'hui, les chefs vivent tous dans des maisons modernes, appelées chefferies, situées à proximité de la grande case, où ont lieu les réunions et les discussions tribales.

La construction d'une case commence par l'érection du pilier central, un immense tronc d'arbre minutieusement sélectionné. Il soutient l'ensemble de la case et symbolise le chef du clan (dans le cas d'une case normale, il représente le chef de famille). Entre ce pilier et la porte, on installe un foyer en pierre, qui brûle en permanence durant la saison fraîche.

On accède à la grande case par deux portes basses flanquées de larges panneaux de bois, souvent sculptés en forme de visages. À l'intérieur, les murs et le plafond sont constitués de poutres en bois fixées par des lianes solides au pilier central, symbolisant le lien étroit entre le clan et son chef. Pour terminer, on érige une flèche faîtière (lance de bois ornementale) sur le toit et on suspend ou on enfouit de la monnaie traditionnelle à proximité afin d'établir le lien important avec le monde des ancêtres et des esprits.

On peut voir de superbes répliques de grandes cases de diverses régions de Nouvelle-Calédonie au centre culturel Tjibaou à Nouméa.

domaine. Ses œuvres ont fait l'objet de plusieurs expositions en Nouvelle-Calédonie et elle a participé à divers festivals artistiques internationaux.

Danse

Autrefois, les rassemblements kanak s'accompagnaient toujours de danses. Porteuses d'un message ou d'une légende, elles illustraient souvent les divers aspects de la vie quotidienne – la pêche, un mariage, la construction d'une case, l'intronisation d'un nouveau chef, la fin des récoltes de l'igname, etc.

On retrouve plusieurs styles de danses en Nouvelle-Calédonie, dont le *pilou* (danse traditionnelle kanak, sur la Grande Terre), le *tchap* (autre danse traditionnelle kanak, dans les îles Loyauté) et les danses tahitienne, vietnamienne et indonésienne. Des chorégraphies sont présentées fréquemment dans les festivals et autres manifestations publiques. Les meilleurs groupes de danse traditionnelle sont Wetr et We Ce Ca.

Littérature

Plusieurs éditeurs et de nombreux auteurs composent une scène littéraire dynamique, mais le nombre d'auteurs mélanésiens est encore peu élevé ; rien d'étonnant à cela, puisque la société kanak repose avant tout sur la tradition orale. Quelques auteurs calédoniens reconnus :

Bernard Berger Auteur de la série en bande dessinée *La Brousse en folie*, mettant en scène des personnages typiquement calédoniens. Également *On refait pas l'histoire* (deux tomes, autoédition, 2012).

Pierre Gope Écrivain kanak dont l'œuvre comprend poèmes et pièces de théâtre (*La Parenthèse*, Éd. Traversées, 2005 ; *Les Dieux sont borgnes*, Grain de Sable, 2002, épuisé ; *Le Dernier Crépuscule*, Grain de Sable, 2001).

Déwé Gorodey (ou Gorodé) Femme politique et écrivain kanak qui aborde dans ses livres la lutte pour l'indépendance et offre un point de vue féministe sur la culture kanak (*L'Épave*, Madrépores, 2007, épuisé ; *Tâdo, Tâdo, Wéé ou No More Baby*, Au vent des îles, 2012).

Claudine Jacques Romancière née en France, spécialisée dans les nouvelles (*Le Cri de l'acacia*, Au vent des îles, 2008 ; *La Chasse et autres nouvelles*, Au vent des îles, 2009 ; *Nouméa Mangrove*, Au vent des îles, 2010).

Nicolas Kurtovitch Un Néo-Calédonien auteur de poèmes, nouvelles et pièces de théâtre (*Les arbres et les rochers partagent la montagne*, Vents d'ailleurs, 2010 ; *Les Heures italiques*, Au vent des îles, 2009 ; *Lieux et autres nouvelles*, Grain de Sable, 2006 ; *Dans le Ciel Splendide*, Au vent des îles, 2015).

Musique

Outre la musique de variété occidentale et le hip-hop, le reggae est très en vogue. Partout en Nouvelle-Calédonie, des jeunes Kanak arborent des vêtements de couleur vert, jaune et rouge ainsi que des dreadlocks. Très écouté également, le kaneka est une variante locale qui mélange le reggae, le jazz, le blues et les rythmes kanak ancestraux ; ce mouvement musical à connotation identitaire a vu le jour dans les années 1980. La musique, très dansante, est obtenue à partir d'instruments traditionnels (bambous, conques) et modernes (boîtes à rythmes, guitares). Les textes, en français ou en langues locales, sont engagés ; ils évoquent l'indépendance et la pauvreté, mais abordent aussi des thématiques plus festives et romantiques. Parmi les principaux groupes et interprètes de kaneka, mentionnons :

Mexem Un groupe phare du mouvement kaneka, originaire de Lifou.

Bwanjep Un groupe précurseur du kaneka, originaire de Hienghène.

Celenod Un excellent groupe, de Maré.

Gurejele Autre groupe star, de Maré.

Edou Le leader charismatique du groupe Mexem se produit régulièrement en solo.

Tim Sameke Tim, le dynamique leader du groupe We Ce Ca, qui se produit dans les hôtels ou lors des grands événements publics, mélange le kaneka avec d'autres styles du Pacifique et même de la techno.

Dick et Hnatr Bouama Les chanteurs du groupe Gurejele.

Gulaan Gulaan, leader du groupe OK! Ryos dans les années 1990, s'est illustré lors des Francofolies de La Rochelle et mène une belle carrière en solo.

Jeanne Hué Une voix féminine dans l'univers du kaneka.

Theo Menango Un pionnier du kaneka, ouvert aux influences rock et blues.

Tyssia Artiste calédonienne d'origine futunienne, Patricia se produit à la guitare acoustique, dans un style folk. Ses textes ont une portée mélancolique.

La musique provenant de Tahiti et des îles du Pacifique, tels le Vanuatu et les Fidji, est également populaire.

Créé en 2003, le Salon international du livre océanien (SILO) a lieu chaque année en août, alternativement à Poindimié et à Nouméa.

Lauréat en 2008 du prix de poésie Antonio Viccaro, Nicolas Kurtovitch (www.nicolaskurtovitch.net) a également obtenu en 2003 le prix du Salon du livre insulaire d'Ouessant pour son recueil de poésie *Le Piéton du Dharma* (Grain de Sable, 2003).

Le site de l'Association des écrivains calédoniens (www.ecrivains-nc.net) contient des informations mises à jour de la scène littéraire du pays.

Un site consacré à l'actualité musicale locale : www.musikatous.com.

CULTURE ET SOCIÉTÉ ARTS

ARTISANAT ET AUTRES SOUVENIRS À GLISSER DANS SA VALISE...

Les sculpteurs des îles Loyauté et de l'île des Pins réalisent de très belles pièces en bois, notamment des petites flèches faîtières et des masques facilement transportables dans des bagages. On trouve également de jolies sculptures en pierre à savon ou en bambou, des pendentifs en corail ou en bois, ainsi que des paniers et des chapeaux en feuilles de cocotier tressées.

Les tissus colorés, notamment le "manu" (morceau de pagne utilisé pour la coutume), permettent de belles utilisations décoratives. Les boutiques du centre de Nouméa vendent des chemises polynésiennes, des paréos et des T-shirts, ainsi que des robes "mission". Sachez cependant que les objets en vente dans les boutiques de souvenirs de la capitale calédonienne sont souvent importés d'Asie.

Inscrivez également sur votre liste des CD de musique locale (kaneka), les magnifiques timbres de l'OPT (Office des postes et télécommunications), les huiles essentielles, notamment l'essence de niaouli, le café et les gourmandises à base de produits tropicaux (miel, confitures, achards de légumes...).

Architecture

Les bâtiments coloniaux, avec leurs éléments en fer forgé ou leurs décorations en bois et leurs balcons, constituent un bel héritage architectural. Nouméa, en particulier, présente des exemples de maisons coloniales d'une grande valeur patrimoniale. Ailleurs, on aperçoit parfois ce type d'habitation sur la route principale qui longe la côte ouest de la Grande Terre.

Symbole majeur de la culture kanak, la case ronde se compose d'une charpente circulaire qui soutient un toit en palmes de cocotier tressées. Le pourtour de la case est également recouvert de palmes tressées, ou d'écorce de niaouli. Les cases d'habitation sont plus petites que les grandes cases, ou chefferies, qui sont construites par l'ensemble du clan. Les cases sont surmontées d'une flèche faîtière, qui revêt une fonction totémique. En brousse, dans les tribus, ainsi que partout dans les îles, vous verrez quantité de cases, qui servent toujours d'habitat traditionnel pour les Kanak, à côté de maisons en dur.

Pour découvrir une case traditionnelle kanak à Nouméa, il vous faudra visiter le centre culturel Tjibaou ou le musée de Nouvelle-Calédonie. Ces constructions abondent en revanche sur les îles Loyauté, surtout à Lifou, où pratiquement chaque propriété familiale en compte au moins une. On en trouve aussi dans de nombreux villages de la Grande Terre dès qu'on s'éloigne de l'axe principal. Pour des informations sur les grandes cases, reportez-vous à l'encadré p. 192.

Les amateurs d'architecture religieuse seront également comblés. Les missionnaires ont édifié sur l'archipel de nombreuses églises, des temples et des chapelles, qui valent le coup d'œil. Citons notamment la cathédrale Saint-Joseph à Nouméa, l'église de Balade près de Pouébo, l'église de la mission de Ouaré près de Hienghène, et tous les temples et églises des îles Loyauté.

Signalons aussi les vestiges des bagnes, qui évoquent la période pendant laquelle la Nouvelle-Calédonie était une colonie pénitentiaire : le fort Téremba sur la côte ouest de la Grande Terre, les ruines du bagne de Nouville, les ruines de Prony et les vestiges du bagne à l'île des Pins.

Dans le style contemporain, le centre culturel Tjibaou, réalisé en 1998, est une véritable œuvre d'art. Le célèbre architecte Renzo Piano, qui a également conçu le Centre Georges-Pompidou à Paris, a parfaitement su faire la synthèse entre le style traditionnel mélanésien et le design le plus avant-gardiste, dans un cadre naturel unique, en l'occurrence une péninsule entourée de mangrove.

Retrouvez la discographie des artistes de kaneka sur www.mangrove.nc.

Les amoureux du cinéma se précipiteront au Festival du cinéma de La Foa (www.festivalcinemalafoa.com), qui se tient chaque année fin juin-début juillet.

Environnement

Paysages de brousse ou de montagne, forêts sèches ou tropicales, maquis minier, plages de sable fin, lagon paradisiaque, faune et flore remarquables... L'archipel calédonien peut se targuer d'abriter un patrimoine naturel vraiment extraordinaire ! Deux points forts dans ce tableau : la Chaîne, le massif montagneux qui parcourt la Grande Terre, et plus de 15 000 km² de lagon inscrits à l'Unesco.

Géographie et géologie

La Nouvelle-Calédonie (18 580 km²) se situe dans la partie sud-ouest de l'océan Pacifique, au nord du tropique du Capricorne. Il s'agit d'un archipel comprenant une île principale, la Grande Terre (16 350 km²), l'île des Pins (152 km²), les îles Loyauté (1 980 km²) et les minuscules îles Belep. Diverses dépendances, disséminées très loin des principales composantes de l'archipel, totalisent une superficie de 4 km².

Grande Terre

Cette île montagneuse en forme de cigare, de 450 km de long pour 50 km de large, est la troisième île du Pacifique Sud par la superficie, derrière la Nouvelle-Zélande et la Nouvelle-Guinée. Elle est traversée tout du long par une chaîne montagneuse centrale, dont les plus hauts sommets sont le mont Panié (1 629 m), sur la côte nord-est, et le mont Humboldt (1 618 m), au sud-est. De ces montagnes dévalent de nombreuses rivières qui se jettent dans la mer – les crues sont fréquentes pendant la saison des pluies.

La Nouvelle-Calédonie possède l'une des plus grandes proportions de plantes endémiques du monde (environ 75%).

Les deux côtes de la Grande Terre présentent des physionomies très contrastées. La côte est, au vent, humide, luxuriante et montagneuse, se distingue par son littoral creusé par d'étroits et profonds estuaires. La côte ouest, sous le vent, est plus sèche, pourvue de larges plaines verdoyantes et de vastes baies peu profondes, bordées de forêts de mangrove et de plages infestées de moustiques. Le sud de la Grande Terre se compose d'un plateau ferrugineux de 250 m d'altitude, parsemé de petits lacs naturels et de marais.

Contrairement à de nombreuses îles du Pacifique, la Grande Terre ne résulte pas de l'activité volcanique. Elle faisait partie du Gondwana, continent qui regroupait l'Afrique, l'Amérique du Sud, l'Antarctique, le sous-continent indien, l'Australie et la Nouvelle-Zélande. La Grande Terre et la Nouvelle-Zélande se sont séparées de l'Australie il y a environ 80 millions d'années. Quelques millions d'années plus tard, la Grande Terre s'est détachée de la Nouvelle-Zélande et est devenue une île.

Le sous-sol de la Grande Terre regorge de richesses minérales. La Nouvelle-Calédonie abrite notamment l'une des plus grandes réserves de nickel du monde.

Autres îles

Les îles Loyauté et l'île des Pins doivent leur origine à une chaîne volcanique sous-marine, inactive depuis 10 millions d'années, située sur la bordure orientale de la plaque australienne. Il s'agit d'îles coralliennes très poreuses et exondées, c'est-à-dire créées par l'élévation du récif consécutif à l'effondrement des anciens volcans. En grande partie plates, elles ne possèdent aucune rivière. L'eau douce est recueillie dans des citernes. Sur l'île des Pins, on notera la présence de quelques collines et ruisseaux.

Récif et lagon

La Nouvelle-Calédonie possède 1 600 km de récif. Le principal récif-barrière encercle la Grande Terre, dont il est distant de 10 à 60 km. Il mesure 600 km de long sur sa façade occidentale et 540 km sur sa façade orientale. Il délimite un superbe lagon turquoise, considéré comme l'un des plus grands lagons du monde, de 25 m environ de profondeur à l'ouest et de 40 m en moyenne à l'est. Par endroits, le récif est interrompu par des vallées sous-marines, vestiges d'anciens lits de rivière, atteignant jusqu'à 80 m de profondeur. Outre le récif-barrière, des récifs frangeants entourent toutes les petites îles.

Le lagon de Nouvelle-Calédonie est l'un des plus vastes de la planète.

L'intérieur du lagon est parsemé de récifs et d'îlots de tout type et de toute taille.

Faune et flore

La faune et la flore calédoniennes sont originaires de l'est du Gondwana. Lorsque la Grande Terre s'est détachée de l'ancien continent il y a 80 millions d'années, les espèces ont évolué de manière isolée ; aussi, certaines plantes et certains animaux de l'archipel, surtout des oiseaux, sont uniques. La Nouvelle-Calédonie présente la plus grande diversité au monde au kilomètre carré.

Cette biodiversité s'explique par la présence de la chaîne montagneuse centrale de la Grande Terre, qui a créé des niches, des biotopes et des microclimats dans lesquels les espèces endémiques ont pu prospérer. Certaines n'existent parfois que dans une petite zone montagneuse et ne sont représentées que par une seule population connue.

Lagons et récifs de Nouvelle-Calédonie, de Pierre Laboute et Bertrand Richer des Forges (Catherine Ledru, 2004), séduit par la qualité de ses photos et la simplicité de ses textes.

Faune

À l'heure actuelle, 4 500 espèces d'animaux terrestres ont été recensées en Nouvelle-Calédonie. Il s'agit principalement d'oiseaux, de reptiles et de quelques mammifères.

Mammifères

Parmi les rares mammifères du pays, seules les roussettes (chauve-souris frugivore, ou renard volant) sont indigènes. Il en existe quatre espèces. L'une d'elles, la *Pteropus macmilliani*, est endémique et menacée d'extinction. Ces créatures nocturnes vivent en colonies dans les arbres. Elles s'envolent au couchant et parcourent jusqu'à 15 km pour se nourrir,

---

EXPLOITATION MINIÈRE ET ENVIRONNEMENT

Durant les cent premières années d'exploitation du nickel en Nouvelle-Calédonie, l'impact des mines à ciel ouvert sur l'environnement ne fut guère pris en considération. Lorsque l'extraction du minerai cessait sur un site, celui-ci était tout simplement abandonné. L'emploi de techniques rudimentaires provoqua pourtant une érosion massive sur ces lieux, d'où les importantes ravines visibles aujourd'hui, en particulier dans la région de Thio.

Des méthodes modernes plus écologiques ont heureusement remplacé les anciennes. Dans les années 1970, une réglementation respectueuse de la nature a été adoptée sur l'île. Elle impose notamment certains procédés d'extraction ainsi que la végétalisation des sites désaffectés avec des espèces endémiques. Celle-ci se révèle cependant délicate du fait de la fragilité des plantes qui poussent sur le sol latéritique peu fertile.

de fruits et de fleurs, avant l'aube. Elles font partie de l'alimentation des Kanak, mais la chasse est limitée aux week-ends d'avril et interdite sur les lieux de reproduction ou de repos. Notez qu'en période de chasse, les coups de fusil nocturnes peuvent être un peu impressionnants...

Le cerf rusa (*Cervus timorensis russa*) de Nouvelle-Calédonie est l'un des plus grands cervidés. En 1862, une douzaine de cerfs rusa ont été introduits sur l'île. Aujourd'hui, on estime leur nombre à plus de 100 000 individus. Le cerf s'est si bien adapté qu'il occasionne depuis longtemps des dommages dans les cultures et les plantes indigènes. On peut en apercevoir dans les fermes caldoches de la côte ouest.

Oiseaux

Avec une avifaune qui comprend 68 espèces terrestres, une vingtaine sont indigènes, la Nouvelle-Calédonie est une destination de choix pour les ornithologues et autres observateurs. L'oiseau le plus connu est le cagou, emblème de la Nouvelle-Calédonie, malheureusement menacé (voir l'encadré p. 70). Votre meilleure chance d'en observer sera dans le parc provincial de la Rivière Bleue ou dans le parc zoologique et forestier de Nouméa.

Les perruches d'Ouvéa sont les oiseaux endémiques les plus menacés. Citons également les frégates, qui présentent une envergure impressionnante, les tourterelles et les pigeons, notamment le notou, pigeon indigène de grande taille, ou pigeon impérial (*Ducula goliath*), dont la population devient "vulnérable".

Vous verrez un grand nombre de sternes néréis (*Nereis sterna nereis*) dans les îlots autour de la Nouvelle-Calédonie.

Reptiles

Les serpents calédoniens sont essentiellement marins (voir plus loin *Faune marine*). À terre, il existe deux espèces de serpents aveugles et un boa, rare et inoffensif. Ce dernier vit uniquement dans les îles Loyauté où il a été introduit par les immigrants polynésiens au XVIe siècle pour se nourrir.

Le cagou est l'oiseau emblématique de la Nouvelle-Calédonie. Il se distingue par son cri, proche de l'aboiement d'un chien. Incidemment, ce sont les chiens qui sont ses principaux prédateurs, car le cagou est incapable de voler.

Un site pour les passionnés d'ornithologie : www.sco.asso.nc.

ENVIRONNEMENT FAUNE ET FLORE

LE NAUTILE

Le nautile est un fossile vivant, l'unique survivant d'une espèce très courante il y a 450 millions d'années, à laquelle appartiennent également les ammonites (fossiles évoquant la corne d'un bélier). On ignore pourquoi la majeure partie de ce groupe a brusquement disparu voilà 70 millions d'années. Il reste six espèces de nautiles dans le sud-ouest du Pacifique. L'une d'elles, *Nautile macromphalus*, est endémique à la Nouvelle-Calédonie.

Le nautile est le seul céphalopode (mollusque doté d'une tête, d'yeux et de tentacules) à posséder une coquille externe. Les autres, tels la seiche et le poulpe, présentent une "coquille" interne.

Ne mesurant jamais plus de 30 cm, la coquille enroulée couleur ivoire du nautile est rayée de bandes brunes et tapissée de nacre à l'intérieur. Spiralée, elle comporte environ 36 chambres, formées les unes après les autres au fur et à mesure de la croissance du mollusque. Les plus anciennes sont remplies de gaz, tandis que les nouvelles, plus vastes, contiennent de l'eau et de l'air. L'animal se déplace en expulsant l'eau par un siphon et il peut réguler sa flottabilité en modifiant les volumes de gaz et d'air dans chaque chambre. Il évite la lumière et l'eau chaude, préférant vivre sur les versants externes du récif-barrière, à des profondeurs de près de 500 m. Ses nombreux tentacules (environ 90 autour de la bouche) lui permettent de se nourrir de crabes, de crevettes, de détritus, et de se protéger. Malgré leur taille, ses étranges yeux sont sous-développés et son système de reproduction demeure méconnu.

Plusieurs espèces de lézards évoluent dans les paysages de Nouvelle-Calédonie mais les geckos sont de loin l'espèce la plus courante. Ce lézard nocturne insectivore, très bruyant, possède des pattes dotées de petits disques couverts de crochets microscopiques qui lui permettent de grimper aux murs et aux plafonds. Farouche, cette petite créature à la peau diaphane et aux grands yeux sort le soir pour se gaver de papillons de nuit et de moustiques.

Il existe quatre variétés de geckos géants endémiques, dont le rare *Rhacodactylus leachianus*. Mesurant 35 cm de long, sans la queue, ce "géant" vit dans la forêt humide.

Faune marine

Les eaux de Nouvelle-Calédonie offrent un fabuleux spectacle de couleurs et de formes. Vous verrez défiler plusieurs espèces de requins (pointe blanche, pointe noire, requin gris, requin nourrice, requin guitare), des raies pastenagues, des tortues, des dugongs (ou "vaches marines"), des dauphins, des napoléons, des loches, des poissons-perroquets, et pourrez admirer des dizaines d'espèces de coraux multicolores, des éponges, des concombres de mer et quantité de mollusques divers, dont le troca, le cauris et le cône, le bénitier, le calamar et le superbe nautile (voir l'encadré p. 197).

Vous apercevrez peut-être un amphibien appelé tricot rayé (*Laticauda semifasciata*), l'une des douze espèces calédoniennes de serpents de mer, qui vivent à la surface de l'eau ou à terre. Doté d'une queue aplatie qui fait office de pagaie et de narines étanches lui permettant de demeurer jusqu'à une heure sous l'eau, le tricot rayé est très venimeux. Même si certains plongeurs se risquent à le toucher, restez prudent. On le retrouve fréquemment dans la région de Nouméa et surtout sur l'îlot Amédée.

On peut voir régulièrement des baleines à bosse (*Megaptera novaeangliae*) durant les mois d'hiver (entre juillet et septembre), lorsqu'elles viennent se mettre à l'abri des eaux froides de l'Antarctique avec leurs petits.

Poissons de Nouvelle-Calédonie, de Pierre Laboute et René Grandperrin avec la collaboration de l'IRD (Catherine Ledru, 2002), est un grand guide illustré de près de mille espèces.

La population néo-calédonienne de dugongs, un mammifère marin herbivore, est la troisième du monde.

La plage de la Roche percée est le premier lieu mondial de ponte pour les tortues à grosse tête.

DU RESPECT POUR LES BALEINES

Chaque année, entre juillet et septembre, des centaines de baleines à bosse arrivent dans les eaux chaudes du sud de la Nouvelle-Calédonie pour se reproduire. Fragilisées par les importantes distances parcourues pour parvenir jusque dans le lagon, elles ont besoin de tranquillité pour mettre bas et allaiter leurs petits.

Afin que les sorties d'observation des baleines se déroulent dans les meilleures conditions, à la fois pour les touristes et pour les animaux, une charte a été édictée par la province Sud. Elle est suivie par les opérateurs qui amènent les touristes dans la zone de reproduction. Il s'agit de règles simples : distance d'approche, limitation des bateaux en observation simultanée, manœuvres des bateaux, durée d'observation maximale par bateau et par groupe de cétacés, entre autres.

Depuis 2010, les opérateurs, qui se livraient une guerre commerciale acharnée, préjudiciable au bon déroulement des sorties d'observation (et donc nuisible à la tranquillité des baleines), se sont pour la plupart regroupés dans une seule entité, Calédonie Charter (voir p. 52 pour les coordonnées), afin de mieux réguler les excursions. Une preuve de maturité et de professionnalisme.

Pour en savoir plus sur l'observation des baleines, consultez également le site de l'association **Opération Cétacés** (www.operationcetaces.nc) et lisez l'encadré *Des baleines plein les yeux* p. 74.

Plantes

Près de 80% des 3 250 espèces végétales à fleurs de Nouvelle-Calédonie sont indigènes.

Arbres

La Nouvelle-Calédonie a en grande partie perdu sa forêt vierge. Aujourd'hui, la forêt indigène ne couvre plus que 4 000 km², soit environ 20% du territoire. Parmi les différentes essences, citons l'*Araucaria columnaris*, ou pin colonnaire (qui a donné son nom à l'île des Pins), un pin de la famille des araucariacées qui atteint 60 m de haut pour un diamètre de 2 m. Son milieu naturel est la côte. Utilisé pour la fabrication des pirogues et des charpentes, il était planté dans les villages kanak ; les bosquets isolés des régions montagneuses indiquent donc la présence d'anciens peuplements. Dans la symbolique culturelle kanak, cet arbre représente la virilité et délimite les lieux sacrés.

L'immense banian (*Ficus prolixa*), de la famille du figuier, déploie un vaste feuillage et d'importantes racines adventives aériennes. Sa vie commence par une graine déposée par un oiseau ou le vent sur un autre arbre. Ses racines descendent des branches vers le sol, encerclant le tronc de l'arbre hôte qu'elles finissent par étrangler. Les racines servent à la construction des flotteurs de pirogue, la sève à la fabrication des balles de cricket.

Le roi des forêts de Nouvelle-Calédonie est le houp (*Montrouziera cauliflora*), un arbre endémique à croissance lente et au bois dur et très recherché. Il donne de superbes fleurs rouges.

Le kaori (*Agathis lanceolata*), un conifère de la famille des araucariacées, est largement exploité pour son bois d'excellente qualité, souple, léger et dépourvu de nœuds. C'est l'un des géants de la forêt (jusqu'à 40 m de haut).

Quant au niaouli, il s'agit d'un arbrisseau à fleurs blanches et au tronc tortueux possédant une écorce blanc-argenté. Ses feuilles sont riches en huile essentielle, commercialisée pendant longtemps sous le nom de gomenol.

Écosystèmes

Sur la Grande Terre, on rencontre divers écosystèmes. La savane à niaoulis est un type de prairie, prédominant sur la côte ouest, née après défrichage et brûlage des terres en vue de la création de pâturages pour le bétail. Elle est surtout dominée par les niaoulis, mais on trouve aussi du gaïac, du bois de fer et du chêne-gomme.

La fougère arborescente est présente dans les forêts humides de la Grande Terre, notamment dans le parc des Grandes Fougères.

La flore côtière comprend la mangrove, qui croît essentiellement sur la côte ouest et couvre près de la moitié du littoral de l'île. Derrière elle, ou derrière la plage, pousse une petite bande protectrice composée de casuarinas, d'acacias, de pandanus et de pins, tandis que la forêt d'estuaire regroupe le bois de rose, les santals, les plantes grimpantes et les pins.

Le maquis minier est un type de végétation couvrant 30% de la Grande Terre. Il se compose d'arbres et d'arbustes divers adaptés aux sols pauvres en éléments mais présentant une concentration anormale de minéraux lourds. C'est notamment le cas au sud, où s'est développée une flore spécifique, adaptée à cette teneur.

Parcs et réserves

La Nouvelle-Calédonie possède des parcs et des réserves à la fois terrestres et marines.

Les feuilles de *fan-palm* et de taro sauvage font d'excellentes ombrelles.

Le kaori géant dans le parc provincial de la Rivière-Bleue aurait plus de 1 000 ans.

Le portail www. biodiversite.nc et le site d'information sur la biodiversité calédonienne (www.endemia.nc) affichent des informations complètes sur les écosystèmes de Nouvelle-Calédonie.

ENVIRONNEMENT PARCS ET RÉSERVES

LE LAGON CALÉDONIEN À L'UNESCO

Les Néo-Calédoniens en sont fiers : en 2008, "leur" lagon a été inscrit sur la liste du patrimoine mondial par l'Unesco. En réalité, le classement porte sur six grandes zones qui représentent environ 60% de la superficie totale du lagon :

➡ **Zone du Grand Lagon sud** (314 500 ha). Il englobe notamment l'île des Pins et les sites où les baleines à bosse viennent mettre bas.

➡ **Zone côtière ouest** (48 200 ha). Dans le secteur de Bourail. Lieu de ponte principal des tortues à grosse tête.

➡ **Zone côtière nord et est** (371 400 ha). De Poum à Poindimié.

➡ **Zone du Grand Lagon nord** (635 700 ha). Immense espace marin de 50 km de large et de 170 km de long, entre le nord de la Grande Terre et les atolls d'Entrecasteaux.

➡ **Atolls d'Entrecasteaux** (106 800 ha). Paradis de l'avifaune (sternes, fous, frégates) et grand site de ponte des tortues vertes.

➡ **Atoll d'Ouvéa et Beautemps-Beaupré** (97 700 ha). Fabuleux aquarium qui rassemble près de 700 espèces de poissons et des habitats très variés (mangrove, récif, herbier).

Après diverses enquêtes et études, l'Unesco a retenu plusieurs critères pour valider la candidature du lagon calédonien : la richesse en espèces marines, la qualité des écosystèmes et la beauté des récifs. C'est une véritable consécration pour le territoire, qui mise désormais sur ce prestigieux label pour tenter de faire oublier que d'autres zones du lagon, non classées, sont polluées par les rejets des exploitations minières...

Quoi qu'il en soit, le lagon calédonien, aux dimensions exceptionnelles, est un formidable réservoir de vie, avec 510 espèces de coraux, près de 1 700 espèces de poissons et une grande diversité d'habitats. Le classement par l'Unesco n'interdit pas les activités touristiques (plongée, snorkeling, plaisance, pêche), mais incite les acteurs à se responsabiliser en suivant des règles de bonne gestion.

Zones terrestres

Il existe trois types de réserves : les réserves naturelles, les réserves botaniques ou zoologiques spécifiques et les parcs provinciaux. Le niveau de protection varie selon le statut, mais seule la réserve naturelle est soumise à un accès réglementé.

Le parc provincial de la Rivière-Bleue et la réserve de la Madeleine, dans le Grand Sud, sont faciles d'accès et possèdent de bonnes infrastructures, tout comme le parc des Grandes Fougères, inauguré en 2008, qui a pour but de protéger la forêt dense humide, qui occupe 90% des 4 500 ha du site.

Nouvelle-Calédonie sauvage : un guide de la randonnée, de Jean-Francis Clair (Savannah, 1998), fait la part belle aux randonnées dans les parcs et les réserves de Nouvelle-Calédonie.

Les monts Humboldt et Panié sont propices à la randonnée pédestre, mais les équipements sont limités.

Zones marines

Depuis 2008, une grande partie du lagon calédonien est inscrit sur la liste du patrimoine mondial par l'Unesco. Les restrictions les plus importantes concernent la réserve Yves Merlet (170 km²), entre l'extrémité sud de la Grande Terre et l'île des Pins. À l'exception des scientifiques, l'entrée est strictement interdite.

Écologie

Les Kanak ont toujours traité leur environnement avec respect, car il constituait pour eux un véritable garde-manger. Cette attitude contraste avec les pratiques actuelles telles que l'exploitation minière, la déforestation et l'élevage.

Impact de l'industrie minière

Les mines de nickel à ciel ouvert sont responsables de la déforestation, de l'érosion des contreforts montagneux, de la pollution des cours d'eau et de la dégradation du récif. Celui-ci est plus particulièrement touché à mi-chemin de la côte est de la Grande Terre, où les sédiments se déversent directement dans la mer.

Les rejets toxiques dans l'atmosphère de l'usine de Doniambo à Nouméa sont également sources de problèmes. Les agences internationales de protection de la santé publique et de l'environnement classent le nickel parmi les "substances extrêmement dangereuses" et cancérigènes, et ont révélé son effet sur l'asthme. Des mesures pour analyser la qualité de l'air dans la région du Grand Nouméa ont été mises en place en 2005.

L'usine de traitement du nickel Vale NC, près de Port Boisé, dans le Grand Sud, et celle de Vavouto, près de Koné, dans la province Nord, dont la production a débuté en 2013, suscitent des controverses en raison des nouvelles méthodes d'extraction chimique qui sont mises en œuvre et du traitement des effluents rejetés en mer. Malgré les discours rassurants des groupes industriels, les associations de défense de l'environnement estiment que ces deux nouvelles usines ont un impact négatif sur les écosystèmes du lagon et risquent de causer des dégâts irréversibles.

Déforestation

Les incendies de brousse, causes d'érosion et de désertification, posent un immense problème malgré les campagnes de sensibilisation du public. Les feux, souvent volontaires, servent à défricher des terres pour l'agriculture et la chasse au sanglier (afin de canaliser le gibier dans des zones déterminées).

Traitement des déchets

La Nouvelle-Calédonie accuse un sévère retard en matière de traitement des déchets. En dehors du verre et des huiles de vidange, qui sont recyclés localement, le tri des déchets n'est qu'à l'état de projet. Les équipements sont de fait quasi inexistants alors même que chaque habitant de Nouméa produit environ 450 kg de déchets dans une année, et que l'afflux touristique augmente encore cette masse qui pourrait être valorisée. Les communes, compétentes en la matière, mettent en cause le coût élevé que nécessiterait la mise en place de poubelles individuelles.

Pêche

Même si la pêche ne représente pas une grosse source de revenus pour la Nouvelle-Calédonie, certaines restrictions sont imposées sur l'utilisation des filets et des lignes. Les prises réalisées sur les embarcations de plaisance sont interdites à la vente et limitées à 50 kg.

L'Institut de recherche pour le développement (www.ird.nc) a pour mission, en Nouvelle-Calédonie, de développer des projets scientifiques centrés sur les ressources terrestres et marines.

Pour des détails sur le programme de conservation de la forêt sèche de Nouvelle-Calédonie, consultez www.wwf.fr

---

AGIR POUR L'ENVIRONNEMENT

Deux organisations non gouvernementales œuvrent en faveur de la protection de l'environnement. Il s'agit de l'**Association pour la sauvegarde de la nature néo-calédonienne** (ASNNC ; ☑28 32 75 ; Nouméa) et le **Centre d'initiation à l'environnement de Nouvelle-Calédonie** (CIE ; ☑27 40 39 ; www.cie.nc ; Nouméa), qui mènent des actions de sensibilisation. Si vous aimez les vacances actives et que vous êtes passionné par la permaculture, une manière de cultiver les plantes particulièrement respectueuse de l'environnement, l'association **Male'Va** (www.maleva.org) est preneuse de bonnes volontés ! Tous les jeudis de 11h à 13h, une permanence d'échange de semences et d'informations sur l'association est organisée à la Maison jaune à Nouméa (14 rue Bouquet de la Grye).

ENVIRONNEMENT ÉCOLOGIE

DES REQUINS ABATTUS PAR LES AUTORITÉS

Ces dernières années, une augmentation des attaques de requins bouledogues a pu être observée en Nouvelle-Calédonie, causant en de rares occasions la mort de pêcheurs ou de baigneurs près des côtes. Ces drames ont fortement marqué les esprits et créé des tensions au sein de l'archipel autour de la nécessité ou non d'abattre plusieurs spécimens de cette espèce, protégée depuis 2013 par le code de l'environnement de la province Sud et considérée comme espèce quasi menacée par l'Union internationale pour la conservation de la nature. L'augmentation de la population de squales est sans doute liée à de mauvaises pratiques consistant à jeter des déchets en mer, en particulier dans le port de Nouméa, ce qui attirerait les requins et les inciterait à se sédentariser dans ces eaux. En 2019, pour calmer les esprits, les autorités locales ont fait le choix de "prélever" (comprendre d'abattre) une vingtaine d'individus et de poser des filets anti-requins. Une décision largement contestée par l'ONG Sea Sheperd et par de nombreux amoureux du monde sous-marin.

Il arrive fréquemment que des interdictions de baignade soient décidées lorsque des squales sont aperçus non loin de certaines plages. Pour vous informer, vous pouvez par exemple suivre les infos des pages facebook de Radio Cocotier ou de Nouvelle-Calédonie la 1ère.

Le commerce des tortues est prohibé. On peut néanmoins les chasser, en nombre limité, à certaines périodes de l'année, pour sa consommation personnelle. Malheureusement, les restaurants n'hésitent pas à contourner la loi. Il est défendu de ramasser les crabes en décembre et en janvier. Le reste de l'année, on peut les pêcher à condition qu'ils mesurent au moins 15 cm (sans compter les pinces), tandis que les langoustes doivent faire au moins 7,5 cm (hors pinces). Le ramassage des huîtres est autorisé de mai à août.

Fort heureusement, l'écosystème récifal est relativement en bonne santé. L'*Acanthaster planci*, une étoile de mer qui dévore les coraux, ne prolifère pas en Nouvelle-Calédonie, à la différence d'autres régions du Pacifique.

Cuisine

Vous allez vous régaler en Nouvelle-Calédonie, où la cuisine variée, originale et savoureuse s'enrichit des apports culinaires des différentes communautés présentes sur le territoire. On y décèle des influences française, océanienne (surtout polynésienne), asiatique, antillaise, réunionnaise et même australienne. Ainsi, vous pourrez tout autant savourer une entrecôte sauce roquefort qu'une salade tahitienne, un steak de cerf, de la langouste flambée au whisky, un *bougna* kanak, une pizza ou un *bami* (variante du *nasi goreng* indonésien, des nouilles frites accompagnées de légumes) ! Épices et condiments ont aussi la part belle, notamment les achards de légumes et les rougails.

Spécialités

La cuisine calédonienne s'appuie très largement sur des produits locaux, ce qui garantit sa fraîcheur.

Viandes

Dans l'ouest de la Grande Terre, la viande de cerf, très prisée, se décline en steak, carpaccio, civet, terrine ou charcuterie. Bien entendu, dans ce pays d'éleveurs, la viande de bœuf, très goûteuse, occupe une place importante, tout comme le cochon sauvage. Si vous souhaitez sortir des sentiers battus, goûtez également à la roussette (chauve-souris frugivore), dont la chair, cuite dans du lait de coco et cuisinée en ragoût, est excellente, ou aux bulimes, les gros escargots de l'île des Pins.

La crevette de Nouvelle-Calédonie, originaire du Mexique, jouit d'une bonne réputation au niveau international. C'est la principale denrée alimentaire exportée par le pays.

Poissons et fruits de mer

Le lagon, épargné par la pêche industrielle, constitue un vivier inépuisable. Les fruits de mer, les crustacés, les coquillages et les poissons mettront les papilles des gastronomes en émoi. Faites-vous plaisir en dégustant de succulentes langoustes (surtout dans les îles), des cigales de mer (appelées "popinées"), des trocas (coquillages), des crevettes de mer ou de "creek" (de rivière), du crabe de cocotier, du crabe de palétuvier, du thazard, du thon, du picot, du vivaneau, de la dorade coryphène, de la loche, des huîtres…

La spécialité de Farino est le ver de bancoule, une larve du bois longue de 6 à 10 cm environ, que l'on consomme crue ou grillée. Avis aux amateurs !

Fruits et légumes

Comme on peut s'y attendre dans une région tropicale, les fruits et les légumes sont abondants. Selon les saisons, vous pourrez consommer

LE MIEL ET LA VANILLE DE LIFOU

L'île de Lifou dans l'archipel des Loyauté est réputée pour deux trésors culinaires. Les apiculteurs de l'île produisent un miel d'excellente qualité, aux nuances variées, qui a reçu la médaille d'or au concours général du Salon de l'agriculture de Paris en 2018. Il est en vente dans les magasins de l'île. La vanille de Lifou est également très recherchée (plusieurs producteurs effectuent de la vente directe) et entre dans la composition de multiples desserts, dont la crème brûlée. Régalez-vous !

DES TUBERCULES COMESTIBLES

Igname – L'igname est au Pacifique ce que la pomme de terre est à l'Occident : un aliment essentiel pour les apports énergétiques. Bénéficiant d'un statut privilégié au sein de la société kanak, elle est traitée avec le respect qu'on doit normalement aux aînés et aux ancêtres. Il s'agit d'une plante grimpante dont les longs tubercules (riches en vitamines B et C et en minéraux) se consomment grillés, bouillis, frits ou en curry.

Patate douce – Cette plante originaire d'Amérique du Sud, introduite en Nouvelle-Calédonie par les Polynésiens, présente de savoureux tubercules à la saveur légèrement sucrée. Il en existe de nombreuses variétés.

Taro – Cette racine venue d'Asie du Sud-Est s'est largement répandue, même si sa culture décline en raison de l'augmentation de la consommation du riz. La plante présente de grandes feuilles comestibles et de robustes tubercules d'environ 30 cm de long. Très énergétique, elle contient beaucoup de fibres, de calcium et de fer.

Cassave – Également appelée manioc ou tapioca, cette plante possède 5 à 7 feuilles lobées. Elle pousse là où l'igname et le taro ne parviennent pas à se développer. On consomme ses tubercules et ses feuilles.

des bananes, des mandarines, des litchis, des ananas, des papayes, des mangues, des goyaves, des fruits de la passion, des avocats et des pommes cannelles. L'igname, la noix de coco, le taro, la banane plantain, le fruit à pain, la patate douce, la "chouchoute" (christophine) et le manioc sont couramment utilisés dans la cuisine mélanésienne. En guise de dessert, vous vous délecterez de glaces, de sorbets, de gâteaux à la noix de coco ou de préparations parfumées à la vanille (en provenance de Lifou).

Le carpaccio de cerf, de fines tranches de viande crue assaisonnées d'herbes et d'huile d'olive, est une spécialité typiquement calédonienne.

Petit-déjeuner

Le pain est présent partout, mais il est de bien moindre qualité qu'en métropole, sauf dans certaines boulangeries de Nouméa.

En général, les hôtels servent deux types de petits-déjeuners : continental ou buffet américain. Le premier est un petit-déjeuner à la française, avec du thé ou du café accompagné de pain, de croissants, de beurre et de confiture et parfois d'un jus d'orange. Le second, plus cher, comprend œufs, bacon, saucisses, fruits et jus d'orange. Sauf exception, le petit-déjeuner n'est pas inclus dans le tarif des chambres. Les prix varient considérablement : de 800 à 1 500 CFP pour la formule continentale et de 1000 à 2 500 CFP pour la formule buffet à l'américaine.

Dans n'importe quel café, vous pouvez commander un café et un croissant pour environ 500 CFP.

Boissons

Boissons sans alcool

L'eau est potable partout en Nouvelle-Calédonie, sauf à Ouvéa. Si vous préférez l'eau minérale, il existe plusieurs marques, dont une locale, embouteillée à Mont-Dore. Sur les îles Loyauté et l'île des Pins, veillez à ne pas épuiser les réserves d'eau potable, limitées. Les grandes marques de boissons gazeuses et de sodas sont distribuées partout. Le café calédonien, cultivé dans la région de Farino et Sarraméo, est très aromatique, mais il n'est pas disponible partout. Dans les îles, il faut souvent se contenter de café soluble. L'eau de coco est très désaltérante, tout comme les jus de fruits et les cocktails à base de fruits locaux.

Alcools

Les boissons préférées des Calédoniens sont le vin et la bière. Les bières locales sont la Number One, la Havannah et la Manta. La marque

Manta s'est récemment enrichie d'une bière parfumée au citron (la "Zest"), tandis que la Number One se décline en une version parfumée aux litchis. Les marques internationales sont également représentées. Comptez environ 500 CFP la bière servie dans un bar ou un restaurant. Les supermarchés et les épiceries vendent des bières non réfrigérées.

Les supermarchés et les magasins spécialisés vendent les principales références de vins français – prédominants –, italiens, australiens, néo-zélandais et californiens. Dans les restaurants, le prix du vin est triplé.

Plats de fête

De nombreuses foires valorisant les produits du terroir émaillent le calendrier calédonien. Il s'agit de grandes manifestations publiques donnant lieu à des dégustations ainsi qu'à la vente de produits alimentaires, d'art et d'artisanat. Elles s'accompagnent généralement de chants et de danses. La fête la plus importante, restreinte toutefois au cercle privé, concerne l'igname, un aliment sacré dans la société kanak. Voici quelques manifestations auxquelles vous pourrez assister :

Fête de l'Avocat Fin avril ou début mai à Maré.
Fête de la Crevette et du Cerf En mai à Boulouparis.
Fête de la Mandarine En juillet à Canala.
Fête du Bœuf Fin octobre ou début novembre à Païta.
Fête des Fruits de mer En novembre à Poum.
Fête du Vivaneau (Wajuyu) En novembre à Maré.
Fête des Litchis En décembre à Houaïlou.
Fête du Taro En décembre à Ouvéa.

Établissements

Restaurants

La plupart des établissements sont français, vietnamiens, japonais et chinois. À Nouméa, il existe aussi quelques tables antillaises et italiennes. En dehors de la capitale, les restaurants indépendants sont assez rares. La plupart sont rattachés à un hébergement.

Les restaurants français abondent à Nouméa. Les petits cafés branchés côtoient des établissements plus originaux spécialisés dans les fruits de mer, le gibier et autres plats raffinés. La carte est toujours affichée à l'extérieur. Les tarifs sont généralement supérieurs à ceux pratiqués en métropole. À la carte, comptez entre 2 200 et 3 500 CFP pour un plat principal. Les plats du jour sont à peine moins chers.

Il n'y a pas vraiment de restaurant mélanésien. Pour goûter aux spécialités, notamment le *bougna*, il faut se rendre dans les gîtes tribaux de la côte est de la Grande Terre ou dans les îles, qui pratiquent la

Dans les restaurants, les tarifs des plats sont environ 30% plus chers qu'en métropole.

LA PRÉPARATION DU BOUGNA

Principale spécialité mélanésienne de Nouvelle-Calédonie, le *bougna* est destiné aux grandes occasions (fêtes tribales, mariages...) ou pour honorer des hôtes. Il s'agit d'une sorte de ragoût composé d'ignames, de patates douces, de taro et de légumes avec de la viande, du poisson ou des fruits de mer. Le tout est mélangé à du lait de coco et enveloppé dans des feuilles de bananier, qui sont ensuite ficelées. Les papillotes ainsi formées sont placées entre des pierres chaudes dans un four en terre, recouvert de feuilles vertes pour conserver la chaleur et la vapeur. Après 1 heure 30 à 2 heures de cuisson à l'étouffée, on sert aux convives de copieuses portions encore fumantes. La plupart des gîtes et logements chez l'habitant kanak proposent du *bougna*, mais il faut le commander 24 heures à l'avance. Il existe une version moins traditionnelle, le "bougna marmite", qui, comme son nom l'indique, n'est pas cuit à l'étouffée mais dans une marmite (la préparation est plus rapide). Pour une part de *bougna*, comptez environ 3 000 CFP par personne.

formule table d'hôtes. Poissons et crustacés font également largement partie du registre culinaire mélanésien.

Les établissements ouvrent habituellement de 11h à 13h30 et de 19h à 21h30. Beaucoup ferment le dimanche.

Restaurants des hôtels

Dînez au moins une fois dans le cadre agréable d'un restaurant d'hôtel ouvert aux clients extérieurs. Les tarifs pratiqués sont plutôt raisonnables, surtout au déjeuner : environ 3 000 CFP pour un plat de poisson ou de viande. La qualité varie beaucoup selon les talents du chef du moment : de gastronomique dans certains établissements à très ordinaire dans d'autres. Par ailleurs, ces restaurants proposent plusieurs fois par semaine des buffets à thème ("fruits de mer", "cuisines du monde"...).

Snacks et cafés

Les grandes enseignes internationales de fast-food sont implantées à Nouméa, où il existe également des cafés et des snacks plus traditionnels, très abordables. Ces établissements assurent le petit-déjeuner et le déjeuner puis ferment vers 14h. Certains rouvrent vers 18h ou 19h. Les cafés à la mode tenus par des Français n'entrent pas dans cette catégorie et restent généralement ouverts l'après-midi. Ils fonctionnent jusque tard le soir et proposent des repas assez onéreux.

Les snacks servent des plats simples, de type steak-frites (1 500 CFP environ), poulet au curry et saucisse-riz, qui peuvent être consommés sur place ou à emporter, dans des barquettes. À Nouméa, on peut aussi se procurer ce genre de plats auprès des roulottes qui s'installent sur les parkings. Dans les îles, les snacks constituent parfois la seule option de restauration dans les petites localités, et leur carte est limitée.

Parmi les spécialités à emporter, on peut citer les nems (rouleaux de printemps frits vietnamiens), le *bami* et la salade tahitienne, à base de poisson cru. Très demandés, les casse-croûte ou sandwichs variés, ainsi que les paninis et les burgers, coûtent entre 500 et 900 CFP selon la garniture. Les glaciers de Nouméa vendent glaces et sorbets, mais aussi crêpes et gaufres.

Supermarchés

Vous pourrez faire vos courses dans les grandes surfaces de Nouméa et des principales agglomérations de la Grande Terre, aux rayons très bien garnis. On y trouve même des fromages de la métropole ! Dans les îles, il faudra se contenter de modestes épiceries moins bien approvisionnées.

Végétariens

Il n'y a pas d'établissements spécifiquement végétariens et peu de cartes comportent des options non carnées – demandez que le plat soit servi sans viande. Vous trouverez en revanche quantité de fruits et de légumes frais sur les marchés et dans les supermarchés. Les grandes surfaces de Nouméa vendent également des produits comme le tofu.

Avec des enfants

La majorité des restaurants proposent un menu enfant, généralement composé d'un plat et d'un dessert (souvent une simple saucisse-frites suivie d'une glace). Peu d'adresses disposent de chaises hautes. Si votre progéniture est trop jeune pour se tenir tranquille à table le temps d'un repas, optez pour des plats à emporter sur la plage ou dans un parc. On peut se procurer des aliments pour bébé dans les supermarchés de Nouméa et des principales agglomérations.

Importés du Vanuatu, les nakamals sont des bars mélanésiens. Dans ces débits de boisson, vous pourrez boire le kava, une boisson légèrement euphorisante à base de plantes, servie dans une demi-noix de coco. Les nakamals, à l'origine fréquentés exclusivement par les Kanak, sont de plus en plus appréciés par les Européens, par effet de mode. Ils sont généralement signalés par une petite lumière rouge.

Éliane Fogliani, qui tient un restaurant bien connu à Farino, a écrit trois livres de cuisine caldoche, tous disponibles à la librairie Calédo Livres à Nouméa. Intitulés *Recettes calédoniennes de Mamie Fogliani*, l'un est consacré aux salades et entrées, le deuxième aux poissons et fruits de mer, et le dernier aux viandes et volailles.

Nouvelle-Calédonie pratique

Carnet pratique

Ambassades et consulats

À l'étranger

Belgique Consulat général de France (www.bruxelles.consulfrance.org ; 42 bd du Régent, BP 1000 Bruxelles)

Canada Québec (www.quebec.consulfrance.org ; 500 Grande Allée Est, QC G1R 2J7) ; Montréal (www.montreal.consulfrance.org ; 1501 Mc Gill College, H3A 3M8, Bureau 1000)

Suisse Consulat général de France (www.geneve.consulfrance.org ; 2 cours des Bastions, 1205 Genève)

En Nouvelle-Calédonie

Parmi les pays disposant d'une représentation diplomatique à Nouméa, signalons :

Suisse (☎44 25 00)

Vanuatu (☎27 76 21)

Argent

➡ La Nouvelle-Calédonie utilise le franc CFP (Communauté française du Pacifique, dit franc cours Pacifique), tout comme la Polynésie française et Wallis-et-Futuna. Qu'elle soit frappée à Nouméa ou à Papeete, la monnaie est interchangeable.

➡ Il existe des coupures de 500, 1 000, 5 000 et 10 000 CFP et des pièces de 1, 2, 5, 10, 20, 50 et 100 CFP.

➡ Le CFP est indexé sur l'euro (1 € = 119,33 CFP). Il n'y a pas de commission sur le change des euros en CFP. Il est pratiquement impossible de se procurer des francs CFP en métropole et de les rechanger à son retour. Changez votre solde de francs CFP au bureau de change de l'aéroport.

➡ Le taux de change figure p. 19.

➡ Outre d'un bureau de change, l'aéroport international de Tontouta dispose de plusieurs distributeurs de billets (DAB).

➡ Les principales cartes bancaires sont acceptées dans les hôtels, les restaurants, les boutiques, les prestataires de loisirs et les agences des compagnies aériennes de Nouvelle-Calédonie. En revanche, elles ne sont pas acceptées dans les petits hébergements (accueil en tribu, campings), en particulier dans les îles Loyauté.

➡ Dans les principales localités, la BCI pratique le change (espèces). Les principales devises sont acceptées. Les banques appliquent une commission (sauf sur le change de l'euro), généralement forfaitaire, de l'ordre de 1 500 CFP par transaction. Dans les îles, parfois seul l'euro est accepté.

➡ On trouve des banques dans les principales localités de la Grande Terre. Dans les îles Loyauté et l'île des Pins, il n'y a qu'une seule agence, celle de la BCI.

➡ La plupart des banques de Nouméa et des principales localités de la Grande Terre, ainsi que les bureaux de l'OPT (la poste), sont équipés de distributeurs de billets (DAB) acceptant les principales cartes bancaires (MasterCard, Visa). En revanche, les DAB sont plus

---

ⓘ PLAFOND DE RETRAIT D'ARGENT

Attention au plafond de retrait dans les distributeurs de billets (DAB) : pour les cartes classiques, il s'élève à environ 37 000 CFP par sept jours glissants seulement. De nombreux touristes se retrouvent bloqués par cette limite de retrait. Les cartes "Premium", de type Visa Premier ou Gold MasterCard, permettent de procéder à des retraits hebdomadaires nettement supérieurs. À titre de précaution, ne comptez jamais uniquement sur votre carte de retrait ; munissez-vous aussi d'espèces.

rares dans les îles Loyauté (deux à Lifou, deux à Ouvéa, deux à Maré) et sur l'île des Pins (deux distributeurs à Vao) ; munissez-vous d'espèces avant de vous rendre dans les îles.

➡ La pratique du pourboire (comme celle du marchandage) n'est pas habituelle en Nouvelle-Calédonie.

Assurance

Il est conseillé de souscrire une police d'assurance qui vous couvrira en cas d'annulation de votre voyage, de vol, de perte de vos affaires, de maladie ou encore d'accident.

Préférez une assurance comprenant les frais d'assistance et de rapatriement. Renseignez-vous sur la couverture de certains risques liés aux activités de loisirs, notamment la plongée, pour laquelle vous devrez peut-être souscrire une assurance spécifique, de type DAN (Divers Alert Network ; www.daneurope.org).

Cartes et plans

La carte qui vous sera utile est la carte routière IGN *Nouvelle-Calédonie* (1/500 000), dont une nouvelle édition a été réalisée en 2017. Pour la randonnée, il existe des cartes IGN au 1/50 000 et des cartes plus récentes (2012 et 2013), également au 1/50 000, en vente à Nouméa ou sur le site de l'IGN.

À signaler, l'appli **Maps Me** (maps.me), téléchargeable sur votre téléphone portable, très précise et très pratique, pour s'orienter sans connexion Wi-Fi ni 3G. Elle recense également les principaux sites touristiques et naturels.

Climat

➡ Souvent décrite comme "l'île de l'éternel printemps", la Nouvelle-Calédonie

bénéficie d'un climat tropical tempéré par les alizés de sud-ouest et l'océan. Les températures maximales varient entre 22°C et 28°C en moyenne, les minimales entre 11°C et 17°C.

➡ On a coutume de distinguer deux saisons : l'été austral, de décembre à mars, marqué par de fortes chaleurs et une importante humidité ; et l'hiver austral, d'avril à novembre, plus sec, caractérisé par des températures plus fraîches.

➡ Février est le mois le plus chaud, avec des températures atteignant parfois 35°C à Nouméa. L'humidité est maximale entre février et avril (le taux atteint alors 80%).

➡ Les mois les plus frais sont juin, juillet et août. Dans les montagnes de la Grande Terre et sur les plateaux de Maré, de Lifou et de l'île des Pins, il n'est pas rare que le mercure passe sous la barre des 8°C en juillet ou en août. Prévoyez une petite laine !

➡ La Nouvelle-Calédonie est située dans une zone cyclonique. La période des cyclones tropicaux s'étend de janvier à mars (plus rarement décembre ou avril). Suivez les consignes de sécurité données à la radio en cas d'alerte cyclonique.

➡ Les mois d'octobre et de novembre sont généralement les plus secs. Les précipitations sont abondantes de janvier à fin avril, une période pendant laquelle les moustiques prolifèrent. À partir de mai, il commence à faire plus sec et les températures baissent.

À la mi-septembre, le mercure recommence à monter.

➡ Les pluies sont très inégalement réparties sur la Grande Terre car le relief joue un rôle déterminant. La côte est, située au vent, est beaucoup plus arrosée (jusqu'à 3 000 mm de précipitations annuelles) que la côte ouest (moins de 1 000 mm). La moyenne s'élève à 1 413 mm par an.

➡ Quelle que soit la saison, l'ensoleillement est très variable. Attendez-vous parfois à un ciel chargé et à des épisodes pluvieux.

Désagréments et dangers

➡ De manière générale, la Nouvelle-Calédonie est un territoire sûr. Les principaux dangers sont liés au milieu marin (courants, animaux venimeux ou urticants), aux caprices de la météo (crues subites, dépressions et cyclones) et à l'insécurité routière.

➡ La circulation est faible, mais les routes de la Grande Terre et des îles sont dangereuses, surtout le soir et les week-ends, lorsque des conducteurs prennent le volant en état d'ébriété et roulent à vive allure.

➡ Évitez de vous allonger au pied des cocotiers : la chute

Nouméa

brutale de noix de coco provoque chaque année des accidents.

➡ Si les agressions restent rares, la petite délinquance et les incivilités sont en nette augmentation depuis quelques années, surtout à Nouméa. Elles sont essentiellement le fait de jeunes Mélanésiens en rupture de ban, alcoolisés et/ou sous l'emprise du cannabis. Face à de tels groupes, passez votre chemin. Dans le secteur de Canala, des caillassages sur des voitures de touristes ont parfois lieu.

➡ La présence de requins à proximité des côtes et de zones de baignade est un problème réel depuis plusieurs années. De rares attaques mortelles ont eu lieu dans le secteur de Bourail et de Nouméa ainsi qu'à Lifou. Tenez compte des recommandations locales et ne vous baignez pas dans les eaux troubles.

➡ Ne laissez aucun effet personnel en évidence dans votre véhicule.

➡ Voir aussi l'encadré p. 213.

Douane

➡ Les touristes peuvent importer en franchise de droits et taxes 200 cigarettes ou 50 cigares (ou 250 g de tabac à fumer), 500 g de café, 100 g de thé, 2 litres de vin, 1 litre de boisson titrant plus de 22° (ou 2 litres titrant moins de 22°), 50 g de parfum.

➡ Les sommes supérieures ou égales à 10 000 euros (ou l'équivalent en devises) doivent être déclarées.

➡ L'importation des produits d'origine animale et végétale est soumise à des dispositions particulières (renseignez-vous auprès des autorités douanières) ; sont notamment interdits toutes les charcuteries contenant de la viande de porc, les

fruits, les plantes et les produits laitiers.

➡ Pour les ordinateurs o u les appareils photo, les factures d'achat peuvent être réclamées.

➡ Plus de renseignements sur la réglementation douanière sont fournis à l'Office des douanes (www.douane.gouv.nc), à Nouméa.

Électricité

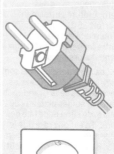

220 V/50 Hz

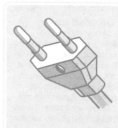

220 V/50 Hz

Enfants

Voyager en famille en Nouvelle-Calédonie ne pose aucun problème. Au contraire, les enfants se sentiront parfaitement à l'aise. Le climat est idéal (sauf pendant les mois les plus humides), les infrastructures de qualité, les conditions (et installations) sanitaires comparables à celles d'un pays européen, la cuisine adaptée au goût des enfants, et les centres d'intérêt assez nombreux (voir p. 35).

La plupart des activités de loisirs prédominantes en Nouvelle-Calédonie sont accessibles dès 6-8 ans. Le plus souvent, les plages sont sûres (mais non surveillées). Les sites de pique-nique sont nombreux. Aucun danger ne guette, à l'exception du soleil et des fortes chaleurs. Prévoyez un chapeau, de l'écran total et des lotions antimoustiques.

En général, les structures d'hébergement consentent des réductions pour les enfants (demi-tarif jusqu'à 12 ans). En dessous de 3 ans, les bébés sont souvent hébergés gratuitement. De nombreux hôtels mettent des berceaux à disposition, parfois gratuitement. En tribu, partagez au moins une nuit en famille dans une grande case mélanésienne ; c'est une expérience qui laisse un excellent souvenir.

Les restaurants fréquentés par les touristes proposent des menus enfant.

Si vous louez une voiture à Nouméa ou sur l'île des Pins, vous pourrez demander un siège de sécurité (en supplément).

Formalités et visas

Les Français et les autres ressortissants des pays de l'Union européenne, ainsi que les Suisses et les Canadiens, devront être munis d'un passeport pour entrer en Nouvelle-Calédonie. Les Français peuvent séjourner aussi longtemps qu'ils le veulent. Les ressortissants de la plupart des pays occidentaux peuvent rester jusqu'à trois mois sans visa. Renseignez-vous auprès d'une ambassade française ou auprès du site du Haut-Commissariat de la République de Nouvelle-Calédonie (www.nouvelle-caledonie.gouv.fr).

Les plaisanciers sont soumis à des formalités d'entrée et de séjour particulières.

Handicapés

Les infrastructures pour handicapés font défaut en Nouvelle-Calédonie, mais les nouvelles constructions intègrent les normes les plus récentes. Il y a des toilettes adaptées dans la plupart des hôtels et des aéroports, ainsi que dans certains restaurants.

L'**Association calédonienne des handicapés** (27 60 65 ; ach@ach.asso.nc) peut fournir des informations utiles. Elle propose un service de transport adapté, appelé **Handicar** (27 60 65), qui fonctionne à Nouméa et dans les environs.

L'**APF** (Association des paralysés de France ; 01 40 78 69 00 ; www.apf-francehandicap. org) peut vous fournir des informations utiles sur les voyages accessibles.

Deux sites Internet dédiés aux personnes handicapées

comportent une rubrique consacrée au voyage et diffusent des informations utiles. Il s'agit de **Yanous** (www.yanous.com) et de **Handicap** (www.handicap.fr).

Hébergement

Tous les modes d'hébergement sont représentés sur le territoire, du terrain de camping à l'hôtel de luxe, en passant par les hôtels familiaux et "l'accueil en tribu" (cases traditionnelles mélanésiennes). Les formules Airbnb se développent également, surtout à Nouméa.

Le site www. gitesnouvellecaledonie.nc rassemble une sélection d'établissements.

La haute saison correspond principalement aux périodes de vacances scolaires calédoniennes, surtout décembre et janvier. Les mois d'août, octobre et novembre sont également souvent chargés. Aux Loyauté, les hébergements affichent complet lors des grandes fêtes coutumières et traditionnelles.

Les hébergements étant peu nombreux en Nouvelle-Calédonie, il est conseillé de réserver assez tôt.

Auberges de jeunesse

Les deux seules auberges de jeunesse de Nouvelle-Calédonie sont installées à Nouméa et à Poé (près de Bourail), et proposent

des prestations tout à fait acceptables. Celle de Nouméa est affiliée au réseau Hostelling International (HI).

Campings

➡ Bonne nouvelle pour les petits budgets : le camping constitue une option d'hébergement très répandue en Nouvelle-Calédonie (sauf à Nouméa), y compris dans les îles Loyauté et sur l'île des Pins.

➡ Par "camping", il faut entendre des emplacements laissés à disposition des campeurs dans une propriété, souvent au même endroit que les gîtes tribaux.

➡ Les conditions sont plutôt rudimentaires, avec des blocs sanitaires très simples (quelques-uns seulement sont équipés de l'eau chaude), mais le cadre, souvent idyllique, fait vite oublier ces désagréments.

➡ Comptez autour de 2 000 CFP par tente, somme à laquelle il faut parfois ajouter 210 CFP par personne supplémentaire.

➡ Il est rare que les campings soient équipés d'une cuisine commune, mais on peut commander un repas dans la plupart des cas.

Gîtes tribaux (accueil en tribu)

➡ Les gîtes tribaux ou "accueil en tribu" désignent des formules d'hébergement dans les tribus (villages)

LES PRINCIPAUX MÉDIAS DE NOUVELLE-CALÉDONIE

➡ Parmi les principales publications généralistes de Nouvelle-Calédonie : *Les Nouvelles Calédoniennes* (www.lnc.nc), le seul quotidien du Territoire ; *Le Chien Bleu* (www.lechienbleu.nc), un mensuel satirique, l'équivalent du *Canard Enchaîné*.

➡ Pour tout savoir de l'actualité locale à la télévision, regardez Nouvelle-Calédonie 1ère (la1ere.francetvinfo.fr/nouvellecaledonie/), la chaîne publique faisant partie du groupe France Télévisions, qui diffuse des programmes métropolitains et locaux. Canal Sat vous proposera plus de choix, avec son bouquet de chaînes.

➡ Pour les stations radio, choisissez : Nouvelle-Calédonie 1ère, la radio nationale ; Radio Djiido, la radio préférée de nombreux Kanak, pro-indépendantistes ; Radio Rythme Bleu (RRB), proloyaliste, qui diffuse également des programmes d'Europe 1 ; NRJ, la station musicale ; Radio Océane, qui diffuse des musiques du Pacifique ; France Inter.

INDICATEURS DE PRIX

Dans cet ouvrage, les pictogrammes utilisés pour chaque description d'hôtel et de restaurant sont basés sur le découpage suivant :

Hébergement (chambre double)

€ petit budget - moins de 6 000 CFP

€€ catégorie moyenne - entre 6 000 et 15 000 CFP

€€€ budget élevé - plus de 15 000 CFP

Restauration (plat principal)

€ petit budget - moins de 1 500 CFP

€€ catégorie moyenne - entre 1 500 et 2 500 CFP

€€€ budget élevé - plus de 2 500 CFP

kanak, sur la Grande Terre ou dans les îles. C'est un excellent moyen de se familiariser avec la culture mélanésienne et les modes de vie traditionnels.

➡ Les hôtes dorment généralement dans une case traditionnelle, située sur un terrain à proximité de l'habitation des propriétaires, la plupart du temps dans un cadre magnifique (montagne, bord de plage).

➡ Le confort, variable selon les gîtes, est sommaire : un matelas est posé sur des nattes en pandanus, et le bloc sanitaire, en dur (généralement équipé de l'eau froide, parfois de l'eau chaude si le chauffe-eau est fonctionnel) est à l'extérieur. Il arrive que la pluie passe au travers du toit de chaume, et que des insectes de toute nature circulent la nuit dans les cases... Celles-ci disposent de l'électricité et de prises électriques.

➡ Certaines cases, plus confortables, sont carrelées et équipées de lits ; elles sont alors appelées "paillotes" et se louent plus cher.

➡ Les draps, taies d'oreiller et couvertures sont fournis, mais pas les serviettes de toilette ni le savon (ou alors, en supplément).

➡ Comptez environ 4 000 CFP pour deux personnes et par nuit dans une case (matelas au sol) et 5 700 CFP pour deux dans une paillote (lits dans la case).

➡ La concurrence n'existe pas entre les gîtes, qui proposent des tarifs presque identiques (notamment dans les Loyauté, où les prix sont fixés par la province). Ce qui fait la différence, c'est l'emplacement (bord de mer), l'accueil, les activités proposées, etc.

➡ On peut aussi manger sur place, à condition d'avoir réservé (le jour même ou la veille). La cuisine, familiale, est copieuse, à base de produits locaux (taro, igname, patate douce, crevette, cerf, roussette...), mais la qualité varie selon les talents de la cuisinière. Prévoyez 2 700 CFP environ pour un repas (environ 4 800 CFP pour de la langouste, du crabe de cocotier ou un *bougna*).

➡ Certaines tribus proposent des activités payantes : randonnées guidées, pêche, artisanat.

➡ L'accueil est très variable, un peu "à l'humeur". Certains hôtes se mettent en quatre pour les visiteurs et les invitent à partager la vie de la tribu, d'autres sont beaucoup plus réservés et n'adressent guère la parole à leurs clients. Sachez que ces structures sont familiales ; il ne faut pas s'attendre à des prestations de type hôtelier

et professionnel. Tout repose sur la qualité de la relation nouée avec les hôtes.

➡ La disponibilité et la motivation de vos hôtes varient également en fonction des fêtes coutumières (mariages, deuils, fêtes traditionnelles), qui auront toujours la priorité. Les Mélanésiens accordent plus d'importance à ces événements qui rythment la vie de la tribu qu'à la gestion de leur gîte ou à l'accueil touristique, considérés comme des activités secondaires.

➡ La plupart des prestataires ne répondent pas tout de suite aux appels téléphoniques, encore moins aux emails. Soyez patient, persévérez et réitérez vos appels à d'autres moments de la journée.

➡ Rappelez systématiquement la veille de votre arrivée pour convenir d'un rendez-vous, vos hôtes risquent sinon d'être absents.

➡ Les paiements s'effectuent en espèces uniquement. Seuls une poignée de gîtes acceptent la carte bancaire.

➡ Rares sont les gîtes proposant le wi-fi.

Gîtes ruraux et accueil à la ferme

C'est l'équivalent caldoche des gîtes tribaux, essentiellement représenté sur la côte ouest de la Grande Terre. Au même titre que les hébergements en tribu, l'accueil à la ferme donne l'occasion de rencontrer des "broussards" (ou *stockmen*, les cow-boys de la Nouvelle-Calédonie), fermiers et éleveurs. Les visiteurs peuvent découvrir les activités du ranch. Les hôtes dorment dans une chambre de la maison ou dans un bungalow. Comptez 4 000 CFP par personne au minimum, sans les repas. Les gîtes désignent généralement des bungalows en bois ou en béton ou des cases en dur avec salle de bains, d'une capacité de 2 à 6 personnes.

Le confort peut être rudimentaire ou plus moderne selon les gîtes.

La plupart du temps, il convient de réserver les repas la veille.

Hébergement collaboratif

Le marché de l'hébergement collaboratif, de type Airbnb, est en expansion en Nouvelle-Calédonie, surtout dans la région de Nouméa. Il est encore peu structuré, car trop récent – le pire côtoie le meilleur. Il faut donc rester vigilant dans les choix que l'on opère. Faites attention à la localisation : bon nombre de logements de ce type sont situés à l'écart des voies de circulation principales, dans des secteurs peu pratiques ; en l'absence de transports en commun, vous devrez impérativement prévoir un véhicule de location pour vos déplacements. Les tarifs sont en général plus avantageux que dans les hébergements "classiques" et, avec un peu de chance, vous tomberez sur des hôtes sympathiques qui vous donneront de bons conseils pour votre séjour. Quant au couchsurfing, il n'est pas aussi répandu que dans les pays voisins, mais il existe des possibilités sur la Grande Terre.

Hôtels

L'essentiel des établissements hôteliers est concentré à Nouméa et dans les principaux bourgs de la Grande Terre. Koné, grâce à la construction de l'usine de nickel à Vavouto, a vu sortir de terre quelques hôtels d'affaires au cours des dernières années. En brousse, le choix est limité.

La majeure partie des hôtels sont de catégorie moyenne. Contrairement à Tahiti, il existe assez peu d'hôtels de grand standing, même dans les îles ; on n'en compte que cinq (Le Méridien à l'île des Pins et à Nouméa, L'Escapade sur l'îlot Maître, Le Paradis d'Ouvéa, le

Sheraton New Caledonia à Bourail). Il existe également un projet d'hôtel de luxe à Lifou, mais il ne sortira pas de terre avant plusieurs années.

D'une manière générale, le parc hôtelier est vieillissant, avec des bâtisses sans charme qui évoquent les années 1980. À Nouméa, plusieurs hôtels ont fort heureusement été rénovés récemment, et louent des chambres de bon confort dans un décor remis au goût du jour. Les chambres sont climatisées.

La plupart des visiteurs se plaignent du rapport qualité/prix. Ne vous attendez pas à de bonnes affaires. À Nouméa, l'hôtel le moins cher propose une simple ou une double, éventuellement avec kitchenette, à partir de 8 500 CFP environ. Les hôtels de catégorie moyenne commencent en général à 10 000 CFP et peuvent aller jusqu'à 20 000 CFP. Vous y trouverez de quoi vous préparer un thé ou un café, ainsi que la télévision, la climatisation et une salle de bains.

Pour la catégorie supérieure, les tarifs pour une double s'échelonnent entre 20 000 et 60 000 CFP.

Le petit-déjeuner est rarement inclus dans le prix.

Heure locale

La Nouvelle-Calédonie est en avance de 10 heures sur Paris (9 heures en été) et de 16 heures sur Montréal. Ainsi, quand il est midi le dimanche en Nouvelle-Calédonie, il est 2h du matin le dimanche à Paris et 20h le samedi à Montréal.

Pendant l'hiver austral (juin-septembre), il fait jour de 6h30 à 17h30. Pendant l'été austral, il fait jour de 5h à 19h environ.

Heures d'ouverture

Les administrations et la plupart des entreprises ouvrent de 7h30 ou 8h à 16h ou 17h en semaine, mais elles ferment entre 11h30 et 13h30. Seuls les banques de Nouméa et l'ensemble des bureaux de poste de l'archipel sont ouverts en continu. En général, les magasins sont ouverts de 7h30 à 11h et de 14h à 18h en semaine et de 8h ou 9h à 12h le samedi. Certains grands supermarchés et petites épiceries ne ferment pas pendant l'heure du déjeuner ; ils restent ouverts jusqu'à 20h ou plus, ainsi que toute la journée le samedi et le dimanche matin. Le dimanche est un jour très calme, presque toutes les boutiques étant fermées.

LGBT

La scène LGBT en Nouvelle-Calédonie est très discrète. Pour plus de renseignements, contactez

CONSEILS AUX VOYAGEURS

La plupart des gouvernements possèdent des sites Internet qui recensent les dangers possibles et les régions à éviter. Consultez notamment les sites suivants :

➡ Ministère des Affaires étrangères français (www.diplomatie.gouv.fr)

➡ Ministère des Affaires étrangères de Belgique (www.diplomatie.belgium.be)

➡ Ministère des Affaires étrangères du Canada (www.voyage.gc.ca)

➡ Département fédéral des Affaires étrangères suisse (www.eda.admin.ch/eda/fr/dfae.html)

l'association **Diversités NC** (☎97 62 64 ; www.facebook.com/Diversités-Nouvelle-Calédonie-52644260447), à Nouméa, qui organise divers événements et assure une permanence physique et téléphonique.

Internet (accès)

La Nouvelle-Calédonie est entrée dans l'ère numérique : elle est bien équipée, même s'il existe des disparités. Le wi-fi est en principe disponible gratuitement dans tous les hôtels, ainsi que dans certains restaurants et cafés (à Nouméa, essentiellement). La qualité des connexions varie de moyenne à bonne, en fonction des établissements et des régions. Notez que dans les hôtels, le wi-fi n'est parfois disponible qu'à la réception ou dans les parties communes.

En revanche, la plupart des gîtes, surtout dans les îles Loyauté, ne proposent pas l'accès au wi-fi.

Pour les visiteurs qui souhaitent s'affranchir des contraintes liées à l'accès wi-fi des établissements, nous recommandons la solution **ncpocketWifi** (https://www.ncpocketwifi.com/) : il s'agit d'un petit routeur fonctionnant avec la 3G et la 4G, sans carte SIM, pouvant supporter cinq appareils, utilisable dans toute la Nouvelle-Calédonie. L'agence proposant ce service

dispose d'un kiosque dans le hall d'arrivée à l'aéroport de La Tontouta mais peut aussi vous livrer l'appareil dans votre hébergement à Nouméa. Les tarifs varient selon la durée du séjour (de 5 à 10 € par jour).

Dans ce guide, le wi-fi est indiqué par le picto 🛜.

Jours fériés

Les jours fériés sont les mêmes qu'en France.

Nouvel An 1er janvier

Lundi de Pâques mars/avril

Fête du Travail 1er mai

Ascension (40 jours après Pâques) mai/juin

Pentecôte huitième lundi après Pâques, mai/juin

Fête nationale 14 juillet

Assomption 15 août

Fête de la Nouvelle-Calédonie 24 septembre

Toussaint 1er novembre

Armistice 11 novembre

Noël 25 décembre

Vacances scolaires

Certains hébergements se remplissent vite pendant les vacances scolaires calédoniennes (deux semaines à Pâques, deux semaines en juin, deux semaines en août, deux semaines en octobre et durant l'été austral de mi-décembre à mi-février).

Ce phénomène concerne surtout le Grand Sud, l'île des Pins, Poindimié et Hienghène. La période des fêtes de Noël et du Nouvel An n'est pas la plus chargée, car beaucoup de familles partent à l'étranger.

Offices du tourisme

➡ L'**office du tourisme de Nouvelle-Calédonie** (www.nouvellecaledonie.travel.fr, www.tourismeprovincenord.nc, www.iles-loyaute.com, www.destinationprovincesud.nc, www.destinationgrandsud.nc), installé à Nouméa, édite de multiples brochures et vous renseignera sur l'ensemble de l'archipel.

➡ Hormis le bureau à Nouméa, il existe localement des syndicats d'initiative et des points d'information, qui pourront vous informer sur les ressources touristiques de leur secteur (Bourail, La Foa, Koumac, Hienghène, Thio).

➡ Dans les îles Loyauté, Ouvéa possède un petit syndicat d'initiative.

➡ Les sites Internet émanant de l'office du tourisme (voir plus haut) vous informeront sur les centres d'intérêt et les tour-opérateurs spécialisés de la Nouvelle-Calédonie ; vous pouvez également télécharger des brochures thématiques très utiles pour la préparation de votre séjour.

➡ Sur Facebook, il existe plusieurs groupes consacrés à la Nouvelle-Calédonie, dont le groupe (fermé) Nouméa Expat, qui fourmille d'informations intéressantes. Autres sites utiles à consulter :

www.leguide.nc
www.leglobetrotter.nc
www.kaledonie.com
www.resa.nc

Poste

La plupart des bureaux de poste ouvrent de 7h45 à 15h

N'OUBLIEZ PAS...

➡ Un passeport en cours de validité et votre permis de conduire

➡ Une polaire ou une veste chaude pendant l'hiver austral

➡ Une serviette de toilette

➡ De la crème solaire à fort indice de protection

➡ Votre brevet et votre carnet de plongée

➡ Des lunettes de soleil et un couvre-chef

➡ Un parapluie assez large, pour se protéger des grosses averses

➡ Des produits répulsifs contre les insectes

➡ Un équipement de snorkeling

UN FIL D'ARIANE EN VOYAGE

Le **portail Ariane** (pastel.diplomatie.gouv.fr/fildariane), mis en place par le Centre de crise du ministère des Affaires étrangères, est un service gratuit permettant au voyageur français à l'étranger d'être contacté par le service consulaire, sur son téléphone portable ou par e-mail, au cas où des événements graves (crise politique, catastrophe naturelle, attentat...) se produiraient dans le pays durant son séjour, ou de contacter rapidement sa famille ou ses proches en France en cas de besoin.

La procédure d'inscription se réalise en ligne, où vous donnez des informations sur votre voyage (date de départ, de retour, numéro de téléphone portable, coordonnées d'éventuels con-tacts sur place, adresses de séjour et itinéraire prévu, etc.).

Grâce à ce service, vous recevrez en outre, avant votre départ, des recommandations de sécurité par e-mail si la situation dans le pays le justifie.

Il existe une application pour les Smartphones et les tablettes, intitulée Conseils aux voyageurs.

---

du lundi au vendredi. Bon nombre d'entre eux sont équipés de distributeurs de billets.

Téléphone

L'indicatif de la Nouvelle-Calédonie est le ☑ 687. Depuis la métropole, composez le 00 puis le 687 devant le numéro de votre correspondant. Pour appeler l'international et la métropole depuis la Nouvelle-Calédonie, composez le ☑ 00, puis l'indicatif du pays, celui de la ville puis le numéro de votre correspondant.

Consultez le site de l'OPT (www.opt.nc) pour plus d'informations.

Téléphones portables

➡ Les numéros de téléphone portable commencent par un 7, un 8 ou un 9.

➡ La couverture du réseau local (Mobilis) est excellente sur l'ensemble du territoire, y compris les îles.

➡ Les portables métropolitains fonctionnent sur le réseau local calédonien Mobilis à condition que l'option "international" ait été préalablement débloquée (renseignez-vous avant de partir auprès de votre fournisseur d'accès), mais les tarifs sont prohibitifs.

➡ La couverture 3G est présente presque partout,

et la 4G couvre 80% du territoire.

➡ Mieux vaut acheter une carte SIM locale (6 195 CFP, incluant un crédit de 3 000 CFP de communication), appelée "Liberté", rechargeable avec des crédits d'un montant de 1 050 CFP, en vente dans les boutiques de téléphonie mobile, les bureaux de poste et certains magasins. On peut également se connecter à Internet (frais en sus, 90 CFP pour une heure). Munissez-vous d'une pièce d'identité.

➡ Avec une carte Liberté, le coût d'une communication vers un fixe ou un portable en Nouvelle-Calédonie revient à 44,50 CFP la minute. Pour la métropole, il vous en coûtera 16,80 CFP la minute vers un fixe et 33,60 CFP la minute vers un portable.

Travailler en Nouvelle-Calédonie

Même pour les Français de métropole, il n'est pas facile de travailler dans certains secteurs car, selon l'accord de Nouméa signé en 1998, il a été prévu de donner la priorité aux Néo-Calédoniens en matière d'emploi. Depuis 2012, une loi du pays stipule que seuls les citoyens calédoniens, ou les personnes y résidant depuis dix ans,

ont un accès totalement libre aux emplois privés. Les personnes ne remplissant pas ces conditions y ont un accès différencié. L'employeur est tenu, à compétences et qualifications égales, de donner la priorité aux citoyens de Nouvelle-Calédonie.

Pour la plupart des étrangers, il est très difficile d'obtenir une carte de séjour et une carte de travail pour travailler légalement en Nouvelle-Calédonie. La paperasse est considérable.

Si vous cherchez un emploi, contactez le **Service Emploi et Formation** (☑ 28 01 72 ; sef@province-sud. nc) à Nouméa, qui pourra vous aider si vous possédez déjà les documents nécessaires.

Les sites www.caledoniejob. com, www.lemploi.nc et www.job.nc sont utiles. Sur Facebook, vous pouvez poster une annonce sur le site Noumea Expat.

Voyager en solo

Femmes seules

En règle générale, les femmes seules ne devraient pas rencontrer de problèmes, mais il convient de se tenir à l'écart des groupes de jeunes en état d'ébriété, qui peuvent se montrer menaçants. Attention, le port du monokini n'est pas toléré en dehors de Nouméa.

Transports

DEPUIS/VERS LA NOUVELLE-CALÉDONIE

Entrer en Nouvelle-Calédonie

➡ Toute personne se rendant en Nouvelle-Calédonie, y compris les citoyens de nationalité française, doit être en possession d'un passeport. La carte d'identité française ne suffit pas, en raison des escales dans les pays tiers.

➡ Tous les ressortissants des pays de l'Union européenne, ainsi que de la Suisse, sont autorisés à séjourner pendant trois mois en Nouvelle-Calédonie sans visa. La carte de séjour ou le titre de résident en France ne suffit pas pour rester en Nouvelle-Calédonie au-delà de cette période de trois mois – il faut impérativement être en possession d'un visa.

➡ À l'aéroport, les formalités de passage à l'immigration et à la douane sont généralement rapides, mais respectez absolument les consignes en matière douanière (voir p. 210) ; les restrictions d'ordre phytosanitaire sont strictes, et certains produits (fromage, charcuterie, foie gras, fruits frais) sont interdits à l'importation. Déclarez tous vos produits d'origine animale ou végétale.

Voie aérienne

Le trajet depuis l'Europe est long, très long, avec, dans le meilleur des cas, une escale et 24 heures d'avion, et plus régulièrement deux escales et une trentaine d'heures d'avion… Bon courage !

Aéroport

Tous les vols internationaux à destination de Nouvelle-Calédonie se posent à l'**aéroport international de Nouméa-La Tontouta** (www.cci.nc/aeroports/ aeroport-de-noumea-la-tontouta ; Tontouta), situé à 45 km au nord-ouest de Nouméa. Rénové en 2013, ce terminal aérien moderne est équipé d'un bureau de change et de plusieurs distributeurs de billets.

De l'aéroport, on peut rejoindre Nouméa en bus, en taxi ou par une navette privée ; pour plus de détails sur les transferts, voir aussi p. 19 et 62. Plusieurs agences de location de voitures sont également représentées à l'aéroport, près des arrivées.

Les compagnies aériennes internationales desservant la Nouvelle-Calédonie sont les suivantes (voir p. 61 les coordonnées de celles qui ont une agence à Nouméa) :

Air France (www.airfrance.fr)

Aircalin (www.aircalin.nc)

Air New Zealand (www.airnewzealand.com)

Air Vanuatu (www.airvanuatu.com)

Finnair (www.finnair.com)

Qantas (www.qantas.com)

Depuis la France

Le vol le plus direct (une escale) est proposé par Air France et Aircalin (en partage de code), via le Japon (Tokyo ou Osaka), soit environ 24 heures de vol. Les départs sont quotidiens au départ de l'aéroport de Paris Roissy-Charles-de-Gaulle.

Il existe bien d'autres trajets possibles au départ de France : via l'Australie

---

AVERTISSEMENT

Les informations contenues dans ce chapitre sont particulièrement susceptibles de changements. Vérifiez directement auprès de la compagnie aérienne ou de l'agence de voyages les modalités d'utilisation de votre billet d'avion. N'hésitez pas à comparer les prestations. Les détails fournis ici doivent être considérés à titre indicatif et ne remplacent en rien une recherche personnelle attentive.

VOYAGES ET CHANGEMENTS CLIMATIQUES

Tous les moyens de transport fonctionnant à l'énergie fossile génèrent du CO_2 – la principale cause du changement climatique induit par l'homme. L'industrie du voyage est aujourd'hui dépendante des avions. Si ceux-ci ne consomment pas nécessairement plus de carburant par kilomètre et par personne que la plupart des voitures, ils parcourent en revanche des distances bien plus grandes et relâchent quantité de particules et de gaz à effet de serre dans les couches supérieures de l'atmosphère. De nombreux sites Internet utilisent des "compteurs de carbone" permettant aux voyageurs de compenser le niveau des gaz à effet de serre dont ils sont responsables par une contribution financière à des projets respectueux de l'environnement. Lonely Planet "compense" les émissions de tout son personnel et de ses auteurs.

(avec Qantas ou toute autre compagnie desservant l'Australie, notamment Emirates), la Nouvelle-Zélande (via Auckland) et même Helsinki avec la Finnair (Paris-Helsinki-Tokyo avec Finnair, puis correspondance pour Nouméa avec Aircalin). Ces itinéraires sont plus longs, mais souvent moins chers ! Notre conseil : profitez-en pour faire un "stop over" de quelques jours aux escales (par exemple, en Asie, en Australie, etc.).

Selon les dates, les billets coûtent de 1 450 € à plus de 2 300 € l'aller-retour.

Depuis la Belgique

Les Belges devront transiter par Paris (ou passer par le Japon, l'Australie ou la Nouvelle-Zélande) et prendre un vol en correspondance pour Nouméa. Comptez au moins 1 700 € l'aller-retour.

Airstop (www.airstop.be)

Connections (www.connections.be)

Éole (www.voyageseole.be)

Depuis la Suisse

Les Suisses devront également transiter par Paris (ou passer par le Japon, l'Australie ou la Nouvelle-Zélande) et prendre un vol en correspondance pour Nouméa. Comptez au moins 1 700 € l'aller-retour.

STA Travel (www.statravel.ch)

Depuis le Canada

Depuis le Canada, les itinéraires les plus directs pour se rendre en Nouvelle-Calédonie passent par Los Angeles et Tahiti. Vous pouvez emprunter un vol Air France ou Air Tahiti Nui vers Tahiti, où vous prendrez une correspondance Aircalin vers Nouméa (attention, il n'y a qu'un vol par semaine entre Tahiti et Nouméa). Autre option : prendre un vol pour Sydney, Brisbane (en Australie) ou Auckland (en Nouvelle-Zélande) puis une correspondance pour Nouméa.

Voici une liste de sites et d'agences de voyages pouvant vous aider dans vos recherches :

Airline Ticket Centre (www.airlineticketcentre.ca)

Expedia (www.expedia.ca)

South Pacific Island Travel (www.spislandtravel.com)

Travel Cuts (www.travelcuts.com)

Travelocity (www.travelocity.ca)

Depuis l'Australie

Qantas et Aircalin proposent six vols par semaine entre Nouméa et Sydney, en partage de code. Aircalin et Qantas assurent également un vol hebdomadaire avec Brisbane. Pour Melbourne, il existe trois vols hebdomadaires avec Aircalin.

Depuis la Nouvelle-Zélande

Six liaisons hebdomadaires relient Auckland et Nouméa, avec Air New Zealand ou Aircalin.

Depuis les îles du Pacifique Sud

Nouméa-Port-Vila (Vanuatu) – Cinq vols par semaine avec Air Vanuatu et un vol par semaine avec Aircalin.

Nouméa-Tahiti (Polynésie française) – Un vol hebdomaire avec Aircalin.

Nouméa-Wallis – Trois vols hebdomadaires avec Aircalin, avec une correspondance pour Futuna.

Nouméa-Nadi (Fidji) – Deux vols hebdomaires avec Aircalin (l'un direct, l'autre via Wallis).

Pour les autres îles du Pacifique, vous devrez passer par la Nouvelle-Zélande ou les Fidji.

Depuis/vers l'Asie

Aircalin assure deux vols hebdomadaires à destination d'Osaka et six vols hebdomadaires à destination de Tokyo. Depuis un autre pays d'Asie, le plus simple consiste à passer par l'Australie ou la Nouvelle-Zélande.

Voie maritime

Croisières

À Nouméa, les paquebots de croisière s'amarrent

dans la gare maritime, sur le quai Jules-Ferry. Ils mouillent également au large de différents sites de la Nouvelle-Calédonie (dont l'île des Pins et Lifou), où leurs passagers sont emmenés en navette pour passer une journée sur la plage. Renseignez-vous auprès d'une agence de voyages ou consultez le site www.pocruises.com.au.

Plaisance

➡ La Nouvelle-Calédonie se prête merveilleusement à la croisière, avec un espace maritime immense, un lagon sûr, des baies idylliques (et bien abritées), des mouillages de rêve, des sites vierges, des vents réguliers et des marinas modernes et bien équipées.

➡ La côte est, les îles Loyauté et l'île des Pins constituent les principales étapes de la navigation en Calédonie. À savoir : des autorisations de débarquement sont nécessaires aux îles Loyauté (adressez-vous aux autorités coutumières).

➡ Il existe des marinas à Nouméa (au Cercle nautique calédonien dans la baie des Pêcheurs, au Port Moselle et au Port du Sud), à Koumac, à Hienghène, à Touho et à Lifou. Les formalités d'entrée se font à Nouméa. Avant d'arriver à Nouméa, branchez-vous sur la VHF canal 67 pour contacter la **Capitainerie** (☎25 50 05 ; www.sodemo.nc, www.noumeaport.nc).

➡ Ceux qui ne possèdent pas leur propre bateau peuvent en louer un auprès de plusieurs sociétés basées à Nouméa, qui proposent des catamarans et des monocoques en location, avec ou sans skipper, et sauront vous conseiller pour des itinéraires à la carte. Prévoyez au moins 60 000 CFP par jour pour un monocoque et 75 000 CFP par jour pour un catamaran, hors skipper. Contactez

Dream Yacht Charter (www.dreamyachtcharter.com ; Port du Sud, Nouméa).

➡ Le site www.guide-nautique-nouvelle-caledonie.com fourmille d'informations à l'usage des plaisanciers et propose un guide en ligne.

➡ La meilleure période pour naviguer vers le nord est l'hiver, de fin avril à mi-novembre, quand soufflent les alizés. Alors, il n'est pas rare de naviguer par 10 ou 15 nœuds. En revanche, de novembre à avril, la saison des cyclones fait fuir les voiliers et les catamarans.

VOYAGES ORGANISÉS

En France, plusieurs tour-opérateurs proposent des circuits et divers séjours en Nouvelle-Calédonie. La plupart offrent la possibilité de voyages à la carte ou accompagnés de guides. Qu'il s'agisse de formules en groupe ou en individuel, les prix sont généralement élevés et descendent rarement en dessous de 3 500 € par personne pour un séjour de 14 à 21 jours. Au départ de Paris, les formules pour découvrir les principales villes et plages du pays sont nombreuses – sans oublier les voyages de noces. Parmi les agences françaises proposant des voyages sur mesure en Nouvelle-Calédonie :

Asia (www.asia.fr)

Australie Tours (www.australietours.com)

Étoile Voyages (www.etoilevoyages.com)

Exotismes (www.exotismes.com)

Fare Voyages (www.farevoyages.com)

JLT Voyages (www.jltvoyages.com)

Le Portail des îles (www.leportaildesiles.fr)

Mango Dreams (www.mango-dreams.fr)

Meltour (www.meltour.com)

Aventuria (www.aventuria.com)

Route de la Calédonie (www.routedelacaledonie.com)

Voyageurs du Monde (www.voyageursdumonde.fr)

Agences spécialisées dans la randonnée

Adeo (www.adeo-voyages.com)

Huwans-Club Aventure (www.huwans-clubaventure.fr)

Agences spécialisées dans la plongée

AMV Voyages (www.amv-voyages.fr)

H2o Voyage (www.h2ovoyage.com)

Oceanes (www.oceanes.com)

Ultramarina (www.ultramarina.com)

VDM Plongée (www.voyageursdumonde.fr)

COMMENT CIRCULER

Avion

➡ Air Calédonie (Aircal) assure les vols intérieurs en Nouvelle-Calédonie ; il ne faut pas la confondre avec Air Calédonie International (plus communément appelée Aircalin), qui effectue des vols internationaux. Air Loyauté, une compagnie plus récente, assure les vols entre les îles Loyauté (Ouvéa, Tiga, Maré et Lifou).

➡ L'agence principale d'**Air Calédonie** (☎25 21 77 ; www.air-caledonie.nc ; Immeuble Manhattan, 39 rue de Verdun, Nouméa ; ☺8h-16h lun-ven, 8h-11h sam) se situe au centre-ville à Nouméa. La compagnie dispose également d'un comptoir

Lignes aériennes intérieures

de vente à l'aérodrome de Magenta, à l'étage (voir *Depuis/vers Nouméa*, p. 61), ainsi qu'à Koné, Koumac, Touho, Ouvéa, Lifou, Maré et sur l'île des Pins.

➡ L'agence principale d'**Air Loyauté** (☎ 25 37 57 ; www. air-loyaute.nc ; 65 rue Roger Gervolino, Magenta, Nouméa ; ⏰ 7h30-17h30 lun-jeu, 7h30-16h30 ven) se situe à proximité de l'aérodrome de Magenta. Les billetteries à Tiga, Maré, Lifou et Ouvéa sont ouvertes selon les horaires des vols.

➡ Les avions d'Air Calédonie décollent de l'aérodrome de Magenta, à Nouméa, et desservent Koné et Koumac, sur la Grande Terre ; Ouvéa, Lifou, Tiga et Maré (îles Loyauté) ; l'île des Pins ; et Belep (via Koumac). Réservez bien à l'avance, surtout en haute saison.

➡ Les avions d'Air Loyauté circulent entre Ouvéa, Tiga, Maré et Lifou exclusivement.

➡ Les fréquences sont bonnes : pour l'île des Pins, de trois à quatre vols par jour ; pour Lifou, de quatre à cinq vols par jour ; pour Maré, deux vols quotidiens ; pour Ouvéa, trois à quatre vols par jour ; pour Koumac, deux vols hebdomadaires ; pour Touho, quatre vols hebdomadaires ; et pour Koné, trois vols hebdomadaires.

➡ La compagnie demande aux passagers de fournir une pièce d'identité avec photo à l'enregistrement. Vous devez vous présenter 1 heure avant votre départ et les comptoirs d'enregistrement ferment 25 minutes avant le départ. Maximum de bagages en soute autorisé : 12 kg (20 kg si vous prenez un billet "tarif flexible avec 20 kg de bagages", plus cher). Pour les bagages à main, le maximum autorisé n'est que de 5 kg.

➡ Pour une même destination, Air Calédonie pratique trois tarifs différents, selon les

conditions et horaires : "tarif promotionnel", "tarif flexible" et "tarif flexible avec 20 kg de bagages". À titre indicatif, l'aller-retour Nouméa-île des Pins coûte 11 900 CFP en tarif promotionnel, 15 400 CFP en tarif flexible, et 18 600 CFP en tarif flexible avec 20 kg de bagages.

Bateau

Transports inter-îles

➡ L'île des Pins est desservie par un catamaran rapide et confortable, spécialement conçu pour le transport des passagers, le **Betico 2** (☎ 26 01 00 ; www.betico.nc), au départ de Nouméa. La traversée dure 2 heures 30 en moyenne. Le catamaran est géré par une société disposant d'une agence à la gare maritime des îles, à Nouméa. Maré et Lifou, dans les îles Loyauté, sont également desservies par le *Betico 2*, à raison de deux rotations par semaine

VOLS INTÉRIEURS EN NOUVELLE-CALÉDONIE

Air Calédonie est une compagnie relativement fiable, mais ses plans de vol sont régulièrement désorganisés suite à des mouvements sociaux, des grèves, des "problèmes opérationnels" ou des mauvaises conditions météo. Il n'est pas rare non plus que, lorsque les vols sont pleins, certains bagages ne soient acheminés que par un vol le lendemain. Ces aléas peuvent poser problème dans l'organisation d'un voyage sur place. Dans tous les cas, prévoyez de revenir à Nouméa au moins deux jours avant votre vol retour international.

(parfois trois, en période de vacances scolaires). Lors de la rédaction de cet ouvrage, Ouvéa n'était pas desservie par le catamaran en raison de difficultés d'accostage au quai d'Ouvéa. Pour Maré, il faut compter 4 heures de navigation, et 5 à 6 heures pour Lifou.

➡ Même par beau temps, vous n'êtes pas à l'abri du mal de mer. Si vous y êtes naturellement sujet, prenez quelques précautions.

➡ Attention, les rotations sont annulées en cas de météo défavorable.

➡ Pour des renseignements plus détaillés, consultez la rubrique *Depuis/vers Nouméa* (p. 62).

Plaisance

Pour en savoir plus sur les diverses formules de location de voilier, reportez-vous p. 218.

Bus

➡ Les Calédoniens empruntent fréquemment les bus publics sur la Grande Terre. Pratiquement toutes les villes du Caillou sont reliées à la capitale par bus, au départ de la gare routière de Nouméa, à côté de Ciné City. En revanche, les transports en commun sont quasi inexistants sur les autres îles.

➡ Les bus déposent et prennent des passagers dans chaque ville ou bourg qu'ils traversent. Leur destination est affichée sur le pare-brise. Si Bourail

constitue le principal carrefour routier de l'île, Koumac, sur la côte nord-ouest, et Poindimié, sur la côte nord-est, sont également des nœuds de communication très importants.

➡ Les bus du réseau **Carsud** (www.carsud.nc) sillonnent Nouméa et la région du Grand Nouméa (Mont-Dore, Païta, Dumbéa, Tontouta). Ils partent de la gare routière de Montravel, au nord du centre de Nouméa, et passent à proximité du centre-ville.

➡ Pour des renseignements plus détaillés sur les horaires, les fréquences et les tarifs, consultez la rubrique *Depuis/vers Nouméa* dans le chapitre *Nouméa* (p. 62).

Circuits organisés locaux

Vous aurez l'embarras du choix parmi les nombreux circuits et activités proposés. Les tour-opérateurs de la capitale peuvent organiser tout type de séjour en Nouvelle-Calédonie, et proposent d'intéressants packages vols intérieurs/hébergement. Citons quelques opérateurs appréciés :

Arc en Ciel Voyages (www.arcenciel-voyages.nc)

Philo Tours (www.philotours.webnode.fr)

Caledonia Spirit (www.caledoniaspirit.com)

Nautilus Tours (www.nautilus-tours.com)

En stop

En Nouvelle-Calédonie, le stop (on dit "faire du pouce") est pratique si vous n'avez pas de véhicule, comme dans les îles Loyauté, mais les précautions d'usage s'appliquent, surtout pour les femmes voyageant seules. Attention également les week-ends, lorsque de nombreux conducteurs prennent le volant sous l'emprise de l'alcool.

Taxi

Les taxis se concentrent à Nouméa, dans les grandes villes de la Grande Terre et à l'île des Pins. Si vous n'avez pas de voiture, ce mode de transport est l'unique moyen de se déplacer dans Nouméa le soir, les bus s'arrêtant entre 18h30 et 19h.

Vélo

➡ Le vélo est un bon moyen de découvrir les paysages variés de la Nouvelle-Calédonie, surtout si vous avez le temps. Ce mode de transport reste marginal, mais les cyclistes sont très bien accueillis par la population locale, où qu'ils aillent. Attention cependant aux distances : l'île de Lifou, par exemple, est grande comme la Martinique ! Seule l'île des Pins affiche des petites distances, que l'on peut facilement couvrir à vélo. La circulation est faible, mais les conducteurs roulent vite et les routes sont étroites. Nous déconseillons de prendre la RT1 entre Nouméa et Koumac.

➡ Le catamaran *Betico 2* transporte les vélos. Il est également possible de les embarquer sur les vols intérieurs d'Air Calédonie, mais on vous demandera de démonter la roue avant.

Location

Il existe quelques loueurs de bicyclettes dans les îles. Les hôtels de standing sur la Grande Terre et dans les îles possèdent parfois des vélos qu'ils mettent à la disposition de leurs clients.

Voiture et moto

➡ Compte tenu des fréquences relativement faibles des bus interurbains, et des nombreux sites touristiques non accessibles par les transports en commun, la voiture reste le meilleur moyen de circuler en Nouvelle-Calédonie, surtout sur la Grande Terre.

➡ Les tarifs des locations restent raisonnables, et la plupart des routes sont goudronnées et plutôt en bon état. Il manque un panneau ici ou là, il est donc essentiel de partir avec une bonne carte, ou avec l'application maps.me.

Assurance

Une assurance supplémentaire ne s'impose pas pour la location de voiture, car la plupart des véhicules sont déjà assurés. Si vous louez une berline, certains loueurs ne vous autoriseront pas à rouler sur des routes non goudronnées. Certains vous demanderont une caution de 100 000 CFP (le numéro de la carte bancaire suffit).

Code de la route

La limitation de vitesse est fixée à 110 km/h sur les grands axes, et à 50 km/h dans les agglomérations. La ceinture de sécurité est obligatoire en voiture ; idem pour le port du casque en moto et en scooter. La police pratique ponctuellement des alcootests (taux d'alcool autorisé : 0,05 %).

Essence

Les stations-service ne manquent pas, et la plupart s'accompagnent d'un garage. Sur la côte nord-est, entre Koumac et Hienghène, elles sont rares : il convient de prévoir assez d'essence pour rejoindre la ville la plus proche. Les voyageurs se rendant dans le Grand Sud doivent savoir qu'au sud du Mont-Dore, il n'y a qu'une seule pompe à essence, à Yaté. Les stations ouvrent généralement entre 6h et au moins 18h. Le samedi et le dimanche, en dehors

PROPRETÉ DES VÉHICULES DE LOCATION

Attention, les loueurs facturent des frais de nettoyage qui peuvent s'élever jusqu'à 10 000 CFP si vous ne rendez pas le véhicule dans un parfait état de propreté (extérieure et intérieure). Prenez éventuellement un forfait nettoyage, surtout si vous roulez dans le Grand Sud.

de Nouméa, elles ouvrent seulement quelques heures.

Le litre d'essence vaut 125 CFP.

Location

➡ Vous n'aurez aucun problème pour louer une voiture en Nouvelle-Calédonie. Outre les grandes enseignes internationales, on trouve de nombreux loueurs locaux. Certaines sociétés disposent même de bureaux à l'aéroport.

➡ Pour les tarifs (sur la Grande Terre), il existe deux cas de figure : avec un forfait kilométrique journalier, ou en kilométrage illimité. La première formule est la plus couramment proposée, avec un tarif moyen de 4 500 CFP/jour et un forfait de 150 km ; à la semaine, il faut compter 25 000 CFP avec 1 100 km inclus. Les kilomètres supplémentaires sont facturés en sus. Pour faire le tour de la Grande Terre, il faut prévoir au minimum 1 500 km. La solution du kilométrage illimité peut se révéler plus judicieuse ; prévoyez alors environ 6 000 CFP/jour ou 40 000 CFP/semaine.

➡ Les loueurs acceptent généralement de livrer le véhicule à l'aéroport de Tontouta (parfois avec un supplément).

SÉCURITÉ ROUTIÈRE

Lors de votre voyage en Nouvelle-Calédonie, en particulier le long de la côte ouest, vous verrez peut-être des panneaux en bois ou des poteaux ornés de tissu ou de fleurs artificielles. Ceux-ci indiquent les lieux où se sont produits des accidents mortels. La Nouvelle-Calédonie paie malheureusement un lourd tribut dans ce domaine. L'alcool (surtout les week-ends et lors de la saison des mariages, de juin à août) et la vitesse excessive constituent les principaux dangers sur la route, sans oublier le bétail ou le gibier qui errent dans les zones rurales, la nuit comme le jour. La prudence s'impose, mais il vaut mieux éviter la conduite de nuit.

CARTE ROUTIÈRE

Une bonne carte routière est nécessaire sur la Grande Terre et dans les îles car les panneaux de signalisation sont peu nombreux. Une astuce, en l'absence de GPS : téléchargez l'appli maps.me, très précise, qui fonctionne hors connexion Internet.

➡ Dans les îles, les tarifs sont supérieurs d'environ 30%. Une journée de location d'une voiture de catégorie A coûte au minimum 6 500 CFP/jour à l'île des Pins ou à Lifou, en kilométrage illimité. Quelques loueurs de voitures sur la Grande Terre :

A5 Location
(www.acinq.com)

ADA (www.ada.nc)

Amarante
(www.amarantenc.com)

Budget (www.pacific-car.nc)

Discount Location Rental
(www.dlr.nc)

Europcar/Mencar
(www.mencar.nc)

Hertz (www.hertz-nc.com)

Point Rouge
(www.pointrouge.com)

Raymond Location
(www.raymondlocation.com)

Sixt (www.sixt.nc)

Visa Location de Voiture
(visa-location.lagoon.nc)

Permis de conduire

Il vous suffit de présenter un permis de conduire national pour louer une voiture ou une moto. Le permis de conduire international n'est pas nécessaire. De nombreuses agences ne louent des voitures qu'aux personnes ayant 21 ou 22 ans révolus et le permis depuis au moins 3 ans.

Réseau routier

➡ La plupart des routes sont goudronnées et en bon état, mais, en cas de pluie très forte, surtout dans le nord de la Grande Terre et dans le Grand Sud, il peut se produire des inondations au niveau des radiers (dalle de béton sur le lit d'une rivière, qui permet le passage des véhicules) et les routes deviennent temporairement infranchissables.

➡ Les routes de la côte est sont plus étroites que dans le reste de la Grande Terre, et dépourvues de bas-côtés. Soyez donc très vigilant.

➡ Il existe cinq routes transversales entre la côte ouest et la côte est de la Grande Terre : Koumac-Pouébo, Koné-Tiwaka, Bourail-Houaïlou, La Foa-Canala (ou Kaouaoua) et Boulouparis-Thio.

Santé

À condition de prendre un minimum de précautions, la Nouvelle-Calédonie présente peu de risques sanitaires. Les problèmes les plus graves qui peuvent se poser aux visiteurs sont les maladies transmises par les moustiques.

Les infrastructures médicales offrent par ailleurs un très bon niveau de prestations et toutes les villes disposent de cliniques bien équipées.

AVANT LE DÉPART

Assurance

Il est conseillé de souscrire une police d'assurance qui vous couvrira en cas d'annulation de votre voyage, de vol, de perte de vos affaires, de maladie ou encore d'accident. Lisez avec la plus grande attention les clauses en petits caractères : c'est là que se cachent les restrictions.

Vérifiez notamment que les "sports à risques", comme la plongée, le kitesurf ou même la randonnée ne sont pas exclus de votre contrat, ou encore que le rapatriement médical d'urgence, en ambulance ou en avion, est couvert.

Attention ! Avant de souscrire une police d'assurance, vérifiez bien que vous ne bénéficiez pas déjà d'une assistance liée à votre carte bancaire, à votre mutuelle ou à votre assurance automobile. C'est bien souvent le cas.

N'oubliez pas de prendre avec vous les documents relatifs à l'assurance ainsi que les numéros à appeler en cas d'urgence.

Quelques conseils

Si vous suivez un traitement de façon régulière, n'oubliez pas votre ordonnance et gardez les médicaments dans leurs contenants d'origine, clairement étiquetés. En outre, l'ordonnance vous permettra de prouver que vos médicaments vous sont légalement prescrits, des médicaments en vente libre dans certains pays ne l'étant pas dans d'autres.

Santé sur Internet

Vous trouverez des informations sur le site www.lonelyplanet.fr, dans la rubrique *Santé et sécurité*. Autres sites riches en informations :

Ministère des Affaires étrangères (www.diplomatie.gouv.fr, rubrique Conseils aux voyageurs>Conseils pratiques>Risques sanitaires)

Ministère de la Santé (www.sante.gouv.fr). Regroupe notamment les recommandations sanitaires pour les voyageurs.

Orphanet (www.orpha.net). Encyclopédie en ligne rédigée par des experts européens sur les maladies rares.

Vaccins

Aucun vaccin n'est obligatoire pour la Nouvelle-Calédonie, mais l'Organisation mondiale de la santé (OMS) recommande aux voyageurs de se faire vacciner contre la diphtérie, le tétanos, la polio, la rougeole, les oreillons et la rubéole quel que soit le pays de destination et au moins six semaines avant le départ.

Il est aussi conseillé de se faire vacciner contre les hépatites A et B et la

DÉCALAGE HORAIRE

Les malaises liés aux voyages en avion apparaissent généralement après la traversée de trois fuseaux horaires (chaque zone correspondant à un décalage d'une heure). Plusieurs fonctions de notre organisme – dont la régulation thermique, les pulsations cardiaques, le travail de la vessie et des intestins – obéissent en effet à des cycles internes de 24 heures, appelés rythmes circadiens. Lorsque nous effectuons de longs parcours en avion, le corps met un certain temps à s'adapter à la "nouvelle" heure de notre lieu de destination – ce qui se traduit souvent par des sensations d'épuisement, de confusion, d'anxiété, accompagnées d'insomnie et de perte d'appétit. Ces symptômes disparaissent généralement au bout de quelques jours, mais les effets peuvent être atténués moyennant quelques précautions :

⇒ Efforcez-vous de partir reposé. Autrement dit, organisez-vous : pas d'affolement de dernière minute, pas de courses échevelées pour récupérer passeport ou autre document. Évitez aussi les soirées prolongées avant d'entreprendre un long voyage aérien et, si vous le pouvez, essayez de vous préparer en vous mettant progressivement au rythme du pays.

⇒ À bord, évitez les repas trop copieux (ils gonflent l'estomac) et l'alcool (qui déshydrate). Veillez à boire beaucoup – des boissons non gazeuses, non alcoolisées, tels l'eau et les jus de fruits.

⇒ Portez des vêtements amples, dans lesquels vous vous sentez à l'aise ; un masque oculaire et des bouchons d'oreille vous aideront peut-être à dormir.

typhoïde. Si vous venez d'un pays touché par la fièvre jaune, vous devrez peut-être envisager une vaccination.

Même si vous avez été vacciné contre plusieurs maladies dans votre enfance, votre médecin vous recommandera peut-être des rappels contre le tétanos ou la poliomyélite, maladies qui existent toujours dans de nombreux pays en développement. Les vaccins ont des durées d'efficacité très variables ; certains sont contre-indiqués pour les femmes enceintes.

Vous pouvez obtenir la liste des centres de vaccination en France en vous connectant sur le site Internet du **ministère des Affaires étrangères** (www. diplomatie.gouv.fr, rubrique Conseils aux voyageurs>Infos pratiques>Risques>Santé/ vaccinations).

Voici les coordonnées de quelques centres de vaccination à Paris :

Groupe Hospitalier La-Pitié-Salpétrière – Pavillon Laveran (☑01 42 16 01 03 ; 47-83 bd de l'Hôpital, 75013 Paris)

Institut Pasteur (☑01 45 68 81 98 ; 209 rue de Vaugirard, 75015 Paris)

Centre de vaccinations internationales (☑01 43 17 22 00 ; www.vaccinations-airfrance.fr ; 38 quai de Jemmapes, 75010 Paris). Si le logo d'Air France est toujours là, c'est l'association Voyage et Santé qui assure désormais le fonctionnement du centre.

PENDANT LE VOYAGE

Thromboses veineuses profondes

Les trajets en avion, principalement du fait d'une immobilité prolongée, peuvent favoriser la formation de caillots sanguins dans les jambes (thrombose veineuse profonde ou TVP). Le risque est d'autant plus élevé que le vol est plus long. Ces caillots se résorbent le plus souvent sans autre incident ; mais il peut arriver qu'ils se

rompent et migrent à travers les vaisseaux sanguins jusqu'aux poumons, risquant alors de provoquer de graves complications.

Généralement, le principal symptôme est un gonflement ou une douleur au pied, à la cheville ou au mollet d'un seul côté, mais pas toujours. La migration d'un caillot vers les poumons peut se traduire par une douleur à la poitrine et des difficultés respiratoires. Tout voyageur qui remarque l'un de ces symptômes doit aussitôt réclamer une assistance médicale.

Pour prévenir le développement d'une thrombose veineuse profonde durant un vol long-courrier, buvez en abondance des boissons non alcoolisées, pratiquez des compressions isométriques sur les muscles des jambes (c'est-à-dire faites jouer les muscles de vos jambes lorsque vous êtes assis) et levez-vous de temps en temps pour marcher dans la cabine. Vous pouvez également prévoir des chaussettes de contention.

Mal des transports

Pour réduire les risques d'avoir le mal des transports, mangez légèrement avant et pendant le voyage. Si vous êtes sujet à ces malaises, essayez de trouver un siège dans une partie du véhicule où les oscillations sont moindres : près de l'aile dans un avion, au centre sur un bateau et dans un bus.

Décalage horaire

La Nouvelle-Calédonie est une destination lointaine qui peut occasionner un état désagréable. Pour des conseils pour réduire le temps de jet lag, lisez l'encadré ci-contre.

EN NOUVELLE-CALÉDONIE

Disponibilité et coût des soins médicaux

La Nouvelle-Calédonie est dotée d'excellentes infrastructures médicales, comparables à celles que l'on trouve en métropole, surtout dans le secteur de Nouméa. Les principaux hôpitaux publics sont à Nouméa (centre hospitalier Gaston-Bourret) et, dans une moindre mesure, Koumac et Poindimié. Il existe également un secteur privé médical et paramédical bien développé. En brousse, on trouve un réseau de dispensaires et de médecins libéraux. Les consultations coûtent environ 4 500 CFP.

Les prestations sociales sont gérées par la CAFAT, un organisme indépendant de la Sécurité sociale métropolitaine. Vous devrez donc avancer les frais et demander une feuille de remboursement, que vous transmettrez à votre caisse de Sécurité sociale à votre retour en métropole.

On trouve des pharmacies partout, mais, si vous suivez un traitement spécifique, il est préférable de vous munir de vos médicaments.

Des dentistes exercent dans les principales villes.

Précautions élémentaires

Faire attention à ce que l'on mange et à ce que l'on boit est la première des précautions à prendre. Ne soyez cependant pas paranoïaque et ne vous privez pas de goûter la cuisine calédonienne, cela fait partie du voyage.

N'hésitez pas également à vous laver les mains fréquemment.

Aliments

Côté alimentation, la Nouvelle-Calédonie ne pose pas de problème particulier. Comme les aliments sains et frais sont présents en abondance, vous n'aurez aucune difficulté à suivre un régime équilibré. Des ennuis gastriques peuvent néanmoins survenir en raison du changement de climat et d'habitudes alimentaires.

Des poissons comestibles habituellement sans danger peuvent parfois transmettre la ciguatera, appelée la "gratte". Celle-ci se manifeste par des vomissements, des diarrhées et des crampes, des douleurs articulaires et des picotements sur la peau et dans la bouche. La ciguatera concerne notamment les grosses espèces des récifs comme le vivaneau, le barracuda et le thazard atlantique. Aucun test ne permet de déterminer la toxicité d'un poisson, mais les habitants savent ce qui peut ou non être mangé. Les poissons pêchés après une perturbation du récif (un ouragan par exemple) ont plus de chances d'être porteurs. Ceux qui vivent à grande profondeur comme le thon ne présentent aucun risque.

Eau

L'eau du robinet est potable partout en Nouvelle-Calédonie.

Centres de plongée

Les centres de plongée appliquent des précautions strictes en matière de profondeur et de durée. Il peut arriver que certains plongeurs, par négligence, ne respectent pas les règles de sécurité et soient victimes d'un accident de décompression. Des douleurs musculaires ou articulaires à la suite d'une plongée ne doivent pas être prises à la légère.

En cas d'urgence, il existe un caisson de recompressions à Nouméa vers lequel les plongeurs sont acheminés par des avions locaux volant à très basse altitude.

Vérifiez que votre assurance couvre les risques liés à la plongée. Dans le cas contraire, contractez une assurance spécifique, comme celle proposée par le réseau **Divers Alert Network** (DAN ; www.daneurope.org).

Coup de chaleur

De longues périodes d'exposition à des températures élevées peuvent vous rendre vulnérable au coup de chaleur. Cet état grave survient quand le mécanisme de régulation thermique du corps ne fonctionne plus : la température s'élève alors de façon dangereuse. Évitez l'alcool et les activités fatigantes lorsque vous arrivez dans un pays à climat chaud.

Symptômes : malaise général, transpiration faible ou inexistante et forte fièvre (39 à 41°C) et céphalée lancinante, difficultés à coordonner ses mouvements, signes de confusion mentale ou d'agressivité. Il faut absolument hospitaliser le malade. En attendant les secours, installez-le à l'ombre, ôtez-lui ses vêtements, couvrez-le d'un drap ou d'une serviette mouillés et éventez-le continuellement.

Coup de soleil

Sous les tropiques, dans le désert ou en altitude, les coups de soleil sont plus fréquents, même par temps couvert. Évitez de vous exposer entre 11h et 15h. Utilisez un écran solaire et pensez à couvrir les endroits qui sont habituellement protégés, les pieds par exemple. Si les chapeaux fournissent une bonne protection, n'hésitez pas à appliquer également un écran total sur le nez et les lèvres. Les lunettes de soleil s'avèrent souvent indispensables.

Insolation

Une exposition prolongée au soleil peut provoquer une insolation. Symptômes : nausées, peau chaude, maux de tête. Dans ce cas, il faut rester dans le noir, appliquer une compresse d'eau froide sur les yeux et prendre de l'aspirine.

Otite externe

Cette inflammation du conduit auditif est causée par l'eau qui active des champignons et provoque ainsi une infection bactérienne. Elle se produit généralement après une baignade, mais peut se réveiller à la suite d'une douche si l'eau pénètre dans l'oreille.

Très douloureux, ce problème se traite efficacement à l'aide d'un antibiotique et de gouttes à base de stéroïdes. Il faut éviter l'eau jusqu'à

ce que la douleur et le prurit disparaissent.

Diarrhée

Le changement de nourriture, d'eau ou de climat suffit à la provoquer ; si elle est causée par des aliments ou de l'eau contaminés, le problème est plus grave. En dépit de toutes vos précautions, vous aurez peut-être la turista, mais quelques visites aux toilettes sans aucun autre symptôme n'ont rien d'alarmant. Il est recommandé d'apporter avec soi un antidiarrhéique. Demandez conseil à votre pharmacien et à votre médecin (certains médicaments ne peuvent être délivrés sans ordonnance). La déshydratation est le danger principal lié à toute diarrhée, particulièrement chez les enfants. Ainsi le

TROUSSE MÉDICALE DE VOYAGE

Veillez à emporter avec vous une petite trousse à pharmacie (nous vous conseillons de la transporter en soute) contenant quelques produits indispensables. Certains ne sont délivrés que sur ordonnance médicale.

➡ Des **antibiotiques**, à utiliser uniquement aux doses et aux périodes prescrites, même si vous avez l'impression d'être guéri avant. Chaque antibiotique soigne une affection précise : ne les utilisez pas au hasard. Cessez immédiatement le traitement en cas de réactions graves.

➡ Un **antidiarrhéique** et un **réhydratant**, en cas de fortes diarrhées, surtout si vous voyagez avec des enfants.

➡ Un **antihistaminique** en cas de rhume, allergie, piqûre d'insectes, mal des transports. Évitez de boire de l'alcool pendant le traitement.

➡ Un **antiseptique** ou un **désinfectant** pour les coupures, les égratignures superficielles et les brûlures, ainsi que des pansements gras pour les brûlures.

➡ De l'**aspirine** ou du **paracétamol** (douleurs, fièvre).

➡ Une **bande Velpeau** et des **pansements** pour les petites blessures.

➡ Une **paire de lunettes de secours** (si vous portez des lunettes ou des lentilles de contact) et la copie de votre ordonnance.

➡ Un **produit contre les moustiques**, un écran total, une pommade pour soigner les piqûres et les coupures.

➡ Une **paire de ciseaux** à bouts ronds, une **pince à épiler** et un **thermomètre à alcool**.

➡ Une petite trousse de **matériel stérile** comprenant une seringue, des aiguilles, du fil à suture, une lame de scalpel et des compresses.

➡ Des **préservatifs norme CE**.

premier traitement consiste à boire beaucoup : quand vous irez mieux, continuez à manger légèrement. Les antibiotiques peuvent être utiles dans le traitement de diarrhées très fortes, en particulier si elles sont accompagnées de nausées, de vomissements, de crampes d'estomac ou d'une fièvre légère. Trois jours de traitement sont généralement suffisants, et on constate normalement une amélioration dans les 24 heures. Toutefois, lorsque la diarrhée persiste au-delà de 48 heures ou s'il y a présence de sang dans les selles, il est préférable de consulter un médecin.

Maladies infectieuses et parasitaires

Leptospirose

Cette maladie infectieuse, due à une bactérie (le leptospire) qui se développe dans les mares et les ruisseaux, se transmet par des animaux comme le rat et la mangouste.

On peut attraper cette maladie en se baignant dans des nappes d'eau douce, contaminées par de l'urine animale. La bactérie pénètre dans le corps humain par le nez, les yeux, la bouche ou les petites coupures cutanées. Les symptômes, similaires à ceux de la grippe, peuvent survenir 2 à 20 jours suivant la date d'exposition : fièvre, frissons, sudation, maux de tête, douleurs musculaires, vomissements et diarrhées en sont les plus courants. Du sang dans les urines ou une jaunisse peuvent apparaître dans les cas les plus sévères. Les symptômes durent habituellement quelques jours voire quelques semaines. La maladie est rarement mortelle.

Évitez donc de nager et de vous baigner dans tout plan d'eau douce, notamment si vous avez des plaies ouvertes ou des coupures.

VIH/Sida

L'infection par le VIH (virus de l'immuno-déficience humaine), agent causal du sida (syndrome d'immunodéficience acquise) est présente dans pratiquement tous les pays et épidémique dans nombre d'entre eux. La transmission de cette infection se fait : par rapport sexuel (hétérosexuel ou homosexuel – anal, vaginal ou oral), d'où l'impérieuse nécessité d'utiliser des préservatifs à titre préventif ; par le sang, les produits sanguins et les aiguilles contaminées. Il est impossible de détecter la présence du VIH chez un individu apparemment en parfaite santé sans procéder à un examen sanguin.

Il faut éviter tout échange d'aiguilles. S'ils ne sont pas stérilisés, tous les instruments de chirurgie, les aiguilles d'acupuncture et de tatouage, les instruments utilisés pour percer les oreilles ou le nez peuvent transmettre l'infection. Il est fortement conseillé d'acheter seringues et aiguilles avant de partir.

Toute demande de certificat attestant la séronégativité pour le VIH (certificat d'absence de sida) est contraire au Règlement sanitaire international (article 81).

Affections transmises par les insectes

Dengue, chikungunya et Zika

Au cours des dernières années, la Nouvelle-Calédonie a été exposée à ces infections propagées par des moustiques qui, contrairement aux autres, piquent principalement le jour (de l'espèce *Aedes*, qui transmet ces trois maladies). Il n'existe pas de traitement prophylactique ni de vaccin. Le plus efficace est de se protéger des moustiques et donc d'appliquer régulièrement un répulsif antimoustique. Poussée de fièvre, maux de tête, douleurs articulaires et musculaires précèdent une éruption cutanée sur le tronc qui s'étend ensuite aux membres puis au visage. Au bout de quelques jours, la fièvre régresse et la convalescence commence. Les complications graves sont rares.

Le risque de contracter la dengue, le chikungunya ou le virus Zika existe pendant la saison humide, de novembre à avril.

Paludisme

Aucun cas de paludisme, ou de malaria, n'a été répertorié en Nouvelle-Calédonie. Vous n'avez donc pas à prévoir de traitement antipaludique.

Coupures et piqûres

Coupures de corail

Les coupures de corail sont particulièrement longues à cicatriser. Veillez à bien nettoyer la blessure à l'eau claire pour retirer tous les fragments de corail, puis désinfectez à l'alcool. Appliquez ensuite un antiseptique et couvrez d'un pansement résistant à l'eau.

Piqûres et morsures

Si vous voyez dans l'eau ou sur la plage une méduse de couleur bleue, ne vous approchez pas car sa piqûre est très douloureuse. Le cas échéant, traitez celle-ci avec du vinaigre et de la glace (n'utilisez pas d'alcool). Les serpents marins, appelés localement "tricots rayés", ont un venin qui peut être mortel ; gardez vos distances et ne jouez pas avec eux.

D'une manière générale, évitez tout contact avec la faune marine. Sur le sable ou le récif, soyez chaussé de sandales en plastique, car certaines espèces venimeuses, comme le poisson-pierre, sont enfouies dans le sable ou dans les anfractuosités coralliennes. Attention aussi aux coquillages ; le cône possède un venin très dangereux.

Et les requins ? Il existe un risque, apparemment grandissant. Plusieurs attaques (dont certaines mortelles) ont été enregistrées au cours des dernières années (à Bourail, à Lifou et même à Nouméa en 2019). Il convient de se renseigner au préalable.

Voyager avec un enfant

Attention, il faut avoir à l'esprit avant le départ que les enfants sont plus sensibles aux problèmes présentés dans cette rubrique que les adultes. Ainsi, les cas de déshydratation peuvent survenir rapidement et il faut être vigilant lorsque l'on note la présence de fièvre ou de vomissements. La dengue est beaucoup plus dangereuse chez un enfant que chez un adulte. Un produit antimoustique est essentiel.

Santé au féminin

Grossesse

La plupart des fausses couches ont lieu pendant les trois premiers mois de la grossesse. C'est donc la période la plus risquée pour voyager. Pendant les trois derniers mois, il vaut mieux rester peu éloignée de bonnes infrastructures médicales, en cas de problèmes. Les femmes enceintes doivent éviter de prendre inutilement des médicaments. Cependant, certains vaccins restent nécessaires. Mieux vaut consulter un médecin avant de prendre quoi que ce soit.

Pensez à consommer des produits locaux, comme les fruits secs, les agrumes, les lentilles et les viandes accompagnées de légumes.

Problèmes gynécologiques

Une nourriture pauvre, une résistance amoindrie par l'utilisation d'antibiotiques contre des problèmes intestinaux peuvent favoriser les infections vaginales lorsqu'on voyage dans des pays à climat chaud. Respectez une bonne hygiène intime, et portez jupes ou pantalons amples et sous-vêtements en coton.

Les champignons, caractérisés par une éruption cutanée, des démangeaisons et des pertes, peuvent se soigner facilement. En revanche, les trichomonas sont plus graves ; pertes blanches et sensation de brûlure lors de la miction en sont les symptômes. Le partenaire masculin doit également être soigné.

Il n'est pas rare que le cycle menstruel soit perturbé lors d'un voyage.

Langue

Le français est la langue officielle de Nouvelle-Calédonie. Par ailleurs, on parle aussi tahitien, wallisien, indonésien et vietnamien à Nouméa. Si les Kanak reconnaissent la prédominance de l'anglais dans le Pacifique et considèrent qu'il est important d'apprendre cette langue, rares sont ceux qui la parlent, surtout en dehors de Nouméa. En revanche, 97% de la population parle et comprend le français.

DIALECTES KANAK

On estime qu'il existe 27 dialectes en Nouvelle-Calédonie. Ils font partie des 1 200 langues mélanésiennes connues dans le Pacifique. Celles-ci constituent une subdivision orientale de l'immense famille des langues austronésiennes qui regroupe notamment le malgache (Madagascar), le tagalog (Philippines), le polynésien et le malayo-indonésien. Cette diversité ne résulte pas uniquement de l'isolement des différentes communautés mais de la multiplicité des clans et de leurs contacts.

La plupart des Kanak maîtrisent les dialectes de leurs voisins. Si tous parlent le français et l'utilisent dans un certain nombre de situations, la majorité des habitants des zones rurales s'expriment dans leur propre dialecte au sein de la famille et du clan. De nombreux dialectes sont néanmoins en voie de disparition.

La langue partagée par le plus grand nombre de Kanak est le drehu. Originaire de Lifou, il inclut quelques termes polynésiens, français et anglais. Sur la Grande Terre, le dialecte le plus courant est l'ajië, qui relie les clans des deux côtes. Au Nord prédomine le yâlayu, au Sud le xârâcùù. Dans la région de Saint-Louis, près de Nouméa, on trouve une sorte de pidgin appelé tayo, créé pour répondre aux besoins de communication des différentes tribus de l'endroit. Certaines langues comme le zirë, présent dans les environs de Bourail, et l'arhâ, près de Poya, n'ont pas plus de 250 locuteurs.

La littérature n'existait pas avant que les missionnaires ne traduisent la Bible en dialectes kanak. L'ethnologue français Maurice Leenhardt a commencé à étudier ces langues au début du XXᵉ siècle. Si ces dialectes ont longtemps été absents de l'enseignement dans les écoles, plusieurs établissements scolaires dans les îles Loyauté et autour de Houaïlou et de Canala (sur la Grande Terre) les enseignent aujourd'hui, à raison de quelques heures par semaine. Dans l'un des lycées de Nouméa, on peut apprendre le drehu et l'ajië. À plus haut niveau, les instituts de formation des enseignants de Nouméa offrent la possibilité d'étudier les langues et la littérature mélanésiennes, tandis que l'université propose des cours de drehu et d'ajië.

GRAMMAIRE ET PRONONCIATION

Dans les dialectes kanak, il n'y a souvent pas de différence entre le nom et le verbe. En iaai, par exemple, le mot *han* signifie à la fois "repas" et "manger". Les noms ne possèdent pas de genre ; en ajië, le terme générique *mèyë* (poulet) devient *mèyë bwè* et *mèyë wi*, soit littéralement "poulet femelle" et "poulet mâle". En nengone, *inu* veut dire en même temps "je", "moi", "mon" et "le mien". Le pluriel est formé en ajoutant une marque devant le mot ; en drùbea, "maison" se traduit ainsi par *mwà*, "maisons" par *ma mwà*.

Si la plupart des dialectes présentent des similitudes, leur prononciation n'est pas toujours identique. Certaines, notamment le drehu et le nengone, n'ont pas de voyelles nasales alors que d'autres, dont le paicî et l'ajië, sont des langues à tons (la signification du mot change en fonction du ton employé). Les voyelles longues sont communes à la plupart de ces langues, mais pas les consonnes doubles. Les consonnes aspirées, assez courantes, s'accompagnent d'un souffle audible et sont toujours précédées d'un "h" à l'écrit.

c	"ch" comme dans "Tchèque"
dr	"d" comme dans "demain"
g	"ng" comme dans "camping"
j	"j" comme dans "jean"
h	aspiré
ny	"ny" comme dans "canyon"
x	comme dans la *jota* espagnole

Voici quelques exemples de prononciation concernant les voyelles :

â	"o" ouvert, nasalisé
ë	"an-n"
ö	"aou"
ô	"on"
ü	"ou" long
û	"ou" bref

Drehu

Le drehu est la langue kanak la plus répandue. Voici une liste de mots courants :

Bonjour.	Bozu.
Au revoir.	Dréé.
S'il vous plaît.	Sipone.
À demain.	E lanyié.
Comment vous appelez-vous ?	Dréi la éjé i éö ?
Comment allez-vous ?	Tune ka epun ?
Qu'est-ce que vous voulez ?	Epun a aja nemen?
Je voudrais acheter...	Eni a itö...
anglais	papale
arbre	sinöe
banane	wshnawa
ciel	hnengödrai

LE PARLER CALÉDONIEN

La langue calédonienne est influencée par les différentes langues parlées dans le pays. Voici quelques mots et expressions très imagés !

à bloc : en grande quantité : "Cette année, il y a à bloc de goyaves"

à la tôle : faire quelque chose à grande vitesse : "J'ai pris un café à la tôle pour ne pas être en retard"

Ah oua ! (ou Awa !) : non, rien, ou interjection de surprise : "Avez-vous attrapé du poisson ? Ah oua ! peau de balle"

attention la tête : mise en garde (en parlant d'un enfant qui a fait une bêtise) : "Voilà son vieux, ben là, attention la tête !"

baby-car : transport en commun (bus), essentiellement en brousse

barrer : s'en aller : "Hé mam, j'barre à l'école"

bleu : grand nombre de personnes : "La place était bleu de mecs"

bon : formule du matin pour demander si ça va, renforcé souvent par "ou quoi" : "Salut, il est bon ou quoi ?"

brosse à bouteilles : brosse à dents

brosse-à-dents : buisson des terrains miniers, appelé aussi "brosse-à-bouteilles"

caisse à ignames : ventre, estomac : "J'ai mangé des crabes, je m'en suis mis plein la caisse à ignames !"

camarades : appelés aussi pois collants, amoureux, copains, collants, herbe d'amour

coaltar : goudron, asphalte

encanaquer : prendre les habitudes de vie d'un Kanak : "C'est un zoreil mais il vit ici depuis si longtemps qu'il s'est encanaqué"

faire un soleil : chute spectaculaire (à cheval, à vélo, en moto) : "En descendant Amos, il a raté son virage et il a fait un soleil"

heure canaque, quart d'heure caldoche, minute 5 : une heure, un quart d'heure ou 5 minutes qui n'en finissent pas

kalolo : bon : "ça, c'est fin kalolo"

laïe : (prononcer "lahi") faux, inverse le sens d'une phrase :"Il fait beau, laïe" pour il pleut à torrents

ma saumonée : ma chérie...

péter un boudin, un boyau : pneumatique qui éclate : "J'ai encore pété un boudin dans la caillasse"

pétrolette : bateau à moteur, servant à transporter les passagers

piaque : moineau calédonien, par extension groupe d'enfants : "une bande de piaques"

poken : ressortissant australien

station : ranch

stock : bétail

vert : être crevé, fichu : "J'suis vert"

y en a pou toi ! : exclamation admirative, à quelqu'un qui a mis, par exemple, une belle chemise, ou acheté une belle voiture...

Pour en savoir plus, procurez-vous *Le Calédonien de poche*, aux éditions Assimil.

danser	fia	pain	falawa
dîner	xeni hejr	parler	ewekë
français	wiwi	père	kem-kakaa
garçon	nekö trahmany	plage	hnangöni
langue	qene hlapa	pluie	mani
lit	göhnë	pourquoi	némeni
manger	xen	quand	eu
mère	thin-nenë	quel	kau
nager	aj	qui	drei
où	kaa	soleil	jö

GLOSSAIRE

araucaria – grand conifère de l'hémisphère Sud. L'*Araucaria columnaris,* qui atteint 60 m de hauteur, pousse sur le littoral calédonien

atoll – (mot des Maldives) anneau corallien à fleur d'eau, de forme variée, entourant un lagon. Géologiquement, il est la suite chronologique de l'île haute volcanique

bagayou – étui pénien, jadis porté par les Kanak

bami – plat de nouilles épicé chinois ou indonésien accompagné de poulet, de porc ou de crevettes et de légumes

banian – figuier à racines adventives aériennes

battoir – palette de bois utilisée pour battre le *tapa* (étoffe faite d'écorce)

bêche-de-mer – concombre de mer ; animal marin également appelé trépang ou holothurie

bigman – chef

booby – oiseau de mer tropical de la taille d'un goéland, parfois appelé pélican des roches (*Sulidae*)

bommie – large affleurement corallien

bougna – plat traditionnel kanak composé d'igname, de taro et de patates douces accompagné de poulet, de poisson ou de crustacés, enveloppé dans une feuille de bananier et mis à cuire à l'étouffée avec du lait de coco

brousse – terme désignant en Nouvelle-Calédonie tout ce qui n'est pas de la région

de Nouméa. Les habitants de la brousse sont parfois appelés des "broussards" (Caldoches ruraux)

bulime – escargot

burao – hibiscus sauvage

cagou – oiseau emblématique de la Nouvelle-Calédonie

Caldoche – descendant des anciens forçats ou des premiers colons français né en Nouvelle-Calédonie

Canaque – autre orthographe de Kanak

cantonnement – système introduit dans les années 1860 habilitant le gouverneur à vendre des terres aux colons français et à nommer et à destituer les chefs kanak

case – maison traditionnelle kanak de forme conique ou rectangulaire. Voir aussi *grande case*

cassave – également appelée *yuca* ou manioc, la cassave est l'un des tubercules comestibles les plus appréciés dans les pays tropicaux. Peu nutritive, elle contient jusqu'à 40% de fécule, ou tapioca, qui sert à épaissir les sauces

caye – île de sable sur un récif corallien, où la végétation a poussé

céphalopodes – famille de mollusques dont la tête porte une ventouse leur permettant de se fixer, tels la pieuvre, le poulpe, le calamar et le nautile

chefferie – maison du chef kanak

ciguatera – forme d'intoxication alimentaire provoquée par la consommation d'un poisson tropical infecté

clan – groupe de personnes descendant d'un même ancêtre. En Nouvelle-Calédonie, les clans de même dialecte et de même coutume forment une tribu. Sur le territoire de cette tribu, les clans vivent dans des hameaux et des villages. Voir aussi *totémisme*

communard – partisan de la Commune de Paris en 1871. Bon nombre de communards furent déportés au bagne en Nouvelle-Calédonie

coprah – amande séchée de la noix de coco, dont on extrait une huile

corail (coraux) – animaux appartenant au groupe des cœlentérés. Leur développement sous forme de colonies, moyennant des conditions précises de température et de limpidité de l'eau, se traduit par la formation d'un récif corallien

coutume (la) – en Nouvelle-Calédonie, la coutume est un élément fondamental de la vie sociale et culturelle, qui donne lieu à un ensemble de règles. Pour le touriste, la coutume implique de demander au chef la permission de visiter un site et de lui remettre un petit cadeau lorsqu'il loge dans une tribu kanak

crabe des cocotiers – gros crabe comestible

creek – mot anglais désignant un petit cours d'eau

232

cyclone – intense dépression se formant dans les régions tropicales, caractérisée par des vents et des masses nuageuses tourbillonnant autour d'une zone centrale calme appelée "œil". Ce phénomène météorologique est appelé typhon en Asie et ouragan dans les Caraïbes

dugong – mammifère marin herbivore des tropiques. L'espèce, menacée, est protégée. La chasse traditionnelle et les hélices des bateaux à moteur font des ravages parmi l'espèce

faré – mot polynésien utilisé par les Kanak pour désigner une vaste hutte ouverte ou un abri

ferronickel – alliage composé de fer et d'un minimum de 25% de nickel

flèche faîtière – flèche de bois ornementale dressée au sommet de la grande case

fou – grand oiseau marin de la famille des pélicans qui vit en colonie sur les rochers en bord de mer ou sur les îles

frégate – gros oiseau marin des tropiques présentant une immense envergure

fruit de l'arbre à pain – gros fruit doté d'une épaisse peau verte répandu dans les îles du Pacifique. Lorsqu'il est cuit, sa chair riche en fécule présente une texture semblable à celle du pain

gaïac – *Acacia spirorbis* ; arbuste du niveau supérieur de la forêt sclérophylle de basse altitude, dont le bois, très dur, est souvent employé pour la fabrication des piquets de clôture

gîte – en Nouvelle-Calédonie, groupe de bungalows, généralement tenu par des Kanak et destiné à l'accueil des touristes

goménol – essence extraite des feuilles du niaouli

Gondwana – ancien continent formé par l'Afrique, l'Amérique du Sud, l'Antarctique, le sous-continent indien, l'Australie et la Nouvelle-Zélande

grande case – hutte, généralement de forme conique, dans laquelle se réunissent les chefs de tribu

houp – *Montrouziera cauliflora* ; l'un des rois de la forêt calédonienne, renommé pour la couleur jaunâtre de son bois et ses fleurs rouge vif

igname – tubercule pouvant atteindre 1 m de long. Féculent commun de l'alimentation mélanésienne. Très respectée dans la société kanak, elle a une importance culturelle considérable

Indigénat – à l'époque coloniale, système qui obligeait les Kanak à vivre dans les réserves et à travailler pour les colons

jacaranda – arbre à fleurs mauve pâle originaire d'Amérique du Sud

jade – pierre semi-précieuse vert foncé

Kanaky – nom donné à la Nouvelle-Calédonie par les indépendantistes

kaneka – musique kanak contemporaine

kanya – mot kanak désignant l'oncle

kaori – *Agathis lanceolata*, conifère de Nouvelle-Calédonie dont le bois est employé en menuiserie et dans les constructions navales

kava – boisson traditionnelle aux propriétés légèrement enivrantes préparée à partir des racines de *Piper methysticum*

lagon – étendue d'eau fermée vers le large par un récif corallien

Lapita – site proche de Koné, sur la Grande Terre, où ont été découvertes des poteries anciennes. Il a donné son nom aux Lapita, qui ont peuplé de nombreuses îles de Mélanésie, dont certaines régions de Nouvelle-Calédonie, avant 1000 av. J.-C.

mariste – missionnaire appartenant à la Société de la propagation de la foi créée en 1836 à Lyon et fondatrice de nombreuses missions dans le Pacifique

matte – alliage résultant du raffinage du ferronickel. La matte contient du cobalt et 75% de nickel

Mélanésiens – peuples de l'ouest du Pacifique. La Mélanésie comprend la Nouvelle-Calédonie, la Papouasie-Nouvelle-Guinée, les îles Salomon, le Vanuatu et les Fidji. Voir *Polynésiens*

métro – abréviation de "métropolitain" ; mot désignant les habitants de la France métropolitaine

Micronésiens – peuples du nord-ouest du Pacifique, d'origine malayo-polynésienne

moara – mot kanak désignant le clan

monnaie – perles kanak traditionnelles

nakamal – débit de boisson où l'on boit le kava

nautile – mollusque à coquille ornementale nacrée considérée comme un fossile vivant car sa forme n'a pas changé depuis des millions d'années

niaouli – *Melaleuca quinquenervia* ; arbre très répandu dans la savane de la côte ouest aride

nickel – métal plus dur que le fer et plus résistant à la corrosion que l'acier

ni-Vanuatu – habitant du Vanuatu

notou – sorte de gros pigeon, indigène à la Nouvelle-Calédonie

orohau – nom kanak du chef de clan

pain de marmite – gros pain cuit dans une marmite

pandanus – du malais *pandan* ; arbre surtout présent sur le littoral et les falaises. Certaines essences donnent des noix comestibles. Ses feuilles sont utilisées en vannerie

paréo – du tahitien *pareu* ; pièce de tissu teinte à la main, d'environ 3 m de long, que les femmes s'enroulent autour des hanches

ABRÉVIATIONS

ADCK – Agence de développement de la culture kanak ; organisme de promotion de la culture kanak en Nouvelle-Calédonie et dans le monde

ANMP – Association nationale des moniteurs professionnels

ASNNC – Association pour la sauvegarde de la nature néo-calédonienne ; organisation non gouvernementale chargée de la protection de l'environnement

BCI – Banque calédonienne d'investissement

CCT – Centre culturel Jean-Marie-Tjibaou, à Nouméa

CIE – Centre d'initiation à l'environnement de Nouvelle-Calédonie ; organisation non gouvernementale chargée de la protection de l'environnement

CFP – Cours du franc Pacifique ; franc local. Aussi XPF

CNC – Cercle nautique calédonien ; yacht-club local

EPK – Écoles populaires kanak ; écoles dissidentes fondées pour enseigner la culture dans leur langue maternelle aux enfants kanak

FLNKS – Front de libération nationale kanak et socialiste

FULK – Front uni de libération kanak ; premier parti politique calédonien à avoir appelé à l'indépendance

LMS – London Missionary Society ; premier groupe missionnaire arrivé en Nouvelle-Calédonie

PADI – Professional Association of Diving Instructors ; principal organisme de formation à la plongée subaquatique, d'inspiration américaine

Palika – Parti de libération kanak ; autre parti indépendantiste calédonien intégré dans le FLNKS

RPCR – Rassemblement pour la Calédonie dans la République

RRB – Radio Rythme Bleu ; station privée à but non commercial installée à Nouméa, très appréciée des jeunes

SLN – Société Le Nickel

SMSP – Société minière du Sud Pacifique

SPC – Secrétariat de la commission Pacifique

TSS – Taxe de solidarité sur les services

TOM – Territoire d'outre-mer

UC – Union calédonienne ; premier parti politique calédonien comprenant des membres kanak

---

patate douce – plante à tubercule comestible, originaire d'Amérique du Sud

pétroglyphes – motifs gravés sur les pierres, répandus dans le monde entier, et que l'on retrouve dans le Pacifique, des îles Torres à l'île de Pâques

pilou – danse kanak réservée aux cérémonies et aux grandes occasions

Polynésiens – groupe de populations originaires du centre et du sud du Pacifique, notamment de Hawaii, de Tahiti, des Samoa, des îles Cook et de Nouvelle-Zélande

quonset – abri en forme de demi-lune en tôle ondulée, construit par l'armée américaine durant la Seconde Guerre mondiale

récif frangeant – agrégat corallien se développant immédiatement au contact de flancs de l'île haute

récif-barrière – récif corallien situé entre le rivage et le large qui forme la couronne externe du lagon

santal – *Santalum album* ; petit arbre au bois jaunâtre, riche en essence aromatique, très recherché dans le Pacifique de 1800 à 1850

savane à niaoulis – voir *niaouli*

snorkeling – plongée libre, avec palmes, masque et tuba

sclérophylle – plante épineuse, ligneuse, pauvre en chlorophylle, presque dépourvue de feuilles et adaptée aux régions arides

tabou – du polynésien *tapu* signifiant "interdit"

tapa – étoffe faite d'écorce

taro – plante à tubercule comestible répandue dans le Pacifique dont on consomme la racine et les feuilles

totémisme – croyance en l'existence d'une relation particulière entre un animal, une plante ou une chose et un clan ou une personne

toutoute – conque (coquillage)

tribu – groupe kanak tirant ses origines d'une même souche primitive qui désigne à la fois le groupe tribal et linguistique et le village ou la vallée que ce groupe occupe. Voir aussi *clan*

troca – *Trocchus niloticus* ; mollusque comestible à coquille rose et blanc

trou – cavité naturelle ou bassin rocheux, souvent idéal pour la baignade

tumulus – amas artificiel dressé sur d'antiques sépultures, répandu sur l'île des Pins et la Grande Terre

ui ua – nom mélanésien d'un poisson (*Kyphosus sydneyanus*) qui ressemble à la saupe de Méditerranée

wharf – mot anglais désignant un embarcadère ou un quai

En coulisses

VOS RÉACTIONS ?

Vos commentaires nous sont très précieux et nous permettent d'améliorer constamment nos guides. Notre équipe lit toutes vos lettres avec la plus grande attention. Nous ne pouvons pas répondre individuellement à tous ceux qui nous écrivent, mais vos commentaires sont transmis aux auteurs concernés. Tous les lecteurs qui prennent la peine de nous communiquer des informations sont remerciés dans l'édition suivante, et ceux qui nous fournissent les renseignements les plus utiles se voient offrir un guide.

Pour nous faire part de vos réactions, prendre connaissance de notre catalogue et vous abonner à notre newsletter, consultez notre site Internet : **www.lonelyplanet.fr**

Nous reprenons parfois des extraits de notre courrier pour les publier dans nos produits, guides ou sites Web. Si vous ne souhaitez pas que vos commentaires soient repris ou que votre nom apparaisse, merci de nous le préciser. Notre politique en matière de confidentialité est disponible sur notre site Internet.

À NOS LECTEURS

Merci à toutes les personnes qui ont pris la peine de nous écrire pour nous faire part de leurs expériences de voyage :

Marina Alehause, Ophelia Bartmann, Patricia Dumay, M. et G. Gauthier, Sebastien Lecat, Clarence Sanoner, Anthony Stoos.

UN MOT DES AUTEURS
Jean-Bernard

Un grand merci à l'équipe de Lonely Planet : Didier, pour sa confiance ; Dominique, fidèle au poste de pilotage quel que soit l'état de la mer ; les cartographes et correcteurs, toujours aussi efficaces ; et tous ceux qui ont apporté leur pierre à l'édifice.

En Nouvelle-Calédonie, un coup de chapeau à tous ceux dont j'ai croisé le chemin et qui m'ont apporté leurs témoignages, notamment à l'inénarrable Lancelot, ainsi qu'à Claire En Goguette, ma co-auteure.

Claire

Un grand merci à toute l'équipe Lonely Planet, en particulier à Didier Férat et Frédérique Sarfati pour leur confiance renouvelée, à mon co-auteur Jean-Bernard Carillet pour ses précieux conseils d'expert sur la destination, et à Dominique Bovet pour sa relecture attentive. Merci aussi à Philippe Artigue de l'office du tourisme de Nouméa et à tout le personnel des offices situés en brousse. Merci enfin à toutes les personnes croisées sur le Caillou qui ont partagé avec moi, qui un poisson grillé, qui une sortie dans le lagon, qui un conseil sur un bon gîte ou une randonnée. Il n'y a que les montagnes qui ne se rencontrent pas, dit un proverbe que j'ai découvert en Kanaky...

CRÉDIT PHOTOGRAPHIQUE

Photographie de couverture : Lifou, l'une des îles Loyauté, © FRANCES Stéphane / hemis.fr

À PROPOS DE CET OUVRAGE

Cette 6ᵉ édition française du guide *Nouvelle-Calédonie* a été entièrement actualisée par Claire Angot et Jean-Bernard Carillet, duo de choc qui avait déjà œuvré sur la 5ᵉ édition, Jean-Bernard ayant signé les quatre précédentes éditions.

Direction éditoriale
Didier Férat

Coordination éditoriale
Dominique Bovet

Responsable prépresse
Jean-Noël Doan

Maquette
Caroline Donadieu

Cartographie
Cartes originales de Martine Marmouget (AFDEC)

Couverture
Laure Wilmot

Remerciements à Christiane Mouttet pour sa vigilante relecture du texte et à Basile Mariton pour son travail de référencement. Un grand merci également à Dominique Spaety et à toute l'équipe Lonely Planet de Paris ; sans oublier Glenn van der Knijff, Jacqui Saunders et Brad Smith du bureau australien, et Clare Mercer et Imogen Harrison du bureau londonien.

Index

Référence des cartes
Référence des photos

Légende des cartes

À voir

- Château
- Monument
- Musée/galerie/édifice historique
- Ruines
- Église
- Mosquée
- Synagogue
- Temple bouddhiste
- Temple confucéen
- Temple hindou
- Temple jaïn
- Temple shintoïste
- Temple sikh
- Temple taoïste
- Sentō (bain public)
- Cave/vignoble
- Plage
- Réserve ornithologique
- Zoo
- Autre site

Activités, cours et circuits organisés

- Bodysurfing
- Plongée/snorkeling
- Canoë/kayak
- Cours/circuits organisés
- Ski
- Snorkeling
- Surf
- Piscine/baignade
- Randonnée
- Planche à voile
- Autres activités

Où se loger

- Hébergement
- Camping

Où se restaurer

- Restauration

Où prendre un verre

- Bar
- Café

Où sortir

- Salle de spectacle

Achats

- Magasin

Renseignements

- Banque
- Ambassade/consulat
- Hôpital/centre médical
- Accès Internet
- Police
- Bureau de poste
- Centre téléphonique
- Toilettes
- Office du tourisme
- Autre adresse pratique

Géographie

- Plage
- Refuge/gîte
- Phare
- Point de vue
- Montagne/volcan
- Oasis
- Parc
- Col
- Aire de pique-nique
- Cascade

Agglomérations

- Capitale (pays)
- Capitale (région/ État/province)
- Grande ville
- Petite ville/village

Transports

- Aéroport
- Poste frontière
- Bus
- Téléphérique/funiculaire
- Piste cyclable
- Ferry
- Métro
- Monorail
- Parking
- Station-service
- Station de métro
- Taxi
- Gare/chemin de fer
- Tramway
- U-Bahn
- Autre moyen de transport

*Les symboles recensés ci-dessus
ne sont pas tous utilisés dans ce guide*

Routes

- Autoroute à péage
- Voie rapide
- Nationale
- Route secondaire
- Petite route
- Chemin
- Route non goudronnée
- Route en construction
- Place/rue piétonne
- Escalier
- Tunnel
- Passerelle
- Promenade à pied
- Promenade à pied (variante)
- Sentier

Limites et frontières

- Pays
- État/province
- Frontière contestée
- Région/banlieue
- Parc maritime
- Falaise
- Rempart

Hydrographie

- Fleuve/rivière
- Rivière intermittente
- Canal
- Étendue d'eau
- Lac asséché/salé/ intermittent
- Récif

Topographie

- Aéroport/aérodrome
- Plage/désert
- Cimetière (chrétien)
- Cimetière (autre)
- Glacier
- Marais/mangrove
- Parc/forêt
- Site (édifice)
- Terrain de sport

LES GUIDES LONELY PLANET

Une vieille voiture déglinguée, quelques dollars en poche et le goût de l'aventure, c'est tout ce dont Tony et Maureen Wheeler eurent besoin pour réaliser, en 1972, le voyage d'une vie : rallier l'Australie par voie terrestre via l'Europe et l'Asie. De retour après un périple harassant de plusieurs mois, et forts de cette expérience formatrice, ils rédigèrent sur un coin de table leur premier guide, *Across Asia on the Cheap*, qui se vendit à 1 500 exemplaires en l'espace d'une semaine. Ainsi naquit Lonely Planet, dont les guides sont aujourd'hui traduits en 13 langues.

NOS AUTEURS

Claire Angot

Née en Normandie et diplômée de l'École supérieure de journalisme de Lille, Claire Angot vit à Lyon et travaille comme journaliste et photographe. Avant de devenir auteure pour les guides Lonely Planet, elle a été reporter pour France 3. Passionnée de nature et d'environnement, elle n'a d'yeux que pour les montagnes et les grands espaces restés sauvages (Haute-Savoie, Corse, Pyrénées, Suisse, Québec, Nouvelle-Calédonie...).

Jean-Bernard Carillet

Originaire de Lorraine, Jean-Bernard a fait des mers du Sud l'aboutissement de ses envies d'exotisme. Aujourd'hui, il ne compte plus ses séjours dans le Pacifique – au moins une vingtaine – répartis entre Nouvelle-Calédonie, Polynésie française, île de Pâques, îles Salomon, Fidji, Vanuatu... avec, comme fil conducteur, la plongée sous-marine et les festivals culturels. Journaliste, photographe et vidéaste spécialisé dans l'univers du voyage, Jean-Bernard a cosigné de nombreux autres guides Lonely Planet en français et en anglais. Quand il ne globe-trotte pas, il vit à Paris, son point d'équilibre.

Nouvelle-Calédonie
6ᵉ édition

© Lonely Planet Global Limited 2019
© Lonely Planet et Édi8 2019
12 avenue d'Italie, 75627 Paris cedex 13
Photographes © comme indiqué 2019
Dépôt légal Novembre 2019
ISBN 978-2-81617-969-9

Imprimé par Pollina, Luçon, France - 91541

En Voyage Éditions | un département édi8